Im Namen des Volkes

Über das Buch

Zwischen 1945 und 1990 wurden in der sowjetisch besetzten Zone und nachfolgend in der DDR Nazi- und Kriegsverbrecher juristisch verfolgt. Bereits 1941 hatten sich Vertreter der von Hitlerdeutschland besetzten Staaten in London dazu entschlossen, später die Großen Drei in Teheran (1943) und Jalta (1945) entsprechende Festlegungen getroffen.
Nach der Besetzung des Landes übte der Alliierte Kontrollrat die Hoheit in Deutschland aus. Erst 45 Jahre später, mit dem 4+2-Vertrag, erlangten die beiden deutschen Staaten vollständige Souveränität.
Gleichwohl wurden in dieser Zeit Verbrechen gegen die Menschlichkeit und den Frieden von deutschen Ermittlungs- und Justizorganen verfolgt. In Amsterdam erschien in 63 Bänden eine Untersuchung, in der alle in Europa geführten Verfahren behandelt wurden. Allein die Prozesse in der SBZ/DDR füllen 14 Bücher. In diesem Buch hier werden jene Verfahren dokumentiert, die Tötungsverbrechen zum Gegenstand haben.

Über die Autoren

Dieter Skiba, Jahrgang 1938, Diplomjurist, tätig im MfS von 1958 bis 1990. Letzter Dienstrang Oberstleutnant, letzte Dienststellung Leiter der HA IX/11.
Reiner Stenzel, Jahrgang 1942, Untersuchungsführer in der HA IX/10, der für die Ermittlungsverfahren gegen Nazi- und Kriegsverbrecher im MfS zuständigen Abteilung, zwischen 1967 und 1969 Vernehmer von Josef Blösche. Letzter Dienstgrad Major, letzte Dienststellung Offizier für Sonderaufgaben in der Auswertungs und Kontrollgruppe der HA IX.

Dieter Skiba
Reiner Stenzel

Im Namen des Volkes
Ermittlungs- und Gerichtsverfahren in der DDR gegen Nazi- und Kriegsverbrecher

edition ost

Inhalt

7 **Vorbemerkung**

15 **Auf welcher Grundlage wurde geurteilt?**

22 **Warum wir die Begriffe »Nationalsozialismus« und »NS-Verbrechen« ablehnen**

26 **Die Rolle des MfS bei der Suche und Verfolgung von Nazi-Verbrechern**

44 **Das Ende der Verfolgung von Nazi- und Kriegsverbrechen in der DDR**

47 **Zur Rechtsprechung nach 1990**

52 BRD-Recht: Vom Täter zum Opfer

56 **Pars pro toto: Ausgewählte Verfahren zu bestimmten Verbrechenskomplexen und Tätergruppen**

56 Ermittlungsverfahren gegen Täter in faschistischen Haftstätten

58 Ermittlungsverfahren gegen Angehörige der Waffen-SS

63 Ermittlungsverfahren wegen Denunziation mit Todesfolge

65 Ermittlungsverfahren gegen Angehörige der Gestapo, des SD und der Geheimen Feldpolizei

69 Ermittlungsverfahren gegen Hilfskräfte und Kollaborateure

74 Ermittlungsverfahren gegen Angehörige faschistischer Justizorgane

77 Ermittlungsverfahren gegen Angehörige faschistischer Polizeieinheiten und der Feldgendarmerie

82 Ermittlungsverfahren gegen Angehörige der Wehrmacht und der Feldgendarmerie

85 Ermittlungsverfahren wegen »Euthanasie«-Verbrechen

89 **Die Waldheim-Prozesse**

146 **Die Gesamtübersicht**

446 Personenregister

Vorbemerkung

Die Deutsche Demokratische Republik war ein antifaschistischer Staat. Er wurde von aktiven Nazigegnern aufgebaut und gestaltet. Die juristische Verfolgung von Nazi- und Kriegsverbrechern gehörte ebenso zum Staatscredo wie die Überwindung jeglichen rassistischen, antisemitischen, chauvinistischen und militaristischen Denkens. Der Schwur der Buchenwaldhäftlinge »Die Vernichtung des Nazismus mit seinen Wurzeln ist unsere Losung. Der Aufbau einer neuen Welt des Friedens und der Freiheit ist unser Ziel.« bestimmte das Handeln der politisch Verantwortlichen und im Laufe der Zeit auch das einer Mehrheit der Ostdeutschen. Von deutschem Boden sollten nie wieder Krieg und Völkerhass ausgehen. Nicht erst mit dem Ende der DDR, aber seither in besonderem Maße, wird deren antifaschistischer Charakter von ideologischen Gegnern und Kritikern infrage gestellt und als »Gründungsmythos« denunziert. Vor allem soll damit die Legitimation dieses Staates bestritten und die BRD weißgewaschen werden. Aber: Die Nazidiktatur und ihre Folgen ließen keinen anderen Schluss zu als den radikalen Bruch mit der Gesellschaft, aus der dieses Terrorregime hervorgegangen war. Das hatten nicht nur die Sieger- und Besatzungsmächte verordnet (Entnazifizierung, Entmilitarisierung, Demokratisierung, Dezentralisierung und Demontage), so sahen es auch viele Nichtfaschisten in Ost und West. Selbst die von Konrad Adenauer geführten Konservativen mussten in ihrem am 3. Februar 1947 beschlossenen Programm beispielsweise erklären: »Das kapitalistische Wirtschaftssystem ist den staatlichen und sozialen Lebensinteressen des deutschen Volkes nicht gerecht geworden. Nach dem furchtbaren politischen, wirtschaftlichen und sozialen Zusammenbruch als Folge einer verbrecherischen Machtpolitik kann nur eine Neuordnung von Grund aus erfolgen. Inhalt und Ziel dieser sozialen und wirtschaftlichen Neuordnung kann nicht mehr das kapitalistische Gewinn- und Machtstreben, sondern nur das Wohlergehen unseres Volkes sein.« Im Unterschied zu den Westzonen setzte man diese prinzipiell richtigen Überlegungen in der Sowjetischen Besatzungszone mit politischer Ausdauer und Konsequenz beharrlich auf allen Feldern durch. So gewann die Gesellschaft einen nachhaltigen antifaschistischen, antikapitalistischen Charakter. Anders jedoch in den Westzonen bzw. in der auf diesem Territorium konstituierten Bundesrepublik. Dort restaurierte man nicht nur die tradierten Wirtschaftsverhältnisse, sondern rehabilitierte auch mit dem Naziregime eng verbundene Personen. Juristen, Militärs, Mediziner, Wirtschaftskapitäne, Geheimdienstler und Politiker setzten gleichsam ihre Karriere fort. Der ersten Bundesregierung gehörten mehr ehemalige Mitglieder der NSDAP an, als seinerzeit in Hitlers erstem Kabinett vertreten waren. Dies blieb der Welt nicht verborgen, weshalb die Bundesrepublik nicht geringen Ehrgeiz entfaltete, ehemalige Nazis in Führungspositionen der DDR auszumachen. Obgleich man im Glashaus saß, warf man mit Steinen. Diese »Entlarvungs-Politik« wurde nach 1990 forciert. Neben der Delegitimierung des Staates DDR – obgleich dessen Bildung sich zwingend aus der deutschen Geschichte ergab – sollte damit sein antifaschistischer Charakter in Abrede gestellt werden. Das Verdikt Kurt Schumachers (SPD) von den »rotlackierten Faschisten« war ebenso exemplarisch, wie die grundsätzliche Verweigerung bestimmter Begriffe. Beispielsweise wird absichtsvoll nur vom »Nationalsozialismus«, nie von Faschismus gesprochen. Eine Zeitlang war es bei Strafe strengster Missbilligung sogar verpönt, Kapitalismus Kapitalismus zu nennen: Das Ausbeutungs- und Unterdrückungssystem hieß »soziale Marktwirtschaft« und freiheitlich demokratische Rechtsordnung.

In der DDR wurden faschistisch belastete und an Nazi-Verbrechen beteiligte Personen ermittelt, überführt und verurteilt. Das ließ sich weder in Abrede stellen noch als billige

Propaganda denunzieren. Die Verfahren waren nicht nur objektive Reflexe eines antifaschistischen Staates, es handelte sich um einen Verfassungsauftrag. Da dies nicht zu bestreiten war, wurde die Rechtmäßigkeit dieser Prozesse in Abrede gestellt. Ein vermeintlicher Unrechtsstaat könne nur Un-Rechtsurteile fällen. Darum wurden nicht wenige Urteile nach 1990 rückwirkend von der Justiz revidiert und selbst überführte Nazi-Verbrecher rehabilitiert und zu Kämpfern gegen Unmenschlichkeit und für Demokratie stilisiert. Vor diesem Hintergrund mutet es geradezu grotesk an, wenn ein Dreivierteljahrhundert nach der Niederschlagung der Nazi-Diktatur Männer, die auf die Hundert zugehen, vor den Kadi gezerrt werden, weil sie etwa kurzzeitig als Schreiber in Auschwitz tätig waren. Damit soll offensichtlich Konsequenz demonstriert werden, die allerdings jahrzehntelang in Westdeutschland unterblieb. Andererseits wird postum der DDR eben jene Konsequenz bei der Verfolgung von Nazi- und Kriegsverbrechern abgesprochen. Diese »Operation Letzte Chance« zeigt durchaus die erhoffte Wirkung. Bescheinigt doch das Simon Wiesenthal Center in seinem Jahresbericht 2015 der BRD ein wenn auch spätes, so doch seit einigen Jahren »vorbildliches« Handeln in Sachen Strafverfolgung von Nazi-Verbrechen.

All diese Momente waren und sind für uns zwingend, die zwischen 1945 und 1989 im Osten Deutschlands erfolgten Ermittlungs- und Gerichtsverfahren zu dokumentieren. Es ist mehr als nur eine Reaktion auf die pharisäerhafte Anmaßung der herrschenden Klasse in diesem Lande, über jene zu urteilen, die mit antifaschistischer Gesinnung in der DDR handelten. Wer mit den Stützen des Nazireiches Staat machte, jahrzehntelang eine juristische und politische Auseinandersetzung mit dem faschistischen Terrorregime vermied und bis heute nachsichtig und nachlässig mit neofaschistischen und ausländerfeindlichen Tendenzen umgeht – Stichwort NSU –, sollte besser schweigen. Wir tun dies nicht und wollen mit unseren Darlegungen den gängigen Verdrehungen,

Verschleierungen und Verleumdungen entgegen treten. Wir wollen erklären und einordnen und so dazu beitragen, all dem der historischen Wahrheit hohnsprechenden Lügen und platten Unwahrheiten mit nachvollziehbaren Aussagen und Fakten zu widersprechen und wahrheitswidrige Behauptungen auf ihren Wahrheitsgehalt bis ins Detail prüfen zu können. Dass bei der sogenannten »Aufarbeitung« gelogen wird, dass sich die Balken biegen, ist Vielen hinlänglich bekannt. Nun aber ist die Möglichkeit gegeben, nachvollziehbar zu vermitteln, was Nazi-Verbrecher konkret an Schuld auf sich geladen haben, und dass faschistische Massenmörder keine »Freiheitskämpfer gegen den Kommunismus« waren, zu denen sie heute gern gemacht werden, wenn sie sich in der DDR zu verantworten hatten und vor allem, wenn sie vom MfS entlarvt und vor Gericht gestellt worden sind.

Wir schreiben aus der Sicht engagierter Antifaschisten, die einst in verantwortungsvoller Stellung in der DDR tätig waren. Dieser Staat ermöglichte uns zu studieren, uns zu qualifizieren und als Diplomjuristen einen aktiven Beitrag in der Auseinandersetzung mit dem verbrecherischen Nazi-System zu leisten. Als Mitarbeiter in der Hauptabteilung Untersuchung des MfS (HA IX) waren wir über viele Jahre mit der Aufklärung und strafrechtlichen Ahndung von Nazi- und Kriegsverbrechen sowie faschistischer Verbrechen gegen die Menschlichkeit befasst. Wir waren somit unmittelbar daran beteiligt, dass die DDR ihren Verpflichtungen gegenüber der internationalen Gemeinschaft gerecht wurde, Naziverbrecher juristisch zu verfolgen und der Pflicht zu ihrer Enttarnung nachzukommen. Selbstverständlich war das Ministerium für Staatssicherheit daran maßgeblich beteiligt. Getreu dem Verfassungsauftrag hat das MfS als Organ des Ministerrates seit seiner Gründung am 8. Februar 1950 zunehmend Verantwortung bei der Aufklärung und strafrechtlichen Verfolgung von Nazi- und Kriegsverbrechen übernommen. Die dabei erzielten Erfolge fanden nicht selten auch international Beachtung und stärkten das Ansehen der DDR als antifaschistischen

Staat. Das MfS leistete zugleich einen Beitrag zur öffentlichkeitswirksamen Entlarvung der sich aus dem Wesen des deutschen Imperialismus ergebenden faschistischen Systemverbrechen und somit zur Erfüllung des Vermächtnisses von Millionen Opfern des Faschismus.

Über den Umgang mit der faschistischen Vergangenheit nach 1945 im Osten wie im Westen Deutschlands ist eine Unmasse an Richtigem und wissenschaftlich Fundiertem, aber auch von Pseudowissenschaftlichem und Falschem verbreitet worden. Unsere Edition soll einen Überblick über die ostdeutschen bzw. DDR-Verfahren vermitteln. Wir bringen Fakten, und wir stützen uns dabei auf eine Vielzahl seriöser Darstellungen und wissenschaftlicher Arbeiten. Das betrifft neben anderen die 1965 vom Generalstaatsanwalt der DDR veröffentlichte Dokumentation »Die Haltung der beiden deutschen Staaten zu den Nazi- und Kriegsverbrechen«, das von edition ost als Reprint mehrmals wieder aufgelegte »Braunbuch« aus den 1960er Jahren, die im gleichen Verlag erschienenen Bücher »Die Sicherheit. Zur Abwehrarbeit des MfS«, »Fragen an das MfS« sowie die Diplomarbeit von Dieter Skiba aus dem Jahre 1980 über den Beitrag des MfS zur Aufklärung und Ahndung von Nazi- und Kriegsverbrechen. Berücksichtigung fanden auch aktuelle Informationen in den Medien sowie andere Arbeiten und Untersuchungen. Eine besonders wichtige und für unser Vorhaben unverzichtbare Quelle aber war die Dokumentation »DDR-Justiz und NS-Verbrechen. Sammlung ostdeutscher Strafurteile wegen nationalsozialistischer Tötungsverbrechen«. Sie entstand unter der Federführung von Prof. Dr. Christiaan Frederik Rüter und Dr. Dick W. de Mildt an der Universität Amsterdam. Mit dieser nach 1990 begonnen und 2010 abgeschlossenen Dokumentation sind in insgesamt 14 Bänden und einem dazu gehörigen Registerband erstmalig diejenigen von ostdeutschen und DDR-Gerichten zwischen 1945 und 1990 ausgesprochen Urteile im Wortlaut veröffentlicht, die sogenannte Tötungsverbrechen betrafen und eine diesbezügliche

Auswahl aus der Gesamtzahl der Gerichtsentscheidungen gegen knapp 13 000 Angeklagte darstellen. Gerade diese Veröffentlichung von Dokumenten zu Strafverfahren im Osten ist aus verschiedenen Gründen von unschätzbarem Wert. Entscheidend ist vor allem die Tatsache, dass die in Archiven des MfS zusammengetragenen sachbezogenen Dokumente und Vorgänge nach 1990 von der »Behörde des Bundesbeauftragten für die Unterlagen des Staatssicherheitsdienstes der ehemaligen Deutschen Demokratischen Republik« (BStU) vereinnahmt und damit dem öffentlichen Zugang weitgehend entzogen wurden.

Prof. Dr. Rüter und sein Team an der Rechtswissenschaftlichen Fakultät der Universität Amsterdam haben sich mit ihrem Projekt »Justiz und NS-Verbrechen« seit den 1960er Jahren der Ermittlung, Dokumentation und Veröffentlichung von nach 1945 im Nachkriegsdeutschland durchgeführten Strafprozessen zu faschistischen Tötungsverbrechen gewidmet. Inzwischen umfasst die noch nicht abgeschlossene Edition zu den westdeutschen Gerichtsentscheidungen insgesamt 50 Bände mit Urteilen zu über 900 Verfahren, beginnend mit Verfahrensnummer 001, dem Urteil des LG Gießen vom 6. September 1945 gegen fünf Angeklagte wegen »Verbrechen der Endphase«. Die 2010 abgeschlossene Edition der ostdeutschen Urteile enthält Gerichtsentscheidungen zu ebenfalls mehr als 900 Fällen, allerdings in umgekehrter Reihenfolge, beginnend mit dem letzten, 1989/90 abgeschlossenen Verfahren unter der Verfahrensnummer 1001 bis zur Verfahrensnummer 1839 und den unter Verfahrensnummern 2001 ff gesondert ausgewiesenen »Waldheim-Urteilen«. Bei der Auflistung der einzelnen Fälle folgen wir den Angaben in der »Rüter-Dokumentation« und verwenden die dortigen Verfahrensnummern, beginnen aber mit dem ersten Urteil des Volksgerichts Sachsen vom 28. September 1945 gegen die wegen Gewaltverbrechen im Arbeitserziehungslager Radeberg verurteilten fünf Angeklagten (Verfahren Nr. 1839) und listen die Verfahren anschließend chronologisch bis 1989/90 auf.

Als Autoren dieses Buches haben wir nach Möglichkeiten gesucht, um die faschistische Terminologie nicht zu bedienen. Nicht an allen Punkten ist uns das gelungen. Wir haben uns um die Kenntlichmachung einschlägiger Begriffe mittels Anführungsstrichen bemüht. Beispielsweise wurden unter den Nazis sogenannte »Geisteskranke« in »Heil- und Pflegeanstalten« ermordet oder die Bevölkerung ganzer Ortschaften als angeblich »partisanenverdächtig« erschossen. Wir distanzieren uns ausdrücklich von dieser Terminologie, greifen sie aber auf, um Tatgegenstände zu verdeutlichen. Auch wenn Menschen von den Nazis als Juden bezeichnet, stigmatisiert und vernichtet wurden, ist damit nichts darüber gesagt, ob sich diese Personen tatsächlich als religiös oder dem Judentum zugehörig fühlten und begriffen.

Prof. Dr. Rüter erklärte sich auf Anfrage sofort bereit, unsere Arbeit zu unterstützen. »Natürlich können Sie alles, was unsererseits veröffentlicht ist, verwenden«, schrieb er am 29. März 2013. Allerdings riet er uns auch: »keine Seitenhiebe, keine Häme, rein sachlich berichten«. Für seine Zustimmung danken wir ausdrücklich. Und was seine kritischen Anmerkungen zu einigen Verfahren in der DDR betrifft, so widersprechen wir nicht und halten es mit Friedrich Engels, der 1874/75 schrieb: »In jeder Revolution geschehen unvermeidlich eine Menge Dummheiten, gerade wie zu jeder anderen Zeit, und wenn man sich endlich wieder Ruhe genug gesammelt hat, um kritikfähig zu sein, so kommt man notwendig zum Schluss: Wir haben viel getan, was wir besser unterlassen hätten, und wir haben viel unterlassen, was wir besser getan hätten, und deswegen ging die Sache schief.«

Die DDR und ihre Justiz- und Sicherheitsorgane waren nicht frei von Irrtümern und Fehlentscheidungen. Und das war durchaus auch im Umgang mit ehemaligen Nazi-Eliten sowie in Sachen strafrechtlicher Ahndung von Nazi- und Kriegsverbrechen nicht auszuschließen. Dennoch bleibt: Das im Osten und in der DDR auf dem Gebiet der Ahndung von faschistischen Systemverbrechen Geleistete kann sich im internationalen Vergleich sehen lassen. Es war völkerrechtlich geboten und lag im nationalen Interesse derjenigen Deutschen, die sich dem friedlichen Zusammenleben der Völker verpflichtet fühlten. Ihnen war und ist konsequenter Antifaschismus eine Herzensangelegenheit.

Dieter Skiba und Reiner Stenzel, im Frühjahr 2016

Auf welcher Grundlage wurde geurteilt?

Die Aufklärung und strafrechtliche Ahndung der von den deutschen Faschisten in zwölf Jahren ihrer Herrschaft begangenen Untaten im eigenen Land wie auch in den okkupierten Staaten, die Kriegsverbrechen und Verbrechen gegen die Menschlichkeit stellte die alliierten und die deutschen Strafverfolgungsorgane vor eine gewaltige Aufgabe, die in der Geschichte ohne Beispiel war.

Niemals zuvor oblag es einer Judikatur, sowohl hinsichtlich der Rechtsetzung wie auch der Rechtsprechung, über Straftaten auch nur annähernd vergleichbaren Ausmaßes und deren Folgen zu befinden. Niemals zuvor mussten so viele Personen wegen Bruchs des Völkerrechts und wegen arbeitsteiliger Mitwirkung an kriminellen Organisationsverbrechen als Ausdruck von Staatsterrorismus zur Verantwortung gezogen werden.

Nach dem Ersten Weltkrieg sollten zwar – entsprechend dem Willen der Siegermächte – namentlich bekannte deutsche Kriegsverbrecher zur Verantwortung gezogen werden, das aber scheiterte am Unwillen der Justiz der Weimarer Republik. Man mochte nicht, wie es hieß, gegen die »eigenen Leute« strafrechtlich vorgehen. Nicht umsonst hieß es später: »Der Kaiser ging, aber die Kriegsgewinnler und Generäle blieben und sannen auf Revanche.« So führte ein direkter Weg in den Faschismus und den Zweiten Weltkrieg, der insbesondere gegen die Sowjetunion mit erklärter Vernichtungsabsicht und unbedingtem Vernichtungswillen geplant und ausgeführt wurde.

Nach dem Willen der Völker, die von Nazi-Deutschland und dessen Verbündeten überfallen worden waren, sollten alle verfolgt und zur Verantwortung gezogen werden, die den Völkermord geplant, befohlen, organisiert, ausgeführt, gedeckt und vertuscht hatten. Ihre Strafverfolgung sollte zeitlich unbefristet und unabhängig von Ort und Zeitpunkt des Verbrechens erfolgen.

Diese Absicht wurde unter anderem auf der 3. Interalliierten-Konferenz am 13. Januar 1941 in London von Delegierten der bis dahin von Deutschland besetzten Länder bekundet. Sie kamen aus Polen, Frankreich, Belgien, Holland, Luxemburg, Norwegen, Jugoslawien und der Tschechoslowakei und erklärten: »Zu den Hauptzielen der Alliierten gehört die Bestrafung der für diese Verbrechen Verantwortlichen.« Dies solle »universell« geschehen, also unabhängig davon, ob sie diese Taten angeordnet, selbst begangen oder sich daran beteiligt hatten. Diese Forderung wurde am 1. November 1943 in die Moskauer Deklaration der »Großen Drei« – Roosevelt, Churchill und Stalin – aufgenommen.

Bereits im Herbst 1944 übernahmen die künftigen Besatzungsmächte in den befreiten deutschen Territorien die Judikatur. Sie galt ab dem 5. Juni 1945 in allen Zonen, nachdem die vier Mächte die oberste Regierungsgewalt inklusive der strafrechtlichen Befugnisse inne hatten.

Beim Einrücken der alliierten Truppen erfolgte die Festnahme zahlreicher Angehöriger faschistischer Einheiten, Dienststellen und Einrichtungen, die verdächtigt wurden, an Nazi-Verbrechen beteiligt gewesen zu sein. Nach ihrer Inhaftierung wurden sie vor Militärgerichte der jeweiligen Truppen gestellt. Das geschah in unterschiedlichem Umfang, wie aus einer Übersicht von Dr. Günther Wieland hervorgeht:

Von Militärtribunalen der Alliierten verurteilte Deutsche

USA	1517
Großbritannien	1 085 in Deutschland, Italien und in den Niederlanden (240 Todesurteile)
Frankreich	2 017 in Deutschland, 2 874 in Nordafrika und Frankreich, davon 956 in Abwesenheit
UdSSR	keine exakten Angaben bis heute

Die Zahl der von Sowjetischen Militärtribunalen (SMT) in Ostdeutschland wegen tatsächlicher oder vermeintlicher Nazi-Verbrechen verurteilten Personen soll am 31. Dezember 1946 17 175 betragen haben. Bis zum 20. September 1955, als die Tribunale offiziell ihre Tätigkeit einstellten, waren es etwa 40 000 Personen. Dabei handelt es sich allerdings nicht nur um deutsche Naziverbrecher, sondern auch um ehemalige Sowjetbürger und Drittstaatler, die wegen Kollaboration mit den deutschen Okkupanten verurteilt wurden. Hinzu kam eine Vielzahl von Tatverdächtigen, die der Spionage, Sabotage und anderer gegen die Interessen der Besatzungsmacht gerichteter Handlungen beschuldigt wurden.

In dem 1999 in München publizierten »Handbuch der deutschen Geschichte« heißt es, dass von Gerichten der Siegermächte in Deutschland und in anderen Ländern »etwa 50 000 bis 60 000 Personen« wegen Nazi-Verbrechen verurteilt worden seien. In den drei Westzonen verurteilten alliierte Militärgerichte insgesamt 5 025 deutsche Angeklagte. In 806 Fällen wurden Todesurteile ausgesprochen, von denen 486 vollstreckt wurden.

Neben der Gefangennahme beziehungsweise Festnahme von tatverdächtigen Nazis beschlagnahmten die Alliierten in den von ihnen besetzten Territorien eine Fülle von für die Strafverfolgung relevantem und anderweitig bedeutsamem Schriftgut und Archivunterlagen, die den deutschen Organen lange Zeit nicht zugänglich waren. Das erschwerte die Arbeit der deutschen Strafverfolgungsbehörden erheblich.

Die Sowjetunion gab zwar in den 50er Jahren umfangreiches Material an die DDR zurück, Teile davon gingen auch ins Archiv des MfS und gehörten später zum Aktenbestand der Hauptabteilung IX/11, aber bei Weitem kam nicht alles.

Die USA handelten ähnlich. Bis 1990 unterhielten sie die Vormundschaft für das Berlin Document Center in Zehlendorf (heute Außenstelle des Bundesarchivs), und noch immer lagert bedeutsames Schriftgut aus der Zeit der faschistischen Diktatur im Nationalarchiv in Washington.

1945 und auch später gelang es einer beträchtlichen Zahl von Verdächtigen, sich der Ergreifung und Aburteilung zu entziehen. Sie tauchten mit falscher Identität unter, flohen nach Südamerika, fanden Aufnahme im faschistischen Spanien und in Portugal. Auch arabische Staaten gewährten politisches Asyl. Die Rolle des Vatikans, sprich der katholischen Kirche, und der »Kameradenhilfswerke« im Westen ist noch immer nicht ausreichend dokumentiert und öffentlich gemacht.

Über die Hauptkriegsverbrecher tagte ab Herbst 1945 ein Internationaler Militärgerichtshof in Nürnberg. Das hatten die Siegermächte am 8. August 1945 in London beschlossen. Zum ersten Mal in der Geschichte sollten Verbrechen gegen den Frieden, Kriegsverbrechen und Verbrechen gegen die Menschlichkeit kollektiv geahndet werden. Es fanden vom 20. November 1945 bis zum 1. Oktober 1946 dreizehn Nachfolgeprozesse statt. Das erste Verfahren galt zwanzig Politikern und Militärs, es folgten Prozesse gegen Wirtschaftskapitäne, Juristen, Ärzte und andere Naziverbrecher.

Der Londoner Entscheidung über die Einrichtung eines Internationalen Militärtribunals (IMT) waren Diskussionen unter den »Großen Drei« vorausgegangen. 1943 meinten die USA, das Problem mit Standgerichten aus der Welt schaffen zu können, die Sowjetunion schloss sich dieser Auffassung an, während Großbritannien für einen Prozess plädierte, der alle Rechtsnormen berücksichtige. Stalin korrigierte sich im Herbst 1944 und stimmte Churchill zu, auch die Sowjetunion wollte nunmehr ordentliche Verfahren gegen die Hauptkriegsverbrecher. Schließlich schloss sich auch Roosevelt der Auffassung an, Planung und Führung des Angriffskrieges, Kriegsverbrechen, Verbrechen gegen die Zivilbevölkerung in den besetzten Gebieten sowie die Gräueltaten in den Konzentrations- und Vernichtungslagern untersuchen, beweisen und bestrafen zu lassen. Das Londoner Viermächteabkommen vom 8. August 1945 kodifizierte die Rechtsgrundlage des Prozesses für die Strafverfolgung der Hauptkriegsverbrecher. Auch Griechenland, Dänemark, Jugoslawien, die Niederlande, die Tschechoslowakei, Polen, Belgien, Äthiopien, Australien, Honduras, Norwegen, Luxemburg, Haiti, Neuseeland, Indien, Venezuela, Uruguay und Panama traten dem Abkommen bei.

Neben den Schuldsprüchen gegen die Hauptkriegsverbrecher – zwölf wurden zum Tode verurteilt – war auch die Tatsache bedeutsam, dass das Korps der Politischen Leiter der NSDAP, die Geheime Staatspolizei (Gestapo), der Sicherheitsdienst (SD) sowie die Schutzstaffel (SS) zu »verbrecherischen Organisationen« erklärt worden waren. Deren Mitglieder konnten gemäß Kontrollratsgesetz Nr. 10 ohne ein Einzelverfahren und ohne individuellen Schuldnachweis mit Strafen belegt werden.

Unter den etwa 250 akkreditierten internationalen Berichterstattern befanden sich bei den Nürnberger Prozessen Markus Wolf, später Stellvertretender Minister für Staatssicherheit der DDR, und der nachmalige Regierungschef der BRD, Willy Brandt. Für beide waren die dort gemachten Erfahrungen prägend.

Vor diesem Hintergrund kam den in Deutschland tätigen Ermittlungs- und Justizbehörden beim Aufdecken, Aufklären und Ahnden der von den deutschen Faschisten begangenen Verbrechen besondere Verantwortung zu. Ob, wann und wie sich die beiden deutschen Staaten dieser Verantwortung und völkerrechtlichen Verpflichtung stellten, ist in zweifacher Hinsicht von ganz besonderer Relevanz: Es hatte eine politische und eine juristische Seite.

In der sowjetisch besetzten Zone wurden sofort antifaschistische Ermittlungs- und Justizorgane gebildet, die mit der systematischen Aufdeckung und Aufklärung faschistischer Verbrechen und deren strafrechtlichen Verfolgung begannen. Einheimische Polizei- und Justizorgane nahmen, oft auf Geheiß lokaler Militärkommandeure, bereits im Frühsommer 1945 ihre Tätigkeit auf. Vereinzelt wurden in sowjetischen Kommandanturbereichen Volksgerichte gebildet.

Ein solches Volksgericht existierte zum Beispiel vom 4. August bis zum 30. September 1945 in Zittau und war für die Stadt und zwei Amtsgerichtsbezirke zuständig. Ob und wie viele ehemalige Nazis dort verurteilt wurden, ist nicht bekannt. Zumindest befanden sich keine Urteile wegen Tötungsverbrechen darunter, sonst wären sie in der »Rüter-Dokumentation« aufgeführt worden.

Am 25. Juli 1945 schlug der Beauftragte für die Neuordnung der Justiz in Sachsen vor, einen Staatsgerichtshof zur Aburteilung der Kriegsschuldigen, der Kriegsverbrecher und der politischen Verbrecher zu bilden. Per Verordnung der Landesregierung Sachsens vom 22. September 1945 wurde ein Volksgericht gebildet, das in erster und letzter Instanz entscheiden sollte. Sein einziges Urteil fällte dieses Volksgericht am 28. September 1945: Fünf Gestapo- und Polizeiangehörige, die im »Arbeitserziehungslager Radeberg« deutsche und ausländische Häftlinge misshandelt und kurz vor Kriegsende ermordet hatten, wurden zum Tode oder zu Haftstrafen verurteilt (s. Rüter Verfahren Nr. 1839). Im Zuge der Neuorganisation der Justizorgane in der SBZ verschwanden diese Volksgerichte wieder.

In der SBZ und in der DDR wurden zwischen 1945 und 1990 in Ermittlungs- und Strafverfahren wegen Nazi-Kriegsverbrechen und Verbrechen gegen die Menschlichkeit etwa 17 000 Männer und Frauen als Tatverdächtige erfasst und davon 12 890 angeklagt und verurteilt. Dieses relativierende und unpräzise »etwa« ist der Tatsache geschuldet, dass die beim Generalstaatsanwalt der DDR geführte und 1964 erstmals veröffentlichte Statistik offensichtlich nicht ganz exakt war. Später wurden Unterlagen von Verfahren nach 1945 aufgefunden, die nicht in diese Bilanz eingeflossen waren. Nach 1964 beruhen die Zahlen auf genauen Angaben.

Die DDR-Statistik weist für die Zeit von 1945 bis 1990 insgesamt 12 890 Verurteilungen aus. Das sind fast doppelt so viele wie in den westlichen Zonen und der Bundesrepublik im gleichen Zeitraum. Und das, obgleich dort mehr als drei Mal so viele Menschen lebten und sich ohnehin ein Großteil der Täter wohlwissend in den Westen abgesetzt hatte.

In einer 2008 veröffentlichen Zahlenbilanz von Andreas Eichmüller (»Die Strafverfolgung von NS-Verbrechen durch westdeutsche Justizbehörden seit 1945. Vierteljahreshefte für Zeitgeschichte 56«) heißt es, dass vom 8. Mai 1945 bis zum Ende des Jahres 2005 in den westlichen Besatzungszonen, nachfolgend Bundesrepublik (einschließlich Westberlins) 36 393 Ermittlungsverfahren gegen 172 294 Beschuldigte geführt wurden. Von 16 740 Angeklagten seien 6 656 rechtskräftig verurteilt worden. Darunter waren 16 Todesstrafen, von denen vier vollstreckt worden sind; 166 Mal wurde eine lebenslange Haftstrafe ausgesprochen.

Es ist Köhlerglaube zu meinen, dies wäre Indiz für die Rechtsstaatlichkeit der einen und für die Verfolgungswut der anderen Republik. Es spricht allenfalls für die unterschiedliche Konsequenz, mit der die faschistischen Verbrechen der Vergangenheit verfolgt worden sind.

In der sowjetisch besetzten Zone wurden 390 478 Nazis aus führenden Positionen in Politik, Justiz, Bildung, Wirtschaft und anderen Bereichen entfernt. In den Kommissionen zur Entnazifizierung arbeiteten Antifaschisten und andere Demokraten zusammen. Sie kannten die Betreffenden in ihrem Umfeld und wussten sehr wohl, welche Rolle sie in der Nazizeit gespielt hatten. Verdächtige und Beschuldigte wurden vor die Kommissionen geladen, Angaben überprüft und Zeugen gehört, durch die Be- und Entlastendes bekundet wurde. Dabei gab es allerdings auch Falschaussagen und Denunziationen, die zur Verhaftung von Unschuldigen führten.

Die Phase der Entnazifizierung endete in den frühen 50er Jahren. Die Betroffenen konnten sich in die neue Gesellschaft integrieren, sie durften nicht mehr belangt werden, soweit keine Beweise für eine Tatbeteiligung an Nazi-Verbrechen vorlagen und solange sie sich gegenüber dem Staat loyal verhielten und sich nicht seiner Entwicklung widersetzten.

Warum wir die Begriffe »Nationalsozialismus« und »NS-Verbrechen« ablehnen

In der DDR wurde der Begriff »Nationalsozialismus«, abgekürzt »NS«, im offiziellen Sprachgebrauch zur Benennung des deutschen faschistischen Herrschaftssystems und der Nazi-Verbrechen nicht verwendet. Dafür gab es Gründe.

Die Nazidiktatur war eine besondere Ausprägung des bürgerlich-kapitalistischen Staates. Max Horkheimer formulierte bereits vor Beginn des Zweiten Weltkrieges: »Wer aber vom Kapitalismus nicht reden will, sollte auch vom Faschismus schweigen.«

Damit war die gesellschaftliche und politökonomische Herkunft dieses politischen Systems wie auch sein Charakter umrissen.

Die demagogische Titulierung, die die deutschen Faschisten erfanden und ihrem Staat aufpappten, wurde nach dessen Untergang von der Bundesrepublik übernommen, um Kontinuitäten zu verdunkeln und nicht von den ökonomischen Grundlagen der faschistischen Herrschaft sprechen zu müssen. Wenn westdeutsche Politiker genötigt waren, über die Zeit zwischen 1933 und 1945 zu reden, sprachen sie ohnehin lieber von Schlussstrichen, und das, obgleich die Bundesrepublik sich durchaus juristisch als Rechtsnachfolger des Dritten Reiches verstand und es de facto auch war.

Die Abneigung, sich mit der nazistischen Vergangenheit auseinanderzusetzen, beherrschte nicht nur die herrschende Klasse der Bundesrepublik, sondern auch die Mehrheit der Bundesbürger – weil es um ihre eigene, oft schuldbeladene Vergangenheit ging. Das »Tausendjährige Reich« wurde nämlich nicht nur durch Terror zusammengehalten, sondern auch durch ihre Zustimmung getragen. Der deutsche Dichter Johannes R. Becher schrieb 1946 in »Erziehung zur Freiheit«:

»Die eigentliche Wirksamkeit erreichte die Naziideologie aber dadurch, dass sie materielle Vorteile versprach und breiten Schichten solche Vorteile auch zeitweise gewährte. Am Antisemitismus verdienten nicht nur die Banken, nicht nur die Reisebüros, sondern auch der arische Arzt, der die gutgehende jüdische Kassenpraxis inclusive Instrumentarium zu einem Spottgeld, wenn nicht gratis übernahm. An dem Kriegsaufrüstungsgeschäft, den Kasernenbauten, der Herstellung von Waffen und Uniformen haben Hunderttausende kleine Leute mitverdient. Von dem Ausrottungskampf gegen freiheitliche Völker haben ebenfalls Hunderttausende profitiert, selbst die Vernichtungslager hatten ihre Nutznießer. Den eigentlichen Erfolg hatte die Naziideologie als Korruptionsideologie, als Ideologie des Eigennutzes, des hemmungslosen Geschäftemachens, als Ideologie der nationalen Verklärung aller egoistischen Raffke- und Raubtierinstinkte.« Daran erinnerte 1964 der Philosoph Wolfgang Heise (1925–1987): »Die Raffke- und Raubtierinstinkte, von denen Becher in plastischer Umschreibung spricht, der Eigennutz und das hemmungslose Geschäftemachen sind keine Spezifika des Hitlerfaschismus. Sie sind ebenso wenig ewige menschliche Natureigenschaften. Sie sind historisches Produkt, Verhaltensweise des vom Privateigentum, vom ›Haben‹ geprägten, von der Praxis des hochentwickelten Kapitalismus, ihrer Ausbeutung und ihrem Konkurrenzkampf geformten, durch imperialistisch-militaristische und faschistische Erziehung und Manipulation gebildeten, dem System vollangepassten, instrumentalisierten Menschen. Sowenig das Individuum in einer solchen Formel aufgeht, sowenig sie ›die Deutschen‹ unter dem Hitlerregime erschöpfend charakterisiert – es sei nur an die moralische Größe des antifaschistischen Widerstandes erinnert –, so sehr handelt es sich um Verhaltensweisen, welche die allgemeine gesellschaftliche Praxis individuell reproduzieren, die Einheit von Ausbeutung und Ausrottung, die dem System des Kapitalismus immanent ist, als individuellen moralischen Habitus der Behandlungsweise des

›Feindes‹ reproduzieren. Solange Privateigentum und Kapitalismus herrschen, bleibt diese latente und unter entsprechenden Bedingungen im Imperialismus nach staatlicher Norm ausbrechende Bestialität als Untergrund der Oberflächenzivilisation bestehen.« Bertolt Brecht sprach vom Schoß, der unverändert fruchtbar sei. Und um sich dessen stets bewusst zu sein, sollte der deutsche Faschismus schon beim Namen genannt werden. Es waren Neofaschisten, die jahrelang mordend durch die Lande zogen und sich »Nationalsozialistischer Untergrund« nannten. Und verharmlosend wie ein wenig irreführend verkürzt man auch offiziell die Terrorvereinigung auf »NSU«. Das klingt so harmlos wie eine Automarke aus Neckarsulm, die es schon lange nicht mehr gibt.

Mit den Worten verschwinden auch die Inhalte. Gab man im Online-Katalog der Berliner Staatsbibliothek im August 2015 das Stichwort »Faschismus« ein, listete der Rechner nahezu 3 500 Titel auf. Beim Stichwort »Nationalsozialismus« hingegen waren es mehr als drei Mal so viele, nämlich 11 500, womit deutlich wird, welche Bezeichnung inzwischen die am häufigsten verwendete ist. Zur Illustration dieser erfolgreichen Verdrängung eines Begriffes aus dem deutschen Vokabular erzählte der renommierte und international anerkannte Faschismusforscher Prof. Kurt Pätzold eine bezeichnende Anekdote aus dem Jahre 2010: »In einem Seminar an der Berliner Humboldt-Universität, zu dem sich Geschichtsstudenten versammelten, wurde ihnen aufgetragen, Texte des Publizisten und Weltbühnen-Herausgebers Carl von Ossietzky (1889–1938) zu lesen, den die deutschen Machthaber in ihren Folterlagern zu Tode schinden ließen und der nur zum Sterben aus ihnen entlassen wurde. Als man sich wieder traf, erkundigte sich die Leiterin der Runde, ob es Fragen oder Kommentare zum Gelesenen gäbe. Darauf fragte eine Teilnehmerin, ob dieser Ossietzky ein Kommunist gewesen sei, und erklärte auf die Gegenfrage, wie sie darauf gekommen wäre, er schreibe doch Faschismus, also nicht ›Nationalsozialismus‹, wie es die Studentin in ihren Schulgeschichtsbüchern und immer wieder in Zeitungen gelesen und in Rundfunk und Fernsehen gehört hatte.«

Der Begriff Faschismus ist offenkundig mit den Jahrzehnten erfolgreich aus Deutschland, genauer aus Deutschland-West, verdrängt worden. Auch für die nunmehr angeschlossenen ostdeutschen Bezirke heißt die Erscheinung wieder so, wie ihre Akteure sie einst tauften: »Nationalsozialismus«.

Im Zusammenhang mit dem 70. Jahrestag der Befreiung des KZ Auschwitz wurde von Günter Benser nicht zu Unrecht darauf hingewiesen, dass es zu begrüßen sei, »wenn deutsche Spitzenpolitiker ihre Abscheu gegenüber jenen in deutschem Namen begangenen Verbrechen erklären, zu deren Symbol Auschwitz geworden ist, und den Opfern ihre Betroffenheit bekunden«. Aber wirklich überzeugend sei das nur, »wenn sie aufhören, den rassistischen deutschen Faschismus als Nationalsozialismus zu verharmlosen und in einem Atemzuge von den beiden deutschen Diktaturen zu sprechen«.

Die Rolle des Ministeriums für Staatssicherheit bei der Suche und Verfolgung von Nazi-Verbrechern

Das in der DDR am 8. Februar 1952 gebildete Ministerium für Staatssicherheit war zunächst nur partiell an der Strafverfolgung von Nazi- und Kriegsverbrechen sowie von Verbrechen gegen die Menschlichkeit beteiligt. Im Wesentlichen ermittelte die Kriminalpolizei, also das Ministerium des Innern. Das änderte sich aber in dem Maße, wie bekannt wurde, dass sich westliche Geheimdienste im »Kampf gegen den Kommunismus« zunehmend der »alten Kameraden« bedienten. Ehemalige Mitarbeiter von Gestapo, Reichssicherheitshauptamt, SD, der Polizei, der SS und Nachrichtendienste, die im Terrorapparat der Faschisten, also in jenen in Nürnberg zu »verbrecherischen Organisationen« erklärten Vereinen, Erfahrungen gesammelt hatten, wurden zunehmend in die Auseinandersetzung mit der Sowjetunion und ihren Verbündeten eingebunden. Der Kalte Krieg führte zur massenhaften Reaktivierung belasteter Personen, die vor ein Gericht gehört hätten und kaum zur »Verteidigung von Freiheit und Demokratie« taugten.

Aktive Agenten dieser Herkunft gerieten ins Visier von Aufklärung und Abwehr. Zwangsläufig ermittelte nunmehr das MfS auch deren Vorgeschichte und sorgte dafür, sofern die Beweise erbracht und die Täter verhaftet werden konnten, dass diese Personen vor ein DDR-Gericht gestellt wurden. So kam es, dass seit Ende der fünfziger Jahre drei Jahrzehnte lang Ermittlungen und Untersuchungen gegen Naziverbrecher – einschließlich der dafür erforderlichen systematischen Auswertung in- und ausländischer Archivmaterialien zum Auffinden und zur Sicherung von Beweismitteln – in der Verantwortung des MfS und speziell bei der 1967/68 eigens dafür gebildeten Hauptabteilung IX/11 lagen. Die Spezialisten kooperierten insbesondere mit der operativen Diensteinheit der Hauptabteilung XX/2, Referat III, welche für die operative Arbeit zur Prüfung von Verdachtshinweisen verantwortlich war. Strafprozessual kann dies mit der Prüfung von Hinweisen und Anzeigen zu Straftaten verglichen werden.

Der Nachweis eines dringenden Tatverdachts bildete die Voraussetzung, dass unter Aufsicht der Generalstaatsanwaltschaft ein förmliches Ermittlungsverfahren eingeleitet werden konnte. Aus rechtlichen und politischen Erwägungen erfolgte bei Einleitung eines Ermittungsverfahrens mit dem Schuldvorwurf »Teilnahme an Kriegsverbrechen und Verbrechen gegen die Menschlichkeit« auch die Festnahme des Beschuldigten und der Erlass eines Haftbefehls.

Die daraufhin einsetzenden Untersuchungshandlungen (Beschuldigtenvernehmungen, Einvernahme von Zeugen, Beweissicherungsmaßnahmen) bis zur Anklageerhebung durch die Staatsanwaltschaft erfolgten durch Untersuchungsführer / Vernehmer des Untersuchungsorgans des MfS. Konkret waren damit Mitarbeiter der Hauptabteilung IX/10 (in den achtziger Jahren als Arbeitsgruppe »Verbrechen gegen die Menschlichkeit« der Hauptabteilung IX/2 zugeordnet) oder der Untersuchungsabteilungen IX in den Bezirksverwaltungen des MfS befasst.

Mit der Auflösung des Ministeriums und der Entlassung der Mitarbeiter Ende 1989 / Anfang 1990 endete die Verfolgung völkerrechtswidriger Verbrechen in der DDR. In den einsetzenden chaotischen Zeiten mit quasi rechtsfreien Räumen gab es erstmals seit 1945 in Ostdeutschland kein politisches und juristisches Interesse an der weiteren Verfolgung von Nazi-Verbrechen. Die Prioritäten hatten sich auf Druck der Straße und aus Bonn grundlegend geändert.

Da sich nunmehr in der DDR niemand fand, der sich der Verantwortung für die weitere Aufklärung und Verfolgung von Nazi-Verbrechen stellen wollte oder konnte, beim Generalstaatsanwalt kein solches Sachgebiet mehr existierte und es dafür auch bei der Kriminalpolizei keine arbeitsfähigen

Struktureinheiten gab, war auch eine sachgemäße Übergabe noch nicht abgeschlossener Vorgänge und Ermittlungen gegen noch verfolgbare Täter nicht möglich. So blieb nichts weiter übrig, als diese Materialien zu archivieren und sie mit den anderen Archivalien an das Zentrale Staatsarchiv der DDR zu übergeben. Die Archivalien der Hauptabteilung IX/11 bildeten ab 1. März 1990 die Außenstelle »Berlin-Freienwalder Straße« und waren der Öffentlichkeit zugänglich.

Am 3. Oktober 1990 gingen diese Unterlagen in den Besitz des Bundesarchivs über. Auf Betreiben von Joachim Gauck und seinem Berater Hansjörg Geiger – Direktor beim »Bundesbeauftragten für die Unterlagen des Staatssicherheitsdienstes der ehemaligen DDR«, 1995 Präsident des Bundesamtes für Verfassungsschutz und von 1996 bis 1998 Chef des Bundesnachrichtendienstes – wurden diese Bestände auseinandergerissen. Unterlagen, die sich gegen das MfS verwenden ließen, wurden in die »Gauck-Behörde« überführt. Dort sollte unter anderem nachgeforscht werden, wo die DDR und das MfS Nazi- und Kriegsverbrecher gedeckt und insbesondere gegen die Bundesrepublik instrumentalisiert hatten.

Solche »Untersuchungen« fanden unter anderem ihren Niederschlag auf 448 Seiten, die Ende 2005 unter dem bezeichnenden Titel »NS-Verbrecher und Staatssicherheit. Die geheime Vergangenheitspolitik der DDR« erschienen. Henry Leide, Mitarbeiter der »Gauck-Behörde«, hatte – so behauptete der Spiegel in seinem Bericht über die Vorstellung des Buches in Berlin – »elf Kilometer Akten [...] in Beschlag genommen – alles Unterlagen, die im NS-Archiv der Staatssicherheit jahrelang eingestaubt waren«. (Als hätte die DDR sie verstauben lassen und sich erst Leide und sein Arbeitgeber wieder darum gekümmert.) »35 Fälle hat Henry Leide in seinem neuen Buch untersucht – Fälle, die das ganze Spektrum des Umgangs in der DDR mit Nazis abdecken«, schreibt das Nachrichtenmagazin und kolportiert die gewünschte These, weshalb die Akten anderthalb Jahrzehnte lang durchpflügt worden waren: »Der Antifaschismus, den die DDR propagierte, war nicht nur in Einzelfällen ein Mythos.«

Quod erat demonstrandum.

Der letzte Prozess gegen einen vom MfS überführten faschistischen Massenmörder vor einem DDR-Gericht fand am 25. September 1989 statt. Der damals 79-jährige Jakob Holz, als Werkschutzmann in einer Waffenfabrik in der polnischen Stadt Radom zum Mörder geworden, wurde vom Bezirksgericht Rostock zu einer lebenslangen Freiheitsstrafe verurteilt.

Die damals noch laufenden Ermittlungen des MfS gegen andere Tatverdächtige wurden nicht fortgeführt, die von der DDR rechtskräftig verurteilten und im Strafvollzug einsitzenden Nazi- und Kriegsverbrecher hingegen nach 1991 als resozialisiert aus der Haft entlassen. Zum Teil erhielten sie nun zusätzlich Kriegsopferrenten, Opferrenten und Entschädigungen, die ihnen nach bundesdeutschem Recht zustanden.

Über all diese Personen, die vom MfS ermittelt und überführt worden waren, erfährt man in den sogenannten Stasi-Gedenkstätten kein Wort. Dort, etwa in der Untersuchungshaftanstalt Berlin-Hohenschönhausen, waren Beschuldigte dieser Provenienz inhaftiert – neben Spionen, Terroristen, Saboteuren, Wirtschaftsstraftätern, Menschenhändlern usw. Und sie saßen dort nicht aus Willkür oder gar zu unrecht.

Dr. Günther Wieland, von 1963 bis 1990 Staatsanwalt bei der Generalstaatsanwaltschaft der DDR, erinnerte 1994 in einem Pressebeitrag an die Umstände solcher Verfahren, an die Motive der Ermittler und ihr Vorgehen: »Wessen ernsthafte Profession die Aufklärung von Nazi-Verbrechen ist, wer deren oft qualvoll geprüften Opfern im Verhandlungssaal oder Vernehmungszimmer begegnete, bleibt davon lebenslang geprägt. Er empfindet es nicht nur als berufliche, sondern als ethische Pflicht, zur gerechten Ahndung jener Kriminalität beizutragen. Das galt auch für die Untersuchungsführer des MfS, die der Autor in mehr als einem Vierteljahrhundert Tätigkeit auf diesem Gebiet kennengelernt hat. Gewissenhafte

Recherchen attestierten denen heute selbst ausgesprochen kritische Betrachter.«

Ein vergleichbares Urteil artikulierte Ursula Solf im Oktober 2002. Die Staatsanwältin der Ludwigsburger »Zentralstelle für die Untersuchung von NS-Verbrechen« hatte Verfahren gegen Nazi- und Kriegsverbrecher überprüft und war zu dem Schluss gelangt, dass die Ermittlungsergebnisse des MfS von höchster Akribie und Ernsthaftigkeit seien. In einem Vortrag auf dem 7. Historikertreffen der Wehrmachtsauskunftstelle in Berlin an 28. Oktober 2002 erklärte die Expertin, die 1990 zur Sichtung der DDR-Verfahren ins Bundesarchiv abgeordnet worden war, dass »aufgrund der Ermittlungen der Stasi als Untersuchungsorgan bis 1989 insgesamt 77 Verurteilungen wegen Tötungsdelikten« erfolgten. »Die Gesamtzahl der NS-Urteile in der ehemaligen DDR beläuft sich auf 9 566.«

Die Mehrzahl der in der DDR ermittelten Nazi- und Kriegsverbrecher war bis Mitte der 50er Jahre abgeurteilt. Danach, bis zur Mitte der 60er Jahre, wurden relativ wenige Ermittlungsverfahren bearbeitet. Als in der Bundesrepublik jedoch die Diskussion über eine Verjährung auch dieser Straftaten einsetzte, forcierte die DDR ihre Anstrengungen, bislang unentdeckte Verbrecher aufzuspüren, und trat der UN-Konvention über die Nichtverjährbarkeit von Nazi- und Kriegsverbrechen bei.

In diesem Zusammenhang wurde in dem damit befassten zentralen Untersuchungsorgan, der Hauptabteilung IX des MfS, eigens eine Abteilung für Ermittlungsverfahren gegen Nazi- und Kriegsverbrecher gebildet. Diese Abteilung 10 zählte zunächst sieben Personen: den Leiter und seinen Stellvertreter, vier Untersuchungsführer/Vernehmer sowie eine Sekretärin. Zu Beginn der 80er Jahre wurde diese HA IX/10 aufgrund der aus objektiven Gründen rückläufigen Ermittlungsverfahren reduziert bzw. umgebildet. Sie wurde zur Arbeitsgruppe »Verbrechen gegen die Menschlichkeit«, die einige Jahre später als Referat in die HA IX/2 eingegliedert wurde. Diese Abteilung bearbeitete Ermittlungsverfahren bei Straftaten des politischen Untergrundes.

Für die Archivunterlagen aus der Nazi-Zeit war die HA IX/11 zuständig. Und das hieß Aufarbeitung und Forschungsarbeit, Fortsetzung der Suche nach Tätern und, damit verbunden, Auskunftstätigkeit sowie Zeugenbefragungen und Beweisführungsmaßnahmen.

Soweit die formelle Aufgabenstellung.

Was die menschliche Seite dieser Tätigkeit betrifft, verschweigen wir nicht, dass die meisten Mitarbeiter in dieser Abteilung eine tiefe Abneigung, ja Abscheu gegenüber den Tätern hatten. Das waren keine Mörder, die im Affekt oder krankhaft gesteuert gehandelt hatten. Durch ihre Mitwirkung in der Vernichtungsmaschinerie der Faschisten waren sie objektiv zu Stützen dieses Staates geworden. Ohne sie wäre nicht nahezu ganz Europa unter die Barbaren gefallen und hätten die Okkupanten sich nicht derart lange behaupten können. Hier handelte es sich um willige Vollstrecker eines verbrecherischen Regimes, das die industrielle Vernichtung ganzer Ethnien zum Programm hatte. Sie wussten, was sie vorsätzlich taten. Das erklärte beispielsweise die große Angst vor der Roten Armee, als diese gen Westen vorrückte. Die Nazi- und Kriegsverbrecher fürchteten die Rache der Sieger, weil sie annahmen, sie könnten Gleiches mit Gleichem vergelten.

Bei der Untersuchung der dabei verübten Verbrechen mussten die Untersuchungsführer ihre persönlichen Gefühle unterdrücken. Empfindungen und private Wertungen hatten dort nichts zu suchen. Es wurde streng darüber gewacht, dass die Persönlichkeitsrechte der Beschuldigten geachtet wurden, auch wenn dies mitunter schwerfiel. Emotionslos, in Ruhe und ohne Polemik mussten ihre Aussagen protokolliert werden. Das war auch wichtig, um die Bereitschaft der Beschuldigten zu gewinnen, offen und umfassend an der Aufklärung von Sachverhalten mitzuwirken. Dabei machten wir die keineswegs überraschende Beobachtung, dass sie in der Regel über Massaker, an denen sie mit anderen Tätern beteiligt waren, mehr mitzuteilen wussten als über Vorgänge, bei denen nur sie allein gehandelt hatten. Selbstverständlich war das ein Reflex, sie wollten sich nicht selbst belasten, und bei Großverbrechen relativiere sich die individuelle Schuld, meinten sie.

Zumeist zogen sich die Beschuldigten auf eingeschränktes Erinnerungsvermögen zurück, schließlich lagen die ihnen zur Last gelegten Taten Jahre und Jahrzehnte zurück. Das war nicht unbedingt nur vorgeschützt. Andererseits – das lag in dieser Logik – wiesen sie Zeugenaussagen und Vorhaltungen, die sich auf Dokumente gründeten, kaum zurück. Deren Wahrheitsgehalt wurde selten bestritten.

Allerdings wichen mitunter eigene Erinnerungen, Dokumente und Zeugenaussagen derart voneinander ab, dass erhebliche Zweifel aufkamen, die nicht immer ausgeräumt werden konnten. In solchen Fällen galt auch hier der Rechtsgrundsatz: in dubio pro reo – im Zweifel für den Angeklagten.

Ausgangspunkt für die Einleitung eines Ermittlungsverfahrens war gemäß § 95 Strafprozessordnung die positive Prüfung von Sachverhalten und Anzeigen. Da angesichts einer zu erwartendenden hohen Strafe Flucht und Verdunkelungsgefahr bestand, kamen die Täter in Untersuchungshaft.

In der Regel fußten Ermittlungsverfahren und Festnahmen auf Ergebnissen der operativen Bearbeitung von verdächtigten Personen. Auch die zielgerichtete Aufarbeitung von Archivmaterialien und Rückmeldungen von Sicherheitsorganen der Sowjetunion, der Tschechoslowakei und Polens, denen Materialien aus operativen Vorgängen übergeben worden waren, spielten eine Rolle. Gelegentlich fanden sich Hinweise in einschlägigen Verfahren in der BRD, die von uns ausgewertet wurden.

Diese operative Bearbeitung fand meist konspirativ statt. Die Untersuchungsabteilung HA IX/10 prüfte gründlich das vorgelegte Material, ob ein dringender Tatverdacht vorlag und ob Alter und Gesundheit eine Inhaftierung gestatteten. Die strafrechtliche Einschätzung erfolgte schriftlich. In den meisten Fällen gab es bereits vor der Festnahme eine Absprache mit dem zuständigen Staatsanwalt der Generalstaatsanwaltschaft der DDR, der einen richterlichen Haftbefehl veranlasste.

Nicht selten fanden in der Endphase der operativen Bearbeitung Dienstreisen in die Sowjetunion, nach Polen und in die Tschechoslowakei statt, wo Untersuchungsführer und/ oder operative Mitarbeiter der HA XX/2 die Tatorte besuchten, weitere Beweise erarbeiteten und Möglichkeiten für ein offizielles Rechtshilfeersuchen im Ermittlungsverfahren ausloteten. Umfangreichere Ermittlungen, Beweisführungsmaßnahmen und Zeugenvernehmungen blieben den Justizorganen jener Staaten vorbehalten. Die Bearbeitungsdauer unserer Ermittlungsverfahren wurde deshalb nicht unwesentlich von der Realisierung und den Ergebnissen des Rechtshilfeersuchens bestimmt.

Bei der Einleitung des Ermittlungsverfahrens, das von einem Untersuchungsführer betreut wurde, lagen in den meisten Fällen mehr Beweise vor, als für die Begründung des dringenden Tatverdachtes notwendig gewesen wäre. Und es bestanden bereits Vorstellungen von der konkreten Untersuchungs- und Vernehmungsplanung.

Die Beschuldigten, denen selbstverständlich das Recht der Verteidigung zugestanden wurde, verzichteten mitunter aus verschiedensten Gründen auf die Wahl eines Verteidigers, so dass das Gericht nach Anklageerhebung auf Verlangen der Staatsanwaltschaft einen Pflichtverteidiger bestellte.

Nicht wenige Beschuldigte, die sich bei den Vernehmungen offenbarten, befreiten sich, wie sie explizit bekundeten, gleichsam von einer Last, die sie seit Jahrzehnten bedrückte. Natürlich wussten sie, dass sie sich schuldig gemacht hatten. Und weil sie darüber mit niemandem sprechen konnten und auch die Versuche nur bedingt erfolgreich waren, die grausige Erinnerung zu verdrängen, belasteten sie diese

Vorgänge. Sie mussten ja nicht nur schweigen, sondern auch lügen – etwa wenn sie Auskünfte zur Person erteilten, Lebensläufe erstellten und Fragebögen ausfüllten. Und je weiter die Zeit ins Land ging, desto stärker wurden sie in ihr Lebensumfeld integriert. Sie waren zum Teil anerkannte, geachtete, oft ausgezeichnete Arbeiter und somit unauffällige, solide DDR-Bürger. Eine Offenbarung hätte zu einem tiefen sozialen Absturz geführt, zur gesellschaftlichen Ächtung. Also schwiegen sie beharrlich, und einige nahmen auf diese Weise ihr Wissen mit ins Grab. Verbrechen, derer sie schuldig waren, blieben ungesühnt.

Nachdem jedoch den Beschuldigen klar geworden war, dass sich nichts mehr verheimlichen ließ, erzählten sie wie befreit. Mancher informierte auch über weitere Verbrechen, die dem Untersuchungsorgan bislang nicht oder nicht in vollem Umfang bekannt waren. Diese Hinweise wiederum führten oft zu weiteren Recherchen und Ermittlungen.

Zwei Momente bei den Untersuchungen und Vernehmungen erwiesen sich als problematisch. Zum einen befanden sich viele Tatorte außerhalb der Landesgrenzen, und damit auch die Tatzeugen. Zum anderen waren die Untersuchungsführer in aller Regel erheblich jünger als die Beschuldigten, was bedeutete, dass sie historische Zusammenhänge, Hintergründe, Tatumstände und -bedingungen nur aus den Papieren und nicht aus eigenem Erleben kannten. Das erschwerte es, mit Hilfe von Hinweisen und Fragen, die sich etwa aus der detaillierten, lebendigen Erinnerung ergeben hätten, Beschuldigte zu Einsichten und Erkenntnissen und damit zu weiterführenden Aussagen zu bringen. Als hilfreich erwiesen sich Karten und Dokumente von sowjetischen, polnischen und tschechoslowakischen Untersuchungskommissionen, an denen sich die Beschuldigten orientieren konnten. Sie fertigten Niederschriften und Skizzen von den Tatgeschehnissen an, wie sie sich zu erinnern meinten.

Die Vernehmungen erfolgten an Werktagen zwischen 8 und 17 Uhr, sie dauerten – unterbrochen von einer Mittagspause – nie mehr als sechs Stunden. Nachts und an Wochenenden fanden grundsätzlich keine Vernehmungen statt.

Der verantwortliche Untersuchungsführer absolvierte die Vernehmungen in seinem Dienstzimmer. Meist war er dabei mit dem Beschuldigten allein, selten ein Vorgesetzter mit im Raum. Die Ausführungen wurden schriftlich protokolliert, zunächst handschriftlich, dann per Schreibmaschine. Seit den frühen 70er Jahren erfolgten Tonaufzeichnungen.

Diese Gespräche erfolgten im sogenannten Vernehmerbau, der räumlich von der Untersuchungshaftanstalt getrennt war. Einmal im Monat konnte der Beschuldigte Post empfangen bzw. versenden, einmal im Vierteljahr waren Besuche möglich. Im Bedarfsfall erfolgte die medizinische Versorgung im nahegelegenen Haftkrankenhaus des MfS. Sofern ein befristeter Aufenthalt dort erforderlich wurde, besuchte der Untersuchungsführer den Patienten, es fand jedoch keine Vernehmung statt. Im Haftkrankenhaus erfolgte bei Bedarf auch die psychologische Begutachtung durch Fachleute für forensische Psychologie.

Ein solcher Befund war erforderlich, um die charakterliche Disposition des Beschuldigten festzustellen. Das Gericht musste die subjektive Haltung des Angeklagten kennen, denn eine Berufung auf einen vermeintlichen Befehlsnotstand war unglaubwürdig und darum nicht zulässig. Bis heute hat man nicht einen dokumentierten Fall gefunden, der belegt, dass jemand persönliche Konsequenzen deshalb erlitten hätte, weil er etwa die Teilnahme an einer Erschießung verweigerte.

Das Ermittlungsverfahren fand nach Vorlage aller relevanten Beweise, insbesondere der Zeugenaussagen und der Entgegnung des Beschuldigten, mit der Übergabe eines Schlussberichts an den Staatsanwalt seinen Abschluss. Der Untersuchungsführer übergab mit seinem Bericht, der nie weniger als hundert Seiten umfasste, auch die Akten und Beweismittel. Dem Staatsanwalt stand es frei, danach den Beschuldigten selber noch einmal zu vernehmen. Er händigte der Verteidigung die von ihr verlangten Akten aus.

Zum Vorgang gehörte eine interne Handakte des Untersuchungsführers, in der Vernehmungen und Untersuchungsplanung, MfS-Schriftverkehr und Ergebnisse der Suche nach weiteren Tätern sowie die operative Auswertung dokumentiert wurden. Der Schriftverkehr mit den Beteiligten des Verfahrens hingegen wurde separat abgelegt.

Dem Minister für Staatssicherheit wurde, je nach politischer und öffentlicher Bedeutung des Strafverfahrens, ein MfS-interner Prozessvorschlag vorgelegt, der das wesentliche Ermittlungsergebnis enthielt: Aussagen von Staatsanwalt und Gericht zum geplanten Prozess, die vom MfS erbetene Unterstützung bei Unterbringung, Versorgung und Betreuung von Prozesszeugen einschließlich ihrer operativer Absicherung, sowie die beabsichtigte Öffentlichkeits- und Pressearbeit, soweit diese von der Abteilung Agitation des MfS unterstützt werden sollte. Das Papier für den Minister enthielt auch Angaben zu dem vom Staatsanwalt geplanten Strafantrag.

Diese Tatsache wird als aktive Einflussnahme des MfS auf Staatsanwaltschaft und Gericht interpretiert. Das ist unzutreffend: In Straf- und Gerichtsverfahren und deren öffentlicher Auswertung blieb die Zuständigkeit der einzelnen Institutionen gewahrt. Das heißt: Es gab keine Einflussnahme weder in diese noch in die andere Richtung. Die Organe kooperierten miteinander, erteilten sich aber wechselseitig keine Vorschriften.

Während des Prozesses nahm der Untersuchungsführer zum Angeklagten nur auf dessen ausdrückliches Ersuchen hin Kontakt auf. Meist ging es dabei um die Regelung persönlicher Angelegenheiten. Der Vorsitzende des Gerichts war jederzeit die oberste Instanz, und niemand sonst.

Reiner Stenzel, Co-Autor dieses Buches, war Untersuchungsführer in der Hauptabteilung IX/10. Als junger Leutnant verhörte er von Herbst 1967 bis Frühjahr 1969 den SS-Mann Josef Blösche. Dieser wurde in der DDR ermittelt und überführt, an der Deportation von etwa 300 000 Menschen in

Vernichtungslager beteiligt gewesen zu sein und selbst mindestens 2000 ermordet zu haben. Auf Basis des von Stenzel gelieferten 147 Seiten umfassenden Schlussberichts wurde Klage erhoben. Das Bezirksgericht Erfurt verurteilte Blösche zum Tode. Am 29. Juli 1969 wurde er in Leipzig hingerichtet. In einem 2014 geführten Interview mit Robert Allertz schilderte Stenzel die auf den Seiten zuvor abstrakt formulierten Umstände.

Sie waren in dessen letztem Lebensjahr Blösches wichtigste Bezugsperson. Am 1. Oktober 1967, bei Ihrer ersten Vernehmung, waren Sie 25, Blösche 55 Jahre alt. Der Massenmörder hätte Ihr Vater sein können.

Vom Alter her gewiss. Aber das war weder für ihn noch für mich ein Problem. Blösche war, was gewiss mit seinem Intellekt zusammenhing, sehr obrigkeitshörig. Deshalb trug ich, was bei Vernehmungen eigentlich unüblich war, Uniform. Für ihn war ich Offizier, er Unterscharführer, das war der niedrigste Unteroffiziersrang in der SS. In seiner Wahrnehmung hatte ich das Sagen, er verhielt sich servil. Da spielte der Altersunterschied keine Rolle.

Wie geht man mit einem solchen Menschen um, von dem man weiß, dass Blut an seinen Händen klebt?

Professionell. Man darf sich bei der Befragung nicht von Emotionen steuern oder gar übermannen lassen. Wobei ich einräume, dass das nicht immer leicht war, zumal er auch optisch ziemlich entstellt war und, nun ja, dadurch Abscheu erregte. In tschechischer Kriegsgefangenschaft – er stammte aus den Sudeten – arbeitete er im Kohlenbergbau bei Ostrava. Untertage geriet er mit dem Kopf zwischen Förderkorb und Schachtwand, dabei wurde die linke Gesichtshälfte schwer in Mitleidenschaft gezogen. Es blieb ungeklärt, ob es sich um einen Suizidversuch oder um einen Unfall handelte.

Wie ist das MfS überhaupt auf Blösches Spur gekommen? Er arbeitete am 11. Januar 1967, als er nach der Nachschicht verhaftet wurde, im VEB Kaliwerk Volkenroda.

Das ist eine lange Geschichte und ein signifikantes Beispiel für die mangelnde Kooperation der Justiz in der BRD und der DDR bei der Verfolgung von Nazi- und Kriegsverbrechern, man kann auch sagen: wie Nazis von der BRD aus geschützt wurden, um diese der Strafverfolgung in der DDR zu entziehen.

In Hamburg ermittelte man in den 60er Jahren gegen Dr. Ludwig Hahn, der als Kommandeur der Sicherheitspolizei und des SD in Warschau die Liquidierung des dortigen Ghettos verantwortete. (Dafür sollte er erst 1975 wegen »Beihilfe zum Mord an mindestens 100 Polen« zu zwölf Jahren verurteilt werden – man handelte zögerlich, schließlich war Hahn Schwager des Ritterkreuzträgers Johannes Steinhoff, als Viersternegeneral ranghöchster Soldat in der NATO-Führung.) Bei diesen Ermittlungen stieß man auch auf Heinrich Klaustermeyer, einem von Hahns maßgebenden Unterstellten, und über diesen wiederum auf den in Niedersachsen lebenden Gustav Blösche, ebenfalls Angehöriger der Gestapo in Warschau. Der war keineswegs unschuldig, verwies aber auf seinen in Thüringen lebenden Bruder Josef. Nun hätte man offiziell die DDR unterrichten müssen. Was aber mit der fadenscheinigen Begründung unterblieb, dass in der DDR bei der Verfolgung und Verurteilung von Nazi- und Kriegsverbrechern die Grundsätze des Alliierten Kontrollratsgesetzes Nr. 10 aus dem Jahr 1945 galten, will heißen: faschistische Massenmörder mussten mit der Todesstrafe rechnen. Vor allem jedoch: Es gab zwischen der BRD und der DDR kein Rechtshilfe- und Auslieferungsabkommen, was wir aber immer forderten.

Im Dezember 1965 informierte der Vorsitzende der Jüdischen Gemeinde von Berlin, Heinz Schenk, auf Veranlassung von Heinz Galinski den DDR-Staatssekretär für Kirchenfragen, dass Josef Blösche im Warschauer Ghetto 16 Juden ermordet habe, und übergab zwei Fotos des SS-Manns und Angaben zu dessen Person. Diese Unterlagen wurden an das MfS weitergeleitet, das daraufhin umgehend zu ermitteln begann. Nachdem der Operativvorgang fast schon abgeschlossen war, kam im April 1966 ein Schreiben der Oberstaatsanwaltschaft Hamburg. Darin wurde die Generalstaatsanwaltschaft der DDR informiert, dass es ein Verfahren gegen Hahn gebe und man Blösche haben wolle. »Ich wäre Ihnen daher für eine Mitteilung dankbar, ob Sie bereit sind, Blösche aufgrund des hier vorliegenden Haftbefehls festnehmen zu lassen und ihn nach Hamburg zu überstellen.« Das unterblieb natürlich: Auf welcher Rechtsgrundlage sollte Blösches Auslieferung in die Bundesrepublik erfolgen?

Josef Blösche wurde, verteilt über 18 Monate, 746 Stunden lang vernommen. Entsteht da so etwas wie eine persönliche Beziehung?

Wie man es nimmt. Ich sorgte dafür, dass er in der Haft korrekt wie jeder andere behandelt und versorgt wurde. Und ich ging auch seinen Beschwerden nach, die er mir während des Verfahrens in Erfurt übermittelte. So wurde ihm der von mir aus Berlin zugestellte Bohnenkaffee und die Zeitschriften *NBI, Eulenspiegel* sowie *Garten und Kleintierzucht* vorenthalten. Und er beklagte sich, dass der Vorsitzende Richter ihm nicht glaube. »Was soll ich tun?«, fragte er mich fast verzweifelt. Tatsache ist, dass Blösche geständig war, allerdings nicht als grausamer Mörder erscheinen wollte. Er habe nur auf Befehl gehandelt, erklärte er stets. Wenn aber Zeugen berichteten, dass er sich mit einer Riksch durchs Ghetto habe fahren lassen, um wahllos und willkürlich in Menschenmassen zu schießen, oder dass er in Wohnungen Schwangere und Kleinkinder, Alte und Kranke abknallte, ohne mit der Wimper zu zucken, wozu es keinen Befehl gab, sagte er, dass er sich nicht erinnern könne, was aber nicht hieß, dass der Zeuge irre. Und dann weinte er, wie gelegentlich bei meinen Vernehmungen. Aus Selbstmitleid, nicht etwa über die von ihm verübten barbarischen Verbrechen.

Hat Sie das Urteil des Gerichts geschockt?
Nein. Die Strafe war gerecht.

***

In der Vergangenheit wurde wiederholt versucht, einen Nachweis dafür zu erbringen, dass das MfS ehemalige Nazis deckte, vor Strafverfolgung schützte oder sie sogar vorzugsweise wegen ihrer »Erfahrungen« zur Spitzeltätigkeit gegen die DDR-Bevölkerung erpresst und als Inoffizielle Mitarbeiter angeworben habe. Unbestreitbar ist, dass vom MfS auch ehemalige Nazis als Informanten für die Aufklärung und Abwehr angeworben und genutzt wurden. Seit jeher gehört es zum Metier geheimdienstlicher Arbeit, zum Zwecke der Informationsgewinnung über den Gegner aus dessen Reihen entsprechende Quellen zu akquirieren und eigene Leute in dessen Kreise einzuschleusen. Das entsprach durchaus auch der Praxis des MfS, schließlich gehörten ehemalige, in der DDR lebende Nazis zur »Agenturbasis« westlicher Geheimdienste und DDR-feindlicher Organisationen wie beispielsweise der Kampfgruppe gegen Unmenschlichkeit oder dem Untersuchungsausschuss Freiheitlicher Juristen.

Daraus jedoch abzuleiten, das MfS habe mit der Anwerbung ehemaliger Nazis vorsätzlich »Strafvereitelung« betrieben, ist absurd und aus dem historischen Kontext gerissen. Eine Zusammenarbeit mit dem MfS schützte keinen Täter vor der Strafverfolgung. Wenn ausreichende Beweise für den Nachweis individueller Tatbeteiligung und strafrechtlich relevanter Schuld vorlagen oder erbracht werden konnten, wurden die Beschuldigten vor Gericht gestellt. Das geht beispielsweise aus den Fällen ehemaliger IMs wie Johannes Kinder (Nr. 1024), Franz Timm alias Neumann (Nr. 1032), Georg Frentzel (Nr. 1044) oder Karl Gorny (Nr. 1034) hervor.

Ehemalige Nazis wurden nur als IM angeworben, wenn die operativen und strafprozessualen Verdachtsprüfungen keine ausreichenden Beweise für die Einleitung eines formellen Ermittlungsverfahrens erbrachten, wie etwa bei Josef Settnik oder Karl Mally:

Zu Settnik erhielt das MfS 1960 aus der Volksrepublik Polen Kenntnis darüber, dass dieser Mitarbeiter der politischen Abteilung des KZ Auschwitz gewesen war. In der Befragung gestand Stettnik seine Tätigkeit als Dolmetscher in Auschwitz, leugnete aber jegliche Teilnahme an Verbrechen. Beweise für eine strafrechtliche Schuld konnten nicht erbracht werden, stattdessen wurde er unter sicherheitspolitischen Aspekten als IM angeworben. Die Überprüfungen hatten nämlich ergeben, dass zwei seiner Söhne in der DDR Angehörige der bewaffneten Organe waren. Die sicherheitspolitische Relevanz ergab sich daraus, dass erfahrungsgemäß Kenntnisse über faschistische Biografien für ausländische Geheimdienste von großem Interesse waren. Das Argument, dass Nazi-Täter vonseiten der DDR erpressbar gewesen wären, ist irrig, denn entweder wurden diese verurteilt oder aus Mangel an Beweisen nicht belangt. Erpressbar waren diese Personen, und eben auch ihre Familienangehörigen, lediglich für gegnerische Geheimdienste und Organisationen. Diese konnten damit drohen, die individuelle Täterschaft oder die des Vaters, Bruders etc. im Falle der Nichtkooperation dem MfS oder der Parteispitze zu melden.

Zu Karl Mally ist aus den Ermittlungsverfahren der HA IX/10 gegen die ehemaligen Gestapo-Angehörigen Josepf Blösche (Nr. 1049), Edmund Langer (Nr. 1038) und Willi Richter (Nr. 1035) bekannt geworden, dass es sich auch bei ihm um einen ehemaligen Gestapo-Mitarbeiter handelte. Beweise für eine strafrechtlich relevante Täterschaft konnten aber nicht ausreichend ermittelt werden. Mally wurde jedoch aus der SED ausgeschlossen und seiner Funktionen enthoben. Von sicherheitspolitischer Relevanz war in diesem Zusammenhang, dass sein jüngerer Bruder General und Chef der Verkehrspolizei im Ministerium des Inneren war. Auch Mally wurde nach seiner Befragung als IM angeworben.

Aber selbst dem MfS gelang es nicht immer, Tatverdächtige nach eingeleitetem Ermittlungsverfahren und Festnahme zu überführen. Als signifikantes Beispiel dafür soll auf das eingeleitete Untersuchungsverfahren gegen Heyns alias Dr. Monath verwiesen werden (s. auch S. 69 ff.).

Und auch vor Irrtümern war das MfS nicht gefeit. So wurde beispielsweise der DDR-Bürger Erich Gust verdächtigt, als Obersturmführer einer der Mörder Ernst Thälmanns gewesen zu sein.

Die operative Diensteinheit XX/23 hatte einen Erich Gust mit identischem Namen, Geburtsdatum und Geburtsort ermittelt und war nach Zeugenvernehmungen zu der Überzeugung gelangt, den gesuchten Thälmann-Mörder aufgespürt zu haben. Darüber wurde voreilig auch der Minister für Staatssicherheit, Erich Mielke, und von diesem die Parteiführung informiert. Es musste jedoch festgestellt werden, dass eine Personengleichheit nicht vorlag. Das Ermittlungsverfahren wurde eingestellt und der zu Unrecht Beschuldigte aus der Haft entlassen. In diesem Zusammenhang war inoffiziell bekannt geworden, dass ein in der BRD lebender Erich Giese mit der Mutter des Kindes des SS-Obersturmführers Erich Gust nach 1945 in der BRD die Ehe eingegangen war. Daraus schlussfolgerte man, dass es sich bei diesem Giese möglicherweise um den gesuchten Gust handeln könnte. Beweise dafür konnten aber bis zum Ende der DDR auch nach mehrfachen inoffiziellen Ermittlungen in der BRD nicht erbracht werden. Um dem MfS und dem Minister eine zweite Blamage in Sachen Thälmann-Mörder zu ersparen, wurde entschieden, erst den Ausgang des BRD-Verfahrens gegen den Thälmann-Mörder Otto abzuwarten, ehe die inoffiziellen Hinweise gegenüber den BRD-Behörden publik gemacht werden würden.

Daraus wird der Vorwurf abgeleitet, die DDR und das MfS hätten einen der Thälmann-Mörder der Strafverfolgung entzogen und auf diese Weise den Antifaschismus diskreditiert. Dabei war aber dem bundesdeutschen Verfassungsschutz nach Bekundungen des ehemaligen Buchenwaldhäftlings

Fred Löwenberg seit mindestens 1952 bekannt, dass eben jener gesuchte SS-Offizier in Melle/Niedersachen unter falschem Namen lebte und ein Nobelrestaurant betrieb.

Das Ende der Verfolgung von Nazi- und Kriegsverbrechen in der DDR

Schon vor dem Ende der DDR kam durch die Auflösung des MfS und des späteren Amtes für Nationale Sicherheit (AfNS) sowie infolge einer grundlegenden Umstrukturierung der Generalstaatsanwaltschaft mit nachgeordneten Dienststellen die Verfolgung von Nazi- und Kriegsverbrechen zum Erliegen. Mitarbeiter der operativen Diensteinheit HA XX/2/III und der HA IX/Untersuchung (HA IX/10, HA IX/11 und der Arbeitsgruppe »Verbrechen gegen die Menschlichkeit«) wurden Ende 1989, Anfang 1990 »abgewickelt«. Ihre Kenntnisse und ihr umfangreiches Sachwissen – Basis für jedwede Verfolgung von Völkerrechtsverbrechen – konnten nicht an die Kriminalpolizei weitergegeben werden, da diese weder Interesse an den Materialien noch an den erfahrenen Mitarbeitern hatte. Der Kriminalpolizei aber fehlten die personellen und fachlichen Voraussetzungen für eine weitere Arbeit zur Aufspürung und Verfolgung von in der DDR lebenden Nazi- und Kriegsverbrechern. Es gab auch kein Bedürfnis, die Arbeit des MfS und der Generalstaatsanwaltschaft auf diesem Gebiet fortzusetzen.

Bei der Generalstaatsanwaltschaft befasste sich lediglich noch Staatsanwalt Horst Busse im Selbstauftrag mit diesem speziellen Sachgebiet einschließlich der noch im Strafvollzug befindlichen Nazitäter. Einzelne Mitarbeiter der HA IX/11 wurden bei der Außenstelle des BRD-Bundesarchives in der Freienwalder Str. zunächst weiter beschäftigt, sie »halfen« bei der Übernahme der Archivbestände der HA IX/11 aus der Zeit vor 1945. Sie wurden nach 1991 ebenfalls überflüssig.

Die Ende 1989 noch anhängigen Vorgänge zur beabsichtigten Strafverfolgung von ermittelten Nazitätern wurden von der Kriminalpolizei der DDR und den umgebildeten

Justizbehörden beziehungsweise den später zuständigen BRD-Justizbehörden nicht weitergeführt oder verliefen im Sande.

Wie haltlos die Behauptung vom Schutz der Nazi-Täter war, beweist allein die Tatsache, dass in keinem einzigen Fall von der Staatsanwaltschaft der vereinten Bundesrepublik Anklage erhoben wurde.

In der untergehenden DDR fand tatsächlich die Verfolgung von Nazitätern ihr Ende, obwohl seit Beginn des Jahres 1990 mehrere Anzeigen erfolgt waren. Beate Klarsfeld wurde vorstellig, die polnische Hauptkommission zur Verfolgung von Nazi- und Kriegsverbrechen wollte die Zusammenarbeit abstimmen ... Das alles lief ins Leere.

Das letzte Urteil des Obersten Gerichts der DDR vom 4. Mai 1990 war ausgerechnet die Umwandlung der lebenslangen Haftstrafe von Jakob Holz in 15 Jahre Haft. Es stieß bei den Jüdischen Gemeinden in der DDR, bei der Liga für Menschenrechte und bei Antifaschisten auf Protest und Unverständnis und wurde als ein Signal für ein Zurückweichen vor der erstarkenden rechten Bewegung gewertet.

Hinzu kamen Forderungen aus Kreisen der Kirche, der Bürgerrechtler und »gewendeter« Demokraten, verurteilte Naziverbrecher aus dem Strafvollzug zu entlassen. Begründet wurden solche Appelle mit dem Alter und mit gesundheitlichen Problemen dieser Personen. Die veränderte DDR solle Humanität beweisen. Dabei wurde völlig negiert, dass die Naziverbrecher schwere und schwerste Verbrechen begangen hatten und die DDR für ihr konsequentes Handeln in der Welt Anerkennung gefunden hatte.

Staatsanwalt Horst Busse vertrat die Auffassung, dass Begnadigungen aus Alters- und Gesundheitsgründen oder aus humanitären Erwägungen nicht generell abzulehnen seien. Rudolf Hermann August Otte war bereits Strafaussetzung zugestanden worden.

In weiteren vier Fällen – Erika Bergmann, Paul Ewald Freudenberg, Johann Bruhn und Wilhelm Papke – empfahl die Generalstaatsanwaltschaft dem amtierenden Staatsoberhaupt die Begnadigung. Sie hatten bereits viele Jahre verbüßt. Einer Haftentlassung stand vor allem entgegen, dass die völkerrechtlich gebotene Bestrafung auch einen konsequenten Vollzug der Strafen nach sich zog, wie es auch Praxis in anderen Ländern war.

Von diesen wurde lediglich eine Person begnadigt, Walter Hofmann kam 1982 frei. Fünf Verurteilte – Paul Böttger, Arnold Zöllner, Erwin Werner, Georg Frentzel und Stefan Zepezauer – verstarben in der Haft.

Am 31. Dezember 1989 saßen noch 46 Nazi-Täter ein. Drei – Paul Weckmüller, Herbert Drabant, Kurt Melzer – wurden begnadigt, bei zweien wurde die Strafe ausgesetzt – Rudolf Hermann August Otte und Rudolf Hermann Miksch. Zwölf Personen verstarben: Paul Brekenfelder, Rudolf Zimmermann, Heinrich Frohn, Arnold Kostrowski, Willi Brand, Johannes Huster, Willy Junge, Herbert Hugo Paland, Julius Krause, Herbert Helbing, Karl Jäger und Wilhelm Lachmann.

Mitte 1990 befanden sich noch 23 verurteilte Nazitäter im Strafvollzug der DDR. Der »Jüngste« war 67, alle anderen waren älter. Vierzehn von ihnen saßen bislang weniger als zehn Jahre ein. Von diesen 23 Tätern wurden noch 1990 fünf begnadigt, 18 verblieben hinter Gittern: Eberhard Täschner, Henry Schmidt, Josef Böhle, Otto Bahlke, Stanislavs Steins, Erna Petri, Josef Holzberger, Heinz Barth, Ulla Erna Frieda Jürß, Johannes Piehl, Kurt Brückner, Karl Neumann, Rudolf Papsdorf, Manfred Pöhlig, Heinz Weiße, Adolf Blaschke, Erich Mettke und Jakob Holz.

Zur Rechtsprechung nach 1990

Nach dem Beitritt der DDR zum Geltungsbereich des Grundgesetzes und der sogenannten Vereinigungsamnestie wurden die weiterhin im Justizvollzug einsitzenden, rechtskräftig in der DDR verurteilten Nazitäter aktiv und versuchten ihre Freilassung und Rehabilitierung juristisch zu erzwingen.

NEUMANN, KARL (Nr. 1007)
Das Oberlandesgericht Rostock entschied am 23. März 1995 auf Rehabilitationsantrag, dass die Verurteilung zwar teilweise rechtswidrig sei, sah aber dennoch keinen Grund, das Strafmaß zu korrigieren. Von Amts wegen wurde jedoch die Erledigung der Vollstreckung ausgesprochen.
Obwohl der Strafausspruch des Obersten Gerichts der DDR nicht zu beanstanden war, wurde von Amts wegen die weitere Strafvollstreckung gegen Neumann unter anderem mit folgender Begründung für beendet erklärt: »Durch Verbüßung von mehr als zehn Jahren hat Neumann noch an seinem Lebensabend wenigstens einen Teil der großen Schuld, die er auf sich geladen hat, in den Vollzugsanstalten der DDR gesühnt. Die in seinem Lebensbericht zum Ausdruck gekommene Distanzierung von den damaligen Ereignissen deutet auf eine innere Umkehr hin und lässt die Resozialisierung des Betroffenen, der vor der hier fraglichen Verurteilung niemals bestraft worden war, gesichert erscheinen. Der Betroffene ist heute fest in seine Familie eingebunden. Er steht im 84. Lebensjahr. Seine Strafempfindlichkeit ist aus diesem Grunde besonders hoch. Die weitere Vollstreckung wäre auch unter diesem Gesichtspunkt unverhältnismäßig. Der Senat hat darum unter Abwägung aller für und gegen die weitere Vollstreckung sprechenden Gesichtspunkte die Erledigung der Vollstreckung ausgesprochen.«

PIEHL, JOHANNES (Nr. 1013)

Das Oberlandesgericht Rostock entschied am 16. September 1993, die Verurteilung sei teilweise »rechtsstaatswidrig«, die Strafe bleibe unverändert und Piehl werde aus der Haft entlassen. Vierzehn Jahre Gefängnis und die gezeigte Einsicht ließen die Resozialisierung gesichert erscheinen.

Obwohl das Oberste Gericht der DDR Piehls Verbrechen aufgrund zahlreicher Zeugenaussagen und umfangreicher Beweisdokumente als erwiesen sah und der Ministerpräsident von Mecklenburg-Vorpommern als zuständige Instanz im Dezember 1992 ein Gnadengesuch abgelehnt hatte, kam im Rehabilitationsverfahren das Oberlandesgericht Rostock zu anderen Schlussfolgerungen. Es erklärte, die DDR habe das Verfahren gegen Piehl zur Selbstdarstellung missbraucht. Das Urteil enthalte Ausführungen, die eher propagandistischen Zwecken als der Wahrheitsfindung dienten. Es handle sich nicht lediglich um fehlerhafte Rechtsanwendung, sondern mit der Entscheidung sollte vielmehr die harte Bestrafung eines »Kriegsverbrechers« anderen Ländern demonstriert werden. Die Grundsätze eines fairen Verfahrens seien nicht eingehalten worden.

Im Rehabilitationsurteil hieß es ferner, dass von Piehl angeordnete Vergeltungsmaßnahmen und Morde an der Zivilbevölkerung wegen »Widerstandsmaßnahmen« nicht völkerrechtswidrig gewesen wären und der Haager Landkriegsordnung entsprochen hätten. Dabei berief sich die Justiz auf die bundesdeutsche Rechtsprechung seit den frühen 50er Jahren (also auf Richter, die meist schon vor 1945 tätig waren und den Faschisten gedient hatten).

Es erfolgte weiter der Hinweis, dass entsprechend einer Weisung Stalins die sowjetische Bevölkerung einen »totalen Widerstand« gegen die Okkupanten geleistete habe, was sich eindeutig gegen die »Gehorsamspflicht« der Sowjetbevölkerung gegenüber den deutschen Besatzern gerichtet habe. Andererseits musste zum Teil aber auch eingeräumt werden, dass DDR-Urteile auch rechtens waren, wie im Fall:

KRAMER, HELLMUTH PAUL (Nr. 1028)
Vom Landgericht Erfurt wurde am 13. April 1994 ein Rehabilitierungsantrag abgelehnt. Es begründete die Ablehnung unter anderem damit, dass die Strafvorschriften der DDR mit wesentlichen Grundsätzen der freiheitlich-demokratischen Verfassungen vereinbar wären und darauf beruht hätten.

Weitere Rehabilitationsverfahren

Sattler, Bruno Wilhelm Berthold Martin (Nr. 1163)
Landgericht Rostock, am 18. Januar 1998 zurückgewiesen

Plesse, Karl (Nr. 1152)
Landgericht Frankfurt/Oder, am 16. Juli 1992 Verurteilung aufgehoben und Freispruch

Bes., Edmund; Grab, Ernst; Hertel, Otto; Lie., Paul, Strafe ermäßigt von lebenslänglich auf 15 Jahre
Sch., Friedrich, Strafe reduziert von zwölf auf zehn Jahre
Ter., Ewald, Strafe reduziert von zwölf auf zehn Jahre
(Nr. 1147)
Landgericht Frankfurt/Oder, am 28. Mai 1998 zurückgewiesen

Kozanowski, Heinrich; Neumann, Erich (Nr. 1124)
Landgericht Neubrandenburg, am 31. Januar 1994 Verurteilung als »rechtsstaatswidrig« aufgehoben

Wolff, Oskar (Nr. 1121)
Landgericht Frankfurt/Oder, am 3. Februar 1998 lebenslängliche Verurteilung als »rechtsstaatswidrig« aufgehoben

Getter, Gerhard (Nr. 1113)
Landgericht Schwerin, am 29. September 1994 wurde die Verurteilung für Straftaten nach 1945 als »rechtsstaatswidrig« aufgehoben

Wehren, Willi (Nr. 1098)
Landgericht Potsdam, am 12. Juni 1993 Antrag zurückgewiesen

Puls, Oskar (Nr. 1088)
Landgericht Schwerin, am 6. Juni 1995 wurde die Verurteilung für Straftaten nach 1945 als »rechtsstaatswidrig« aufgehoben

Pchalek, Gerhard (Nr. 1089)
Landgericht Meiningen, Antrag am 25. Juni 1993 zurückgewiesen

Oberländer, Theodor Erich Ernst Emil Otto (Nr. 1087)
Landgericht Berlin, am 24. November 1993 Verurteilung aufgehoben, da in Abwesenheit erfolgt

Mielke, Hugo (Nr. 1083)
Landgericht Erfurt, am 23. Juni 1993 wurde die Verurteilung für Straftaten nach 1945 als »rechtsstaatswidrig« aufgehoben

Papke, Wilhelm (Nr. 1062)
Landgericht Neubrandenburg, am 7. Juni 2002 wegen Hinfälligkeit aus der Haft entlassen und in ein Pflegeheim überstellt

Jürß, Ulla Erna Frieda (Nr. 1055)
Landgericht Rostock, am 22. Juni 1998 Antrag abgewiesen

Brekenfelder, Paul Wilhelm Rudolf (Nr. 1052)
Landgericht Rostock, am 7. Mai 1998 Antrag abgewiesen

Kuckuk, Max Emil; Weckmüller, Paul; Wegner, Wilhelm Bruno Andreas (Nr. 1047)
Landgericht Erfurt, am 29. Januar 1991 Antrag abgewiesen

Gottspfennig, Fritz (Nr. 1045)
Oberlandesgericht Rostock, am 3. August 1993 Antrag abgewiesen

Schuster, Albert Hugo (Nr. 1041)
Landgericht Chemnitz, am 10. Oktober 1994 wurde Todesstrafe in lebenslänglich umgewandelt

Freudenberg, Paul Ewald (Nr. 1033)
Landgericht Meiningen, am 28. April 1992 zurückgewiesen.

Kubicek, Otto (Nr. 1022)
Landgericht Erfurt, am 19. August 1991 Antrag abgewiesen

Schumann, Arno Ernst (Nr. 1017)
Landgericht Halle, am 24. April 1994 Antrag abgewiesen

Barth, Heinz (Nr. 1009)
Landgericht Berlin, am 16. September 1991 Kassation abgewiesen

Brückner, Kurt; Täschner, Eberhard (Nr. 1005)
Landgericht Dresden, am 25. Februar 1994 Antrag abgewiesen

Pöhlig, Manfred (Nr. 1002)
Landgericht Magdeburg, am 3. Juni 1992 Antrag abgewiesen

Holz, Jakob (Nr. 1001)
Oberstes Gericht der DDR, am 8. Januar 1990 Kassation des Generalstaatsanwaltes zurückgewiesen

BRD-Recht: Vom Täter zum Opfer

Nach 1990, also nach dem Untergang der DDR und der Sowjetunion, beantragten etwa 100 000 Personen aus den baltischen Republiken als ehemalige Kriegsfreiwillige der Waffen-SS in der Bundesrepublik eine »Kriegsrente«. Auf diesen Sachverhalt stieß der Belgier Alvin De Coninck, als Ende 2011 die deutschen Steuerbehörden von rund 13 500 ehemaligen belgischen Zwangsarbeitern Steuern von 17 Prozent auf die ihnen bewilligten Entschädigungszahlungen forderten, und das sogar rückwirkend bis 2005.

Der Sohn eines antifaschistischen Widerstandskämpfers entdeckte bei seinen Recherchen, warum das so war, zunächst die öffentlich nahezu unbekannte Tatsache, dass rund 2 500 belgische Nazikollaborateure Monat für Monat eine Rente aus Deutschland bezogen. Dies ging ganz offenkundig auf eine Entscheidung der Dönitz-Regierung zurück. Bekanntlich existierte im Mai 1945 eine Reichsregierung unter Großadmiral Karl Dönitz, der in Nürnberg als Hauptkriegsverbrecher zu zehn Jahren Haft verurteilt werden sollte. Diese deutsche »Regierung« hatte entschieden, dass den Handlangern des Hitlerreiches eine »Kriegsrente« zugestanden würde. Der Rechtsnachfolger des Reichs, die deutsche Bundesregierung, zahlte gemäß Bundesversorgungsgesetz: Pacta sunt servanda, Verträge sind einzuhalten.

Dass Kollaborateure – selbst wenn sie als Nazitäter verurteilt und bestraft worden waren – großzügiger bedacht wurden als die Opfer, bekam Alvin De Coninck ebenfalls heraus. Die sogenannten Zusatzrenten für die Nazi-Handlanger betrugen zwischen 475 und 1 275 Euro, während sich die Zwangsarbeiter mit etwa 50 Euro begnügen mussten. Als die Nazi-Kollaborateure aus Osteuropa ihre Gleichbehandlung einforderten, stiegen die Ausgaben des Rechtsnachfolgers deutlich an. Um zumindest etwas zu sparen, beschloss die Bundesregierung die Besteuerung der »Kriegsrenten« mit 17 Prozent.

2012 bezogen europaweit etwa 900 000 Bürger eine deutsche »Kriegsrente«. Das ARD-Magazin panorama berichtete am 30. Januar 1997 unter der Überschrift »Steuermilliarden für Naziverbrecher – deutsches Recht macht Täter zu Opfern« und stieg mit der provokanten Feststellung ein: Würde Adolf Hitler noch leben, bekäme er zu seiner normalen Rente noch eine »Opferrente«. Er gälte nach heutiger Gesetzgebung als Opfer, weil er bei einem Attentatsversuch verletzt wurde, und dafür bekäme er Geld, unter Umständen mehrere tausend Mark monatlich. »Diese Opferrente beziehen viele der noch lebenden Naziverbrecher oder deren Angehörige. Hier, bei uns in Deutschland, wurden die Täter nicht nur von der Nachkriegsjustiz oftmals geschont, sondern zu Opfern erklärt, und dafür werden sie noch heute verdammt gut bezahlt.«

Danach präsentieren die Autoren einige Beispiele.

Wolfgang Lehnigk-Emden ließ in Italien als Wehrmacht-Leutnant Frauen und Kinder beim »Kampf gegen Partisanen« niedermetzeln. »Nie wurde Lehnigk-Emden für seine nachgewiesenen Morde bestraft – wegen Verjährung, sagt der Bundesgerichtshof. So wurde aus dem von der Justiz verschonten Mörder plötzlich für die Behörden ein Opfer, denn Lehnigk-Emden leidet an einer leichten Beinverletzung von damals. Dafür bekommt der wohlhabende Rentner bis heute jeden Monat neben seiner normalen Rente zusätzlich 708 Mark, eine sogenannte Opferrente.«

Wilhelm Mohnke ist ehemaliger SS-Hauptsturmführer in der Leibstandarte »Adolf Hitler«. »Seine monatliche Opferrente bekommt er für einen verletzten Fuß. Mohnke war einer der letzten engen Vertrauten Hitlers. Wegen der Erschießung von 72 US-amerikanischen Soldaten, die sich vorher ergeben hatten, gilt er für die US-Regierung als Kriegsverbrecher und darf das Land nicht betreten.«

Geregelt ist dieser Skandal im Bundesversorgungsgesetz. Voraussetzung ist lediglich: irgendeine Kriegsverletzung und Zugehörigkeit zur Wehrmacht oder Waffen-SS. Das Geld kommt von den rund 100 Versorgungsämtern, aus Steuermitteln. Mal zahlen sie ein paar hundert Mark, mal mehrere tausend pro Monat an die Opferrentner, egal ob Kriegsverbrecher oder nicht.

Und die Journalisten bringen auch besonders widerwärtige Beispiele wie jenes eines ehemaligen KZ-Bewachers. Dieser wurde bei Kriegsende gefangengenommen und wie andere Soldaten auch in ein Gefangenenlager gesteckt. »Später hatte er einen Nierenschaden und behauptete, dass der Nierenschaden vom Schlafen auf dem kalten Steinfußboden verursacht worden war. Der KZ-Wärter beantragte eine Opferrente für zehn Tage Gefangenschaft in einem kalten Zimmer. Das Amt lehnte ab, doch der KZ-Wärter gewann vor Gericht.«

Mit den wirklichen Opfern geht der deutsche Staat anders um. »Während keiner der Angehörigen von Wehrmacht und Waffen-SS wegen Verbrechen ausgeschlossen werden kann, ist das bei den KZ-Überlebenden ganz anders, da reicht schon eine Kleinigkeit. Für sie gilt das Bundesentschädigungsgesetz, und da gibt es Ausschlussgründe. Zum Beispiel Kurt Baumgarte. Er hat den Volksgerichtshof und das KZ Fuhlsbüttel überlebt. Über zehn Jahre saß er in Einzelhaft, oft geschlagen und angekettet an Händen und Füßen. Seine Entschädigungsanträge nach dem Krieg wurden immer wieder abgelehnt – mit der gleichen Begründung: Baumgarte wurde 1935 verhaftet und 1936 zu 15 Jahren Zuchthaus verurteilt. Wiedergutmachungsleistungen nach dem Bundesentschädigungsgesetz stehen ihm aber nicht zu, weil er sofort nach 1945 wieder Funktionär der KPD war. Keine Entschädigung bis heute. Das gilt für viele Kommunisten aus den KZs.«

Dazu die sarkastische Feststellung der Fernsehjournalisten: »Es gibt noch mehr Unterschiede zwischen dem Gesetz für Hitlers Opfer und dem für Hitlers Kämpfer. Die Naziopfer durften Anträge nur bis 1969 und nur in den Ländern des Westens stellen, Hitlers Kämpfer hingegen können Anträge ewig und weltweit stellen.

Dieser Unterschied macht sich auch finanziell bemerkbar. Während nach dem Enschädigungsgesetz letztes Jahr (d. i. 1996 – d. Hrsg.) 1,8 Milliarden Mark an die wirklichen Opfer gezahlt wurden, waren es für Hitlers Kämpfer sieben mal so viel: 12,7 Milliarden Mark – alles aus Steuergeldern, allein im letzten Jahr.

Knapp die Hälfte dieser Summe geht an Witwen, darunter auch die von Hitlers oberstem Blutrichter Roland Freisler, damals Präsident des Volksgerichtshofes. Die wohlhabende Witwe bekommt bis heute eine monatliche Zusatzrente von mehreren hundert Mark, weil ihr Mann durch eine Bombe starb. Begründung für die Zusatzrente: Ihr Mann hätte nach dem Krieg Karriere gemacht und entsprechend verdient.«

In einem 1998 mit der Zeitschrift konkret geführten Interview merkte die Schriftstellerin Daniela Dahn zu diesem Thema an: »Das Bundesbesoldungsgesetz vom März 1992 legte fest, dass es nicht ehrenrührig war, den Nazis zu dienen, um so mehr aber der DDR. Alle Dienstjahre in Institutionen des Dritten Reichs und in den eroberten Gebieten werden heute uneingeschränkt für Gehalt und Rente anerkannt, während es in Ostdeutschland für Systemnähe Rentenabzüge gibt.

Dass es möglich sein würde, den in der DDR als Kämpfer gegen den Faschismus Geehrten ihre VdN-Renten zu kürzen und dafür Angehörige der Wehrmacht, sogar der SS, auch wenn sie Bürger anderer Staaten sind, mit einer Kriegsopferrente zu versöhnen, dass eine KZ-Wächterin, die dafür zehn Jahre in Bautzen saß, eine Entschädigung von 64 000 Mark erhält, die osteuropäischen KZ-Häftlinge und Zwangsarbeiter aber nichts oder bestenfalls ein symbolisches Almosen – dafür hatte meine Phantasie tatsächlich nicht gereicht.«

Pars pro toto: Ausgewählte Verfahren zu bestimmten Verbrechenskomplexen und Tätergruppen

Nachfolgend sollen anhand einer exemplarischen Auswahl einige in der DDR geführten Verfahren näher dargestellt werden.

Ermittlungsverfahren gegen Täter in faschistischen Haftstätten

DR. FISCHER, HORST PAUL SYLVESTER (Nr. 1060), geb. am 31. Dezember 1912, zuletzt wohnhaft gewesen in Spreenhagen / Fürstenwalde, befand sich ab dem 11. Juni 1965 in Untersuchungshaft und wurde vom Obersten Gerichtshof der DDR am 25. März 1966 zum Tode verurteilt.

Fischer war SS-Obersturmführer und Lagerarzt im KZ Auschwitz. Er erhielt 1938 die Approbation als Arzt und wurde am 3. September 1939 zur Waffen-SS einberufen. Sein Einsatz erfolgte in Lublin und später in der Sowjetunion. Als SS-Obersturmführer gehörte er ab dem 1. November 1942 zum SS-Wirtschafts- und Verwaltungshauptamt, der Zentrale der faschistischen Konzentrationslager. Am 6. November 1942 wurde er als Stellvertreter des Standortarztes in das KZ Auschwitz versetzt, wo er bis zum 18. Januar 1945 Dienst verrichtete. Fischer war mitverantwortlich für die Selektion ankommender Transporte im KZ Auschwitz. Zuständig war er auch für die Bestellung des Giftgases Zyklon B und für die Aufsicht über den Vernichtungsvorgang. Er beriet den Kommandanten in Fragen des »Sanitätsdienstes« und der dabei zur Vernichtung zu bestimmenden kranken Häftlinge. Entsprechend seines Dienstplanes nahm er an den Selektionen und Vergasungen teil. Von Ende 1942 bis Frühjahr 1943

beteiligte sich Fischer zwölf Mal an der Vergasung von jeweils 250 bis 300 Personen, insgesamt von mindestens 3000 Menschen, in Auschwitz-Birkenau. Fischer bescheinigte als Arzt zudem in 71 Fällen die »Straffähigkeit« von Häftlingen für den Vollzug der Prügelstrafe mit fünf bis 25 Stockschlägen, in 51 Fällen war er beim Vollzug anwesend. Fischer hat als SS-Lagerarzt und als SS-Standortarzt an der Vernichtung von 70000 Menschen verantwortlich mitgewirkt.
In der Berliner Charité ließ er sich nach Kriegsende das SS-Blutgruppenzeichen entfernen und arbeitete als Arzt im Krankenhaus Berlin-Weißensee. Bis zu seiner Festnahme praktizierte er als angesehener Arzt und Geburtshelfer in Spreenhagen.

KLIER, HELLMUT (Nr. 1111), geb. am 16. März 1916, zuletzt wohnhaft gewesen in Oelsnitz/Vogtland, befand sich ab 1954 in Untersuchungshaft in der UHA II Karl-Marx-Stadt und wurde am 14. Januar 1955 vom Bezirksgericht Karl-Marx-Stadt zum Tode verurteilt. Das Strafmaß wurde später in eine lebenslange Haftstrafe geändert.
Klier gehörte als SS-Oberscharführer zum Haftstättenpersonal der Konzentrationslager Mauthausen, Leitmeritz und Flossenbürg. Er wurde als Mitglied der Waffen-SS im Oktober 1944 direkt in das Personal des KZ Flossenbürg übernommen. Bei dessen Evakuierung war er Postenführer beziehungsweise Kommandoleiter eines Marschblocks von 1000 Häftlingen. Auf dem achttägigen Marsch zum KZ Dachau wurden unzählige Häftlinge erschossen, davon 100 bis 200 Häftlinge des von Klier geleiteten Marschblockes.
Nach 1945 trat Klier unter Verschweigen seiner Vergangenheit in die KPD/SED und in die Deutsche Volkspolizei ein und wurde bei entsprechenden Überprüfungen enttarnt und festgenommen. Er war zeitweilig Parteisekretär in einer SED-Grundorganisation.

Ermittlungsverfahren gegen
Angehörige der Waffen-SS

BARTH, HEINZ (Nr. 1009), geb. am 15. Oktober 1920, zuletzt wohnhaft gewesen in Gransee, befand sich seit dem 14. Juni 1981 in Untersuchungshaft und wurde vom Stadtgericht Berlin am 7. Juni 1983 und vom Obersten Gericht der DDR am 10. August 1983 zu einer lebenslangen Haftstrafe verurteilt. Ein Antrag auf Rehabilitation wies das Landgericht Berlin am 16. Juni 1991 als offensichtlich unbegründet zurück.
Barth wurde im November 1939 Mitglied der NSDAP, wurde am 18. Januar 1940 zum Reservedienst bei der Schutzpolizei einberufen und erhielt zunächst beim Polizeibataillon 206 in Náchod/Tschechoslowakei eine Ausbildung als Unterführeranwärter, wurde dann im Januar 1941 in Mladá Boleslav (Jungbunzlau) zum Wachtmeister der Schutzpolizei ernannt und zum Reserve-Polizei-Bataillon Kolín versetzt. Von September 1941 bis Februar 1942 wurde er zum Befehlshaber der Ordnungspolizei Prag abkommandiert und war als Oberwachtmeister und Hilfskraft im Stab tätig. Unter dem Bataillonskommandeur Gottspfennig (1971 in der DDR wegen Nazi- und Kriegsverbrechen verurteilt) diente Barth ab März 1942 als Gruppenführer in der 3. Kompanie des Reserve-Polizei-Bataillons Kolín in Pardubice. Nach dem Attentat auf Heydrich am 4. Juni 1942 nahm Barth als Offizier der Schutzpolizei an Razzien und Durchsuchungen von Wohnvierteln in Prag teil. Am 9. Juni meldete er sich als Offizier des Reserve-Polizei-Bataillons Kolín freiwillig zu einem aus zehn Schützen bestehenden Erschießungskommando, wobei vier Personen auf dem Schießplatz von Klatovy bei Luby erschossen wurden. Im Standort Pardubice meldete er sich ebenfalls freiwillig zu Erschießungen, wobei er am 24. Juni 1942 auf dem Kasernengelände an der Ermordung von 33 Personen mitwirkte. Am 2. Juli 1942 wurden am gleichen Tatort unter seiner eigenhändigen Mitwirkung als Mordschütze 30 Männer und zehn Frauen erschossen. Ebenfalls dort wurden am

9. Juli 1942 zwölf Männer und drei Frauen erschossen, wobei Barth als Sicherungsposten mitwirkte.

Nach Besuch der Polizei-Offiziersschule Fürstenfeldbruck wurde er am 19. Dezember 1942 zum Leutnant der Schutzpolizei der Reserve ernannt und als Beamter in den Polizeidienst übernommen. Am 10. Februar 1943 erfolgte seine Übernahme als Offizier der Waffen-SS, und er diente bei der SS-Panzergrenadierdivision »Frundsberg« in Chalois/Südwestfrankreich als SS-Untersturmführer. Am 20. November 1943 wurde er Zugführer des 1. Zuges der 1. Kompanie, I. Bataillon der SS-Panzerdivision »Das Reich« und kam in der Sowjetunion zum Einsatz, wo er sich eine Fußverletzung zuzog und sich mit dem Stab auf dem Rückzug befand. Ab Mitte 1944 wurde Barth zur Ausbildung von Unterführern und Neuformierung des Regimentes eingesetzt und kam erneut nach Südwestfrankreich, wo er im Mai 1944 Zugführer des 1. Zuges, 3. Kompanie, I. Bataillon des SS-Panzerregimentes »Der Führer« wurde. Ihm unterstanden dabei 45 Angehörige der Waffen-SS.

Am 10. Juni 1944 war Barth einer der verantwortlichen Offiziere der 3. Kompanie des I. Panzergrenadierregimentes 4 »Der Führer«, die den Befehl erhielten, als Vergeltung für die Gefangennahme des Kommandeurs des III. Bataillons, SS-Sturmbannführer Helmut Kämpfe, durch Partisanen das Dorf Oradour sur Glane nordwestlich von Limoges zu besetzen, die gesamte Bevölkerung ausnahmslos zu töten und den Ort niederzubrennen. Die Führung übernahm SS-Sturmbannführer August Dieckmann.

Die Kompanie drang ohne jeglichen Widerstand mit zehn LKW und drei gepanzerten Fahrzeugen mit 148 SS-Angehörigen und drei Offizieren in den Ort ein. Barth befahl seinem 1. Zug mit 26 SS-Leuten, den Ort zu durchfahren und zu umstellen, bereits dabei wurden Flüchtende erschossen. Mit 19 SS-Mitgliedern begann dann Barth den Ort zu »durchkämmen« und die Einwohner zum Markt zusammenzutreiben. Darunter befanden sich 64 Schüler der Knabenschule mit ihren Lehrern. Frauen und Kinder wurden von ihren Männern getrennt und zur Kirche abgeführt. Barth befehligte dann die Erschießung von mindestens 20 Männern, die in die Garage der Familie Beaulieu getrieben wurden, und gab selbst zwei Feuerstöße in die Garage ab. Gleichzeitig begann im Ort die Erschießung der anderen zusammengetriebenen Männer, nur fünf von ihnen konnten entkommen. Die Leichen, Sterbenden und Verletzten wurden mit Benzin übergossen und verbrannt.

In der Kirche wurde eine Kiste mit Sprengstoff zur Detonation gebracht, SS-Mitglieder drangen ein und töteten die noch lebenden Frauen und Kinder. Barth hatte eine Gruppe zur Kirche beordert und ihre Teilnahme an der Ermordung der Frauen und Kinder kontrolliert, er hörte nach seinen Worten dabei das Wimmern von Menschen aus der brennenden Kirche. Mindestens acht Anwesen des Dorfes wurden auf Befehl von Barth niedergebrannt. Aus einem Lebensmittelgeschäft eignete er sich Bargeld mit der Bemerkung an, es sei zum Verbrennen zu schade.

Am 28. Juni 1944 wurde Barth im Norden Frankreichs schwerverwundet und beinamputiert. Nach einem Lazarettaufenthalt erfolgte am 9. November 1944 seine Beförderung zum SS-Obersturmführer. Er erhielt das EK II und das Panzergrenadiersturmabzeichen. Im Februar 1945 erfolgte seine Entlassung aus dem Lazarett nach seiner Heimatstadt Gransee, die er im März 1945 nach Schleswig-Holstein verließ. Nach erneutem Lazarettaufenthalt in Burg / Dithmarschen ließ er sich ein Ersatzsoldbuch als Reserveleutnant der Schutzpolizei ausstellen, in dem seine Einsatzorte von Kriegsverbrechen fehlten. Er beschaffte sich entsprechende Passierscheine der englischen Besatzer.

Im Juni 1945 kehrte er, inzwischen verheiratet, nach Gransee zurück. In einem vorbereiteten »Musterlebenslauf« gab er verschiedene Polizeidienststellen, jedoch nicht die Einsatzorte seiner Verbrechen in der ČSSR und Frankreich an. Ab September 1946 hatte er verschiedene Arbeitsverhältnisse

und war nach Qualifizierungsmaßnahmen im Vorstand der Konsumgenossenschaft Gransee, zuletzt bis zu seiner Invalidisierung am 1. Mai 1981, als Leiter der Abteilung Rationalisierung tätig. Im Berufsleben wurden ihm Fleiß und Einsatz bescheinigt und er wurde mehrfach ausgezeichnet.
Nach Sicherheitsüberprüfungen der Kreisdienststelle des MfS Gransee wegen einer geplanten Einberufung seines Sohnes zu den Grenztruppen der DDR Ende 1976 wurden Archivunterlagen aufgefunden, aus denen hervorging, dass Barth als Leutnant der Schutzpolizei dem Reserve-Polizei-Bataillon Kolín angehört hatte. Im Verlaufe weiterer Recherchen wurde ermittelt, dass ein Vorgesetzter von Barth namens Hänel zwei dieser Erschießungsaktionen befehligt hatte. Bis 1980/81 verdichteten sich nach umfangreichen Überprüfungen, auch bei den Sicherheitsorganen der ČSSR, die Verdachtshinweise, dass Barth an diesen Erschießungen beteiligt war. Weiter wurde 1980 ermittelt, dass Barth 1943 zur Waffen-SS abgeordnet wurde und dass ein SS-Offizier Barth, ohne nähere Personalangaben, an dem im Juni 1944 durchgeführten Massaker an der Bevölkerung von Oradour sur Glane in Frankreich beteiligt war. Aus einer von Serge Klarsfeld der DDR übergebenen Liste ging hervor, dass ein SS-Offizier Barth, ohne weitere Personalangaben, vom Gericht Bordeaux 1953 wegen Ermordungs- und Vergeltungsmaßnahmen in Abwesenheit verurteilt wurde.
Im zuständigen Archiv des MfS waren derzeitig 31 »SS-Offiziere Barth« karteimäßig erfasst, ohne dass ihnen konkrete Verbrechen zugeordnet werden konnten. Bis zur Festnahme von Heinz Barth erfolgten seitens der französischen Justizorgane keinerlei Informationen über die Verurteilung und Suche dieses Nazi- und Kriegsverbrechers.
Ausgangspunkt für einen vagen Verdacht auf die Beteiligung von Heinz Barth an dem Massaker von Oradour ergab eine im Dokumentationszentrum des MdI der DDR aufgefundene Karteikarte des SS-Panzerregiments »Der Führer«, die auf Namen und Geburtsdatum des Heinz Barth ausgestellt war.

Seine Inhaftierung am 14. Juni 1981 beruhte auf dem erarbeiteten dringenden Tatverdacht seiner Beteiligung an den Mord- und Vergeltungsaktionen im Zusammenhang mit dem Attentat auf Heydrich in der Tschechoslowakei. Barth war anschließend im Ermittlungsverfahren geständig, am Massaker von Oradour beteiligt gewesen zu sein. Der Generalstaatsanwalt der DDR richtete ein Rechtshilfeersuchen an den französischen Justizminister, worauf umfangreiche Beweismittel zu Barth übermittelt wurden.

Das Oberlandesgericht Brandenburg setzte auf Beschwerde des Klägers mit Beschluss vom 10. Juli 1997 die Vollstreckung der Reststrafe zur Bewährung aus. Zur Begründung heiß es: »Wegen des Alters und der Krankheit des Klägers sowie der langen Haft und der Tatsache, dass er sich zu seiner Schuld bekannt und von den Taten distanziert habe, sei die Aussetzung der Reststrafe zur Bewährung jedoch gerechtfertigt.« Barth beantragte eine zusätzliche Kriegsopferrente in Höhe von 2300,- DM, die er für einige Jahre auch erhielt.

MIELKE, HUGO (Nr. 1083), geb. am 9. Juni 1912, wohnhaft gewesen in Allmenhausen, befand sich seit dem 5. Juni 1960 in Untersuchungshaft und wurde vom Bezirksgericht Erfurt am 20. Dezember 1960 zu einer lebenslangen Haftstrafe verurteilt.

Mielke war als Zugführer Angehöriger der SS-Division »Florian Geyer«.

Während der Liquidierung des Warschauer Ghettos von April bis Mai 1943 setzte er systematisch ganze Häuserzüge in Brand, in denen sich noch Menschen versteckt hielten. Personen, die sich vor dem Feuer retten wollten, wurden erschossen. Außerdem wurden sogenannte Bunkerverstecke mit Gas »ausgeräuchert«.

Nach Ermittlungen des MfS wurde Mielke wegen besonders schwerer Brandstiftung, Verstoßes gegen die Wirtschaftsstrafverordnung und versuchter Republikflucht inhaftiert. Während des Ermittlungsverfahrens wurde er überführt, als

Mitglied der Waffen-SS Kriegsverbrechen und Verbrechen gegen die Menschlichkeit begangen zu haben.
Mielke stellte am 25. Juni 1990 einen Rehabilitationsantrag, der vom Bezirksgericht Erfurt am 9. Oktober 1991 an den Kassationssenat des Bezirksgerichtes Gera weitergeleitet wurde, weil die Vorraussetzungen für eine Rehabilitation nicht gegeben seien. Am 28. September 1992 wurde ein Kassationsgrund verworfen. Nur die Verurteilung wegen Vorbereitung zur Republikflucht wurde als »rechtsstaatswidrig« aufgehoben.

Ermittlungsverfahren wegen Denunziation mit Todesfolge

PLESSE, KARL (Nr. 1152), geb. am 13. Februar 1906 in Leipzig, zuletzt wohnhaft gewesen in Cottbus, wurde vom Bezirksgericht Cottbus am 5. Dezember 1952 wegen Verbrechens gegen die Menschlichkeit zu einer Haftstrafe von zehn Jahren nebst Vermögenseinziehung verurteilt.
Plesse hat zwischen 1935 und 1944 der Gestapo bei Vernehmungen Hinweise zur Aufdeckung von Widerstandsgruppen gegeben und später als V-Mann gearbeitet. Er war seit 1932 KPD-Mitglied und besuchte eine Parteischule in Moskau. 1935 wurde er wegen illegaler Tätigkeit für die KPD festgenommen und zu fünf Jahren Zuchthaus verurteilt. Bis September 1939 befand er sich im KZ Buchenwald. Nach Verbüßung einer Teilstrafe wurde er 1940 aus der Haft entlassen, von der Gestapo Leipzig als V-Mann angeworben und in eine Widerstandsgruppe eingeschleust. Mehrere Mitglieder dieser Gruppe wurden 1944 verhaftet; drei von ihnen, die führenden Antifaschisten Schumann, Engert und Kresse hingerichtet. Am 9. März wurde Plesse nach einer fingierten Flucht aus einem Wehrmachtsgefängnis erneut in eine Widerstandsgruppe eingeschleust.
Nach 1945 gab sich Plesse als aktiver Antifaschist aus und trat der KPD/SED bei. Er war bis zu seiner Festnahme Leiter des

Braunkohlewerkes Hirschfelde und Hauptdirektor der VVB Braunkohlenverwaltung Welzow.

In dem nach 1990 von seinen Söhnen beantragten Kassationsverfahren wurde das Urteil von 1952 durch Beschluss des Landgerichtes Frankfurt/Oder vom 16. Juli 1992 aufgehoben und Plesse freigesprochen. Zur Begründung dieses Beschlusses wird unter anderem dargelegt, dass die angefochtene Entscheidung im Schuldausspruch nicht haltbar sei, weil sich der Vorwurf des Verrates von Mitgliedern einer Widerstandsgruppe und der Tätigkeit als V-Mann auf einen Zeitraum beziehe, in dem das Gesetz Nr.10 des Kontrollrates noch nicht erlassen war. Weiter heißt es: »Die ihm vorgeworfenen Handlungen waren allenfalls als Widerstandshandlungen anzusehen ...«. Das angegriffene Urteil beruhe auf einer schwerwiegenden Verletzung des Gesetzes und sei deshalb aufzuheben, der Angeklagte freizusprechen und die im Urteil vom 5. Dezember 1952 ausgesprochene Vermögenseinziehung rückgängig zu machen. Dabei sah das Gericht keine Zweifel am Verrat von Widerstandskämpfern und der Spitzeltätigkeit für die Gestapo.

STEIKE, HERBERT (Nr. 1605), geb. am 25. Dezember 1903, zuletzt wohnhaft gewesen in Groß Kienitz/Zossen, befand sich von 5. April 1954 bis 5. Februar 1955 sowie seit dem 8. November 1953 in Untersuchungshaft. Er wurde am 5. April 1956 vom Bezirksgericht Rostock zu einer Haftstrafe von 15 Jahren verurteilt.

Steike war als KPD-Mitglied von der Gestapo Berlin als V-Mann angeworben worden. In Frankfurt fand er Unterkunft bei Kommunisten und lernte 15 Personen kennen, darunter Mitglieder der Parteileitung, deren Kopf im März 1935 aufgrund seines Verrats von der Gestapo verhaftet wurde. Im März 1935 verriet er einen illegalen Treff der Genossen Rembte, Maddalena, Stamm und Griesbach, die daraufhin 1937 durch den Volksgerichtshof zum Tode verurteilt wurden. Weiter hatte Steike von der Gestapo als Spitzel den

Auftrag erhalten, die KPD-Instrukteurin Lübeck der Gestapo in die Hände zu spielen.
Nach 1945 war Steike im Polizeiordnungsdienst tätig, wurde Bürgermeister in Rangsdorf und 1948 Geschäftsführer der dortigen Landwirtschaftlichen Produktionsgenossenschaft. Wegen Wirtschaftsverbrechen wurde er 1948 inhaftiert. Er floh aus der Untersuchungshaft nach Westberlin. 1950 wurde er in Aschaffenburg inhaftiert und an die DDR ausgeliefert, wonach seine Verurteilung zu einer zweijährigen Gefängnisstrafe wegen Wirtschaftsverbrechen erfolgte. Dabei wurde seine Spitzeltätigkeit für die Gestapo enttarnt und es erfolgte erneut seine Festnahme.

Ermittlungsverfahren gegen Angehörige der Gestapo, des SD und der Geheimen Feldpolizei

FEUSTEL, PAUL HERMANN (Nr. 1042), geb. am 30. Juli 1899, zuletzt wohnhaft gewesen in Hohenstein Ernstthal, befand sich seit dem 14. Dezember 1971 in Untersuchungshaft und wurde am 11. Dezember 1972 durch das Stadtgericht Berlin zum Tode verurteilt.
Feustel trat 1919 in die Reichswehr ein, beteiligte sich an der Niederschlagung von Arbeiteraufständen und meldete sich zur Landespolizei Dresden. Seine Laufbahn begann er als Kommissar der Schutzpolizei. 1938 wurde er Leiter der Gestapo Bautzen und im Oktober 1940 zur Gestapoleitstelle Prag versetzt. Bis dahin sammelte er vielfältige Erfahrungen bei der Verfolgung, Festnahme und Misshandlung deutscher Widerstandskräfte und deren Verschleppung in KZ. Feustel leitete als SS-Sturmbannführer die Gestapodienststellen in Kolín und Beneschau in der Tschechoslowakei und verantwortete die Verschleppung von insgesamt 2 460 tschechischen Bürgern, deren Festnahme, Misshandlung und Einweisung in KZ und Gefängnisse oder das Erschießen von Verhafteten. Er leitete die Durchführung von mindestens

20 Razzien nach Widerstandskräften und wählte zahlreiche Personen für Erschießungen aus. Feustel ordnete Folterungen zur Erpressung von Geständnissen an und veranlasste mehrere Erschießungsaktionen als Vergeltungsaktionen nach dem am 27. Mai 1942 auf Heydrich verübten Attentat. Anfang 1945 wurde er Chef des Sonderkommandos Chrudim, das zur Partisanenbekämpfung gebildet worden war. Mindestens 180 verdächtigte Zivilisten wurden verhaftet, misshandelt und in die »Kleine Festung« Theresienstadt und andere Gefängnisse verschleppt und teilweise ermordet. Persönlich war Feustel für die Erschießung eines verhafteten verwundeten Partisanenführers verantwortlich. Außerdem beschoss er eine Menschenmenge, die sich nach Bekanntwerden der deutschen Kapitulation und im Zuge der Bildung eines Nationalen Revolutionsausschusses auf dem Marktplatz von Kolín versammelt hatte. Dabei wurden 14 Personen getötet.
Als Flüchtling und Zivilist getarnt, geriet er am 9. Mai 1945 bei Krummau in US-amerikanische Gefangenschaft, aus der er schon nach wenigen Tagen entlassen wurde. Er nahm Wohnsitz in Hohenstein-Ernstthal, wo inzwischen seine Ehefrau lebte, und fand Arbeit bei der Sparkasse des Kreisbetriebes der Handelsorganisation, wo er bis 1967 als Leiter für Kommissionshandel arbeitete und sich berenten ließ. Seine Vergangenheit hatte er in allen Fragebogen und Lebensläufen verschwiegen. Nach Hinweisen aus der ČSSR in Bezug auf die Aufarbeitung des Verbrechenskomplexes rund um das Attentat auf Heydrich und den damit verbunden »Vergeltungsaktionen« ermittelte das MfS Feustel als einen in der DDR getarnt lebenden Naziverbrecher.

DR. HEYNS, HARALD ALIAS DR. MONATH-HARTZ, HERBERT, geb. am 21. November 1913 in Bremervörde, war zuletzt tätig als Justiziar und Leiter der Rechts- und Vertragsabteilung im VEB Schwarzmetall Projektierung Berlin.
Heyns war nach 1945 in Frankreich in Abwesenheit zum Tode verurteilt – was der DDR bzw. dem MfS lange nicht bekannt

war –, lebte in Berlin unter dem falschen Namen Dr. Monath-Hartz und geriet bei der für seine Arbeitsstelle operativ zuständigen MfS Hauptabteilung XVIII (Volkswirtschaft) in Verdacht, mit einem US-amerikanischen Spion in Kontakt zu stehen. Am 9. Juni 1964 wurde er daher vom MfS festgenommen. Es bestand der Verdacht, dass er in Wirklichkeit Dr. Harald Heyns war, welcher der Geheimen Feldpolizei der Abwehrstelle Paris angehörte und zwischen 1942 und 1944 in Frankreich an der Ermordung französischer Bürger beteiligt war. Allerdings fehlten für diesen Straftatverdacht der Untersuchungsabteilung HA IX/2 in Berlin-Hohenschönhausen die erforderlichen Beweise. Der Beschuldigte legte ein Teilgeständnis ab, gab an, Dr. Harald Heyns und bei der Geheimen Feldpolizei in Frankreich tätig gewesen zu sein, machte aber keine Aussagen über seine Beteiligung an Kriegsverbrechen und Verbrechen gegen die Menschlichkeit. Er sei nach 1945 aus der britischen in die sowjetische Besatzungszone geflohen, um sich dort einer möglichen Bestrafung wegen der Zugehörigkeit zur Geheimen Feldpolizei zu entziehen, und habe sich den falschen Namen Dr. Monath-Hartz zugelegt. Dass er während einer Gerichtsverhandlung wegen seiner Nazi-Verbrechen aus der britischen Zone geflohen war, verschwieg er. Die Überprüfung der Untersuchungsabteilung HA IX/2 in Archiven der DDR und anderer sozialistischer Länder zu Dr. Heyns verlief ergebnislos. Die Alliierten und die BRD unterließen es ab den ersten Nachkriegsjahren bis kurz vor dem Ende der DDR, Informationen über in Abwesenheit verurteilte Nazi- und Kriegsverbrecher, also auch über Heyns, der DDR zu übermitteln. Die Archive dieser Länder waren der DDR verschlossen. Lediglich im Fall Barth (Massaker von Oradour sur Glane) wurde von Frankreich eine Ausnahme gemacht.

Die Untersuchungsabteilung IX/2 und die aufsichtsführende Generalstaatsanwaltschaft der DDR hatten keine Möglichkeiten, ein Rechtshilfeersuchen an Frankreich zu richten. Damit konnte dem Beschuldigten Heyns nur ein Verstoß gegen die Personalausweisordnung nachgewiesen werden, und das Stadtbezirksgericht Berlin-Weißensee verurteilte ihn deshalb zu einer Freiheitsstrafe von einem Jahr und sechs Monaten. Bereits am 17. Juli 1965 war das eingeleitete Ermittlungsverfahren von der Generalstaatsanwaltschaft der DDR wegen des nicht bewiesenen Verdachts auf Kriegsverbrechen und Verbrechen gegen die Menschlichkeit eingestellt worden. Heyns, der im März 1966 als Justiziar beim VEB Minol in Berlin arbeitete, wurde vom MfS weiter operativ unter Kontrolle gehalten. Der Untersuchungsvorgang war 1967 bereits archiviert. An dieser Stelle muss hervorgehoben werden, dass die Autoren bei der Beurteilung des Falles Heyns keinen Zugang zu Archivmaterialien und Dokumenten haben, die der Mitarbeiter der Behörde des Bundesbeauftragten für die Unterlagen der Staatssicherheit der DDR (BstU) Henry Leide, in seiner Publikation »NS-Verbrecher und Staatssicherheit. Die geheime Vergangenheitspolitik der DDR« zu Dr. Heyns und seinen Verbrechen aufführt. Laut Leide habe ein französischer Widerstandskämpfer im September 1966 beim DDR-Komitee für Antifaschistische Widerstandskämpfer Heyns belastet. Im Herbst 1974 sei vom französischen Komitee der Widerstandskämpfer der DDR-Generalstaatsanwaltschaft eine Liste mit Abwesenheitsurteilen gegen Naziverbrecher übergeben worden, auf der sich der Name Heyns befunden habe. Diese Liste sei der MfS-Hauptabteilung IX/11 übergeben worden. Diese Hinweise ergaben jedoch keine ausreichenden Beweise für ein erneutes Ermittlungsverfahren gegen Heyns. Im April 1975 sei ein Ersuchen des Stellvertreters des Leiters der Hauptabteilung IX/Untersuchung an die MfS-Bezirksverwaltung Berlin gerichtet worden, Heyns unter operativer Kontrolle zu halten. Die Staatsanwaltschaft Dortmund ermittelte 1981 gegen Heyns im Zusammenhang mit dem Lischka-Prozess wegen eines Massakers in Caen/Frankreich und vier weiterer Tötungshandlungen. Ihr war bekannt, dass Heyns in der DDR lebte. Eine Information an die DDR unterblieb jedoch. Wegen Fehlens von Beweisen für ein Mordmerkmal wie der »grausamen Ausführung« wurde das Verfahren in Dortmund eingestellt. Am 25. März 1982 ersuchte der Leiter der Zentralen Stelle zur Aufklärung nationalsozialistischer Verbrechen in Ludwigsburg für die Bearbeitung von faschistischen Massenverbrechen bei der Staatsanwaltschaft Dortmund den Generalstaatsanwalt der DDR um Rechtshilfe. Er wollte einen in der DDR lebenden Zeugen im Zusammenhang mit einem Ermittlungsverfahren gegen Angehörige der Außenstelle Caen des Kommandeurs der Sicherheitspolizei und des SD in Rouen wegen Mordes und Beihilfe zum Mord vernehmen. Daraufhin sei von der MfS Hauptabteilung IX am 1. November 1983 der Zeuge Alfred Hothorn vernommen worden, der Heyns als Angehörigen der Außenstelle Caen identifizierte und ihn als Mittäter der Mordhandlungen in Caen belastete. Vom Stellvertreter des Leiters der HA IX/11 und seinem Vorgesetzten, dem Stellvertreter seiner Hauptabteilung, sei die Entscheidung getroffen worden, trotz dieses neuen Ermittlungsstandes kein erneutes Ermittlungsverfahren gegen Heyns einzuleiten. Diese Entscheidung ist aus heutiger Sicht als sehr bedenklich einzuschätzen, da es nunmehr möglich gewesen wäre, Heyns zu wahrheitsgemäßen Aussagen zu bewegen und ihn wegen seiner begangenen Verbrechen zur Anklage zu bringen. Ein Rechtshilfeersuchen an Frankreich wie im Falle Barth wäre in diesem Falle unter Umständen möglich gewesen.

Abschließend sei vermerkt, dass 1995 und 1996 die Zentralstelle Ludwigsburg die MfS-Akten zu Heyns prüfte, keine neue Ansatzpunkte sah und auf eine Befragung Heyns verzichtete.

Ermittlungsverfahren gegen Hilfskräfte und Kollaborateure

HOLZ, JAKOB (Nr. 1001), geb. am 27. April 1910, zuletzt wohnhaft in Moeckow / Greifswald, befand sich seit dem 17. Mai 1988 in Untersuchungshaft und wurde am 25. September 1989 vom Bezirksgericht Rostock wegen Kriegsverbrechen und Verbrechen gegen die Menschlichkeit zu einer lebenslangen Haftstrafe verurteilt.

Holz lebte zum Zeitpunkt des faschistischen Überfalls auf Polen als Bauer bei Radom und war polnischer Bürger deutscher Nationalität. Im Herbst 1939 bewarb er sich beim Werkschutz der Waffen- und Fahrradfabrik »Steyr-Daimler-Puch AG« in Radom. Er absolvierte eine Schießausbildung, erhielt Karabiner, Pistole und Gummiknüppel und wurde informiert, dass möglicherweise Erschießungen durchzuführen wären, am besten durch Genickschuss. Als Stellvertreter und späterem Wachzugführer unterstanden ihm 20 Werkschutzleute. Deren Hauptaufgabe bestand in der Kontrolle und Beaufsichtigung der jüdischen Zwangsarbeiter des Werkes. Im Sommer 1940 erfolgte seine Anerkennung als »volksdeutscher« Staatsangehöriger, im Juli 1944 wurde der Werkschutz aufgelöst. Laut Urteil wurde Holz die Mitwirkung an der Ermordung von 28 jüdischen Zwangsarbeitern, von denen er 18 eigenhändig erschoss, und die fortgesetzte Misshandlung von Zwangsarbeitern nachgewiesen. Zeugen bezeichneten ihn als grausamen und gefürchteten »Exekutioner«.

Holz war bei Kriegsende vor der näherrückenden Sowjetarmee von Gudow bei Radom nach Deutschland »geflohen«, bewarb sich in Oederan für eine Neubauernstelle und erhielt diese in Moeckow / Greifswald. Dort war er ein angesehener LPG-Bauer, der in sehr guten wirtschaftlichen Verhältnissen lebte. In Fragebogen und Lebensläufen für die SED hatte er wahrheitswidrig angegeben, bis 1944 als Hilfsarbeiter in einer Gerberei bei Radom, Polen gearbeitet zu haben.

Ein Kassationsantrag des DDR-Generalstaatsanwalts wurde vom Präsidium des Obersten Gerichts der DDR am 4. Mai 1990 zurückgewiesen. Holz war der letzte von der Hauptabteilung IX / Untersuchung des Ministeriums für Staatssicherheit bis zur Anklage ermittelte Naziverbrecher. Er war bereits in der BRD als Täter enttarnt worden, ohne dass eine Information an die DDR erfolgte. Ende 1987 wurde der

Generalstaatsanwalt der DDR erstmalig über die spätestens 1973 abgeschlossenen Ermittlungsakten der Staatsanwaltschaft beim Landgericht Hamburg informiert, wonach in der DDR umgehend Untersuchungen aufgenommen wurden. Es handelte sich offensichtlich um einen Test der BRD zur Prüfung, was die DDR nach Aufhebung der Todesstrafe 1987 unternehmen beziehungsweise wie die Strafverfolgung gestaltet würde.

STEINS, STANISLAVS ALIAS SCHRAMS, ALEXANDER (Nr. 1015), geb. am 27. Januar 1916 in Rogali / Daugavpils (Dünaburg) in Lettland, ist vom 1. Strafsenat des Bezirksgerichts Potsdam am 1. Oktober 1979 wegen mehrfacher, gemeinschaftlich begangener Verbrechen gegen die Menschlichkeit sowie wegen Falschbeurkundung zu lebenslanger Haftstrafe verurteilt worden. Die staatsbürgerlichen Rechte wurden ihm aberkannt.
Steins entstammte einer lettischen landarmen Bauernfamilie. Im Sommer 1939 wurde er zur bürgerlichen lettischen Armee in das 3. Infanterieregiment Jelgava einberufen und wurde nach einem Lehrgang für Offiziersstellvertreter und Reserveoffiziere am 6. September 1940 als Reserveoffizier entlassen. Anschließend nahm er ein Studium an der Philologischen Fakultät der Universität Riga auf.
Nachdem die deutschen Truppen am 1. Juli 1941 Riga besetzten, wurde von faschistischen Kräften umgehend die Bildung des »Lettischen Selbstschutzes« in Angriff genommen. Über Presse und Rundfunk wurde ein Aufruf an die ehemaligen Angehörigen der bürgerlich-lettischen Armee und an alle faschistischen Elemente Lettlands verbreitet, der zum Beitritt in nationalistische lettische Organe aufforderte. Der Angeklagte meldete sich am 2. Juli 1941 beim »Zentrum der Organisation des befreiten Lettlands« zum Dienst im »Lettischen Selbstschutz« und wurde bei der lettischen Sicherheitshilfspolizei eingesetzt, die sich nach ihrem berüchtigten Leiter »Kommando Arājs« nannte. Viktors Arājs und sein »Todeskommando« ist für die Verfolgung und Ermordung zahlloser

Menschen, insbesondere jüdisch-lettischer Bürger und kommunistischer Funktionäre verantwortlich. Vom Landgericht Hamburg wurde er wegen gemeinschaftlichen Mordes an mindestens 13 000 Menschen zu lebenslanger Haftstrafe verurteilt (s. auch BRD-Verfahren Nr. 856).

Die vom Arājs-Kommando durchgeführten »Säuberungsaktionen« hat Steins als gerechtfertigt angesehen und den Standpunkt vertreten, dass die physische Vernichtung der Gegner der Besatzungsmacht der »nationalen Sache Lettlands« diene. Ab Juli 1941 beteiligte sich Steins in Riga an der Zusammentreibung der Rigaer Juden ins Ghetto und der Konfiszierung ihres Eigentums. Er verfolgte sowjetische Funktionäre, Mitglieder der kommunistischen Partei und des Komsomol. Zwischen Juli 1941 und 1943 wirkte er an der Ermordung von Sowjetbürgern und Juden im Wald von Biķernieki mit, indem er an Tötungsaktionen teilnahm, bei denen 40 Personen erschossen wurden. Vier Menschen erschoss er eigenhändig. Weiterhin nahm er an zehn Massenhinrichtungen mit insgesamt 1 000 jüdischen Opfern teil. Ende November 1941 beteiligte sich Steins an der Liquidierung des Rigaer Ghettos und in dessen Folge an dem Massaker im Wald von Rumbula, bei dem in drei Tagen über 27 500 Juden erschossen wurden. An der Hinrichtung von 6 000 beteiligte sich Steins nachweislich.

Nachdem die lettischen Freiwilligenverbände im Herbst 1944 von der SS übernommen wurden, gehörte Steins seit dem 26. September 1944 der Waffen-SS an und wurde zum SS-Untersturmführer ernannt. Am 8. Oktober 1944 erhielt er den Auftrag, sich bei einer in Dresden stationierten Einheit zu melden sowie gleichzeitig einen Transport von circa 500 Letten per Schiff nach Gdynia zu begleiten. Noch vor Antritt der Fahrt beschaffte er sich einen Ausweis auf den Namen Schrams, den er im Falle der Gefangennahme durch die Rote Armee benutzen wollte. Nach Übergabe des Transportes wurde er vom Stab der lettischen SS-Legion dem 2. Bataillon des 1. SS-Bauregiments zugewiesen und als

Zugführer in der 5. Kompanie eingesetzt. Das Bataillon war hauptsächlich am Bau von Panzergräben zwischen Toruń und Gdańsk beteiligt. Im April 1945 erhielt er den Auftrag, sich als Ordonnanzoffizier bei einer in Neuendorf gelegenen Auffangstelle für lettische SS-Angehörige zu melden. Unterwegs traf er auf die spätere Zeugin Blosat, die mit ihrer Mutter und ihren beiden Kindern wegen der anrückenden Front ihren Wohnsitz in Ahrensee verlassen hatte und kam mit dieser Ende April 1945 bis nach Ikendorf bei Rostock. Hier gab er sich als deren Ehemann aus, beschaffte sich Zivilkleider, verbrannte sein Soldbuch und die SS-Uniform. Steins entschloss sich, nunmehr den auf den Namen Alexander Schrams ausgestellten Personalausweis zu benutzen. Er gab sich fortan gegenüber anderen Personen sowie Behörden und Dienststellen als ein im Sommer 1944 aus Riga umgesiedelter »Volksdeutscher« aus. Diese Angaben machte er unter anderem auch auf der sowjetischen Kommandantur in Brodersdorf, wo er zeitweilig Dolmetscherdienste verrichtete. Danach war er bis April 1946 Russischlehrer und anschließend kurze Zeit bei der Deutsch-Russischen-Transportgesellschaft in Rostock sowie bei einer sowjetischen Baueinheit als Dolmetscher tätig. Diese Anstellung gab er selbst auf, weil er Befürchtungen hatte, dass eine zu dieser Zeit stattfindende Überprüfung durch die sowjetische Kaderabteilung zur Aufdeckung der falschen Angaben über seine Vergangenheit führen könnte. Am 16. Januar 1956 übernahm er im damaligen VEB Spezialbau Potsdam, von dem hauptsächlich Bauaufträge in sowjetischen Militärobjekten ausgeführt wurden, eine Dolmetscherstelle und wurde im Januar 1958 als Leiter der Dolmetschergruppe eingesetzt. Während dieser Tätigkeit nahm er an allen wichtigen Beratungen teil und genoss das volle Vertrauen sowohl seines Betriebes als auch der sowjetischen Auftraggeber.

Im Prozess gegen Steins-Schrams wurden auch sowjetische Zeugen gehört, die ihn aus der Zeit vor 1945 persönlich kannten und eine Vielzahl von Dokumenten über seine

Vergangenheit sowie über die Tatbeteiligung an faschistischen Verbrechen als Beweismittel vorlegten. Im Urteil wurde explizit darauf verwiesen, dass die Handlungen des Angeklagten eine außerordentlich hohe Tatschwere aufweisen und von einer erheblichen Schuldschwere geprägt sind. Es wurde festgestellt, dass die Tatschwere »vor allem durch die Vielzahl der Aktionen, die hohe Zahl der Opfer, an deren Verfolgung und physischer Vernichtung der Angeklagte mitwirkte, sowie durch die eigenhändige Ermordung von mindestens 34 Sowjetbürgern als auch durch die Tatsache gekennzeichnet« sei, dass sich der Angeklagte »ohne Skrupel in das System der faschistischen Massenvernichtung eingliederte, weil es seiner antikommunistischen Einstellung entsprach und seiner Karriere dienlich schien.«

Seine Entlarvung und Überführung war das Ergebnis eines engen und intensiven Zusammenwirkens mit den sowjetischen Sicherheitsorganen. Der Anfangsverdacht resultierte aus Sicherheitsüberprüfungen durch die Abteilung XVIII der Bezirksverwaltung des MfS Potsdam. Steins alias Schrams befand sich seit dem 23. September 1977 in Untersuchungshaft beim MfS in der UHA Berlin-Hohenschönhausen und in Potsdam. Ein durchaus nicht abwegiger Verdacht auf mögliche Spionage- bzw. Agententätigkeit für westliche Geheimdienste konnte im Zuge der operativen Aufklärung und der Untersuchungshandlungen, die hautsächlich auf den Nachweis der Tatbeteiligung an Nazi- und Kriegsverbrechen und Verbrechen gegen die Menschlichkeit konzentriert waren, nicht bewiesen werden.

Ermittlungsverfahren gegen Angehörige faschistischer Justizorgane

BREYER, JOHANNES HUGO OTTO (Nr. 1080), geb. am 12. Juni 1891, wohnhaft gewesen in Wittenberge, befand sich seit dem 10. August 1960 in Untersuchungshaft und wurde vom

Bezirksgericht Schwerin am 14. April 1961 zu einer Haftstrafe von acht Jahren verurteilt.
Breyer war Richter am Sondergericht Poznan (Posen) in Polen und wirkte an 58 Strafverfahren gegen 69 polnische Bürger und zwei Deutsche mit. Die Verfahren endeten größtenteils mit der Todesstrafe und der Hinrichtung der Opfer. Die Verurteilungen erfolgten hauptsächlich auf Grundlage der mit der faschistischen Okkupation Polens erlassenen »Polenstrafrechtsverordnung« vom 4. Dezember 1941.
Auf Breyer stieß das MfS, als aus Archivbeständen Urteile des ehemaligen Sondergerichtes Posen gesichtet wurden, die an die Bundesrepublik für dortige Verfahren übergeben werden sollten. In diesen Urteilen war Breyer als Richter genannt, und durch weitere intensive Ermittlungen konnte er in Wittenberge ermittelt werden, wo er seine Vergangenheit verschwiegen hatte.

GLOBKE, HANS JOSEF MARIA (Nr. 1068), geb. am 10. September 1898, zuletzt wohnhaft gewesen in Bonn, wurde vom Obersten Gericht der DDR am 23. Juli 1963 zu einer lebenslangen Haftstrafe wegen Verbrechen gegen die Menschlichkeit gemäß Artikel 6 des Statuts des Internationalen Militärgerichtshofes in Nürnberg, in Verbindung mit §§ 211 und 47 Strafgesetzbuch der DDR verurteilt. Die Verhandlung und die Verurteilung erfolgte in Abwesenheit, gemäß § 236 der Strafprozessordnung der DDR.
Bis 1945 war Globke einer der führenden Beamten im Reichsinnenministerium. Er war an maßgeblicher Stelle einer der Initiatoren und Verfasser von Gesetzen, Erlassen und anderen Verwaltungs- und Rechtsvorschriften, deren Auslegung beziehungsweise Durchsetzung die normativen Grundlagen bei der Entrechtung, Ausraubung und Deportation der jüdischen Bevölkerung Deutschlands und der okkupierten Gebiete bildeten. Sie dienten letztlich als Grundlage des Völkermords an den europäischen Juden durch das faschistische Deutschland. Außerdem befasste sich Globke mit der

Germanisierung der okkupierten Gebiete durch entsprechende Gestaltung des Staatsbürgerschaftsrechtes.

Das Ermittlungsverfahren gegen Globke wurde verantwortlich von der Generalstaatsanwaltschaft der DDR geführt. Das MfS und insbesondere sein Untersuchungsorgan, die Hauptabteilung IX, leistete wesentliche Beweisführungsmaßnahmen bei der Auswertung von Dokumenten und bei Zeugenvernehmungen. Die Unterlagen zu jüdischen Opfern, die in der DDR als Zeugen gehört wurden, sind von Dr. Erika Schwarz in dem Buch »Juden im Zeugenstand: Die Spur des Hans Globke im Gedächtnis der Überlebenden der Shoa« veröffentlicht worden.

Globke war langjährig Staatssekretär im Bundeskanzleramt und enger Vertrauter Adenauers.

Im Zusammenhang mit dem Buch von Moshe Zimmermann, Eckart Conze, Norbert Frei und Peter Hayes »Das Amt und die Vergangenheit. Deutsche Diplomaten im Dritten Reich und in der Bundesrepublik« wurde öffentlich, dass während des Eichmann-Prozesses in Israel das von Professor Kaul mitgeführte Beweismittel zu Globke aus dem Hotel gestohlen und über den Bundesnachrichtendienst direkt an Bundeskanzler Adenauer geliefert wurde. Auch damit konnte seitens der BRD-Regierung Druck auf Israel ausgeübt werden, um Globke aus dem Eichmann-Verfahren herauszuhalten (siehe auch die Publikation von Dr. Gabi Weber: »Eichmann wurde noch gebraucht. Der Massenmörder und der Kalte Krieg«, 2012). Globke musste aufgrund der durch die DDR veröffentlichten Dokumente und Beweismaterialien von seiner Funktion als »ranghöchster und mächtigster Beamter« der BRD und »graue Eminenz im Bundeskanzleramt« zurücktreten, agierte dennoch weiter als Sachverständiger und Entlastungszeuge in BRD-Prozessen gegen Nazi- und Kriegsverbrecher.

Ermittlungsverfahren gegen Angehörige faschistischer Polizeieinheiten und der Feldgendarmerie

PIEHL, JOHANNES (Nr. 1013), geb. am 15. Dezember 1914, zuletzt wohnhaft gewesen in Bernburg, befand sich seit dem 5. Dezember 1979 in Untersuchungshaft und wurde vom Bezirksgericht Neubrandenburg zu einer lebenslangen Haftstrafe verurteilt.

Piehl gehörte der SA an, meldete sich 1935 zur faschistischen Wehrmacht und wurde ein Jahr später bei der Polizei eingestellt. Er erhielt in Breslau eine Grundausbildung für Offiziersbewerber und wurde im März 1938 zum Leutnant der Schutzpolizei ernannt. Er war Zugführer beim Reserve-Polizei-Bataillon 82 und bis Dezember 1940 Adjutant des Bataillonskommandeurs. Im Januar 1940 nahm Piehl im Gefängnis von Krakau an einer Polizeiausbildung für die Durchführung von Genickschüssen als Vorbereitung für künftige Einsätze in den okkupierten Gebieten teil. Am Sitz seiner Einheit in Karviná, Polen arbeitete er im Frühjahr 1940 an Einsatzbefehlen zur Festnahme von Angehörigen der polnischen Intelligenz. Daraufhin wurden in zehn Orten 180 bis 200 Polen festgenommen und verschleppt, so in Karviná, Cieszyn, Chrzanów und Żywiec. Als Kompanieführer leitete Piehl im März 1940 in Chrzanów die Zusammentreibung und Deportation von 300 polnischen Zwangsarbeitern. Nach dem faschistischen Überfall auf die Sowjetunion kommandierte Piehl die Zusammentreibung und Verschleppung der sowjetischen Zivilbevölkerung, bildete und leitete Erschießungskommandos und befahl das Niederbrennen sowjetischer Dörfer. Insgesamt wirkte Piehl an Mordaktionen gegen mindestens 150 Menschen sowie an der Verschleppung und Deportation von mindestens 768 sowjetischen Bürgern, an der Misshandlung von wenigstens 62 Personen und an brutalen Vernehmungen mit. Er kommandierte den mehrfachen Raub von Vieh und anderem Eigentum, die mutwillige Zerstörung von Dörfern, Siedlungen und Teilen von Orten in neun

Fällen. Piehl wirkte durch Befehlsgebung, Ausführung und Kontrolle der Befehlsgebung an den Verbrechen mit. Im Januar 1942 zum Hauptmann befördert, wurde er im Juni 1942 vom Einsatz in der Sowjetunion zur Kriminalpolizeischule Oranienburg zurückbeordert, wobei er zeitweise die Taktik des Kampfes gegen Partisanen unterrichtete. Im Februar 1945 wurde er Major und mit einer Polizeibrigade an der Oderfront eingesetzt. Er geriet in englische Gefangenschaft, aus der er noch 1945 nach Raguhn entlassen wurde.

Er gab sich als Gymnasialsportlehrer aus, der bei der Wehrmacht als Feldwebel der Infanterie gedient habe. Seit 1956 war er als Sportlehrer am Institut für Lehrerbildung Köthen, zuletzt als Abteilungsleiter für Allgemeinbildung tätig.

Piehl stellte nach 1990 einen Rehabilitationsantrag, worauf das Oberlandesgericht Rostock am 16. September 1993 entschied, dass die Verurteilung Piehls teilweise »rechtsstaatswidrig« sei; die Strafe blieb jedoch unverändert. Seine Haftentlassung wurde mit der Begründung beschlossen: »... 14 Jahre Haft und die gezeigte Einsicht lässt Resozialisierung gesichert erscheinen«, die Erledigung der Vollstreckung wurde ausgesprochen. Damit trug das Gericht Sorge, dass kein in der DDR verurteilter Nazi- und Kriegsverbrecher mehr in Haft bleiben musste.

Obwohl das Oberste Gericht der DDR die genannten Verbrechen aufgrund zahlreicher Zeugenaussagen und umfangreicher Beweisdokumente als erwiesen erachtete und der Ministerpräsident von Mecklenburg-Vorpommern im Dezember 1992 ein Gnadengesuch ablehnte, kam das Oberlandesgericht Rostock zur Auffassung, die DDR-Staatsmacht habe das Verfahren gegen Piehl zur Selbstdarstellung missbraucht. Im Urteil befänden sich Ausführungen, die eher propagandistischen Zwecken als der Wahrheitsfindung dienen würden.

Es handelte sich nicht nur um eine fehlerhafte Rechtsanwendung. Mit der Entscheidung sollte international vorgeführt werden, dass die Grundsätze eines fairen Verfahrens nicht eingehalten worden seien.

Das Rehabilitationsurteil behauptet weiter, dass die von Piehl angeordnete Erschießung der Zivilbevölkerung wegen »Widerstandsmaßnahmen« gegen die deutschen Besatzer oder gegen »partisanenverdächtigte« Zivilisten zur Abschreckung nicht völkerrechtswidrig gewesen wären und der Haager Landkriegsordnung entsprochen hätten. Das Gericht berief sich dabei auf die bundesdeutsche Rechtsprechung seit den frühen 1950er Jahren (zum Teil durch Richter, die schon den Nazis dienten). Es erfolgte seitens des Gerichts der Hinweis darauf, dass entsprechend einer Weisung Stalins die sowjetische Bevölkerung einen »totalen Widerstand« gegen die faschistischen Okkupanten geleistet hätte, und es wird eine »Gehorsamspflicht« der Sowjetbevölkerung gegenüber den Besatzern hervorgehoben. Deshalb hätte Piehl Vergeltungsmaßnahmen anordnen und durchführen dürfen.

SCHUSTER, ALBERT HUGO (Nr. 1041), geboren am 13. Februar 1912, zuletzt wohnhaft gewesen in Raschau, befand sich seit dem 7. Dezember 1970 in Untersuchungshaft in der UHA des MfS Karl-Marx-Stadt und wurde am 9. Februar 1973 zum Tode verurteilt. Die Strafe wurde am 31. Mai 1973 vollstreckt.
Schuster war gelernter Maurer und Zimmerman. Er bewarb sich im Oktober 1931 bei der Polizei in Plauen, besuchte die Polizeischule in Meißen und versah Dienst in verschiedenen Orten in Sachsen, wurde 1937 Oberwachtmeister und besuchte dann einen sechsmonatigen Offizierslehrgang in Berlin. 1940 wurde er Leutnant und SS-Untersturmführer, später zum Zugführer des motorisierten Gendarmeriezuges 7 ernannt und bildete dessen Mitglieder zur »Bandenbekämpfung« in den Ostgebieten aus. Mit den 30 Mann seines Zuges war er im Dezember 1941 in Baranowitschy, UdSSR eingesetzt. Von April 1943 bis Januar 1945 war er im okkupierten Polen Zugführer des selbständigen Gendarmeriezuges 62. Seinem Zug demonstrierte er, wie man hart und rücksichtslos vorgehen müsse, Einsatzorte waren Warschau, Lublin, Kraśnik Wysokie, Osiek, Radom, Opatów und Opoczno. Mit

der Gestapo und teilweise der Wehrmacht führte der motorisierte Zug Aktionen gegen Widerstandskräfte und gegen die polnische Zivilbevölkerung durch, die als »Bandenbekämpfung« bezeichnet wurden, sich aber hauptsächlich als Abschreckung gegen Polen richteten. Im November 1943 erhielt Schuster das Kriegsverdienstkreuz 1. Klasse mit Schwertern, wozu es in der Begründung heißt, dass sein Zug im Distrikt Radom 400 Banditen erschoss. Schuster, der als furchtloser und schneidiger Offizier galt, liquidierte persönlich einen großen Teil der sogenannten »Banditen«. Bei als »Dorfüberholungen« bezeichneten Einsätzen wurden nach Gestapo-Listen jeweils mehrere Personen als Abschreckung gegenüber »Banditen« unter dem Befehl von Schuster erschossen. Bei Abwesenheit der aufgerufenen Personen wurden willkürlich Anwesende zur Erschießung ausgewählt. Schuster veranstaltete in den Dörfern willkürliche Menschenjagden.

Nachdem zum Beispiel in Folge von acht »Dorfüberholungen« 140 Menschen erschossen wurden waren, erklärte Schuster gegenüber Dorfbewohnern, sie müssten sich beim »Leutnant« bedanken, dass er das Dorf von Banditen befreit habe. Teilweise ließ Schuster nach Mordaktionen die Häuser in Brand setzen. Hier sei die Erschießung von 25 bis 30 Juden im Herbst 1942 bei Kraśnik Wysokie und die Vernichtung von 2 000 polnischen Bürgern am 1. Juni 1943 in Bodzentyn genannt, bei der Schuster 40 Personen erschießen ließ.

Eine Verwundung im Januar 1942 bei Żagań und einen Lazarettaufenthalt bis April 1945 in Aue nutzte Schuster aus, sich als ehemaliger Wehrmachtsangehöriger auszugeben und sich so bis zu seiner Festnahme zu tarnen. Von September 1948 bis Dezember 1969 war Schuster im Uranbergbau der SDAG Wismut, zuletzt als Beauftragter für Vermessungs- und Vertragswesen tätig.

Bis zu seiner Festnahme war er Leiter der Kommunalen Wohnungsverwaltung Raschau. Schuster war Inoffizieller Mitarbeiter der sowjetischen Abwehr bei der SDAG Wismut und später Inoffizieller Mitarbeiter des MfS, Objektverwaltung

Wismut, wobei er seine faschistische Vergangenheit verschwieg.

In das Blickfeld der operativ zuständigen Hauptabteilung XX/2/III des MfS und der Hauptabteilung IX/11 (Untersuchung) geriet Schuster bei der systematischen Aufarbeitung von polnischen Archivunterlagen zu den Verbrechen der SS-Polizeieinheiten in Polen. Nach operativer Vorgangsbearbeitung und Erarbeitung des dringenden Tatverdachtes wegen Kriegs- und Menschlichkeitsverbrechen erfolgte seine Festnahme.

Verurteilt wurde Schuster für die Ermordung von 203 polnischen Männern, Frauen und Kindern und die Verschleppung von 33 polnischen Männern, wobei er fünfmal selbst geschossen hat. Sein Zug verschleppte außdem 500 jüdische Männer, Frauen und Kinder bei der Deportation der 7000 Juden von Baranowitschy und Nawahrudak, UdSSR im Dezember 1941.

Der Sohn von Schuster stellte 1991 einen Rehabilitierungsantrag beim Landgericht Chemnitz, worauf entschieden wurde, die Todesstrafe als »rechtsstaatswidrig« aufzuheben und in eine lebenslange Freiheitsstrafe bei unveränderter Schuldfeststellung umzuwandeln. Für die vom Verurteilten gezahlten Verfahrenskosten wurde der Sohn zur Hälfte entschädigt. In der Rehabilitierungsentscheidung wird angeführt: »... die Verhängung der Todesstrafe war ›rechtsstaatswidrig‹ und mit wesentlichen Grundsätzen einer freiheitlichen rechtsstaatlichen Ordnung unvereinbar, weil die Verhängung der Todesstrafe der politischen Verfolgung des Betroffenen gedient hat ...« – man muss aber wissen, dass Schuster in der DDR ein angesehener Bürger war und sich aktiv am gesellschaftlichen Leben beteiligte, niemals gegen die gesellschaftlichen Verhältnisse in der DDR aufgetreten war und deshalb auch nicht politisch verfolgt worden sein kann.

Ermittlungsverfahren gegen Angehörige der Wehrmacht und der Feldgendarmerie

BRAND, WILLI FRIEDRICH KARL (Nr. 1021), geb. am 17. Februar 1915, zuletzt wohnhaft gewesen in Mühlhausen, befand sich seit dem 4. November 1975 in Untersuchungshaft und wurde vom Stadtgericht Berlin am 28. März 1977 wegen Kriegsverbrechen und Verbrechen gegen die Menschlichkeit zum Tode verurteilt – rechtskräftig durch Urteil des Obersten Gerichts der DDR vom 27. Mai 1977.

Brand arbeitete bis 1934 als Kaufmann in Mühlhausen, verpflichtete sich bei der Reichswehr zu zwölf Dienstjahren und wurde 1942 als Hauptfeldwebel Angehöriger des Feldgendarmerietrupps der 2. Luftwaffendivision. Ihm unterstanden 20 Gendarmen und zeitweise 35 Hilfswillige bzw. bis zu 100 »Bandenjäger«. Mit Befehlsgewalt traf er selbständig Entscheidungen zu Tötungen und Verschleppungen, Misshandlungen und Folterungen von Sowjetbürgern. Brand warb selbst »Hilfswillige« aus der sowjetischen Bevölkerung an und schickte diese getarnt als Partisanen in Ortschaften, um Widerstandskräfte zu ermitteln. Er ordnete deren Festnahmen, Vernehmungen und Erschießungen an. Weiterhin bildete und leitete Brand Erschießungskommandos. Zur »Bandenbekämpfung« ließ er systematisch Ortschaften »durchkämmen«, bei denen er nicht davor zurückschreckte, die Familien »Partisanenverdächtiger« zur Abschreckung zu erschießen. Er beteiligte sich mit seiner Einheit im Januar und Februar 1943 an der groß angelegten Vernichtungsaktion »Sternlauf«, bei der er 10 Gendarmen und 100 »Bandenbekämpfer« kommandierte. Da die Aktion ergebnislos blieb, erfolgte der Übergang zu immer brutaleren Vernichtungsmaßnahmen. Am 28. Januar 1943 ließ er in Klinez die Familien von »Partisanenverdächtigten« – etwa 70 Personen – in eine Scheune treiben, die in Brand gesetzt wurde. Im November 1942 richtete Brand bei Baturyn auf einer Fläche von 80 mal 60 Meter unter freiem Himmel bei 20 Grad Kälte ein Lager für jeweils 200 Kriegsgefangene ein. 340 Gefangene wurden unter Befehl von Brand erschossen. In der Zeit von Oktober 1942 bis Oktober 1943 war Brand als Truppführer der Feldgendarmerie arbeitsteilig an der Ermordung von 322 sowjetischen Zivilisten und 475 sowjetischen Kriegsgefangenen beteiligt, von denen er eigenhändig 21 erschoss. Er befehligte die Verschleppung von 44 Personen, 174 wurden unter seiner Leitung und persönlicher Beteiligung misshandelt und gefoltert.

Im November 1943 kam es zum Rückzug aus der Sowjetunion und im Februar 1945 wurde Brand verwundet. Er geriet im Mai 1945 in US-amerikanische Gefangenschaft, kehrte anschließend wieder in seinen Wohnort zurück und tarnte sich als ehemaliger Wehrmachtsangehöriger. Bis zu seiner Verhaftung arbeitete er als Bankangestellter bei der Landesbank Thüringen in Mühlhausen und soll als CDU-Mitglied eine rührige gesellschaftliche Tätigkeit geleistet haben.

Brand bekundete, dass er einen tiefen Hass gegen den Bolschewismus und gegen Partisanen empfand und deshalb auch Kinder und Frauen erschoss. Im Urteil wird dazu ausgeführt, dass er nie mit einem Opfer Erbarmen hatte, vielmehr waren ihm Folterungen und eigenhändige Erschießungen von Opfern Befriedigung und Selbstverständlichkeit. Er entfaltete Kreativität beim Ersinnen von Foltermethoden, beaufsichtigte deren Verwirklichung und forderte Rechenschaftslegung über begangene Grausamkeiten von seinen Unterstellten.

WALLESCH, KURT-HEINZ (Nr. 1114), geb. am 28. Januar 1917, zuletzt wohnhaft gewesen in Leipzig, befand sich seit dem 15. Juli 1954 in Untersuchungshaft und wurde vom Bezirksgericht Rostock am 11. Januar 1955 zu 15 Jahren Haftstrafe wegen Spionage und Kriegs- und Menschlichkeitsverbrechen verurteilt.

Wallesch trat 1935 der SS bei und wurde SS-Unterscharführer. Er wurde im August 1939 zur Wehrmacht eingezogen und im Oktober 1939 zum Leutnant ernannt. Mit dem Überfall auf die UdSSR erfolgte sein Einsatz im Raum Leningrad. Er ordnete die Exekution von sowjetischen Kriegsgefangenen an und erschoss einen verwundeten Kriegsgefangenen eigenhändig. Außerdem beteiligte er sich beim Rückzug seiner Einheit am Raub von Vieh und Lebensmitteln der sowjetischen Bevölkerung.

Am 5. Mai 1945 geriet er in englische Kriegsgefangenschaft und wurde wegen seiner ehemaligen SS-Zugehörigkeit interniert. Wallesch lebte nach 1945 in Leipzig. Er trat 1947 der NDPD bei und übte die Funktion des politischen Geschäftsführers und stellvertretenden Kreisvorsitzenden in Leipzig aus. Im August 1951 wurde er Landtagsabgeordneter in Sachsen, im September 1952 Bezirkstagsabgeordneter in Leipzig. 1950 trat er in Verbindung zu seinem ehemaligen Studienfreund Dr. Wangemann in Westberlin, der für den westdeutschen Geheimdienst arbeitete. Wallesch wurde unter Androhung der Informationsweitergabe an DDR-Organe über seine faschistische Vergangenheit als Agent angeworben und erhielt den Decknamen »Heinzmann«. In Westberlin traf er sich mit dem Agenten »Otto« und erhielt den Auftrag, in Leipzig eine illegale »Befreiungsorganisation« zu schaffen. Wallesch nahm an mehr als zwanzig Spionagetreffs in Westberlin teil.

Durch das Rehabilitationsurteil des Landgerichtes Rostock vom 30. November 1995 wurde die Strafe auf drei Jahre ermäßigt und ausgeführt, dass seine Verurteilung wegen Spionage »rechtsstaatswidrig« erfolgt und mit wesentlichen Grundsätzen der freiheitlich-demokratischen Grundordnung unvereinbar sei, da sie der politischen Verfolgung gedient habe. Wallesch war am 4. April 1964 verstorben.

Ermittlungsverfahren wegen
»Euthanasie«-Verbrechen

VON HEGENER, RICHARD ALIAS WEGENER, RICHARD (Nr. 1176), geb. 1905, zuletzt wohnhaft gewesen in Schwerin, und STEPHAN, WALTER (Nr. 1176), geb. 1914, zuletzt wohnhaft gewesen in Brandenburg, befanden sich seit dem 6. März 1950 in Untersuchungshaft und wurden am 20. Februar 1952 verurteilt, von Hegener zu einer lebenslangen und Stephan zu einer zehnjährigen Haftstrafe.
Von Hegener war leitender Mitarbeiter der Abteilung II der faschistischen Reichskanzlei und einer der führenden Verantwortlichen für die Planung und Durchführung des »Euthanasie-Programms T4«. Er arbeitete an der Einrichtung und Ausrüstung von 15 Vernichtungsanstalten in Brandenburg, Hademar, Bernburg, Linz Hartheim, Lüneburg, Kalmenhof und Uchtspringe mit. Zum Transport der Opfer gründete er die Scheingesellschaft »Gemeinnützige Krankentransport Gesellschaft m.b.H.«. Der Angeklagte Stephan war als Polizeiangehöriger einer der Kraftfahrer dieser Gesellschaft. Von Hegener nahm persönlich an einer Vernichtungsaktion von Patienten teil. Insgesamt wurden unter seiner Mitwirkung 100 000 Menschen getötet, davon allein 5 000 im Rahmen der »Kinderaktion«. Er bearbeitete Anträge zur Vernichtung und gab sie an Ärztekommissionen zur Ausführung weiter. Er bearbeitete auch Proteste aus der Bevölkerung. Vor Gericht vertrat von Hegener noch die Auffassung, dass das »Euthanasieverfahren« erforderlich sei und seinem inneren Empfinden entspreche. Der Angeklagte Stephan war Angehöriger der Berliner Schutzpolizei und deren Berliner Kraftfahrstaffel. Ab 1940 bis November 1941 fuhr er mit Omnibussen zweimal wöchentlich Patienten aus Heil- und Pflegeanstalten nach Brandenburg und in andere Vernichtungsanstalten. Getarnt waren sie mit Uniformen der Reichspost. In Transporten zwischen Januar und Februar fuhr er etwa 8 000 Menschen in Vernichtungsanstalten.

Von Hegener nannte sich nach 1945 Richard Wegener und war bis zu seiner Verhaftung als leitender Angestellter beim Ministerium für Handel und Versorgung der Landesregierung Mecklenburg tätig.

DR. HEBOLD, OTTO, geb. am 27. Juli 1896, zuletzt wohnhaft gewesen in Falkenberg/Elster, befand sich seit dem 23. März 1964 in Untersuchungshaft und wurde durch das Bezirksgericht Cottbus am 12. Juli 1965 wegen Verbrechen gegen die Menschlichkeit in Tateinheit mit Mord zu einer lebenslangen Freiheitsstrafe verurteilt.

Hebold war seit 1928 Doktor der Medizin und vorwiegend als Psychiater in öffentlichen Heil- und Pflegeanstalten tätig. Er trat in den Dienst der faschistischen Wehrmacht und wurde Sturmführer der SA. Als Arzt in den Landesheilanstalten Teupitz und Eberswalde nahm er an Patienten zahlreiche Zwangssterilisationen »zur Verhinderung erbkranken Nachwuchses« vor. Im April 1940 partizipierte Hebold an einer Beratung in der Reichskanzlei mit höchsten SS- und Naziführern zur Einleitung und Durchführung des »Euthanasieprogramms«. Im einzelnen war Hebold ab 1940 als »stiller Mitarbeiter« und Gutachter zur Bearbeitung der »T4-Meldebogen« an der Auswahl der zu vernichtenden Personen tätig und bearbeitete wöchentlich circa 200 Meldebogen. Bis April 1941 nahm er etwa 6000 Begutachtungen vor. Im April 1941 wurde Hebold hauptamtlicher Mitarbeiter in der T4-Zentrale in der Tiergartenstraße 4 in Berlin. Seine Tätigkeit wurde als Anstellung in der Landesheil- und Pflegeanstalt Eberswalde abgedeckt. Er hatte die Aufgabe, Heil- und Pflegeanstalten als Gutachter zur Kontrolle des T4-Programms aufzusuchen. Insgesamt hat er zwischen 1941 und 1943 etwa 25000 Begutachtungen vorgenommen, der größte Teil der Patienten wurde vergast. Im Mai 1941 sonderte er im KZ Sachsenhausen 26 Häftlinge zur Vergasung aus. Ab 1942 nahm Hebold in den Anstalten Bernburg und Sonnenstein unmittelbar an acht Vergasungen mit jeweils 100 Personen teil. Er gab die

Kranken zur Vergasung frei, stellte den Tod fest und schrieb Totenscheine mit fingierten Todesursachen. Neben dem Vergasungsraum befand sich ein Sektionsraum, in dem den Opfern teilweise die Gehirne entnommen und an verschiedene Institute verschickt wurden.

Ab 1944 wirkte Hebold an der Ermordung von 15 bis 20 Widerstandskämpfern im Zuchthaus Brandenburg mit, indem er als Arzt die Vollstreckung der Todesstrafe kontrollierte.

Bei Kriegsende begab er sich nach Magdeburg und 1954 nach Falkenberg/Elster, wo ihm in Unkenntnis seiner Vergangenheit die Leitung des Landesambulatoriums übertragen wurde.

Hebold hat nach 1945 durch Fragebogenfälschungen und Wohnsitzwechsel seine Mordtätigkeit getarnt. Bis zu seiner Verhaftung war er in Falkenberg/Elster Leiter des Landesambulatoriums und ein angesehener Arzt.

DR. HEISSMEYER, KURT, geb. am 26. Dezember 1905, zuletzt wohnhaft gewesen in Magdeburg, befand sich seit dem 13. Dezember 1963 in Untersuchungshaft und wurde vom Bezirksgericht Magdeburg am 30. Juni 1966 zu einer lebenslangen Haftstrafe verurteilt.

Heißmeyer war als Arzt im SS-Lazarett Hohenlychen tätig. Dort führte er für die SS unterschiedliche Experimente an mindestens 52 Häftlingen aus dem KZ Neuengamme durch, indem er diese vor allem mit Tuberkuloseerregern infizierte. Die meisten Häftlinge verstarben an den Folgen. Die Überlebenden wurden exekutiert und von Heißmeyer seziert. Unter seinen Opfern befanden sich auch 20 Kinder aus dem KZ Neuengamme, die mit ihren Betreuern nach den Experimenten im April 1945 in Hamburg am Bullenhuser Damm unter dem Kommando des SS-Führers Arnold Strippel erhängt wurden.

Das Ermittlungsverfahren der Staatsanwaltschaft Hamburg gegen Strippel wegen des Mordes der »Kinder vom Bullenhuser Damm«, das in den BRD-Medien große Beachtung fand, wurde vom Staatsanwalt Münchberg unter anderem wegen des Fehlens des Mordmerkmales »besondere Grausamkeit« in skandalöser Weise eingestellt. Dieser Staatsanwalt Münchberg kam nach dem 3. Oktober 1990 als Stellvertreter des Generalstaatsanwaltes nach Mecklenburg-Vorpommern.

Die Waldheim-Prozesse

Bei der politischen Auseinandersetzung mit der DDR spielen einige Verfahren der juristischen Bewältigung der Nazi-Vergangenheit eine wichtige Rolle. Zu ihnen zählen insbesondere jene Prozesse, die zwischen dem 21. April und dem 29. Juni 1950 im Zuchthaus von Waldheim stattfanden. 3 442 Personen wurden angeklagt, Nazi- und Kriegsverbrechen sowie Verbrechen gegen die Menschlichkeit verübt zu haben. 3 324 von ihnen wurden verurteilt, zumeist erhielten sie Haftstrafen von 15 bis 25 Jahren, aber auch Todesstrafen waren darunter. Im Juli 1950 fanden Revisionsverfahren statt, bei denen 32 Todesurteile bestätigt wurden, 24 wurden auch vollstreckt.

Die DDR war am 7. Oktober 1949, ein knappes halbes Jahr zuvor, auf dem Territorium der sowjetischen Besatzungszone gegründet worden. Dieser Akt war notwendig, nachdem die drei Westmächte in ihren Zonen die Bundesrepublik Deutschland konstituiert hatten. Diese Staatsbildung bedeutete die Teilung Deutschlands und hatte weitreichende Folgen, die bis heute fortwirken.

Die sowjetische Besatzungsmacht übertrug der DDR unter anderem die Verantwortung für die bisher in ihren drei Speziallagern Bautzen, Buchenwald und Sachsenhausen internierten Personen. Diese Lager wurden aufgelöst und die Gefangenen mit der Maßgabe nach Waldheim überstellt, dass sie von einem deutschen Gericht verurteilt werden sollten – auf der Basis des von den sowjetischen Untersuchungsorganen vorgelegten Belastungsmaterials. Die meist unerfahrenen Richter sollten zügig und konsequent handeln, getreu dem Schwur der einstigen KZ-Häftlinge.

In der »Vorbemerkung zum vierzehnten Band« spricht Herausgeber Christiaan F. Rüter in diesem Kontext von einer »Beweisnot der ostdeutschen Justiz«. Ihr wurde mit den »zur

Aburteilung überstellten ›nicht-amnestierten‹, bis dahin in sowjetischen Lagern Internierten in den meisten Fällen nur eine Zusammenfassung der in den ersten Nachkriegsjahren von sowjetischen Untersuchungsorganen durchgeführten Vernehmungen« übergeben. Diese jedoch waren – so das Revisionsgericht – »als Beweismittel maßgebend«. Demzufolge habe sich eine Vernehmung von Zeugen erübrigt, jede weitere Beweiserhebung sei »wegen Offenkundigkeit gemäß § 245 StPO überflüssig«. Rüter spricht von dem »Phänomen Waldheimverfahren«, um dessen Einzigartigkeit zu unterstreichen, und macht darauf aufmerksam, dass damals in regulären Strafverfahren der ostdeutschen Justiz, die bereits auf der Basis eigener Ermittlungen durchgeführt oder vorbereitet worden waren – »zum Arbeitserziehungslager Radeberg, zur Köpenicker Blutwoche, zum Konzentrationslager Hohnstein oder zu frühen NS-Verbrechen in Limbach« –, die Beweisführung »anders« verlaufen sei. Die Strafen in den Waldheim-Verfahren seien zudem »sehr viel höher« gewesen »als jene aus den zeitgleich durchgeführten, regulären ostdeutschen Verfahren«. Rüter merkte ebenfalls an, dass die »vorzeitige Entlassung der Waldheimverurteilten wesentlich früher als bei den in regulären Verfahren Verurteilten« erfolgt sei. Die in Waldheim zu lebenslänglich, 25 oder 20 Jahren Verurteilten seien »spätestens nach sechs Jahren aus der Strafhaft entlassen worden«.

Das kann durchaus als Indiz für die Annahme gelten, dass sich die DDR-Justiz der Irregularität der Waldheim-Verfahren bewusst geworden war und hier korrigierte.

Die Schriftstellerin Daniela Dahn sagte 1998 in einem Interview mit der Zeitschrift konkret zur nach der »Wende« erfolgten pauschalen Revision der Wahlheim-Prozesse: »Dies waren politische Schnellverfahren, die korrekte Ermittlungen weitgehend vermissen ließen und formaljuristischen Ansprüchen nicht genügten, sie wurden bis zum Revisionsverfahren meist ohne Anwalt und unter Ausschluss der Öffentlichkeit geführt. Als aber die Bild-Zeitung titelte:

›Die schlimmste rote Richterin des SED-Regimes schickte 15 Menschen in den Tod‹ (gemeint war Hilde Benjamin – d. Hrsg.), wollte ich doch wissen, ob damals Unschuldige ohne Gesetzesgrundlage hingerichtet worden waren. Ich las die 350 Seiten starke Anklageschrift und war überrascht: Fast alle der zum Tode Verurteilten waren unbestritten Nazijuristen – am Volksgerichtshof, an Kriegs- und Sondergerichten. Sie waren selbst an zweifelhaften Todesurteilen beteiligt. Außerdem waren unter den Angeklagten SS- und Gestapo-Leute aus Konzentrationslagern und ein Offizier, der an der blutigen Niederschlagung des Warschauer Aufstandes beteiligt war. Nach dem damals gültigen Recht der vier Alliierten genügte es, eine solche Funktion gehabt zu haben, um die Höchststrafe zu bekommen, individuelle Schuld musste nicht nachgewiesen werden. Das heißt, auch bei formaljuristisch korrekten Prozessen wären damals höchstwahrscheinlich Todesstrafen ausgesprochen worden.

Aber diese Frage wurde im Prozess gegen die ›schlimmste rote Richterin‹ überhaupt nicht erörtert – formale Fehler genügten, um diese Nazis pauschal zu rehabilitieren. Wozu man sich bekanntlich bei Kriegsdienstverweigerern und Deserteuren immer noch nicht durchringen kann.«

Auf die Frage, was wohl die Ursache für den Hass im Westen auf die Schwägerin Walter Benjamins selbst nach ihrem Tod 1989 sei – in den Medien wurde sie wahlweise als »Blutige Hilde«, »Rote Guillotine« oder »Rote Hilde« geschmäht –, antwortete Daniela Dahn prinzipiell: »Wenn man es ausgerechnet in Deutschland für nötig hält zu behaupten, damals hätten nur ›vermeintliche Nazis‹ und weitgehend Unschuldige vor Gericht gestanden, mutet das schon befremdlich an. Heute genügt es, von Kommunisten verurteilt worden zu sein, um als Nazi rehabilitiert zu werden.

Wenn man schon das Bedürfnis hat, mit der Geschichte aufzuräumen, dann sollte man den Dreck nicht nur in eine andere Ecke kehren. Dann hätte man sich die Mühe machen müssen, in den nun zugänglichen Moskauer Archiven die ausführlichen Vernehmungsprotokolle von Waldheim einzusehen, dann hätte man heute rechtsstaatliche Prozesse gegen die damals Angeklagten führen müssen.

Aber es geht ja nicht um Gerechtigkeit. Es geht um formaljuristische Rechthaberei zugunsten der eigenen politischen Klientel. Es ist der alte Antikommunismus.«

Laut Paragraph 1 (2) des Strafrechtlichen Rehabilitierungsgesetzes von 1992 sind die Waldheimurteile »rechtsstaatswidrig«. Rüter hat für seine Dokumentation 91 Urteile aus insgesamt 3324 ausgewählt, die Tötungsdelikte verhandelten. Im Folgenden listen wir diese Verfahren auf.

1. Denunziation, KZ-Verbrechen – Verfahren Nr. 2001

Der Angeklagte **JOHANN SPA.**, geb. am 2. August 1894 in Antonienhütte / Kattowitz, zuletzt wohnhaft gewesen in Hindenburg / Oberschlesien, wurde am 28. April 1950 zu lebenslanger Haft verurteilt. Spa. wurde 28. April 1956 nach sechs Jahren aus der Strafhaft entlassen.

Er wurde beschuldigt, Häftlinge im KZ Fürstengrube denunziert und als »Beihelfer« bei der Begehung von Tötungen im KZ mitgewirkt zu haben.

Nach dem faschistischen Überfall auf Polen wurde er bei der SS-Treuhandstelle für beschlagnahmtes polnisches und jüdisches Vermögen angestellt. Im Sommer 1944 kam Spa. unter nicht näher bezeichneten Umständen »als Agent« in das KZ Fürstengrube, einem Vorlager des KZ Auschwitz. Während seiner etwa achtwöchigen Zugehörigkeit zum KZ-Personal denunzierte er Häftlinge, von denen einige zu Tode kamen. Nach dem 8. Mai 1945 hielt er sich in Güstrow auf, stellte sich bei dem dortigen Kommandanten als Pole vor und erhielt daraufhin Papiere, die ihn zur Fahrt nach Polen berechtigten. Auf dem Bahnhof Pasewalk wurde er von einem früheren polnischen KZ-Häftling erkannt und festgenommen.

Gerichtsentscheidungen: LG Chemnitz am 28.4.1950; OLG Dresden am 9.6.1950

2. Kriegsverbrechen durch Haftstättenpersonal – Nr. 2002

Der Angeklagte EMIL BA., geb. am 12.7.1883 in Zwickau, wohnhaft gewesen in Zwickau, wurde am 5. Mai 1950 zu 15 Jahren Haft verurteilt. Ba. wurde am 6. Oktober 1952 aus der Strafhaft entlassen.

Der Verfahrensgegenstand betraf die Misshandlung und Erschießung von Häftlingen in dem vom Angeklagten geleiteten Kriegsgefangenenlager Brückenberg / Schacht IV. Während seiner Tätigkeit als Verwalter des Kriegsgefangenenlager Brückenberg wurden in den Jahren 1944 bis 1945 mehrere sowjetische Kriegsgefangene misshandelt und erschossen.

Gerichtsentscheidungen: LG Chemnitz am 5.5.1950; OLG Dresden am 20.5.50

3. Denunziation, Kriegsverbrechen – Nr. 2003

Der Angeklagte KARL FRIEDRICH BLO., geb. am 4. November 1889 in Seefeld / Sternberg, wohnhaft gewesen in Grubo / Zauch-Belzig, wurde am 6. Mai 1950 zu lebenslanger Haft verurteilt. Blo. wurde am 28. April 1956 aus der Strafhaft entlassen.

Der Verfahrensgegenstand betraf die Misshandlung von Zwangsarbeitern sowie Denunziation zweier Zwangsarbeiter, die sich dem Angeklagten widersetzt hatten und daraufhin verhaftet sowie später öffentlich gehängt wurden. Der Angeklagte war Eigentümer einer 355 Morgen großen Bauernwirtschaft in Grubo und beschäftigte dort circa 25 ausländische Zwangsarbeiter, die der Hinrichtung zusehen mussten. Blo. wurde für den Tod der Hingerichteten verantwortlich gemacht. 1942 hatte er aus nicht angegebenen Gründen das Kriegsverdienstkreuz I. und II. Klasse erhalten.

Gerichtsentscheidung: LG Chemnitz am 6.5.1950

4. »Euthanasie« – Nr. 2004

Die Angeklagte AUGUSTE BERTHA JES., geb. am 9. August 1879 in Schwesslin / Pommern, zuletzt wohnhaft gewesen in

Ketzin / Osthavelland, wurde am 9. Mai 1950 wegen Beteiligung an Tötungen von Insassen der Landesheilanstalt Meseritz-Obrawalde zu lebenslanger Haft verurteilt. Die Verurteilte verstarb am 16. Dezember 1953 in der Haft.
Der Verfahrensgegenstand betraf ihre Tätigkeit als erste Oberpflegerin in Meseritz-Obrawalde und ihre Tatbeteiligung an der Ermordung von »Geisteskranken« durch Giftinjektionen. Ihr wurde zur Last gelegt, dass von Anfang 1943 bis 1944 täglich bis zu acht Kranke durch Gifteinspritzungen umgebracht wurden, wodurch es erst möglich wurde, die ständig neu eintreffenden Kranken unterzubringen.
Gerichtsentscheidungen: LG Chemnitz am 9.5.1950; OLG Dresden am 9.6.1950
(Mit »Euthanasie«-Tötungen in der HuPA Meseritz-Obrawalde beschäftigen sich auch die Waldheim-Verfahren Nr. 2039 und Nr. 2043 sowie die BRD-Verfahren Nr. 003 und Nr. 587.)

5. Denunziation, V-Mann-Tätigkeit für die Gestapo – Nr. 2005

Der Angeklagte **HEINRICH KOPLOWITZ**, geb. am 26. Juni 1885 in Oppeln, wohnhaft gewesen in Berlin, wurde am 10. Mai 1950 zum Tode verurteilt. Dieses Todesurteil wurde vollstreckt.
Der Verfahrensgegenstand betraf seinen Verrat von mindestens zwanzig in Berlin untergetauchten Juden durch seine Tätigkeit als sogenannter jüdischer »Greifer« der Berliner Gestapo. Er war 1941 als Direktor einer »Irrenanstalt« eingesetzt worden, nachdem der bisherige Direktor in ein KZ deportiert worden war. Ende 1941 erhielt Koplowitz von der Gestapo den Auftrag, Ordnungsdienste im »Judensammellager« in der Hamburger Straße in Berlin zu leisten, wo Berliner Juden zusammengefasst und in Konzentrationslager deportiert wurden. Koplowitz war V-Mann des SS-Hauptscharführers Dobberke, unter dessen Aufsicht das Lager stand und in dessen Auftrag er in Berlin untergetauchte Juden aufspürte.
Gerichtsentscheidungen: LG Chemnitz am 10.5.1950; OLG Dresden am 14.6.1950

(Mit der Tätigkeit jüdischer »Greifer« der Gestapo Berlin befassten sich mehrere Strafverfahren in Ost und West. Siehe auch: Nr. 1189 und BRD-Verfahren Nr. 778 und Nr. 956)

6. Kriegsverbrechen – Nr. 2006

Der Angeklagte OSKAR FRIEDRICH FERDINAND ROLOFF, geb. am 2. Dezember 1906 in Berlin, wohnhaft gewesen in Schwerin, wurde am 10. Mai 1950 zum Tode verurteilt. Das Urteil wurde nicht vollstreckt; der Verurteilte verstarb am 26. Mai 1952 in der Haft.

Der Verfahrensgegenstand betraf die Erschießung von zwei Kriegsgefangenen. 1942 bekam Roloff nach der Flucht von insgesamt 24 Kriegsgefangenen in seiner Funktion als Fahrer des Gauleiters Hildebrandt von diesem den Auftrag, zusammen mit Gauschulungsleiter Giese zwei erneut ergriffene sowjetische Kriegsgefangene nach Teterow zum Gefangenenlager zu bringen. Bei einem erneuten Fluchtversuch machten Roloff und sein Begleiter von der Waffe Gebrauch und erschossen die Flüchtenden.

Gerichtsentscheidung: LG Chemnitz am 10.5.1950

7. Kriegsverbrechen – Nr. 2007

Der Angeklagte WILLI REINHOLD THI., geb. am 12. November 1913 in Reideburg/Saalkreis, zuletzt wohnhaft in Reideburg, wurde am 10. Mai 1950 zu lebenslanger Haft verurteilt. Thi. wurde am 31. Dezember 1955 aus der Haft entlassen.

Der Verfahrensgegenstand betraf seine Teilnahme an der Erhängung von Fremdarbeitern durch die Absperrung des Vollstreckungsortes. Er gehörte seit 1932 der SS an und wurde ab 1936 bei der Bahnpolizei in Halle im Bewachungs- und Absperrungsdienst eingesetzt.

Gerichtsentscheidungen: LG Chemnitz am 10.5.1950; OLG Dresden am 30.6.1950

8. Kriegsverbrechen – Nr. 2008

Der Angeklagte KARL FRANZ SAGOLLA, geb. am 29. August 1905 in Ratibor/Schlesien, wohnhaft gewesen in Oelsnitz, wurde am 10. Mai 1950 zum Tode verurteilt. Das Urteil wurde von der Gnadenbehörde in eine lebenslängliche Freiheitsstrafe umgewandelt. Sagolla wurde am 30. Dezember 1955 aus der Strafhaft entlassen.

Der Verfahrensgegenstand betraf die Misshandlung von in der Steinkohlengrube »Gottessegen« in Oelsnitz im Erzgebirge eingesetzten Kriegsgefangenen und die Erschießung eines Kriegsgefangenen. Der Angeklagte war zur Beaufsichtigung der Kriegsgefangenen eingesetzt und hat diese unter anderem mit einer Eisenstange misshandelt. Ein sowjetischer Kriegsgefangener wurde bei einem Fluchtversuch von Sagolla erschossen.

Gerichtsentscheidung: LG Chemnitz am 10.5.1950

9. Verbrechen in Haftstätten – Nr. 2009

Der Angeklagte FRITZ MAT., geb. am 6. Mai 1892 in Madlow/Cottbus, wohnhaft gewesen in Brandenburg/Havel, wurde am 10. Mai 1950 zu lebenslanger Haft verurteilt. Er wurde am 28. April 1956 aus der Strafhaft entlassen.

Der Verfahrensgegenstand betraf seine Tätigkeit als Hilfsaufseher im Dienst des Zuchthauses Brandenburg-Görden. Zu seinen Dienstobliegenheiten gehörte auch die Bewachung von politischen Häftlingen, die zum Tode verurteilt worden waren, und deren Zuführung zur Hinrichtungsstätte. Er wurde für schuldig befunden, als Beihelfer bei Verbrechen gegen die Menschlichkeit mitgewirkt zu haben.

Gerichtsentscheidung: LG Chemnitz am 10.5.1950

10. Denunziation, KZ-Verbrechen – Nr. 2010

Der Angeklagte PAUL MAX FRANZ TRAEGE, geb. am 7. April 1891 in Magdeburg, wohnhaft gewesen in Schwerin, wurde am 10. Mai 1950 zu lebenslanger Haft verurteilt und am 28. April 1956 aus der Strafhaft entlassen.

Der Verfahrensgegenstand betraf seine Denunziation von Mithäftlingen im KZ Sachsenhausen mit Todesfolge. Wegen Unterschlagung und Untreue wurde Traege 1939 in Burg bei Magdeburg zu einem Jahr und neun Monaten Zuchthaus verurteilt, saß im Zuchthaus Halle/Saale ein und wurde von dort mit einem Sammeltransport als krimineller Häftling in das KZ Sachsenhausen gebracht, wo er 1944 zum Vorarbeiter und Kapo ernannt wurde. Ihm unterstanden circa dreißig Häftlinge. Aufgrund einer Anzeige des Angeklagten wurde der politische Häftling Maurischat von der SS mit Stockhieben misshandelt. Im Jahre 1945 lieferte der Angeklagte zwei in Sachsenhausen einsitzende sowjetische Offiziere der SS aus, die daraufhin erschossen wurden.

Traege war vor 1933 Mitglied der SPD und gehörte nach 1945 bis zu seiner Internierung am 23. August 1946 der SPD/SED an.

Gerichtsentscheidungen: LG Chemnitz am 10.5.1950; OLG Dresden am 16.6.1950

11. Verbrechen bei der Errichtung der faschistischen Diktatur und Judenerschießung – Nr. 2011

Der Angeklagte **HANS ALFRED THI.**, geb. am 26. April 1905 in Altenburg/Thüringen, wohnhaft gewesen in Altenburg, wurde am 10. Mai 1950 zu lebenslanger Haft verurteilt. Am 28. April 1956 erfolgte seine Haftentlassung.

Der Verfahrensgegenstand betraf die Verhaftung und Misshandlung von politischen Gegnern im Jahre 1933 sowie die Erschießung von Juden in Altenburg. Der Angeklagte war als SA-Scharführer unter anderem am 2. Mai 1933 bei der Verhaftung eines Gewerkschaftsfunktionärs in Altenburg beteiligt und geständig, im Jahre 1937 zwei jüdische Kaufleute aus ihrer Wohnung weg verhaftet zu haben. Er bestritt jedoch, an Erschießungen von Juden beteiligt gewesen zu sein. Unter Berücksichtigung dessen, dass der Angeklagte nicht überführt werden konnte, selber geschossen zu haben, hielt das Gericht die beantragte Todesstrafe nicht für angemessen und entschied sich für eine lebenslange Zuchthausstrafe.

Gerichtsentscheidungen: LG Chemnitz am 10.5.1950; OLG Dresden am 10.6.1950

12. Denunziation, V-Mann-Tätigkeit für die Gestapo – Nr. 2012

Der Angeklagte ARTHUR ALBERT MAY, geb. am 15. Juni 1908 in Chemnitz, dort auch zuletzt wohnhaft gewesen, wurde am 12. Mai 1950 zum Tode verurteilt. Die gegen dieses Urteil eingelegte Revision wurde durch den Beschluss des OLG Dresden vom 15. Juni 1950 verworfen und das Todesurteil vollstreckt.

Der Verfahrensgegenstand betraf die Denunziation von Mitgliedern des KJV (Kommunistischer Jugendverband) und der KPD, die daraufhin von der Gestapo verhaftet wurden. Als 1933 ein Teil der ehemaligen Genossen des Angeklagten aus dem KJV sowie aus der KPD und SPD von den Nazis verfolgt wurden, befand sich darunter auch sein eigener Bruder, welcher Funktionär in der KPD war und der Verhaftung nur durch Flucht in die ČSR entgehen konnte. May wurde nach der Rückkehr von einem Besuch seines Bruders in der ČSR von der Gestapo festgenommen und zur Spitzeltätigkeit genötigt. Als V-Mann der Gestapo Chemnitz machte er bekannte Personen aus dem KJV sowie aus der KPD namhaft, die dann ermittelt und festgenommen wurden. Bei einigen Verhaftungen war er selbst zugegen. Im Auftrag der Gestapo sollte er seinen Bruder und andere über die Reichsgrenze locken. Das blieb aber bis zum »Einmarsch« der deutschen Truppen in das Sudetenland erfolglos. Über die 1933 1934 für die Gestapo geleisteten Spitzeldienste war zur Zeit seiner Internierung im Mai 1945 allgemein und in den Heimatorten der Betroffenen nichts bekannt. Das Gericht hielt die Todesstrafe wegen »der besonderen Verwerflichkeit seiner Handlungsweise« für angemessen.

Gerichtsentscheidungen: LG Chemnitz am 12.5.1950; OLG Dresden am 15.6.195

13. Kriegsverbrechen, Gestapo-Verbrechen – Nr. 2013
Der Angeklagte ERICH KURT WIEDEMANN, geb. am 15. September 1912 in Miltitz/Roitzschen, wohnhaft gewesen in Magdeburg, wurde am 12. Mai 1950 zu lebenslanger Haft verurteilt. Seine Entlassung aus der Strafhaft erfolgte am 28. April 1956.
Der Verfahrensgegenstand betraf seine Tätigkeit als Kriminalkommissaranwärter bei der Gestapoleitstelle in Magdeburg sowie seinen Einsatz in Paris zur Bekämpfung der französischen Widerstandsbewegung. Er führte ein weitverzweigtes Agentennetz bis in die höchsten Regierungsstellen und gab zu, veranlasst zu haben, dass der französische Kabinettchef Roger de Saivre, der Führer der Feuerkreuzler Oberst de La Rocque sowie der Comte de Pange und General Weygand inhaftiert wurden. Er bestritt aber, durch seine Tätigkeit selber zum Tod von Opfern beigetragen zu haben. In Magdeburg gehörten italienische Kriegsgefangene zu seinen ausspionierten und verhafteten Opfern.
Gerichtsentscheidung: LG Chemnitz am 12.5.1950

14. Kriegsverbrechen, Gestapo-Verbrechen – Nr. 2014
Der Angeklagte WALTER LEHNE, geb. am 19. März 1891 in Magdeburg, wohnhaft gewesen in Flensburg, wurde am 12. Mai 1950 zum Tode verurteilt und am 15. November 1950 an die UdSSR überstellt.
Der Verfahrensgegenstand betraf seine langjährige Tätigkeit als Kriminalbeamter und Gestapo-Mitarbeiter unter anderem beim Aufbau der Gestapodienststelle Pardubice, wo er vorwiegend mit der Bekämpfung des tschechischen Widerstandes befasst war. Dazu steuerte er V-Leute und sogenannte Vigilanten. Nach dem Attentat auf Heydrich beteiligte er sich an der Verhaftung von circa vierzig Personen, die dem Sondergericht in Prag überstellt wurden. Nach einem Lehrgang an der Reichsführerschule der SS in Prag wurde er zum SS-Untersturmführer ernannt.
Gerichtsentscheidungen: LG Chemnitz am 12.5.1950; OLG Dresden am 12.7.1950

Offensichtlich war zum Zeitpunkt des Urteils nicht bekannt oder blieb unberücksichtigt, dass die Gestapo in Pardubice im Zusammenhang mit der »Heydrichiade« eine Vielzahl von Geiseln festgenommen hat, die durch Angehörige der Polizei unter Aufsicht der Gestapo exekutiert wurden. Dieses Tatgeschehen war später Gegenstand mehrerer vom MfS bearbeiteter Verfahren (s. auch Verfahren Nr. 1009, Nr. 1042 und Nr. 1045).

15. Gewaltverbrechen in Haftstätten – Nr. 2015

Der Angeklagte DR. MED. EMIL NES., geb. am 19. September 1891 in Jülich/Rheinprovinz, wohnhaft gewesen in Rosswein/Döbeln, wurde am 13. Mai 1950 zu 15 Jahren Haft verurteilt. Am 30. Dezember 1955 wurde der Verurteilte entlassen.

Der Verfahrensgegenstand betraf seine mangelhafte ärztliche Betreuung von kranken und erschöpften Häftlingen und Zwangsarbeitern, von denen eine Vielzahl verstarb. Ihm wurde zur Last gelegt, seit 1944 mit der ärztlichen Betreuungen von Zwangsverschleppten, Kriegsgefangenen und KZ-Häftlingen in den Daimler-Benz-Werken in Kamenz befasst und für die hohe Sterblichkeitsrate unter den Beschäftigten mit verantwortlich gewesen zu sein. Er bestritt, an Tötungen von Gefangenen teilgenommen oder sie veranlasst zu haben.

Gerichtsentscheidungen: LG Chemnitz am 13.5.1950; OLG Dresden am 9.6.1950

16. Gewaltverbrechen in Haftstätten, Kriegsverbrechen – Nr. 2016

Der Angeklagte HERMANN STÜ., geb. am 20. Juli 1893 in Klosterveilsdorf/Hildburghausen, wohnhaft gewesen in Schackendorf/Kreis Hildburghausen, wurde am 13. Juni 1950 zu 25 Jahren Haft verurteilt. Seine Entlassung aus der Strafhaft erfolgte am 31. Dezember 1955.

Der Verfahrensgegenstand betraf die Misshandlung von Häftlingen im Arbeitserziehungslager (AEL) Römhild und seine Beteiligung an der Erhängung von zwei nach einem Fluchtversuch aufgegriffenen Häftlingen im Jahre 1944. Stü.

wurde im Oktober 1943 als Wachmann in dem von der Gestapo geleiteten AEL Römhild eingesetzt und hat regelmäßig Gefangene, die in einem Basaltsteinbruch arbeiten mussten, geschlagen und misshandelt. An der Exekution der zwei Fluchtwilligen war er durch Absperrdienst der Hinrichtungsstätte beteiligt.
Gerichtsentscheidungen: LG Chemnitz am 13. 5. 1950; OLG Dresden am 23. 6. 1950

17. Gewaltverbrechen in Haftstätten – Nr. 2017
Der Angeklagte **WALTER REINHOLD OLT.**, geb. am 18. Mai 1918 in Hamburg, wohnhaft gewesen in Stralsund, wurde am 15. Mai 1950 zu 25 Jahren Haft verurteilt. Seine Entlassung aus der Strafhaft erfolgte zum 10. Juli 1954.
Der Verfahrensgegenstand betraf seine Tätigkeit ab 18. Februar 1944 als Justizwachtmeister im Gefängnis Stralsund, in dem Häftlinge misshandelt und ein polnischer Häftling erhängt wurden. Ihm wurde angelastet, dass er bei Misshandlungen von Häftlingen durch seinen Vorgesetzten, den Hauptwachtmeister Struk, zugegen war und auf dessen Anweisung 14 sowjetische Häftlinge zur Abgabe an die Gestapo bereitgehalten hat. Die Gestapo kam bewaffnet mit Maschinenpistolen und Gewehren und nahm den Häftlingen ihre Habseligkeiten und Erkennungsmarken ab. Offensichtlich hatten sie sich ihr Grab selbst schaufeln müssen. Sie wurden ermordet.
Gerichtsentscheidungen: LG Chemnitz am 15. 5. 1950; OLG Dresden am 22. 6. 1950

18. Kriegsverbrechen – Nr. 2018
Der Angeklagte **ALBERT FRI.**, geb. am 23. Mai 1900 in Zittau, wohnhaft gewesen in Dresden, wurde am 17. Mai 1950 zu 15 Jahren Haft verurteilt. Der Verurteilte wurde am 30. Dezember 1955 aus der Strafhaft entlassen.
Der Verfahrensgegenstand betraf seine Tatbeteiligung als Polizeiangehöriger an Verhaftungen von Antifaschisten sowie

an der Partisanenbekämpfung und an Massenvernichtungen im Raum Ilmensee. Er war seit 1934 bei der Kriminalpolizei in Dresden beschäftigt und wurde im Frühjahr 1943 mit einer nicht näher bezeichneten Polizei-Einheit in der Gegend des Ilmensees zur Partisanenbekämpfung und Massenvernichtung sowjetischer Bürger eingesetzt. Daran war er aktiv beteiligt. 1933 hat er als NSKK-Truppführer (Nationalsozialistisches Kraftfahrerkorps) in Dresden an Verhaftungen und Misshandlungen von Antifaschisten teilgenommen.
Gerichtsentscheidung: LG Chemnitz am 17.5.1950

19.   Kriegsverbrechen – Nr. 2019
Der Angeklagte **WALTER RUDOLF MAGNUS HOY.**, geb. am 4. August 1890 in Kötzschenbroda, wohnhaft gewesen in Bad Schandau, wurde am 17. Mai 1950 zu 25 Jahren Haft verurteilt. Der Verurteilte wurde zum 28. April 1956 aus der Strafhaft entlassen.
Der Verfahrensgegenstand betraf seine mangelnde Verpflegung und medizinische Versorgung von Tbc-kranken sowjetischen Kriegsgefangenen im Kriegsgefangenenlager Zeithain. Hoy. wurde dafür mitverantwortlich gemacht, dass während seiner zweijährigen Tätigkeit vom 20. September 1942 bis zum 12. September 1944 als Sanitätshauptfeldwebel im Reservelazarett Zeithain, wo circa 8 500 Tbc-kranke sowjetische Kriegsgefangene untergebracht waren, circa 6 000 Menschen starben.
Gerichtsentscheidungen: LG Chemnitz am 17.5.1950; OLG Dresden am 16.6.1950

20.   Gewaltverbrechen in Haftstätten – Nr. 2020
Der Angeklagte **KURT LINUS WEISE**, geb. am 2. März 1903 in Zwickau, wohnhaft gewesen in Zwickau, wurde am 17. Mai 1950 zu 25 Jahren Haft verurteilt. Er ist zum 30. Dezember 1955 aus der Strafhaft entlassen worden.
Der Verfahrensgegenstand betraf die Misshandlung von ausländischen Zwangsarbeitern, in drei Fällen mit Todesfolge.

Der Angeklagte war in der Papierfabrik Löhnhardts Söhne in Crossen bei Zwickau während des Krieges UK-gestellt und zur Bewachung von Kriegsgefangenen und ausländischen Zivilarbeitern bei der Arbeit auf dem Holzplatz der Firma eingesetzt. Er wurde beschuldigt, selbst für den Tod von drei durch ihn misshandelten Zwangsarbeitern verantwortlich zu sein und Beihilfe zu weiteren acht Todesfällen im Zwangsarbeiterlager geleistet zu haben.
Gerichtsentscheidung: LG Chemnitz am 17.5.1950

21. KZ-Verbrechen – Nr. 2021
Der Angeklagte RUDOLF WEBER, geb. am 19. April 1898 in Calestin/Kalisch, wohnhaft gewesen in Schlemmin/Franzburg-Barth, wurde am 18. Mai 1950 zu 25 Jahren Haft verurteilt. Weber ist zum 22. Mai 1957 aus der Strafhaft entlassen worden.
Der Verfahrensgegenstand betraf seine Mitwirkung an der Misshandlung und Tötung von Häftlingen in Außenkommandos des KZ Ravensbrück. Weber trat als Lehrer an einer deutschen Schule in Polen 1939 dem sogenannten »Selbstschutz« bei, wurde 1940 Mitglied der SS und im Juli 1942 zur Waffen-SS nach Oranienburg eingezogen. Anschließend kam er nach Ravensbrück und wurde als Wachposten in verschiedenen Außenkommandos eingesetzt, zuletzt bei einem männlichen Außenkommando in Barth/Ostsee. Dort wurden Häftlinge brutal misshandelt, erhängt und erschossen. Dagegen habe er sich nicht auflehnen können und geglaubt, es sei höherer Befehl und müsse durchgeführt werden.
Gerichtsentscheidung: LG Chemnitz am 18.5.1950

22. Kriegsverbrechen – Nr. 2022
Der Angeklagte ARTHUR WILLY BEY., geb. am 20. Januar 1900 in Wangerin/Hinterpommern, wohnhaft gewesen in Rengersdorf/Niederschlesien, wurde am 28. Mai 1950 zu 25 Jahren Haft verurteilt. Der Verurteilte wurde zum 28. April 1956 aus der Strafhaft entlassen.

Der Verfahrensgegenstand betraf seine Tatbeteiligung als Gendarmeriemeister an der Misshandlung von sowjetischen Kriegsgefangenen und Auslieferung eines Zwangsarbeiters an die Gestapo, die ihn erschoss. Der Angeklagte wurde im September 1939 als Hauptwachtmeister der Gendarmerie eingezogen. In Rengersdorf in Niederschlesien war er zur Bewachung von über zwanzig französischen Kriegsgefangenen sowie circa dreißig nach Deutschland zwangsverschleppten »Ostarbeitern« und sowjetische Kriegsgefangenen eingesetzt. Die sowjetischen Kriegsgefangenen wurden von ihm grausam misshandelt. Er verhaftete im Mai 1942 in Rengersdorf einen sowjetischen Kriegsgefangenen, der nach Übergabe an die Gestapo erschossen wurde.
Gerichtsentscheidungen: LG Chemnitz am 19.5.1950; OLG Dresden am 19.6.1950

23. Justizverbrechen – Nr. 2023
Der Angeklagte **WILHELM FRIEDRICH KLITZKE**, geb. am 20. März 1899 in Jüterbog, wohnhaft gewesen in Jüterbog, wurde am 20. Mai 1950 zum Tode verurteilt. Das Todesurteil wurde vollstreckt.
Der Verfahrensgegenstand betraf seine Tätigkeit bei der Staatsanwaltschaft beim Landgericht Berlin und bei der Reichsanwaltschaft beim Volksgerichtshof. Er bearbeitete politische Strafsachen, darunter Spionage zu Gunsten Polens, Widerstandshandlungen kommunistischer und monarchistischer Kreise Österreichs und Beantragungen von Zuchthaus- und Todesstrafen.
Im Jahre 1940 wurde er zur Reichsanwaltschaft beim Volksgerichtshof in Berlin abgeordnet und war dort Sachbearbeiter für Landesverrat deutscher Reichsangehöriger sowie seit Mitte 1944 Sachbearbeiter für österreichischen Hochverrat. Der Angeklagte hat je nach Schwere des Falles die Todesstrafe und hohe Freiheitsstrafen beantragt. Wie viele Strafsachen er vor dem Volksgerichtshof vertreten hat, konnte damals nicht sicher festgestellt werden. Dem Angeklagten

wurde angelastet, dass ihm als Jurist die Rechtswidrigkeit der Nazi-Gesetze sehr wohl bekannt war und er dennoch dem faschistischen Staat diente.
Gerichtsentscheidungen: LG Chemnitz am 20. 5.1950; OLG Dresden am 11. 7.1950

24. Justizverbrechen – Nr. 2024
Der Angeklagte **WALTER MORITZ NUTHMANN**, geb. am 22. März 1888 in Gübe/Jerichow, wohnhaft gewesen in Klein Rodensleben, wurde am 22. Mai 1950 zu lebenslanger Haft verurteilt. Der Verurteilte wurde zum 18. Dezember 1963 aus der Strafhaft entlassen.
Der Verfahrensgegenstand betraf seine Tatbeteiligung an der Strafverfolgung einer Gruppe von circa 100 Bibelforschern wegen Wehrkraftzersetzung und die Beantragung von Zuchthaus- und Todesstrafen. Der Angeklagte war bis 1945 beim Kammergericht Berlin als Staatsanwalt beschäftigt. Im Jahre 1944 nahm er, nachdem er in den verschiedensten staatsanwaltschaftlichen Dezernaten gearbeitet hatte, einen Sonderauftrag wegen Wehrkraftzersetzung an, welcher sich gegen circa 100 Bibelforscher richtete. Er fasste Anklagegruppen zusammen und vertrat teilweise selbst die Anklage. In diesem umfangreichen Prozess beantragte er vier Todesurteile, von denen zwei vom Gericht bestätigt wurden. In den übrigen Verfahren wurden Freiheitsstrafen ausgesprochen.
Zu seiner Entlastung machte Nuthmann geltend, dass er als Staatsanwalt weisungsgebunden gewesen sei und dass er den Weisungen seines Generalstaatsanwaltes habe Folge leisten müssen. Das wurde strafmildernd berücksichtigt, und das Gericht ist dem Antrag der Anklagevertretung auf Todesstrafe nicht gefolgt.
Gerichtsentscheidung: LG Chemnitz am 22. 5.1950

25. Justizverbrechen – Nr. 2025
Der Angeklagte **WALTER KARL MAX TEUBNER**, geb. am 7. Dezember 1912 in Ebersbach in Sachsen, wohnhaft gewesen in

Herrnhut/Oberlausitz, wurde am 22. Mai 1950 zu lebenslanger Haft verurteilt. Teubner wurde im November 1960 aus der Strafhaft entlassen.
Der Verfahrensgegenstand betraf seine Tätigkeit als Amtsgerichtsrat am Sondergericht Dresden und seine Mitwirkung als Richter an Strafverfahren auf Grund des »Heimtückegesetzes« und der »Volksschädlingsverordnung«, die teilweise mit Todesstrafen endeten. Aufgrund seiner Aktivität in der Naziparte wurde der Angeklagte im Herbst 1942 zum Presseamts- und Propagandaleiter in Herrnhut/Sachsen ernannt und im Jahre 1943 als aktiver Kämpfer der NSDAP zum Sondergericht nach Dresden versetzt. Dort wurde er der Sondergerichtskammer unter dem Vorsitz Dr. Försters zugeteilt. Wie der Angeklagte selbst zugab, wirkte er an Aburteilungen zahlreicher Verstöße gegen das »Heimtückegesetz« und an verschiedenen Todesurteilen mit, die nach der »Volksschädlingsverordnung« ausgesprochen wurden.
Gerichtsentscheidung: LG Chemnitz am 22.5.1950

26. Kriegsverbrechen – Nr. 2026

Der Angeklagte **ROLF HEINRICH WERNER MEH.**, geb. am 20. Dezember 1909 in Weimar, wohnhaft gewesen in Weimar, wurde am 22. Mai 1950 zu 25 Jahren Jahren Haft verurteilt. Der Verurteilte wurde zum 31. Dezember 1955 aus der Strafhaft entlassen.
Der Verfahrensgegenstand betraf seine Beteiligung als Polizeiangehöriger an der Partisanenbekämpfung und an Strafexpeditionen gegen die Zivilbevölkerung in der Sowjetunion, bei denen mehrere festgenommene Personen erschossen wurden. 1940 meldete er sich freiwillig zur Polizei und wurde nach seiner Ausbildung 1942 einer nicht näher bezeichneten Polizeieinheit zugeteilt. Als Autoschlosser beim Kraftfahrzeug-Instandsetzungstrupp war er im Gebiet Rowno/Ukraine, eingesetzt. Die Aufgabe der Polizeieinheit war die Bekämpfung von Partisanen und die Durchführung von Strafexpeditionen. Die bei derartigen Anlässen

festgenommenen Personen wurden von den Angehörigen der Polizeieinheit gleich an Ort und Stelle erschossen. Fotos von den Leichen der Ermordeten schickte der Angeklagte seiner Frau nach Hause.
Gerichtsentscheidung: LG Chemnitz am 22.5.1950

27. Verbrechen gegen Kriegsende, Denunziation – Nr. 2027
Der Angeklagte **HORST BAR.**, geb. am 1. September 1903 in Neudorf/Bautzen, zuletzt wohnhaft in Bautzen, wurde am 22. Mai 1950 zu lebenslanger Haft verurteilt. Der Verurteilte wurde am 28. April 1956 aus der Strafhaft entlassen.
Der Verfahrensgegenstand betraf Bar.s Denunziation von zehn bereits befreiten KZ-Häftlingen. Nachdem die Rote Armee am 19. April 1945 Bautzen vorübergehend befreite, suchten zwölf kranke KZ-Häftlinge in der Betriebsbäckerei des Beschuldigten Quartier. Nach zwei Tagen verstarben zwei dieser Häftlinge infolge der zuvor erlittenen Misshandlungen. Als die Panzerdivision »Hermann Göring« am 24. April 1945 nochmals nach Bautzen einrückte, erstattete Bar. Meldung darüber, dass sich in seinem Betrieb noch zehn KZ-Häftlinge aufhalten. Nach drei Tagen wurden sieben Häftlinge von Angehörigen der Panzerdivision »Hermann Göring« aus ihrer Unterkunft herausgeholt und in unmittelbarer Nähe erschossen. Die übrigen drei Häftlinge hatten in den vergangenen Tagen das Weite gesucht.
Gerichtsentscheidung: LG Chemnitz am 22.5.1950

28. Kriegsverbrechen – Nr. 2028
Der Angeklagte **FRIEDRICH DUDA**, geb. am 30. Juli 1896 in Wissweinen, wohnhaft gewesen in Berlin-Pankow, wurde am 22. Mai 1950 zum Tode verurteilt. Das Todesurteil wurde vollstreckt.
Der Verfahrensgegenstand betraf die Tatbeteiligung an der Erschießung von polnischen Widerstandskämpfern und Zivilisten bei der Niederschlagung des Warschauer Aufstandes. Der Angeklagte war seit 1919 Angehöriger der Polizei. 1944

war er als Revierleutnant/Kraftfahrzeugoffizier bei der Niederschlagung des Warschauer Aufstandes mit dreißig Mann zur Verteidigung des Universitätsviertels eingesetzt und wurde dafür mit dem Eisernen Kreuz II und dem Eisernen Kreuz I mit Spange ausgezeichnet. Außerdem war er an Erschießungen von Warschauer Bürgern beteiligt.
Gerichtsentscheidungen: LG Chemnitz am 22.5.1950; OLG Dresden am 11.7.1950

29. Kriegsverbrechen – Nr. 2029
Der Angeklagte PAUL SIEGFRIED HANS SCHMIDT, geb. am 31. Januar 1915 in Oberwiederstedt/Mansfelder Gebirgskreis, wohnhaft gewesen in Oberwiederstedt, wurde am 23. Mai 1950 wegen Gewalttaten in Polen und der ČSR zu lebenslanger Haft verurteilt. Schmidt wurde zum 28. April 1956 nach sechs Jahren aus der Strafhaft entlassen.
Der Verfahrensgegenstand betraf die Erschießung von insgesamt 162 Menschen im Laufe mehrerer Einsätze gegen polnische Partisanen sowie die Teilnahme an Strafexpeditionen gegen Partisanen und die Zivilbevölkerung in der Tschechoslowakei. Der Angeklagte gehörte ab Mai 1933 der SS an und war seit dem 15. Oktober 1934 Angehöriger der faschistischen Polizei. Als Polizeileutnant hat er mit seinem Zug unter anderem an einer Großaktion gegen Partisanen bei Łomża und einem Großeinsatz bei Warschau teilgenommen.
Gerichtsentscheidungen: LG Chemnitz am 23.5.1950; OLG Dresden am 15.6.1950

30. Kriegsverbrechen, Gewaltverbrechen in Haftstätten – Nr. 2030
Der Angeklagte RUDOLF HERMANN PAUL MER., geb. am 1. Mai 1926 in Wusterhausen/Dosse, wohnhaft gewesen in Wusterhausen, wurde am 24. Mai 1950 zu zehn Jahren Haft verurteilt. Der Verurteilte wurde zum 11. Juli 1954 aus der Strafhaft entlassen.
Der Verfahrensgegenstand betraf seine Beteiligung an der Partisanenbekämpfung, am Erschießen von Zivilisten und

am Niederbrennen von Dörfern sowie Bewachung und Misshandlung von KZ-Häftlingen im KZ Dachau. Laut Anklageschrift hat der Angeklagte im Waffen-SS-Ausbildungsersatzbataillon 2 in der Zeit vom 1. September 1944 bis Ende Oktober 1944 an Treibjagden auf Partisanen, an Erschießungen von tschechoslowakischen Kommunisten und sowjetischen Bürgern sowie Verbrennungen von Ortschaften teilgenommen. Im Oktober 1944 wurde er zum Wachdienst im KZ Dachau abkommandiert und hat dort Häftlinge misshandelt.
Gerichtsentscheidung: LG Chemnitz am 24.5.1950

31. Kriegsverbrechen – Nr. 2031
Der Angeklagte BRUNO GOD., geb. am 2. April 1908 in Klützow / Kreis Pyritz, wohnhaft gewesen in Berlin-Charlottenburg, wurde am 24. Mai 1950 zu zwanzig Jahren Haft verurteilt. Der Verurteilte wurde zum 31. Dezember 1955 aus der Strafhaft entlassen.
Der Verfahrensgegenstand betraf seine Beteiligung an der Erschießung von 250 Menschen in Schytomyr. Der Angeklagte wurde am 1. September 1939 zur Polizei eingezogen und nach kurzer Ausbildung dem Polizei-Bataillon 9 zugeteilt. Der Einsatz erfolgte zunächst in Norwegen und kurz nach Beginn des Krieges gegen die Sowjetunion im dortigen Mittelabschnitt, Raum Lwiw (Lemberg), Rowno, Schytomyr und Kiew. Seine Aufgabe bestand unter anderem darin, Absperrungen und Durchsuchungen sowie Erschießungen vorzunehmen.
Gerichtsentscheidung: LG Chemnitz am 24.5.1950

32. Kriegsverbrechen – Nr. 2032
Der Angeklagte HERBERT FRITZ KIR., geb. am 9. Juli 1898 in Ziegenrück, wohnhaft gewesen in Ziegenrück, wurde am 24. Mai 1950 zu sieben Jahren Haft verurteilt. Er verstarb am 26. Februar 1951 in der Haft.
Der Verfahrensgegenstand betraf seine Tatbeteiligung an einer nach einem Partisanenüberfall erfolgten Strafexpedition,

wobei das Dorf Jitinitschi niedergebrannt und mehrere Einwohner erschossen wurden. 1943 wurde der Angeklagte als Maschinenmeister zur »Organisation Todt« dienstverpflichtet und hat in der Ukraine Montagen von Sägewerkseinrichtungen ausgeführt. Als die Dienststelle von einer Partisanengruppe angegriffen wurde, wurde als Vergeltungsmaßnahme die Ortschaft niedergebrannt und ein Teil der dortigen Bevölkerung niedergeschossen. Nach 1945 veranlasste der Angeklagte gemeinsam mit einem anderen die Inhaftnahme seines ehemaligen Vorgesetzten, des Ingenieurs Terwei, durch die sowjetische Besatzungsbehörde. Terwei wurde zum Tode verurteilt. Der Angeklagte selbst wurde beschuldigt, bei der durchgeführten Strafexpedition zugegen gewesen zu sein.
Gerichtsentscheidungen: LG Chemnitz am 24.5.1950

33. Gewaltverbrechen in Haftstätten – Nr. 2033

Der Angeklagte **MAX PAUL SCH.**, geb. am 26. September 1900 in Preschen, wohnhaft gewesen in Döbern, wurde am 24. Mai 1950 zu 15 Jahren Haft verurteilt. Sch. wurde zum 12. Juli 1954 aus der Strafhaft entlassen.

Der Verfahrensgegenstand betraf seine Meldung von Zwangsarbeitern zur Bestrafung und seine Beteiligung an Erschießungen. Der Angeklagte war Werkschutzmann in den Sprengstoffwerken in Christianstadt mit etwa 6000 Zwangsarbeitern. Er zeigte über 80 Zwangsarbeiter an, was unter anderem zu deren Bestrafung bis zur Erschießung führte.
Gerichtsentscheidung: LG Chemnitz am 24.5.1950

34. Justizverbrechen – Nr. 2034

Der Angeklagte **HEINZ ROSENMÜLLER**, geb. am 15. September 1903 in Dresden, wohnhaft gewesen in Zwenkau bei Leipzig, wurde am 24. Mai 1950 zum Tode verurteilt. Das Todesurteil wurde vollstreckt.

Der Verfahrensgegenstand betraf seine Mitwirkung als Staatsanwalt beim Sondergericht Dresden an Strafverfahren wegen Abhörens von Feindsendern, verbotenen Umgangs

mit Kriegsgefangenen, Verstößen gegen das »Heimtückegesetz« und die »Volksschädlingsverordnung« etc.. In 15 Fällen wurde die vom Angeklagten beantragte Todesstrafe verhängt. Rosenmüller war von 1933 bis September 1939 als Staatsanwalt in Bautzen tätig, 1939 bis 1942 wurde er zum Generalstaatsanwalt nach Dresden beordert und ab 1942 war er als Staatsanwalt und Sitzungsvertreter am Sondergericht in Dresden tätig.
Gerichtsentscheidungen: LG Chemnitz am 24.5.1950; OLG Dresden am 5.7.1950

35. Kriegsverbrechen – Nr. 2035
Der Angeklagte REINHOLD OTTO ALBERT RUMMLER, geb. am 19. Juli 1890 in Krummenhagen, wohnhaft gewesen in Stralsund, wurde am 24. Mai 1950 zum Tode verurteilt. Der Verurteilte verstarb am 2. November 1950 in der Haft.
Der Verfahrensgegenstand betraf seine Mitwirkung an der Tötung von 15 polnischen Geiseln, die er in dem von ihm geleiteten Gefängnis Radom zur Erschießung aussuchte und an deren Exekution er teilnahm. Der Angeklagte war seit 1923 als Justizbeamter in Strafanstalten in Stettin, Gollnow, Naugard, Greifswald, Köslin, Stralsund und zuletzt in Radom, wohin er 1940 abkommandiert und später versetzt wurde. In der Zeit seiner dortigen Tätigkeit wurden Tausende von Polen durch SD und SS erhängt oder erschossen.
Gerichtsentscheidungen: LG Chemnitz am 24.5.1950; OLG Dresden am 4.7.1950

36. Kriegsverbrechen, Verbrechen gegen Ende des Krieges – Nr. 2036
Der Angeklagte HANS KUN., geb. am 3. August 1929 in Sülten / Malchin, wohnhaft gewesen in Bredenfelde / Wahren, wurde am 25. Mai 1950 zu zehn Jahren Haft verurteilt. Kun. wurde am 5. Oktober 1952 aus der Strafhaft entlassen.
Der Verfahrensgegenstand betraf die Erschießung von drei sowjetischen Soldaten in einer »Werwolf«-Aktion im Rücken

der Roten Armee. Der Angeklagte war seit 1944 in der Hitler-Jugend, gehörte nach einem Lehrgang in Teterow dem »Werwolf« an und wurde ab April 1945 zu Kampfhandlungen eingesetzt.
Gerichtsentscheidung: LG Chemnitz am 25.5.1950

37. Gewaltverbrechen in Haftstätten, Verbrechen gegen Kriegsende – Nr. 2037

Der Angeklagte HERMANN JEDZINK, geb. am 11. Mai 1890 in Braunsberg/Ostpreußen, wohnhaft gewesen in Berlin, wurde am 25. Mai 1950 zu lebenslanger Haft verurteilt. Er ist am 26. Oktober 1952 in der Haft verstorben.

Der Verfahrensgegenstand betraf seine Teilnahme als Gefängnisarzt an der Vollstreckung von insgesamt etwa 900 Todesurteilen sowie bei Kriegsende an der Erschießung von fahnenflüchtigen deutschen Soldaten. Der Angeklagte hat als Gefängnisarzt in Hannover und ab 1. März 1940 in Königsberg an der Vollstreckungen von Todesurteilen teilgenommen, darunter gegen circa 500 Polen und circa 200 Sowjetbürger sowie an Deutschen, die wegen Fahnenflucht zum Tode verurteilt worden waren. Bei diesen Vollstreckungen von bis zu dreißig an einem Tag hat der Angeklagte als Arzt teilgenommen und danach Totenscheine ausgestellt.
Gerichtsentscheidungen: LG Chemnitz am 25.5.1950; OLG Dresden am 4.7.1950

38. Justizverbrechen – Nr. 2038

Der Angeklagte DR. ERICH LEONHARDT, geb. am 4. Februar 1893 in Meißen, wohnhaft gewesen in Meißen, wurde am 25. Mai 1950 zu 25 Jahren Haft verurteilt. Der Verurteilte wurde zum 30. Dezember 1955 aus der Strafhaft entlassen.

Der Verfahrensgegenstand betraf seine Mitwirkung an politischen Strafverfahren als Richter beim 3. Strafsenat des Oberlandesgerichts Dresden. Der Angeklagte war seit 1922 als Richter beim LG Dresden tätig und wurde im September 1944 einem Strafsenat des OLG Dresden als Hilfsrichter

zugewiesen, in dem er politische Strafsachen bearbeitete, die ihm vom Volksgerichtshof zugeteilt wurden. Er hat an mindestens drei Todesurteilen gegen tschechische Widerstandskämpfer mitgewirkt und an 15 Fällen mit höheren Freiheitsstrafen wegen politischer Delikte.
Gerichtsentscheidungen: LG Chemnitz am 25.5.1950; OLG Dresden am 15.6.1950; OLG Dresden am 11.7.1950

39. »Euthanasie« – Nr. 2039
Der Angeklagte **WALDEMAR ERNST OTTO SCH.**, geb. am 4. September 1881 in Wolde/Grimmen, wohnhaft gewesen in Stralsund, wurde am 25. Mai 1950 zu lebenslanger Haft verurteilt. Er ist am 28. November 1950 in der Haft verstorben.
Der Verfahrensgegenstand betraf seine Beteiligung an der Tötung von »Geisteskranken« in der Heil- und Pflegeanstalt Meseritz-Oberwalde. Er war dort als Oberpfleger tätig und hat durch Zuführung der zu tötenden Patienten aus den Krankensälen an der Tötung von mindestens 300 Menschen mitgewirkt.
Gerichtsentscheidung: LG Chemnitz am 25.5.1950
(Mit »Euthanasie«-Tötungen in der HuPA Meseritz-Obrawalde beschäftigen sich auch die Verfahren Nr. 2004 und Nr. 2043 sowie die westdeutschen Verfahren Nr. 003 und Nr. 587.)

40. Justizverbrechen – Nr. 2040
Der Angeklagte **DR. AUGUST EBERHARD JOHANNES MÜLLER**, geb. am 8. Januar 1895 in Dresden, wohnhaft gewesen in Dresden, wurde am 25. Mai 1950 zum Tode verurteilt, am 2. November 1950 zu einer lebenslänglichen Zuchthausstrafe begnadigt und am 28. April 1956 aus der Strafhaft entlassen.
Der Verfahrensgegenstand betraf seine Tätigkeit als Richter beim Feldgericht Luftgau Dresden. Als solcher hat der Angeklagte circa 500 Strafverfahren gegen Wehrmachtsangehörige verhandelt und dabei in vier Fällen die Todesstrafe verhängt. Er hat des Weiteren an der Vollstreckung von Todesurteilen teilgenommen.

Gerichtsentscheidungen: LG Chemnitz am 25.5.1950; OLG Dresden am 5.7.1950

41. Verbrechen gegen Kriegsende, Kriegsverbrechen – Nr. 2041

Der Angeklagte HERBERT AUGUST WILHELM STA., geb. am 26. Juni 1922 in Hohenzieritz, zuletzt wohnhaft gewesen in Bad Doberan, wurde am 26. Mai 1950 zu zwölf Jahren Haft verurteilt. Der Verurteilte wurde am 6. Oktober 1952 aus der Strafhaft entlassen.

Der Verfahrensgegenstand betraf die Erschießung eines sowjetischen Soldaten kurz vor Kriegsende. Der Angeklagte war als UK-gestellter Unteroffizier und Offiziersbewerber Erfassungsstellenleiter im HJ-Wehrertüchtigungslager in Bad Doberan und wurde beschuldigt, im April 1945 dort als »Werwolf« einen sowjetischen Soldaten erschossen zu haben.

Gerichtsentscheidung: LG Chemnitz am 26.5.1950

42. Justizverbrechen – Nr. 2042

Der Angeklagte WILHELM FRITZ OSKIERSKI, geb. am 7. August 1904 in Ortelsburg/Ostpreußen, wohnhaft gewesen in Schwerin/Mecklenburg, wurde am 31. Mai 1950 zu einer 25-jährigen Haftstrafe verurteilt. Der Verurteilte wurde zum 31. Dezember 1955 aus der Strafhaft entlassen.

Der Verfahrensgegenstand betraf die Verhandlung von Strafsachen nach dem »Heimtückegesetz« am Sondergericht Elbing sowie die Aburteilung von militärischen Straftaten bei verschiedenen Kriegsgerichten und die Verhängung der Todesstrafe in zwei Fällen. Der Angeklagte war seit 1933 als Richter unter anderem am Amtsgericht Bartenstein/Ostpreußen und von 1935 bis 1939 beim Landgericht und Sondergericht Elbing tätig. Ab September 1941 kam er als Heeresrichter/Oberstabsrichter bei verschiedenen Kriegsgerichten zum Einsatz. Neben langjährigen Gefängnis- und Zuchthausstrafen hat er in mindestens zwei Fällen Todesurteile wegen Fahnenflucht gefällt.

Gerichtsentscheidung: LG Chemnitz am 31.5.1950

Nach der Haftentlassung und Übersiedlung in den Westen war er als Landgerichtsrat in Krefeld tätig (s. auch »Braunbuch« 1968 – Reprint bei edition ost 2002, S. 333) und »Die Haltung der beiden deutschen Staaten zu den Nazi- und Kriegsverbrechen. Eine Dokumentation. Herausgeber: Der Generalstaatsanwalt der DDR, Ministerium der Justiz der DDR« 1965, S. 42, Nr. 156).

43. »Euthanasie« – Nr. 2043

Die Angeklagte **KÄTHE MARTHA JAK.**, geb. am 24. Dezember 1910 in Meseritz, zuletzt wohnhaft in Nauen, wurde am 1. Juni 1950 zu 15 Jahren Haft verurteilt. Ihre Haftentlassung erfolgte zum 13. Juli 1954.

Der Verfahrensgegenstand betraf ihre Tätigkeit als Pflegerin in der Heil- und Pflegeanstalt Meseritz-Obrawalde, in der »Geisteskranke« getötet wurden.

Gerichtsentscheidungen: LG Chemnitz am 1.6.1950; OLG Dresden am 19.6.1950

(Mit »Euthanasie«-Tötungen in der HuPA Meseritz-Obrawalde beschäftigen sich auch die Verfahren Nr. 2004 und Nr. 2039 sowie die westdeutschen Verfahren Nr. 003 und Nr. 587.)

44. Justizverbrechen – Nr. 2044

Der Angeklagte **OTTO PAUL FRIEDRICH PARGE**, geb. am 28. Juni 1900 in Berlin-Charlottenburg, zuletzt wohnhaft gewesen in Berlin, wurde am 1. Juni 1950 zu lebenslanger Haft verurteilt. Der Verurteilte wurde am 28. April 1956 aus der Strafhaft entlassen.

Der Verfahrensgegenstand betraf die Bewachung zum Tode verurteilter Häftlinge und Zuführung dieser Häftlinge zum Hinrichtungsraum im Zuchthaus Berlin-Plötzensee. Die Opfer waren fast ausschließlich Widerstandskämpfer sowie deutsche Antifaschisten.

Gerichtsentscheidung: LG Chemnitz am 1.6.1950

45. Gewaltverbrechen in Haftstätten, KZ-Verbrechen – Nr. 2045

Der Angeklagte HELMUT UHLIG, geb. am 7. Januar 1921 in Aue / Sachsen, wohnhaft gewesen in Aue, wurde am 2. Juni 1950 zum Tode verurteilt. Das Todesurteil wurde vollstreckt.

Der Verfahrensgegenstand betraf die Erschießung eines Häftlings, der aus einem auf dem Weimarer Friedhof arbeitenden Außenkommando zu fliehen versuchte. Der Angeklagte gehörte seit 1941 der Waffen-SS an, kam als Wachmann ins KZ Sachsenhausen und Ende 1942 zum Wachsturmbann im KZ Buchenwald. Er war an der Misshandlung von KZ-Häftlingen beteiligt und hat einen KZ-Häftling »auf der Flucht« aus 10 Metern Entfernung erschossen.

Gerichtsentscheidungen: LG Chemnitz am 2.6.1950; OLG Dresden am 19.6.1950

46. »Euthanasie« – Nr. 2046

Der Angeklagte WALTER FRITZ HERMANN SOB., geb. am 20. März 1904 in Berlin, wohnhaft gewesen in Berlin, wurde am 2. Juni 1950 zu 25 Jahren Haftstrafe verurteilt. Der Verurteilte wurde zum 31. Dezember 1955 aus der Strafhaft entlassen.

Der Verfahrensgegenstand betraf den Transport als dienstverpflichteter Kraftfahrer bei der Gemeinnützigen Krankentransport GmbH von insgesamt circa 1200 »Geisteskranken« in Tötungsanstalten. Seine Tätigkeit bestand darin, diese Opfer mit Autobussen in verschiedene Anstalten zu befördern, wo sie ermordet wurden.

Gerichtsentscheidung: LG Chemnitz am 2.6.1950

47. Gewaltverbrechen in Haftstätten, Denunziation – Nr. 2047

Der Angeklagte RICHARD PAS., geb. am 28. Juni 1903 in Rostock, wohnhaft gewesen in Berlin-Adlershof, wurde am 2. Juni 1950 zu 25 Jahren Haft verurteilt. Der Verurteilte verstarb am 7. Februar 1953 in der Haft.

Der Verfahrensgegenstand betraf die Misshandlung und Meldung von Fremdarbeitern an die Gestapo. Der Angeklagte war 1944 als Wachhabender mit zwölf unterstellten Wachposten

im Arbeitslager Berlin-Adlershof tätig, wo circa 600–800 »Ostarbeiter« untergebracht waren. Insassen des Lagers wurden wegen Geringfügigkeiten der Gestapo ausgeliefert.
Gerichtsentscheidung: LG Chemnitz am 2.6.1950

48. Justizverbrechen – Nr. 2048
Der Angeklagte **DR. WERNER PAUL ZIEGER**, geb. am 20. April 1904 in Meerane/Sachsen, wohnhaft gewesen in Meerane, wurde am 28. Juni 1950 wegen seiner Tätigkeit als Oberkriegsgerichtsrat und Oberfeldrichter zunächst zum Tode verurteilt, danach zu lebenslanger Haft begnadigt und am 28. April 1956 aus der Strafhaft entlassen.
Der Verfahrensgegenstand betraf seine Mitwirkung als Staatsanwalt bzw. Richter an der Aburteilung militärischer Straftaten durch Beantragung bzw. Verhängung von Todesurteilen und langjährigen Zuchthausstrafen. Er wurde 1937 Staatsanwalt in Leipzig, danach Anklagevertreter beim Luftwaffengericht in Hannover, Kriegsgerichtsrat in Frankreich und Hamburg, und er war als Oberkriegsgerichtsrat von 1942 bis 1943 im Raum Stalingrad und auf der Krim im Einsatz.
Gerichtsentscheidungen: LG Chemnitz am 2.6.1950; OLG Dresden am 28.6.1950
Nach der Haftentlassung und Übersiedlung in den Westen wurde Dr. Werner Zieger Amtsgerichtsrat beim Amtsgericht in Hamburg (s. auch »Braunbuch« 1968 – Reprint bei edition ost 2002, S. 388).

49. Denunziation – Nr. 2049
Der Angeklagte **ALFRED GUSTAV SCH.**, geb. am 17. Oktober 1895 in Welschufe/Kreis Dresden, wohnhaft gewesen in Possendorf, wurde am 3. Juni 1950 zu 20 Jahren Haft verurteilt. Der Verurteilte wurde am 28. April 1956 aus der Strafhaft entlassen.
Der Verfahrensgegenstand betraf die Denunziation des desertierten deutschen Soldaten Hans Burghardt, der daraufhin wegen Fahnenflucht hingerichtet wurde.
Gerichtsentscheidung: LG Chemnitz am 3.6.1950

50. Kriegsverbrechen, Gewaltverbrechen in Haftstätten – Nr. 2050

Der Angeklagte OTTO RABITZ, geb. am 27. November 1904 in Mühlhausen / Thüringen, wohnhaft gewesen in Mühlhausen, wurde am 5. Juni 1950 zu lebenslanger Haft verurteilt. Der Verurteilte wurde am 28. April 1956 aus der Strafhaft entlassen.

Der Verfahrensgegenstand betraf seine Beteiligung an Vergeltungsmaßnahmen nach dem Attentat auf Heydrich und an Strafexpeditionen im Rahmen der Partisanenbekämpfung in der UdSSR sowie die Misshandlung und Erschießung von KZ-Häftlingen auf einer Heeresbaustelle in Arnstadt. Er wurde im Juli 1941 zur 16. mot. Polizeiabteilung einberufen und hat unter anderem an einer Strafexpedition gegen die tschechischen Zivilbevölkerung sowie im Raum Kiew und Schytomyr an Einsätzen gegen Partisanen teilgenommen. Von Februar bis April 1945 war er auf einer Heeresbaustelle in Arnstadt Aufseher über KZ-Häftlinge und wurde beschuldigt, mehr als dreißig von ihnen grausam misshandelt und zwei Häftlinge persönlich erschossen zu haben.

Gerichtsentscheidungen: LG Chemnitz am 5.6.1950; OLG Dresden am 14.7.1950

51. Justizverbrechen – Nr. 2051

Der Angeklagte DR. ALFRED VOLLRATH, geb. am 9. Oktober 1907 in Miesky / Oberlausitz, wohnhaft gewesen in Kleinröhrsdorf bei Dresden, wurde am 5. Juni 1950 zu lebenslanger Haft verurteilt. Der Verurteilte wurde am 27. April 1957 aus der Strafhaft entlassen.

Der Verfahrensgegenstand betraf seine Mitwirkung als Amtsgerichtsrat an Verurteilungen aufgrund des »Heimtückegesetzes« und der »Volksschädlingsverordnung« durch Verhängung von Todes- und Freiheitsstrafen: Der Angeklagte hat als Beisitzer am Sondergericht Dresden neben Freiheitsstrafen auch bei vier Todesurteilen mitgewirkt.

Gerichtsentscheidungen: LG Chemnitz am 5.6.1950; OLG Dresden am 3.7.1950

Nach der Haftentlassung und Übersiedlung in den Westen wurde Dr. Vollrath Amtsgerichtsdirektor in Bad Salzuflen (s. auch »Braunbuch« 1968 – Reprint bei edition ost 2002, S. 183).

52. Kriegsverbrechen – Nr. 2052
Der Angeklagte GUSTAV ZIM., geb. am 25. Oktober 1897 in Biegersdorf / Schlesien, wohnhaft gewesen in Leimbach / Mansfelder Gebirgs-Kreis, wurde am 5. Juni 1950 zu 25 Jahren Haft verurteilt. Der Verurteilte wurde am 13. Juli 1954 aus der Strafhaft entlassen.
Verfahrensgegenstand war die Misshandlung und Mitwirkung an der Erschießung von Zwangsarbeitern bei Fluchtversuchen. Seit 1936 war er als Wachmann im Kupfer- und Messingwerk in Hettstedt tätig, wo mehrere Hundert ausländische Zwangsarbeiter und Kriegsgefangene beschäftigt waren, die von den Wachleuten misshandelt wurden. Er wurde beschuldigt, persönlich an der Erschießung von vier ausländischen Arbeitern beteiligt gewesen zu sein.
Gerichtsentscheidungen: LG Chemnitz am 5.6.1950; OLG Dresden am 26.6.1950

53. Verbrechen gegen Kriegsende – Nr. 2053
Der Angeklagte WILLY FRANZ ALBERT WAL., geb. am 2. April 1902 in Bendelin / Ostpriegnitz, wohnhaft gewesen in Bendelin, wurde am 5. Juni 1950 zu lebenslanger Haft verurteilt. Der Verurteilte wurde am 28. April 1956 aus der Strafhaft entlassen.
Der Verfahrensgegenstand betraf die Misshandlung von zwei und die Erschießung eines sowjetischen Fremdarbeiters im April 1945. Der Angeklagte war als Obermelker auf dem Gut Friese in Paaren beschäftigt, wo polnische und sowjetische Zwangsarbeiter im Einsatz waren, die von ihm geschlagen wurden. Gegen Kriegsende soll er auf der Flucht einen »Ostarbeiter« namens Walker erschossen habe, was von ihm bestritten wurde.

Gerichtsentscheidungen: LG Chemnitz am 5.6.1950; OLG Dresden am 3.7.1950

54. Kriegsverbrechen – Nr. 2054

Der Angeklagte KASIMIR STRÖMICH, geb. am 6. Januar 1919 in Przemysl/Polen, zuletzt wohnhaft gewesen in Lowitsch, wurde am 6. Juni 1950 zu lebenslänglich Zuchthaus verurteilt. Der Verurteilte wurde am 28. April 1956 aus der Strafhaft entlassen.

Der Verfahrensgegenstand betraf seine Tatbeteiligung an der Verfolgung und Verhaftung von polnischen und sowjetischen Partisanen: Der Angeklagte wurde 1942 zur Hilfspolizei nach Krakau einberufen und ist aufgrund seiner polnischen Sprachkenntnisse in Sonderkommandos gegen polnische Widerstandskämpfer und Partisanen eingesetzt gewesen. Er selbst verhaftete während seiner Dienstzeit bis 1945 etwa 60 Polen und 35 sowjetische Partisanen, die in KZ deportiert oder erschossen wurden. Er selbst war an der Erschießung von sechs Personen beteiligt.

Gerichtsentscheidung: LG Chemnitz am 6.6.1950

55. Verbrechen gegen Kriegsende/Kriegsverbrechen – Nr. 2055

Der Angeklagte PAUL WALTER STA., geb. am 23. September 1928 in Dammendorf/Kreis Lübben, wohnhaft gewesen in Dammendorf, wurde am 7. Juni 1950 zu zwölf Jahren Haft verurteilt. Der Verurteilte wurde am 13. Februar 1954 aus der Strafhaft entlassen.

Der Verfahrensgegenstand betraf die Erschießung von drei sowjetischen Kriegsgefangenen. Der Angeklagte wurde am 15. April 1945 als jugendlicher HJ-Scharführer in ein Wehrertüchtigungslager nach Potsdam eingezogen und kam mit seiner Truppe am 25. April 1945 zum Einsatz, bei dem drei sowjetische Kriegsgefangene von ihm erschossen wurden.

Gerichtsentscheidung: LG Chemnitz am 7.6.1950

56. Kriegsverbrechen – Nr. 2056

Der Angeklagte **MAX OTTO KARL WINTER**, geb. am 4. April 1892 in Seppau-Glogau, wohnhaft gewesen in Vogelsang / Kreis Ueckermünde, wurde am 7. Juni 1950 zu 18 Jahren Haft verurteilt. Winter wurde am 28. April 1956 aus der Strafhaft entlassen.

Der Verfahrensgegenstand betraf seine Tatbeteiligung an Verhaftungen sowie bei der Vertreibung polnischer Bauern von ihren Höfen. Der Angeklagte war ab 1941 im Range eines Leutnants mit der Führung einer Gendarmerieabteilung im Raum Łódź beauftragt, wo ihm fünf Gendarmerieposten im Umkreis von 30 km unterstanden. Er wurde unter anderem verantwortlich gemacht für die 1942 in seinem Bereich erfolgte Verhaftung eines Pfarrers und eines Kaplans sowie für die Verschleppung von etwa fünfzig polnischen Familien, auf deren landwirtschaftlichen Höfen danach Deutsche angesiedelt wurden.

Gerichtsentscheidung: LG Chemnitz am 7.6.1950

57. »Euthanasie« – Nr. 2057

Der Angeklagte **DR. MED. HARALD RUDOLF WILHELM KRÜGER**, geb. am 1. März 1888 in Swinemünde, wohnhaft gewesen in Schkeuditz, wurde am 8. Juni 1950 zu einer lebenslangen Haftstrafe verurteilt. Der Verurteilte wurde am 28. April 1956 aus der Strafhaft entlassen.

Der Verfahrensgegenstand betraf seine Mitwirkung am »Euthanasieprogramm« durch Ausfüllen von Meldebögen und Überstellen von Kranken in Todesanstalten. Der Angeklagte war seit 1. Januar 1938 leitender Arzt in der Landesheilanstalt Altscherbitz / Schkeuditz. Im Sommer 1940 nahm er in der Reichskanzlei an einer geheimen Einweisung zur angeordneten »Sterbehilfe« teil. Insgesamt wurden aus der vom Angeklagten geleiteten Anstalt circa 1 000–1 400 Menschen getötet.

Gerichtsentscheidung: LG Chemnitz am 8.6.1950

58. Kriegsverbrechen, Schreibtischverbrechen – Nr. 2058

Der Angeklagte CURT ERICH ROTHENBURGER, geb. am 7. April 1903 in Nimptsch, wohnhaft gewesen in Erfurt, wurde am 9. Juni 1950 zu lebenslanger Haft verurteilt. Rothenburger wurde am 28. April 1956 aus der Strafhaft entlassen.
Der Verfahrensgegenstand betraf seinen Einsatz als Gendarmeriestabsoffizier beim BdO in Prag, in dessen Befehlsbereich Dörfer niedergebrannt, Einwohner erschossen und Kinder verschleppt wurden. Der Angeklagte war ab dem 1. Februar 1941 beim Stab des Befehlshabers der Ordnungspolizei Prag als Leiter der Gendarmerie eingesetzt. Ihm konnte in der Hauptverhandlung zwar keine persönliche Tatbeteiligung an Verbrechen gegen die Menschlichkeit nachgewiesen werden, aber es wurde davon ausgegangen, dass er als leitender Polizeibeamter für deutsche Verbrechen in der Tschechoslowakei mit Verantwortung trägt.
Gerichtsentscheidungen: LG Chemnitz am 9.6.1950; OLG Dresden am 28.6.1950

59. Gewaltverbrechen in Haftstätten, Justizverbrechen – Nr. 2059

Der Angeklagte FRIEDRICH HEINICKE, geb. am 7. Juni 1892 in Chemnitz, wohnhaft gewesen in Chemnitz, wurde am 9. Juni 1950 zum Tode verurteilt. Das Urteil wurde vollstreckt.
Der Verfahrensgegenstand betraf seinen Einsatz als Kommandant des Wehrmachtsgefängnisses Torgau-Brückenkopf, in dem Häftlinge schikaniert und misshandelt sowie von Kriegsgerichten ausgesprochenen Todesurteile vollstreckt wurden. Als Major und Kommandant des Wehrmachts-Gefängnisses Torgau-Brückenkopf seit 1941 hat er an Erschießungen mitgewirkt. Er wurde auch für bei der Evakuierung im April 1945 begangene Verbrechen verantwortlich gemacht.
Gerichtsentscheidungen: LG Chemnitz am 9.6.1950; OLG Dresden am 12.7.1950

60. Kriegsverbrechen – Nr. 2060
Der Angeklagte OTTO EMIL WILDAU, geb. am 2. Juli 1906 in Fürstlich-Drehna/Kreis Luckau, wohnhaft gewesen in Finsterwalde, wurde am 9. Juni 1950 zu einer lebenslangen Haft verurteilt. Der Verurteilte wurde am 28. April 1956 aus der Strafhaft entlassen.
Der Verfahrensgegenstand betraf seine Mitwirkung als Angehöriger des Polizei-Regiments 36 an »Säuberungsaktionen« gegen Partisanen. Ab September 1941 kam er im Raum von Kiew, Minsk, Molodetschno und anderen zum Einsatz, wobei festgenommene Partisanen unter Beteiligung des Angeklagten entweder erschossen oder dem SD übergeben wurden.
Gerichtsentscheidungen: LG Chemnitz am 9.6.1950; OLG Dresden am 28.6.1950

61. Justizverbrechen – Nr. 2061
Der Angeklagte WALTER KARL SCHMIDT, geb. am 10. März 1885 in Crimmitschau, wohnhaft gewesen in Werdau/Sachsen, wurde am 9. Juni 1950 zum Tode verurteilt. Das Urteil wurde vollstreckt.
Der Verfahrensgegenstand betraf die Bearbeitung von über 3 000 Strafsachen wegen militärischer Straftaten und Vergehen unter anderem gegen das »Heimtückegesetz«. Der Angeklagte war zuletzt Oberstabsrichter im Range eines Majors und hat vertretungsweise für kurze Zeit das Wehrmachtsgefängnis in Prag geleitet. Als Feldrichter hat er Gefängnis- und Zuchthausstrafen sowie in mindestens fünf Fällen die Todesstrafe verhängt.
Gerichtsentscheidungen: LG Chemnitz am 9.6.1950; OLG Dresden am 4.7.1950

62. Gewaltverbrechen in Haftstätten, KZ-Verbrechen – Nr. 2062
Der Angeklagte KARL FRIEDRICH STEINBERG, geb. am 22. Oktober 1897 in Atzendorf/Saale, wohnhaft gewesen in Helbra, wurde am 9. Juni 1950 zum Tode verurteilt. Das Urteil wurde vollstreckt.

Der Verfahrensgegenstand betraf seine Misshandlung von Häftlingen und Beteiligung an deren Erschießung. Er kam im April 1941 als SS-Wachmann in das KZ Auschwitz, war dort SS-Blockführer und Arbeitskommandoführer mit circa 250 Häftlingen.
Gerichtsentscheidungen: LG Chemnitz am 9.6.1950; OLG Dresden am 3.7.1950

63. Massenvernichtungsverbrechen – Nr. 2063

Der Angeklagte FRIEDRICH ERICH WILKE, geb. am 11. Juni 1905 in Kalbe, wohnhaft gewesen in Merseburg, wurde am 9. Juni 1950 zu 25 Jahren Haftstrafe verurteilt. Er ist am 18. November 1950 in der Haft verstorben.
Der Verfahrensgegenstand betraf seinen Einsatz als Polizeiangehöriger bei der Bewachung des Ghettos Łódź und der Absicherung der Judentransporte. Er wurde 1939 zur Polizei in Merseburg einberufen und 1941 nach Polen zur Bewachung des Ghettos in Łódź versetzt. Auf die Ghetto-Insassen wurde bei Fluchtversuchen geschossen.
Gerichtsentscheidung: LG Chemnitz am 9.6.1950

64. Verbrechen bei der Errichtung der faschistischen Diktatur, andere Nazi-Verbrechen – Nr. 2064

Der Angeklagte PAUL MAX MÜLLER, geb. am 27. Mai 1892 in Delitzsch, wohnhaft gewesen in Altranstädt bei Merseburg, wurde am 10. Juni 1950 zum Tode verurteilt. Das Urteil wurde vollstreckt.
Der Verfahrensgegenstand betraf die Durchführung von Hausdurchsuchungen, Vernehmungen und Verhaftungen politischer Gegner des Nazi-Regimes sowie die Erschießung von zwei Polen. Der Angeklagte gehörte seit 1920 der Polizei an und hat als Gendarmeriemeister für die Gestapo 1933 unter anderem den Antifaschisten Hofmann in Altranstädt verhaftet, vernommen und nach Lützen überführt sowie in der Wohnung des KPD-Funktionärs Gründer, der geflohen war, eine Hausdurchsuchung vorgenommen, wobei die Ehefrau

Gründers in Nachtkleidung auf die Straße getrieben wurde. Im Jahre 1944 hat er in der Flur von Großlehna zwei polnische Zwangsarbeiter erschossen. Er wurde des Weiteren beschuldigt, während eines Einsatzes an der deutsch-polnischen Grenze mehrere Polen erschossen zu haben und rechtfertigte sich damit, dass er in Notwehr gehandelt habe.
Gerichtsentscheidungen: LG Chemnitz am 10.6.1950; OLG Dresden am 5.7.1950

65. Denunziation, Verrat antifaschistischer Widerstandskämpfer – Nr. 2065
Der Angeklagte **KUNO ALBIN SCHNEIDER**, geb. am 29. September 1896 in Zella-Mehlis, wohnhaft gewesen in Zella-Mehlis, wurde am 10. Juni 1950 zum Tode verurteilt. Das Urteil wurde vollstreckt.
Der Verfahrensgegenstand betraf die Anzeige eines Buchdruckers, der den Angeklagten um Vorlagen für die illegale Herstellung von Lebensmittelmarken gebeten hatte. Der Angeklagte war geständig, Ende 1943 oder Anfang 1944 die ihm bekannten ehemaligen Mitglieder der KPD Reinhold Mägdefrau und Willi Hofmann beim Oberbürgermeister von Zella-Mehlis bzw. bei der Gestapo gemeldet zu haben. Mägdefrau gehörte mit Hofmann und Hugo Syller einer Widerstandsgruppe an, die Lebensmittelkarten für in Deutschland illegal lebende Widerstandskämpfer benötigte. Auf die Anzeige hin wurden Mägdefrau und Hofmann im Herbst 1944 wegen Hoch- und Landesverrat zum Tode und Syller zu einer hohen Zuchthausstrafe verurteilt.
Gerichtsentscheidungen: LG Chemnitz am 10.6.1950; OLG Dresden am 11.7.1950

66. Kriegsverbrechen, Verbrechen gegen Kriegsende – Nr. 2066
Der Angeklagte **GEORG KAL.**, geb. am 15. Juni 1918 in Berlin, zuletzt wohnhaft gewesen in Berlin, wurde am 10. Juni 1950 zu sechs Jahren Haft verurteilt. Der Verurteilte wurde am 6. Oktober 1952 aus der Strafhaft entlassen.

Der Verfahrensgegenstand betraf seine Mitwirkung bei der Erschießung von acht Ausländern, die sich im für Deutsche reservierten Teil des Luftschutzbunkers am Berliner Alexanderplatz aufhielten. Der Angeklagte war ab März 1945 zum Sanitätsdienst am Alexanderplatz im Bunker eingesetzt und veranlasste als Führer des »Volkssturmes« die Verhaftung und Erschießung von sechs sowjetischen Kriegsgefangenen sowie zwei ausländischen Zivilpersonen, die sich bei den Kämpfen um Berlin in den für Deutsche reservierten Teil des Bunkers begeben hatten.
Gerichtsentscheidung: LG Chemnitz am 10.6.1950

67. Justizverbrechen – Nr. 2067

Der Angeklagte MARTIN TREPTE, geb. am 30. Juli 1912 in Dresden, wohnhaft gewesen in Leipzig, wurde am 10. Juni 1950 zu 18 Jahren Haft verurteilt. Der Verurteilte wurde zum 31. Dezember 1955 aus der Strafhaft entlassen.
Der Verfahrensgegenstand betraf seine Tätigkeit als Nazi-Jurist und die Verhängung mehrerer Todesurteile. Der Angeklagte wurde etwa im März 1944 durch den Oberlandesgerichtspräsidenten als Hilfsrichter und Beisitzer zum Sondergericht II beim Landgericht Leipzig abgeordnet. Er wurde beschuldigt, als Amtsgerichtsrat und Richter am Sondergericht II in Leipzig aus politischen Beweggründen Nazigegner unter anderem wegen Vergehen gegen das »Heimtückegesetz« angeklagt und verurteilt zu haben. Von der vom ehemaligen Landgerichtsdirektor Leitzmann geführten Kammer, wo Trepte Beisitzer war, sind mehrere Todesurteile gegen Antifaschisten verhängt worden.
Gerichtsentscheidung: LG Chemnitz am 10.6.1950
Nach der Haftentlassung und Übersiedlung in den Westen wurde Dr. Martin Trepte Landgerichtsrat in Koblenz (s. auch »Braunbuch« 1968 – Reprint bei edition ost 2002, S. 182).

68. Kriegsverbrechen, Massenvernichtungsverbrechen – Nr. 2068
Der Angeklagte RICHARD UECKER, geb. am 22. Juni 1899 in Stoven / Pommern, wohnhaft gewesen in Spittel / Sachsen, wurde am 10. Juni 1950 zu 25 Jahren Haft verurteilt. Der Verurteilte wurde am 28. April 1956 aus der Strafhaft entlassen.
Der Verfahrensgegenstand betraf seine Beteiligung an der Partisanenbekämpfung und Erschießung von gefangengenommenen Partisanen, am Zusammentreiben von Zivilisten zur Zwangsarbeit in Deutschland sowie an Verhaftungen von Juden, die dem SD in Kolomyja (Kolomea) überstellt wurden. Der Angeklagte – langjährig gedienter Gendarmerieangehöriger – wurde im Jahre 1939 zum Feldgendarmerietrupp 221 nach Lublin abgeordnet und kam ab Juni 1942 als Meister der Gendarmerie in der Ukraine in der Position des stellvertretenden Postenleiters zum Einsatz. Er hat sich wiederholt an der Partisanenbekämpfung beteiligt, wobei nie Gefangene gemacht wurden. Die in seinem Bezirk für Zwangsarbeit in Deutschland ausgewählten Personen ließ er von der ukrainischen Polizei zusammentreiben und dem Arbeitsamt in Kossow zuführen. Auftragsgemäß hat er in seinem Bezirk Juden verhaften und dem SD nach Kolomyja ausliefern lassen.
Gerichtsentscheidung: LG Chemnitz am 10.6.1950
(Die Judenverfolgung in Kolomyja war auch Gegenstand des BRD-Verfahrens Nr. 657 gegen fünf Angehörige der Sipo Kolomyja wegen Massen- und Einzeltötungen sowie Deportationen ins KZ Belzec. Das LG Darmstadt verurteilte am 28. Juli 1967 u. a. Gerhard Johannes Goede zu einer lebenslangen Freiheitsstrafe und 6 Jahren Haft. Außerdem sprach es 3 bzw. 7 Jahre gegen zwei weitere Angeklagte sowie zwei Freisprüche aus.)

69. Justizverbrechen – Nr. 2069
Der Angeklagte HORST FRIEDRICH RECHENBACH, geb. am 1. Oktober 1912 in Mühlhausen, zuletzt wohnhaft gewesen in Grassau / Stendal, wurde am 13. Juni 1950 zum Tode verurteilt. Das Urteil wurde vollstreckt.

Der Verfahrensgegenstand betraf seine Tätigkeit als Nazi-Jurist, die Bearbeitung von circa 1200 Strafsachen wegen militärischer Straftaten und die Verhängung von Freiheits- und Todesstrafen, darunter 10 Todesstrafen in den letzten Kriegsmonaten in Ostpreußen. Der Angeklagte meldete sich am 1. August 1939 freiwillig als Assessor zur Luftwaffenjustiz und war als Richter bei Luftwaffengerichten in Berlin-Steglitz, Kiel, Hannover und Hamburg tätig. Ab dem 15. November 1939 wurde er Kriegsrichter und kam bei Feldgerichten in Belgien und Nordfrankreich sowie in Griechenland, Sizilien und auf Kreta zum Einsatz und war als Oberstabsrichter beim Feldluftgaukommando XXVIII in Treviso sowie zuletzt bei der Fallschirm-Panzergrenadier-Division »Hermann Göring« als Oberstabsrichter tätig. Als Richter bearbeitete er circa 1200 Gerichtssachen und war an mehr als dreißig Todesurteilen beteiligt. Bei der Strafzumessung wurde besonders erschwerend gewertet, dass der Angeklagte noch im Frühjahr 1945 an der Lynchjustiz der Kriegsgerichtsbarkeit wesentlichen Anteil hatte.

Gerichtsentscheidungen: LG Chemnitz am 13.6.1950; OLG Dresden am 11.7.1950

70. Justizverbrechen – Nr. 2070

Der Angeklagte DR. JUR. HANS-ULLRICH WALTER ROTTKA, geb. am 21. September 1895 in Bautzen, zuletzt wohnhaft gewesen in Hainewalde/Oberlausitz, wurde am 13. Juni 1950 zu lebenslanger Haft verurteilt. Der Verurteilte wurde am 28. April 1956 aus der Strafhaft entlassen.

Der Verfahrensgegenstand betraf seine Beteiligung als Richter am Reichskriegsgericht bzw. als Ermittlungsrichter bei der Reichskriegsanwaltschaft an Strafverfahren, die teilweise mit Todesurteilen endeten. Der Angeklagte trat 1926 in den Justizdienst ein und war in der Folgezeit beim Landgericht Dresden tätig. 1935 wurde er im Kriegsgerichtsrat Richter beim Luftwaffen-Obergericht in Dresden und kam als Oberkriegsgerichtsrat im August 1936 in der Funktion des Justizsachbearbeiters in die Rechtsabteilung des Reichsluftfahrtministeriums. Anfang Oktober 1936 wurde er an das neugebildete Reichskriegsgericht in Berlin versetzt und 1937 Reichskriegsgerichtsrat. Der Angeklagte hat am Reichskriegsgericht an circa 300 Verhandlungen teilgenommen und auch Todesurteile gegen Personen gefällt, bei denen es sich zum großen Teil um »Berufsspione« gehandelt haben soll. Vom Angeklagten wurde zwischen 1942 und 1944 ein Nachschlagewerk über die Rechtsprechung des Reichskriegsgerichts erstellt.

Gerichtsentscheidungen: LG Chemnitz am 13.6.1950; OLG Dresden am 10.7.1950

71. Kriegsverbrechen – Nr. 2071

Der Angeklagte OTTO ALFRED VIEBIG, geb. am 5. November 1902 in Neustadt/Sachsen, wohnhaft gewesen in Arnsdorf/Sachsen, wurde am 13. Juni 1950 zu lebenslanger Haft verurteilt. Er ist am 8. Dezember 1950 in der Haft verstorben.

Der Verfahrensgegenstand betraf seinen Einsatz bei der Feldgendarmerie und die Mittäterschaft an der Ermordung von Festgenommenen durch Übergabe an die Geheime Feldpolizei und die Gestapo. Der Angeklagte war seit 1934 bei der Polizei in Zittau und während des Krieges bei der Feldgendarmerie – Abteilung 5/41. Er war als Leutnant der Feldgendarmerie in der Gegend um Charkow in mehreren Fällen an der Festnahme sowjetischer Bürger beteiligt, von denen mindestens acht, hauptsächlich Frauen, anschließend von der Geheimen Feldpolizei als »Spione« erschossen wurden. Nach Rückkehr vom Fronteinsatz war er bei der Gendarmerie in Arnsdorf tätig, wo er unter anderem Ende 1944 einen 19-jährigen Zwangsarbeiter festnahm, der dann mit großer Wahrscheinlichkeit von der Gestapo ermordet wurde.

Gerichtsentscheidung: LG Chemnitz am 13.6.1950

72. Kriegsverbrechen – Nr. 2072

Der Angeklagte HERBERT WILLI KNÖFFLER, geb. am 1. November 1913 in Berlin, zuletzt wohnhaft gewesen in Wittenberge, wurde am 16. Juni 1950 zunächst zum Tode verurteilt. Der Verurteilte wurde am 2. November 1950 zu lebenslanger Haft begnadigt. Er verstarb am 5. August 1951 in der Haft.

Der Verfahrensgegenstand betraf seine Beteiligung an Strafexpeditionen gegen sowjetische und jugoslawische Partisanen, die nach ihrer Gefangennahme erschossen wurden, sowie seine Tatbeteiligung an Misshandlung und Erschießung von deutschen Soldaten des Regiments 963. Der Angeklagte kam als Angehöriger der faschistischen Wehrmach zunächst in Frankreich, Polen, dem Balkan und in der Ukraine zum Einsatz. Danach gehörte er in Griechenland als Nachrichtenstaffelführer und Adjutant des Bataillonsführers zum Offizierskorps des Regiments 963, dem »Wehrunwürdige« oder »politisch Unzuverlässige« als sogenannte »999ziger« zur »Frontbewährung« angehörten. Bei Strafexpeditionen gegen jugoslawische und sowjetische Partisanen erfolgten Erschießungen von Partisanen und in zwei Fällen von Fahnenflüchtigen.

Gerichtsentscheidungen: LG Chemnitz am 13.6.1950; OLG Dresden am 4.7.1950

73. Gewaltverbrechen gegen Fremdarbeiter – Nr. 2073

Der Angeklagte GERHARD PET., geb. am 15. Mai 1906 in Pulsnitz / Sachsen, wohnhaft gewesen in Heynitz / Ortsteil Wuhsen, wurde am 17. Juni 1950 zu 25 Jahren Haft verurteilt. Der Verurteilte wurde am 28. April 1956 aus der Strafhaft entlassen.

Der Verfahrensgegenstand betraf die Misshandlung von Fremdarbeitern mit zwei Todesfällen. Der Angeklagte war Eigentümer einer circa 30 ha großen Landwirtschaft, beschäftigte während des Krieges polnische und sowjetische Zwangsarbeiter und schlug diese bei geringfügigsten Anlässen. Anfang Januar 1945 hatten sich zwei Letten in einem

Strohhaufen versteckt und sind nach ihrer Ergreifung infolge von Misshandlungen verstorben.
Gerichtsentscheidung: LG Chemnitz am 17.6.1950

74. Massenvernichtungsverbrechen – Nr. 2074
Der Angeklagte OTTO KAMMER, geb. am 1. Oktober 1908 in Schafstädt bei Merseburg, zuletzt wohnhaft gewesen in Schafstädt, wurde am 20. Juni 1950 zu einer 25-jährigen Haftstrafe verurteilt. Der Verurteilte wurde zum 31. Dezember 1955 aus der Strafhaft entlassen.
Der Verfahrensgegenstand betraf seinen Einsatz zur Bewachung des Ghettos Łódź, die Begleitung von Transporten ins KZ Chelmno sowie die Misshandlung und Erschießung von Juden. Der Angeklagte wurde 1939 zur Reserve-Polizei in Magdeburg eingezogen und im April 1941 zum Wachbataillon für das Judenghetto in Łódź versetzt. Als Polizei-Oberwachtmeister hat er sieben Transporte von Juden nach Warthbrücken angeblich zum Arbeitseinsatz begleitet und war unter anderem an der Erschießung von 14 Polen sowie an Hinrichtungen von Juden in Łódź beteiligt. Nach 1943 wurde er beim Polizeiregiment 18 in Griechenland und Jugoslawien zur Bekämpfung von Partisanen eingesetzt.
Gerichtsentscheidung: LG Chemnitz am 20.6.1950

75. Verbrechen gegen Kriegsende – Nr. 2075
Der Angeklagte ALFRED RICHARD SCHULZ, geb. am 22. Juli 1899 in Radeberg, wohnhaft gewesen in Meißen, wurde am 20. Juni 1950 zu lebenslanger Haft verurteilt. Er ist am 30. Januar 1953 in der Haft verstorben.
Der Verfahrensgegenstand betraf seine Beteiligung als Polizeiangehöriger an der Erschießung von insgesamt 19 im Gerichtsgefängnis Meißen einsitzenden Fremdarbeitern kurz vor Kriegsende. Der Angeklagte gehörte seit 1920 der Polizei in Riesa und Meißen an und wurde 1934 von der Kriminalpolizei übernommen. Er war unter anderem beim Kriminalamt in Zwickau und Meißen sowie seit Anfang 1940

bei der Kriminalpolizeileitstelle Krakau tätig. Mitte Februar 1945 kam er als Kriminalsekretär nach Meißen zurück und führte in den ersten Märztagen des Jahres 1945 auf Befehl des Dienststellenleiters Geissler zusammen mit dem Beamten Gewohn zwölf Erschießungen von im Amtsgerichtsgefängnis Meißen Inhaftierten durch. Die Leichen wurden eingeäschert und die Urnen in einem Sammelgrab mit weiteren vierzig KZ-Insassen beigesetzt.
Gerichtsentscheidung: LG Chemnitz am 20.6.1950
(Ein ost- oder westdeutsches Verfahren gegen die an der Erschießung beteiligten Geissler, Kmoch und Gewohn konnte nicht ermittelt werden. Inwieweit Schulz in Krakau oder anderswo an Nazi-Verbrechen beteiligt war, ist im Urteil nicht ausgewiesen.)

76. Verbrechen bei der Errichtung der faschistischen Diktatur, Gewaltverbrechen in Haftstätten – Nr. 2076

Der Angeklagte KARL JOHANN ERNST HEINICKER, geb. am 17. November 1906 in Leipzig, zuletzt wohnhaft gewesen in Dresden, wurde am 21. Juni 1950 zum Tode verurteilt. Das Todesurteil wurde vollstreckt.
Der Verfahrensgegenstand betraf seine Tätigkeit als Führer des im KZ Hohnstein eingesetzten SA-Sturmes 14/100 und ab April 1934 als stellvertretender Lagerkommandant. Im KZ Hohnstein wurden von 1933 bis 1934 vorwiegend sozialdemokratische und kommunistische sowie jüdische Häftlinge inhaftiert, misshandelt und gefoltert, zum Teil mit Todesfolge. Der Angeklagte war bereits vor 1933 als SA-Truppführer aktiv und wurde im März 1933 mit seinem Trupp einige Wochen zur Wache im Volkshaus Dresden abgestellt, wo willkürlich verhaftete und misshandelte Antifaschisten aus Dresden und Umgebung untergebracht und nach einigen Tagen mit Lastwagen nach dem KZ Hohnstein transportiert wurden. Er war selbst an Exzessen, an Misshandlungen und Folterungen beteiligt, die den Tod von Häftlingen zur Folge hatten. Dafür wurde der Angeklagte 1935 in einem Scheinprozess wegen

begangener Körperverletzung zu einer Gefängnisstrafe von einem Jahr und sechs Monaten verurteilt.
Gerichtsentscheidungen: LG Chemnitz am 21.6.1950; OLG Dresden am 12.7.1950
(Mit Verbrechen im KZ Hohnstein in den Jahren 1933 und 1934 befassen sich auch die Verfahren Nr. 1268, Nr. 1358 (»3. Hohnsteinprozess«), Nr. 1411 (»2. Hohnsteinprozess«), Nr. 1430 (»1. Hohnsteinprozess«), Nr. 1795 und Nr. 2081.)

77. Justizverbrechen – Nr. 2077
Der Angeklagte **HELMUTH OTTO WILHELM KUTZNER**, geb. am 11. August 1893 in Berlin, zuletzt wohnhaft gewesen in Leipzig, wurde am 4. Mai 1950 zunächst zu 15 Jahren und dann am 22. Juni 1950 zu lebenslanger Haft verurteilt. Der Verurteilte wurde am 28. April 1956 aus der Strafhaft entlassen.
Der Verfahrensgegenstand betraf seine Mitwirkung an Todesurteilen gegen französische Zivilisten und Widerstandskämpfer sowie an Strafverfahren gegen deutsche Soldaten. Der Angeklagte wurde 1934 als Ministerialrat in das Reichsjustizministerium übernommen, war ab März 1937 im Reichsgerichtsrat in Leipzig und im Revisionssenat tätig und ab Frühjahr 1940 Heeresrichter der 539. Infanteriedivision. Im Februar 1942 wurde er als Oberkriegsgerichtsrat nach Frankreich versetzt, wo ihm 17 Feldkommandanturgerichte unterstanden. Dort hatte er in etwa dreißig Fällen selbst als Richter oder Anklagevertreter, in zwei Fällen an Todesurteilen, mitgewirkt und war an der Entscheidung auf Todesstrafe gegen 32 Antifaschisten beteiligt. Im November 1943 wurde er nach Griechenland und im Januar 1944 schließlich als Oberkriegsgerichtsrat an das Reichskriegsgericht in Torgau versetzt, wo er »nur« als Ermittlungsrichter in einem besonders umfangreichen Korruptionsverfahren gegen Offiziere tätig gewesen sein will. Im September 1944 wurde der Angeklagte dann Ministerialdirigent im Reichsjustizministerium.
Gerichtsentscheidungen: LG Chemnitz am 22.6.1950; LG Chemnitz am 4.5.1950; OLG Dresden am 5.6.1950

78. »Euthanasie« – Nr. 2078

Der Angeklagte DR. MED. HANS KURT JULIUS GERHARD WISCHER, geb. am 1. Februar 1903 in Berlin, wohnhaft gewesen in Waldheim / Sachsen, wurde am 23. Juni 1950 zum Tode verurteilt. Das Todesurteil wurde vollstreckt.

Der Verfahrensgegenstand betraf seine Tätigkeit als Chefarzt der Heil- und Pflegeanstalt Waldheim, die Herbeiführung von sogenannten Dämmerschlafkuren, die in mehreren Fällen zum Tode der Patienten führten, die Zusammenstellung von Transporten von insgesamt etwa 1 000 »Geisteskranken« aus Waldheim in die Todesanstalten, die Tötung von Geisteskranken durch Überdosen von Medikamenten in etwa 25 Fällen sowie die Beantragung der Zwangssterilisierung bei zu entlassenen Patienten. Der Angeklagte war bis 1938 in Rostock und den HuPA Bernburg und Arnsdorf tätig, wurde im Mai 1938 zum Leiter der Landesheil- und Pflegeanstalt in Waldheim und einen Monat später zum Regierungsmedizinalrat ernannt. Er blieb Leiter dieser mit dem Zuchthaus Waldheim eng verbundenen Anstalt bis zu seiner Internierung im Oktober 1945. Er hat unter anderem an Besprechungen im sächsischen Ministerium über Zweck und Durchführung der »Euthanasie« teilgenommen. Ab Februar 1940 erfolgten bis 1942 laufend Abtransporte von mehr als Tausend Patienten.

Gerichtsentscheidung: LG Chemnitz am 23.6.1950

79. Kriegsverbrechen, Gewaltverbrechen in Haftstätten – Nr. 2079

Der Angeklagte FRIEDRICH BEYERLEIN, geb. am 4. Januar 1899 in Dresden-Laubegast, zuletzt wohnhaft gewesen in Dresden, wurde am 23. Juni 1950 zum Tode verurteilt. Das Urteil wurde vollstreckt.

Der Verfahrensgegenstand betraf seine Tätigkeit als Kriminalsekretär bei der Gestapo in Dresden und Tatbeiträge bei der Misshandlung von Häftlingen zur Aussageerpressung, zum Teil mit Todesfolge, der Überstellung von Häftlingen in Konzentrationslager, Verhaftung von polnischen

Widerstandskämpfern, die erschossen wurden, die Verhaftung zahlreicher ehemaliger KPD- und SPD-Funktionäre im Rahmen der Aktion »Gitter« Ende August 1944 sowie die Misshandlung von deutschen und ausländischen Häftlingen des Arbeitserziehungslagers Radeberg, von denen mehrere, darunter fünf slowenische Frauen, erschossen wurden. Der Angeklagte trat 1921 in den Dienst der Landespolizei, kam am 28. Januar 1933 zur Kriminalpolizei in Dresden, wurde in der politischen Abteilung eingestellt und von der Gestapo übernommen. 1940 erfolgte seine Abordnung nach Krakau, wo er unter anderem bei größeren Aktionen gegen Widerstandskämpfer eingesetzt war und circa 40 Personen verhaftete, die in den meisten Fällen von der Gestapo erschossen wurden. Nach dem 20. Juli 1944 war er bei der Gestapo Dresden an der Festnahme von circa 345 Personen beteiligt und hat im März 1945 im AEL Radeberg unter anderem fünf Sloweninnen vernommen, die kurz darauf erschossen wurden.
Gerichtsentscheidungen: LG Chemnitz am 23.6.1950; OLG Dresden am 12.7.1950
(Die gegen Kriegsende im AEL Radeberg an ausländischen und deutschen Häftlingen begangenen Verbrechen waren im September 1945 Gegenstand des Prozesses des Volksgerichts Sachsen (s. auch Nr. 1839) und eines westdeutschen Verfahrens (s. auch Nr. 453).)

80.   Kriegsverbrechen – Nr. 2080
Der Angeklagte GERHARD WE., geb. am 3. April 1928 in Berlin, wohnhaft gewesen in Berlin-Weißensee, wurde am 23. Juni 1950 zu zwanzig Jahren Haft verurteilt. Der Verurteilte wurde am 12. Juli 1954 aus der Strafhaft entlassen.
Der Verfahrensgegenstand betraf die Erschießung von zwei sowjetischen Soldaten, nachdem die Rote Armee Berlin besetzt und den Pflegevater des Angeklagten in Haft genommen hatte. Im Jahre 1944 durchlief der Angeklagte ein Reichsausbildungslager der HJ, kam im März 1945 zu einer Fallschirmjägereinheit in Marwitz bei Berlin und im April

1945 zum Einsatz nach Berlin, wo er sich bei Kriegsende an »Werwolf«-Aktionen beteiligt, bei denen zwei Angehörige der Roten Armee erschossen wurden.
Gerichtsentscheidungen: LG Chemnitz am 23.6.1950; OLG Dresden am 8.7.1950

81. Verbrechen bei der Errichtung der faschistischen Diktatur, Schreibtischverbrechen, Kriegsverbrechen, Gewaltverbrechen in Haftstätten – Nr. 2081

Der Angeklagte **HELLMUTH FRIEDHEIM PEITSCH**, geb. am 18. November 1906 in Oberzetscha/Altenburg, zuletzt wohnhaft gewesen in Altenburg, wurde am 27. Juni 1950 zum Tode verurteilt. Das Todesurteil wurde vollstreckt.
Der Verfahrensgegenstand betraf seine Mitwirkung als Gauobmann der DAF an der Zerschlagung der Gewerkschaften im Jahre 1933; seine Anordnung der Verhaftung von Gewerkschaftsfunktionären, die schwer misshandelt wurden und teilweise den Tod fanden; die Organisation des Arbeitseinsatzes von Juden, Fremdarbeitern und Kriegsgefangenen, die teilweise zu deren Tod führte. Ihm wurde zur Last gelegt, selbst an Verbrechen gegen Antifaschisten, so unter anderem im März 1934, als der Gauleiter Mutschmann mit weiteren »Hoheitsträgern« das KZ Hohnstein inspizierte, an der Misshandlung des dort inhaftierten ehemaligen sächsischen Innenministers Liebmann, beteiligt gewesen zu sein.
Gerichtsentscheidungen: LG Chemnitz am 27.6.1950; OLG Dresden am 12.7.1950
(Mit Verbrechen im KZ Hohnstein in den Jahren 1933 und 1934 befassen sich auch die Verfahren Nr. 1268, Nr. 1358 (»3. Hohnsteinprozess«), Nr. 1411 (»2. Hohnsteinprozess«), Nr. 1430 (»1. Hohnsteinprozess«), Nr. 1795 und Nr. 2076.)

82. Justizverbrechen – Nr. 2082

Der Angeklagte **PAUL FRITZ FRANZ VOGT**, geb. am 27. April 1877 in Burg/Jerichow, wohnhaft gewesen in Leipzig, wurde am 27. Juni 1950 zu zwanzig Jahren Haft verurteilt. Der

Verurteilte wurde am 6. Oktober 1952 aus der Strafhaft entlassen.
Der Verfahrensgegenstand betraf seine Tätigkeit als Senatspräsident und Vorsitzender des 2. Strafsenats am Reichsgericht. Er wurde im Januar 1931 als Hilfsrichter an das Reichsgericht Leipzig berufen und im Juni 1932 zum Reichsgerichtsrat ernannt. Nach dem Reichstagsbrand führte er als Untersuchungsrichter die Ermittlungen gegen die KPD und die Untersuchung gegen den angeblichen Brandstifter. Während seiner Tätigkeit als Senatsgerichtspräsident und Vorsitzender des 2. Strafsenats führte er Revisionsverhandlungen zu Urteilen in Sachen »Heimtücke«, Wehrkraftzersetzung, Abhören von Feindsendern etc. und war an der Strafverfolgung von Nazigegnern in besonderem Maße beteiligt.
Gerichtsentscheidung: LG Chemnitz am 27.6.1950

83. Verbrechen bei der Errichtung der faschistischen Diktatur – Nr. 2083

Der Angeklagte OTTO WALTER BAUMANN, geb. am 21. November 1910 in Limbach, zuletzt wohnhaft gewesen in Eipel/ČSR, wurde am 28. Juni 1950 zu lebenslanger Haft verurteilt. Der Verurteilte wurde am 28. April 1956 aus der Strafhaft entlassen.
Der Verfahrensgegenstand betraf seine Teilnahme an Überfällen auf Antifaschisten vor und nach dem 30. Januar 1933 sowie die Erschießung des Sohnes eines KPD-Funktionärs. Der Angeklagte schloss sich frühzeitig der Nazibewegung in der SA an und war seit 1932 ein gefürchteter SS-Schläger im berüchtigten »Limbacher Sturm«, der als »Mordsturm« galt. 1931 stürmten SA-Leute unter Beteiligung des Angeklagten das Volkshaus in Limbach, wobei der Hausmeister mit Messern niedergestochen wurde. Ein ähnlicher Überfall ereignete sich im Jahre 1932 auf das Arbeiterheim in Kändler und in Russdorf, wo SS-Leute mit Pistolen auf Demonstranten schossen, 13 Arbeiter zum Teil schwer und den Jungbannermann Mareck tödlich verletzten. Zur Entziehung vor

Strafverfolgung ist der Angeklagte im Verein mit dem Sturmführer Molz und anderen SS-Tätern nach Italien geflüchtet und erst sechs Monate später am 8. Februar 1933 wieder zurückgekehrt. Nach den Märzwahlen 1933 haben ausgewählte SS-Leute des »Mordsturmes« mit dem Angeklagten in Limbach Antifaschisten misshandelt und gefoltert. Darunter befand sich auch der 17-jährige Herbert Granz, der als Sohn des damaligen kommunistischen Landtagsabgeordneten Bruno Granz dessen Aufenthalt preisgeben sollte und deshalb misshandelt und erschossen wurde. Bei der Jagd auf die bekannten Arbeiterfunktionäre Förster und Tennler wurden diese gestellt und erschossen. Im November 1939 wurde der Angeklagte Fürsorgeoffizier der Waffen-SS, kam 1941 nach Paris und 1943 nach Prag. Im Mai 1945 geriet er in US-amerikanische Gefangenschaft, aus der er geflüchtet sein will. Danach hat er sich unter dem Namen »Berger« zu tarnen versucht, wurde aber entlarvt.

Gerichtsentscheidung: LG Chemnitz am 28.6.1950

(Mit den Ereignissen in Limbach in den Jahren 1932 bis 1934 befassen sich auch die Verfahren Nr. 1340 und Nr. 1522.)

84. Verbrechen bei der Errichtung der faschistischen Diktatur, Gewaltverbrechen in Haftstätten – Nr. 2084

Der Angeklagte **ERWIN JOSEF AUGUST SMOLARSKI**, geb. am 5. August 1902 in Berlin-Oberschöneweide, wohnhaft gewesen in Berlin-Köpenick, wurde am 18. Mai 1950 zunächst zu zwölf Jahren Haft verurteilt. Das Strafmaß ist nach Revision durch die Staatsanwaltschaft am 29. Juni 1950 zu lebenslanger Haft erhöht worden. Der Verurteilte wurde am 16. Juli 1969 aus der Strafhaft entlassen.

Der Verfahrensgegenstand betraf seine Beteiligung an der Verhaftung, Misshandlung und Tötung von SPD- und KPD-Mitgliedern während der sogenannten »Köpenicker Blutwoche«. Der Angeklagte gehörte dem Köpenicker SA-Sturm an und war maßgeblich an den Verbrechen während der »Köpenicker Blutwoche« beteiligt. Ihm wurde u.a. nachgewiesen,

dass er an der Verschleppung des jüdischen Fabrikanten Georg Eppenstein in das berüchtigte SA-Sturmlokal Gemuth und dessen Misshandlung mit Todesfolge beteiligt war.
Gerichtsentscheidungen: LG Chemnitz am 29.6.1950; LG Chemnitz am 18.5.1950; OLG Dresden am 23.6.1950
(Mit den während der »Köpenicker Blutwoche« begangenen Verbrechen befassen sich auch die Verfahren Nr. 1293, Nr. 1201, Nr. 1524, Nr. 1570, Nr. 2102 und Nr. 2202.)

85. Kriegsverbrechen – Nr. 2085

Der Angeklagte CARL ANTON BERTLING, geb. am 15. März 1893 in Dresden, zuletzt wohnhaft gewesen in Dresden, wurde am 16. Mai 1950 zunächst zum Tode verurteilt. Am 29. Juni 1950 ist das Strafmaß zu lebenslanger Haft geändert worden. Der Verurteilte verstarb am 28. August 1952 in der Haft.
Der Verfahrensgegenstand betraf seine Tätigkeit als Kommandant mehrerer Kriegsgefangenenlager, in denen eine größere Anzahl vorwiegend sowjetischer Kriegsgefangener den Tod fand. Es wurde festgestellt, dass der Angeklagte als Lagerkommandant, später als Kontrolloffizier und Kompanieführer im Range eines Hauptmannes in verschiedenen Kriegsgefangenenlagern für mindestens 100 Todesfälle verantwortlich war. Unter anderem war er in Kriegsgefangenenlagern in Falkenberg/Oberschlesien und in Oppeln, im Internierungslager für Amerikaner und Engländer in Tost und Gleiwitz eingesetzt, wo circa 2000 Kriegsgefangene inhaftiert waren. Von diesen sind während seiner Tätigkeit als Kompaniechef eine große Anzahl, mehrheitlich sowjetische Kriegsgefangene, verstorben.
Gerichtsentscheidungen: LG Chemnitz am 29.6.1950; LG Chemnitz am 16.5.1950; OLG Dresden am 23.6.1950

86. Justizverbrechen – Nr. 2086

Der Angeklagte HANS HUGO RICHARD TEUCHERT, geb. am 22. August 1901 in Frankfurt/Oder, wohnhaft gewesen in Zeitz/Thüringen, wurde zunächst am 5. Juni 1950 zu 13 Jahren

Haft verurteilt. Nach Revision der Staatsanwaltschaft wurde das Strafmaß am 7. Juli 1950 auf 18 Jahre erhöht. Der Verurteilte wurde am 30. Dezember 1955 aus der Strafhaft entlassen. Der Verfahrensgegenstand betraf seine Tätigkeit als Richter und zuletzt als Landgerichtsdirektor am LG Breslau und seine Mitwirkung an der Verurteilung von Gegnern des Nazi-Regimes zu Freiheits- und Todesstrafen. Der Angeklagte war von 1926 bis 1931 an verschiedenen Amtsgerichten als Richter und danach beim Landgericht Breslau tätig. Dort hat er Urteile gefällt, wo Anklagen wegen politischer Vergehen erhoben worden waren.

Gerichtsentscheidungen: LG Chemnitz am 7.7.1950; LG Chemnitz am 5.6.1950; OLG Dresden am 28.6.1950

87. Justizverbrechen – Nr. 2087

Der Angeklagte **HERMANN HAHN**, geb. am 13. Mai 1882 in Kaiserslautern/Pfalz, zuletzt wohnhaft gewesen in Naumburg/Saale, wurde am 7. Juli 1950 zum Tode verurteilt. Das Todesurteil wurde vollstreckt.

Der Verfahrensgegenstand betraf seine Bearbeitung von Strafsachen wegen Verstoßes gegen das »Heimtückegesetz«, Abhören von Feindsendern und ähnlichem, sowie die Beantragung von Todes- und Freiheitsstrafen. Der Angeklagte war von 1933 bis zum 31. Juli 1935 Oberstaatsanwalt beim Landgericht Würzburg und danach bis September 1936 Generalstaatsanwalt in Zweibrücken. Ihm unterstanden dort vier Oberstaatsanwälte bzw. vier Staatsanwaltschaften. Ab dem 1. Oktober 1936 war er Generalstaatsanwalt in Naumburg/Sachsen-Anhalt, wo ihm die Staatsanwaltschaften in den Landgerichtsbezirken Naumburg, Torgau, Halle, Magdeburg, Dessau, Halberstadt und Stendal sowie bis 1943 auch Erfurt und Nordhausen unterstanden. Im Zuständigkeitsbereich des Angeklagten wurden Verfahren nach den Rassegesetzen, dem »Heimtückegesetz«, wegen Abhörens von ausländischen Sendern, gegen Bibelforscher sowie gegen Antifaschisten durchgeführt, bei denen nach eigenen Angaben

allmonatlich zwei bis drei Todesurteile auf Antrag seiner Staatsanwaltschaften gefällt worden sind, die er billigend in Kauf genommen hat.
Gerichtsentscheidungen: LG Chemnitz am 7.7.1950; LG Chemnitz am 7.6.1950; OLG Dresden am 4.7.1950

88. Kriegsverbrechen – Nr. 2088
Der Angeklagte **WILHELM TOBER**, geb. am 24. Mai 1919 in Dembora-Gura, zuletzt wohnhaft gewesen in Gąski / Polen, wurde am 10. Juli 1950 zu lebenslanger Haft verurteilt. Der Verurteilte wurde am 30. Dezember 1955 aus der Strafhaft entlassen.
Der Verfahrensgegenstand betraf seine Tatbeteiligung an der Misshandlung von Häftlingen bei Vernehmungen durch die Gestapo, bei denen der Angeklagte als Dolmetscher mitwirkte, und die Teilnahme an der Erschießung von zehn Geiseln. Der Angeklagte gehörte zur sogenannten volksdeutschen Bevölkerung in Polen und trat kurz nach dem Überfall auf Polen freiwillig der Gendarmerieabteilung in Pionki bei. Aufgrund seiner polnischen Sprachkenntnisse und nach einem fünfwöchentlichen Ausbildungslehrgang bei der deutschen Gendarmerie kam er zur Gestapo. Seine Aufgabe bestand darin, bei Vernehmungen von polnischen Staatsbürgern und deutschen Antifaschisten, die von der Gestapo gefasst und verhaftet worden waren, als Dolmetscher zu wirken. Bei diesen Vernehmungen wurden die Verhafteten von den Vernehmenden und auch von dem Angeklagten geschlagen. Der Angeklagte bestritt, an Hinrichtungen bzw. Erschießungen von Geiseln teilgenommen zu haben. Aufgrund des Inhalts der Urkunde, Blatt 1 der Akten, wurde es aber als bewiesen angesehen, dass er sich an der Erschießung von zehn Geiseln beteiligte. Bei der Strafzumessung hat die Strafkammer Strafmilderungsgründe nicht finden können. Er wurde deshalb am 10. Mai 1950 zum Tode verurteilt. Gegen dieses Urteil hat der Angeklagte durch seinen Verteidiger sowie die Staatsanwaltschaft zu Gunsten des Angeklagten Revision

eingelegt, und das Strafmaß wurde daraufhin in eine lebenslange Haftstrafe umgewandelt.
Gerichtsentscheidungen: LG Chemnitz am 10.7.1950; LG Chemnitz am 10.5.1950; OLG Dresden am 6.7.1950

89. Denunziation – Nr. 2201

Die Angeklagte ILSE MARTHA SCH., geb. Ta., geb. am 29. Juli 1907 in Gera/Thüringen, zuletzt wohnhaft gewesen in Hagenow/Mecklenburg, wurde am 15. Mai 1950 zu 13 Jahren Haft verurteilt. Die Verurteilte wurde nach fünfeinhalb Jahren aus der Strafhaft entlassen.

Der Verfahrensgegenstand betraf ihre Aussage bei der Gestapo und beim Volksgerichtshof zu Lasten eines Mannes, der sich in dem Laden der Angeklagten abfällig über das Nazi-Regime geäußert hatte. Der Mann wurde zum Tode verurteilt und hingerichtet. Die Angeklagte war ab dem 1. Juni 1943 bis 1945 Geschäftsführerin der Firma Gerling & Rockstroh in einer Verkaufsstelle in Hagenow/Mecklenburg. Einige Tage vor Weihnachten 1943 machte im Geschäft der Angeklagten ein gewisser Beckmann abfällige Äußerungen über das Hitlerregime. Die gleichfalls anwesende Ehefrau des stellvertretenden Kreisleiters der NSDAP, Vallentin, machte die Angeklagte auf diese Äußerungen des Beckmann aufmerksam und erstattete außerdem Anzeige bei der Polizei. Die Angeklagte wurde als Zeugin vernommen und bestätigte der Gestapo die Angaben der Vallentin und blieb auch bei Gegenüberstellung mit Beckmann dabei, dass dieser nazifeindliche Äußerungen getan habe. Auch als Zeugin vor dem Volksgerichtshof blieb sie bei ihren Angaben, was mit zur Folge hatte, dass Beckmann zum Tode verurteilt und später hingerichtet wurde. Die Angeklagte blieb auch danach mit der Gestapo in Verbindung und denunzierte noch einen weiteren Antifaschisten, welcher gleichfalls aufgrund dieser Denunziation bestraft wurde. Die Angeklagte bestritt, mit der Gestapo in Verbindung gestanden zu haben, gab aber ansonsten den Sachverhalt zu. Die gegen das Urteil eingelegte

Revision wurde durch Beschluss des OLG Dresden in Waldheim vom 5. Juni 1950 verworfen.
Gerichtsentscheidungen: LG Chemnitz am 15.5.1950; OLG Dresden am 5.6.1950

90. Verbrechen bei der Errichtung der faschistischen Diktatur – Nr. 2002

Der Angeklagte ERICH KUKIES, geb. am 31. Juli 1896 in Berlin-Köpenick, wohnhaft gewesen in Berlin-Mahlsdorf, wurde am 21. Juni 1950 zu 20 Jahren Haft verurteilt. Der Verurteilte verstarb im Dezember 1961 in der Haft.
Der Verfahrensgegenstand betraf seine Beteiligung an der Verhaftung, Misshandlung und Tötung von SPD- und KPD-Mitgliedern während der sogenannten »Köpenicker Blutwoche«. Der Angeklagte war seit Mai 1933 aktives Mitglied der SA und hat sich unmittelbar an Überfällen auf Antifaschisten beteiligt und auch persönlich Antifaschisten misshandelt. Von der sowjetischen Besatzungsmacht in Haft genommen, floh der Angeklagte, wurde aber wieder ergriffen. Er bestritt, Mitglied der SA gewesen zu sein und behauptete, er sei nur drei Monate lang SA-Anwärter gewesen und habe sich nicht aktiv beteiligt. Er gab zu, als Taxichauffeur oft den SA-Sturmführer Dr. Stiebner gefahren zu haben und auch mehrere Male im Sturmlokal der SA gewesen zu sein. Die Uniform der SA habe er nur einmal, und zwar am 1. Mai 1933, getragen und sie sich zu diesem Zwecke extra ausgeliehen. Von der sogenannten »Köpenicker Blutwoche« will er nur durch Erzählungen etwas gehört haben. Soweit der Angeklagte seine Beteiligung bestritt, galt er jedoch durch das in der Hauptverhandlung verlesene Protokoll vom 20. März 1946 als überführt. Seine Unglaubwürdigkeit ergibt sich auch daraus, dass er in der Vernehmung durch die Volkspolizei am 8. Juni 1950 erklärte, er habe 1933 nie etwas von politischen Zusammenstößen gehört und auch von den Aktionen der SA in Köpenick nichts erfahren. Er war Angeklagter im Prozess gegen die Teilnehmer an der »Köpenicker Blutwoche«, sein

Verfahren wurde jedoch abgetrennt, da er sich in Internierungshaft der sowjetischen Besatzungsbehörde befand.
Gerichtsentscheidung: LG Chemnitz am 21.6.1950
(Mit den während der »Köpenicker Blutwoche« begangenen Verbrechen befassen sich auch die Verfahren Nr. 1293, Nr. 1201, Nr. 1524, Nr. 1570, Nr. 2084 und Nr. 2102.)

91. Denunziation – Nr. 2203

Die Angeklagte MARGARETE HELENE DRE., geb. am 2. Februar 1914 in Hamburg-Altona, wohnhaft gewesen in Altenburg, wurde am 19. Juni 1950 zu lebenslanger Haft verurteilt. Nach sechs Jahren wurde sie aus der Strafhaft entlassen.
Der Verfahrensgegenstand betraf die Denunziation eines Zivilisten, der der Angeklagten von dem Moskauer Rundfunk gesendete Grüße ihres in sowjetische Kriegsgefangenschaft geratenen Mannes übermittelt hatte. Der Denunzierte wurde unter aktiver Beteiligung der Angeklagten verhaftet, vom Volksgerichtshof zum Tode verurteilt und hingerichtet.
Die Angeklagte entstammte einer Offiziersfamilie. Ihr Vater war Fregattenkapitän, ihr Ehemann ebenfalls Offizier, der in sowjetische Kriegsgefangenschaft geraten war und sich dem Nationalkomitee »Freies Deutschland« angeschlossen hatte. Nachdem dieser über den sowjetischen Rundfunk seine Frau und seine beiden Kinder hatte grüßen lassen, wurde sie am 2. September 1943 von einem Unbekannten darüber informiert. Mit der Post erhielt sie Briefe und Postkarten teils ohne, teils mit Absender, die dasselbe ausdrückten. Insgesamt will die Angeklagte 200 schriftliche Bestätigungen von den Grüßen ihres Mannes erhalten haben, von denen circa zwanzig mit Absender versehen gewesen seien. Die Briefe und Karten ohne Absender übergab sie der Polizei, die mit Absender will sie behalten haben. Bei der Polizei berichtete sie, dass bereits ein Mann bei ihr persönlich vorgesprochen habe. Daraufhin wurde ihr nahegelegt, den Mann bei erneutem Vorsprechen festzuhalten. Als dann circa zehn bis vierzehn Tage später ein anderer Mann namens Jak. bei ihr

vorsprach, veranlasste sie dessen Festnahme. Jak. wurde vom Volksgerichtshof zum Tode verurteilt und hingerichtet. Der Verteidiger des Jak. bat die Angeklagte, für seinen Mandanten ein Bittgesuch einzureichen, um ihn vor dem Tode zu bewahren, was sie aber ablehnte. Das Gericht hielt den Sachverhalt aufgrund der eigenen Einlassung der Angeklagten, die sich mit dem Protokoll (Blatt 1 der Akte) deckten, für erwiesen. Die Angeklagte sei von sich aus zur Gestapo gegangen, habe den Jak. selbst verfolgt und seine Festnahme veranlasst. Der anerzogene Standesdünkel hebe diese Erschwerung nicht auf, sondern vervielfache sie nur. Die gegen das Urteil eingelegte Revision wurde durch Beschluss des OLG Dresden in Waldheim vom 6. Juli 1950 verworfen.

Gerichtsentscheidungen: LG Chemnitz am 19.6.1950; OLG Dresden am 14.7.1950

Die Gesamtübersicht

Die nachfolgende Auflistung soll eine Übersicht über diejenigen ostdeutschen bzw. DDR-Gerichtsentscheidungen zu aufgeklärten und untersuchten Nazi- und Kriegsverbrechen sowie Verbrechen gegen die Menschlichkeit geben, in deren Ergebnis sich die beteiligten Täter wegen faschistischer Tötungsverbrechen zu verantworten hatten und rechtskräftig verurteilt wurden. Die Auflistung erfolgt auf Grundlage der in der niederländischen Dokumentation »DDR-Justiz und NS-Verbrechen« im Registerband sowie in den Bänden I bis XIV veröffentlichten Angaben unter Beibehaltung der dabei verwendeten Verfahrensnummern. Sie enthält Angaben über die nach 1990 ergangenen Rehabilitierungsentscheidungen und Hinweise darauf, welche der Verfahren seit 1950 vom MfS bearbeitet wurden – soweit das anhand der zur Verfügung stehenden Unterlagen nachweisbar ist. Bei einigen der anhand der Kartei des Generalstaatsanwalts der DDR erfassten Verfahren konnten die Urteile trotz intensiver Suche, die sich über Jahre hinzog und auf über vierzig Archive und Dienststellen erstreckte, von Prof. Rüter und seinem Team nicht gefunden werden. Ihr Verbleib ist bisher ungeklärt. In diesen Fällen stützt sich die Verfahrensbeschreibung auf behördeninterne Übersichten und Studien, Justizkarteien, Presseveröffentlichungen und Hinweise in anderen ost- und westdeutschen Verfahren.

Die Aufzählung der Verfahren erfolgt anders als in »DDR-Justiz und NS-Verbrechen« nach zeitlicher Abfolge chronologisch von 1945 bis 1990, beginnend mit der Nummer 1 für das erste Verfahren in der sowjetisch besetzten Zone, das am 28. September 1945 seinen Abschluss fand und in der Dokumentation die Nummer 1839 trägt. Am Ende der Reihung steht das letzte, 1989 abgeschlossene DDR-Verfahren mit der Nummer 1001. Die von Prof. Rüter gewählte Nummerierung wurde beibehalten und ist stets mit ausgewiesen. Das soll problemlos weiterführende Information oder Vergleiche mit der gedruckten Edition oder im Internet unter www.junsv.nl ermöglichen.

Die Familiennamen der Angeklagten können aus in der BRD geltenden »Datenschutzgründen« oftmals nur abgekürzt ausgewiesen werden, soweit nicht Todesurteile oder lebenslange Haftstrafen verhängt oder sie mit vollem Namen in Veröffentlichungen genannt wurden. Den Autoren sind sie bekannt.

Die sogenannten Waldheim-Urteile aus dem Jahre 1950, beginnend mit der Nummer 2001, sind hiervon ausgenommen und vorstehend unter Beibehaltung der von Prof. Rüter gewählten Nummerierung gesondert aufgeführt.

Die bei den Gerichtsentscheidungen verwendeten Abkürzungen bedeuten:
LG = Landgericht;
OLG = Oberlandgericht,
BG = Bezirksgericht,
KG = Kammergericht,
OG = Oberstes Gericht der DDR,
Reha = Entscheidungen in nach 1990 anhängig gewordenen Rehabilitierungsverfahren.

In der Regel folgt die Auflistung folgendem Muster:
- Laufende Nummer / Zuordnung zu Tatkomplexen / Verfahrensnummer in der Dokumentation
- Verfahrensgegenstand – angeklagter Sachverhalt
- Name der Angeklagten (die aus »Datenschutzgründen« oft nur mit abgekürzten Familiennamen ausgewiesen werden können) und ausgesprochene Strafen
- Angabe zu den urteilenden Gerichten und Datum der Entscheidungen

1. Gewaltverbrechen in Haftstätten – Nr. 1839

Von Juli 1944 bis April 1945 misshandelten und ermordeten die Angeklagten als Gestapo- und Polizeiangehörige im Arbeitserziehungslager Radeberg (zum AEG Konzern Sachsenwerk gehörig) untergebrachte ausländische und deutsche Häftlinge.

Epping, Ewald – lebenslange Haft
Frings, Heinrich – Todesstrafe / Rehabilitierungsantrag zurückgewiesen
Härig, Paul – 6 Jahre Haft
Schelenz, Rudolf – Todesstrafe
Teich, Paul – 3 Jahre Haft

Gerichtsentscheidung: Volksgericht Sachsen am 28.9.1945; LG Dresden am 30.3.1995 (Reha)

2. Denunziation – Nr. 1838

Im Februar 1942 erstattete der Angeklagte Anzeige gegen den Handelsmann Göttig, der in einem Abort die Inschrift »Hitler ist ein Massenmörder und schuld am Kriege« angebracht hatte. Göttig wurde dafür und wegen Abhörens »feindlicher Sender« zum Tode verurteilt.

Puttfarcken, Josef – lebenslange Haft

Gerichtsentscheidung: LG Nordhausen am 7.5.1946

3. Justizverbrechen – Nr. 1837

Von 1933 bis 1945 wirkten die Angeklagten als Scharfrichtergehilfen bei der Hinrichtung von ungefähr 650 Personen mit, die aufgrund ihrer politischen und weltanschaulichen Gegnerschaft zum Nazi-Regime zum Tode verurteilt worden waren.

Kleine, Johannes – Todesstrafe
Rose, Andreas – Todesstrafe

Gerichtsentscheidung: LG Halle am 14.6.1946

4. Verbrechen bei der Errichtung der faschistischen Diktatur – Nr. 1836

Nach der ergebnislos verlaufenen Gestapo-Vernehmung über eine Beteiligung an der 1930 erfolgten Tötung eines Stahlhelm-

mitgliedes erschoss der Angeklagte, der Anregung eines SA-Führers folgend, den Vernommenen am 17. November 1933 auf dem Heimweg in Fürstenwalde.

Wichner, Paul – Todesstrafe / Das Urteil konnte nicht vollstreckt werden, da Wichner in der Haft verstarb.
Gerichtsentscheidungen: LG Eberswalde am 19. 7. 1946; OLG Potsdam am 13. 5. 1947

5. Denunziation – Nr. 1835
Die Angeklagten denunzierten 1944 in Parchim ein ehemaliges KPD-Mitglied wegen angeblicher »Kriegswirtschaftsverbrechen«, antifaschistischen Verhaltens und Verbindungen zu sowjetischen Zwangsarbeitern. Gegen den Denunzierten wurde Anklage vor dem Volksgerichtshof erhoben. Nachdem er vorübergehend aus der Haft entflohen war, wurden seine Ehefrau und sein Sohn in Sippenhaft genommen. Der Sohn wurde April 1945 von der SS erschossen. Ein verhafteter sowjetischer Zwangsarbeiter entzog sich durch Selbstmord den Gestapo-Vernehmungen.

Beh., Annemarie, geb. Bün. – 7 Jahre Haft
Bün., Hertha, verw. Rie., geb. Sten. – 15 Jahre Haft
Run., Ida, geb. Hol. – 10 Jahre Haft
Gerichtsentscheidungen: LG Schwerin am 8. 8. 1946; OLG Schwerin am 28. 10. 1946

6. Denunziation, Verbrechen gegen Kriegsende – Nr. 1834
Im März 1945 hatte ein Soldat in Schwerin die Angeklagte um Unterkunft gebeten. Einige Tage später wurde der von ihr Denunzierte wegen Fahnenflucht erschossen.

Buc., Hildegard, geb. Thi. – 12 Jahre Haft
Gerichtsentscheidungen: LG Schwerin am 8. 8. 1946; OLG Schwerin am 28. 10. 1946

7. Denunziation – Nr. 1833
Die Angeklagten hatten einen Lehrer wegen antifaschistischer Äußerungen angezeigt. Der Denunzierte wurde zu einer

Gefängnisstrafe verurteilt und wenige Tage später tot in seiner Zelle aufgefunden.
    Hen., Hans – 5 Jahre Haft
    Kar., Wilhelm – Freispruch
    Kös., Wilhelm – 5 Jahre Haft
    Mäl., Wilhelm – Freispruch
Gerichtsentscheidung: LG Schwerin am 9.9.1946

8. »Euthanasie« – Nr. 1832
Von 1940 bis 1945 waren die Angeklagten in der Heil- und Pflegeanstalt Sachsenberg bei Schwerin an der Tötung von »geisteskranken« Erwachsenen und Kindern mittels überdosierter Schlafmittel und an der Tötung bereits im Komazustand liegender Patienten durch Morphiumeinspritzung aktiv beteiligt.
    Ahr., Heinrich – Freispruch
    Berkholz, Wilhelm – Todesstrafe
    Bra., Dr. med. Hans-Heinrich – Freispruch
    Bus., Otto – Freispruch
    Gräfenitz, Karl – Todesstrafe
    Jür., Karl – Freispruch
    Kamphausen, Elisabeth Wilhelmine – Todesstrafe
    Me., Otto – Freispruch
    Thi., Helmuth – Freispruch
    Wan., Wilhelm – Freispruch
Alle verhängten Todesurteile wurden 1947 in lebenslange Freiheitsstrafen umgewandelt. Gräfenitz und Kamphausen verstarben 1947 bzw. 1954 in der Haft, Berkholz wurde 1956 amnestiert. Die in der HuPA Sachsenberg begangenen Verbrechen waren auch Gegenstand eines westdeutschen Verfahrens (s. auch BRD-Verfahren Nr. 383).
Gerichtsentscheidungen: LG Schwerin am 16.8.1946; OLG Schwerin am 25.11.1946; LG Schwerin am 17.10.1947

9. Denunziation – Nr. 1831
Die Angeklagten denunzierten 1943 in Markneukirchen einen Arbeitskollegen, der das Ende des Krieges und eine gewaltsame

Abrechnung mit den »Nationalsozialisten« vorausgesagt und erklärt hatte, bei einem Generalstreik wäre der Krieg sofort beendet. Der Denunzierte wurde daraufhin vom Volksgerichtshof zum Tode verurteilt und hingerichtet.

Kur., Otto Paul – 12 Jahre Haft
Str., Kurt Arthur – 8 Jahre Haft

Gerichtsentscheidungen: LG Plauen am 20.8.1946; OLG Dresden am 2.6.1947

10. Denunziation – Nr. 1830

Die beiden Angeklagten denunzierten 1944 eine Ärztin wegen antifaschistischer Äußerungen in Panitzsch bei Borsdorf. Die Denunzierte wurde daraufhin vom Volksgerichtshof wegen Wehrkraftzersetzung zum Tode verurteilt und hingerichtet.

Ben., Marie Elise Erika, geb. Düc. – 10 Jahre Haft
Sch., Ida Frieda, geb. Wec. – 12 Jahre Haft

Gerichtsentscheidung: LG Leipzig am 20.8.1946

11. Denunziation – Nr. 1829

Im April 1945 denunzierten die Angeklagten in Dresden einen nach dem Urlaub nicht zu seiner Truppe zurückgekehrten Soldaten. Beim Versuch, ihn festzunehmen, wurde er bei einem Feuerwechsel mit einer Wehrmachtstreife tödlich verwundet.

Duf., Anna Paula, geb. Wäh. – 5 Jahre Haft
Sch., Regina Agnes Felicitas, geb. Keg. – 5 Jahre Haft

Gerichtsentscheidungen: LG Dresden am 23.8.1946; OLG Dresden am 12.12.1946

12. Denunziation – Nr. 1828

Der Angeklagte denunzierte im April 1945 in Bautzen einen Gastwirt, der im Auftrag eines sowjetischen Offiziers eine Volkssturmeinheit zur Kapitulation aufgefordert hatte. Der Denunzierte wurde daraufhin standrechtlich zum Tode verurteilt und erschossen.

Köh., Karl Friedrich Otto – 10 Jahre Haft

Gerichtsentscheidung: LG Bautzen am 28.8.1946

13. Denunziation – Nr. 1827

Die Angeklagte denunzierte 1944 einen Arbeitskollegen wegen antifaschistischer Äußerungen in Zwickau. Dieser verstarb während der Untersuchungshaft.

Roc., Klara Martha, geb. Don. – 3 Jahre Haft

Gerichtsentscheidung: LG Zwickau am 31.8.1946

14. Denunziation – Nr. 1826

Am 1. Mai 1945 denunzierten die Angeklagten in Dresden-Hellerau einen deutschen Soldaten, der sich aus Angst vor einem kriegsgerichtlichen Verfahren von seiner Truppe entfernt hatte und im Hause der Denunzianten – langjährigen Freunden, die seine aus Schlesien geflüchtete Ehefrau aufgenommen hatten – Zuflucht suchte. Bei der Verhaftung des Fahnenflüchtigen wurde dieser tödlich verletzt. Er verstarb am nächsten Tag im Festungslazarett Dresden.

Kun., Roland Wolfgang Dietrich – 5 Jahre Haft

Kun., Else Marie, geb. Klu. – 5 Jahre Haft / Rehabilitierungsantrag zurückgewiesen

Kun., Siegfried Erich – 5 Jahre Haft / Rehabilitierungsantrag zurückgewiesen

Gerichtsentscheidungen: LG Dresden am 3.9.1946; LG Dresden am 21.11.1994

15. Verbrechen gegen Kriegsende – Nr. 1825

Am 9. Februar 1945 erschlugen die Angeklagten in Herzogswalde bei Meißen eine ungarische Jüdin, die während des Evakuierungsmarsches von KZ-Häftlingen zurückgeblieben war und sich in einer Scheune versteckt hatte.

Klo., Kurt Fritz – 9 Jahre Haft

Hof., Siegfried – 5 Jahre Haft

Her., Helmut Ottfried – 5 Jahre Haft

Gerichtsentscheidung: LG Dresden (Großes Jugendgericht Dresden) am 6.9.1946

16. Denunziation – Nr. 1824
Im Dezember 1944 wurde in Kloster Zinna der Mann der Angeklagten von ihr als fahnenflüchtig gemeldet. Der Denunzierte wurde anschließend erschossen.
　　Let., Elisabeth, geb. Lis. – Freispruch
Gerichtsentscheidung: LG Cottbus am 25.9.1946

17. Denunziation – Nr. 1823
Im Juli 1942 denunzierte der Angeklagte in Uhyst einen Bekannten, der sich abfällig über Hitler geäußert und deutsche Soldaten aufgefordert hatte, »die Flinte wegzuschmeißen«. Der Denunzierte wurde vom Volksgerichtshof zum Tode verurteilt und hingerichtet.
　　Gne., Bruno Max – 15 Jahre Haft
Gerichtsentscheidungen: LG Bautzen am 26.9.1946; OLG Dresden am 12.4.1947

18. Denunziation – Nr. 1822
Im März 1942 denunzierte die Angeklagte in Leipzig einen Hauptmann wegen abfälliger Äußerungen über Hitler und die außenpolitische Lage. Der Offizier wurde zum Tode verurteilt und hingerichtet.
　　Kir., Caroline, geb. Sch. – 10 Jahre Haft
Gerichtsentscheidungen: LG Leipzig am 30.9.1946; OLG Dresden am 2.4.1947

19. Denunziation – Nr. 1821
Am 8. Juni 1944 denunzierte in Blankenburg die Angeklagte ihren Ehemann, weil er sich abfällig über das faschistische Regime geäußert hatte. Der Denunzierte wurde zu acht Monaten Gefängnis verurteilt. Er verstarb kurz nach seiner Haftentlassung an den Folgen einer in der Haft zugezogenen Blutvergiftung.
　　Som., Margarete, geb. Gla. – 3 Jahre Haft
Gerichtsentscheidungen: LG Magdeburg am 3.10.1946; LG Magdeburg am 14.6.1949; LG Magdeburg am 12.12.1949

20. Denunziation – Nr. 1820
Die Angeklagten denunzierten 1943 in Piesteritz einen Mann wegen Abhörens ausländischer Sender und abfälliger Bemerkungen über das Nazi-Regime. Der Denunzierte wurde vom Volksgerichtshof zu sieben Jahren Zuchthaus verurteilt; seitdem fehlt von ihm jede Spur.
    Böt., Klara, geb. Esc. – 3 Monate Haft
    Har., Heinrich – 3 Monate Haft
    Sev., Alfred – Freispruch
Gerichtsentscheidungen: Amtsgericht Wittenberg am 15.10.1946; LG Torgau am 10.6.1947

21. Denunziation – Nr. 1819
Im Mai 1943 denunzierte die Angeklagte in Schwanebeck ihren Nachbarn wegen antifaschistischer Äußerungen. Er wurde vom Volksgerichtshof zum Tode verurteilt und hingerichtet.
    Sch., Margarete, geb. Ber. – 1 Jahr Haft
Gerichtsentscheidung: LG Magdeburg am 16.10.1946

22. Denunziation – Nr. 1818
Im Juli und August 1941 denunzierten Angestellte des Baubetriebes Dr.-Ing. Gotthard Müller GmbH Dresden einen Arbeitskollegen wegen Äußerungen gegen das Nazi-Regime. Der Denunzierte wurde ins Polizeigefängnis eingeliefert und anschließend in verschiedene Konzentrationslager verschleppt. Im Oktober 1942 verstarb er im KZ Dachau. Seine Ehefrau nahm sich wenige Monate später aus Verzweiflung das Leben.
    And., Heinrich Adolf Eugen – 2 Jahre und 6 Monate Haft
    M., Madeleine Maria Victorine – 9 Monate Haft
    Roc., Paul Wilhelm – 12 Jahre Haft
    Fis., Max Alfred – 15 Jahre Haft
Gerichtsentscheidungen: LG Dresden am 24.10.1946; OLG Dresden am 21.3.1947; OLG Dresden am 29.10.1948; LG Dresden am 22.3.1949; OLG Dresden am 28.9.1949; LG Dresden am 7.3.1950; OLG Dresden am 24.6.1950

23.   Denunziation – Nr. 1817
1941 denunzierte der Angeklagte in Markersbach im Erzgebirge seinen Mieter wegen Abhörens feindlicher Rundfunksender. Dieser verstarb während der Verbüßung der vom Sondergericht Leipzig verhängten Freiheitsstrafe.

M., Max Anton – 2 Jahre und 6 Monate Haft
Gerichtsentscheidung: LG Zwickau am 24.10.1946

24.   Denunziation – Nr. 1816
Im Oktober 1941 erstattete der Angeklagte, ein Blockleiter der NSDAP, in Dresden Anzeige gegen einen Juden, weil dieser als Geschäftsführer eines Zigarrengeschäfts tätig war. Der Denunzierte wurde ins KZ Mauthausen deportiert, wo er nach wenigen Monaten starb.

Strassner, Friedrich Bruno Paul – Todesstrafe /
 Strassner starb 1946 vor der Revisionsverhandlung
Gerichtsentscheidung: LG Dresden am 26.10.1946.

25.   Denunziation – Nr. 1815
Im Januar 1943 denunzierte die Angeklagte in Glauchau einen Mann wegen antifaschistischer Äußerungen. Der Denunzierte verbüßte eine einjährige Gefängnisstrafe. Als ihm die anschließende Verschleppung in ein KZ drohte, meldete er sich zur Wehrmacht. Er ist nicht zurückgekehrt.

Gra., Susanne Sidonie, geb. Zie. – 1 Jahr Haft
Gerichtsentscheidung: LG Zwickau am 30.10.1946

26.   Gewaltverbrechen in Haftstätten – Nr. 1814
Im Oktober 1935 war der Angeklagte im KZ Sachsenburg an der tödlichen Misshandlung des ehemaligen Chefredakteurs der »Dresdner Volkszeitung«, Dr. Max Sachs, beteiligt.

Ras., Paul Erich – 15 Jahre Haft
Gerichtsentscheidungen: LG Dresden am 30.10.1946; OLG Dresden am 24.1.1947

27. Denunziation – Nr. 1813

Im Juli 1944 denunzierten die Angeklagten in Zwickau einen Mann, der das Misslingen des Hitlerattentats am 20. Juli 1944 bedauert hatte. Der Denunzierte wurde vom Volksgerichtshof zum Tode verurteilt und hingerichtet.

Fri., Hildegard Else, geb. Kra. – 8 Jahre Haft
Höl., Marianne Johanna, geb. Gro. – 10 Jahre Haft
Gerichtsentscheidung: LG Zwickau am 1.11.1946

28. Denunziation – Nr. 1812

1943 denunzierten die Angeklagten in Dresden einen Mann wegen »defaitistischer« Äußerungen über den Kriegsausgang. Der Denunzierte wurde daraufhin 1944 vom SS- und Polizeigericht Düsseldorf zum Tode verurteilt. Infolge der Kriegsereignisse wurde das Urteil nicht vollstreckt.

Bel., Hugo Oskar – 4 Jahre Haft
Bel., Klara Rosa Henriette, geb. Küh. – 4 Jahre Haft
Tra., Johann Friedrich – 6 Jahre Haft
Gerichtsentscheidung: LG Dresden am 4.11.1946

29. Denunziation – Nr. 1811

Im Dezember 1943 beantragten die Angeklagten in Saalfeld bei der Gestapo, einen Bauern, der die Behörden mit Eingaben und Anträgen belästigte und Beamte beleidigte, »eine Zeitlang im Konzentrationslager Buchenwald aufzunehmen«. Dem Antrag wurde entsprochen. Der Bauer verstarb nach wenigen Monaten im KZ.

Mor., Hermann – 6 Monate Haft
Bol., Hans – 6 Monate Haft
Gerichtsentscheidung: LG Rudolstadt am 5.11.1946

30. Denunziation – Nr. 1810

1942 denunzierte der Angeklagte in Meißen/Sachsen einen Mann wegen Abhörens ausländischer Sender. Der Denunzierte wurde vom Volksgerichtshof zum Tode verurteilt und hingerichtet.

Mar., Franz Anton – 10 Jahre Haft
Gerichtsentscheidung: LG Dresden am 5.11.1946

31. Denunziation – Nr. 1809
1943 denunzierte der Büroleiter der Firma Ebelt & Hille in Pirna-Copitz einen Arbeiter, der sich geweigert hatte, eine Spende für das Kriegswinterhilfswerk zu geben, weil er kein »Kriegsverlängerer« sein wollte. Der Denunzierte wurde zu sechs Monaten Gefängnis verurteilt. Nach der Strafverbüßung kam er ins KZ Sachsenhausen, wo er verstarb (s. auch Nr. 1419).

Hil., Max Fritz – 8 Jahre Haft / Reha: Strafe reduziert auf 4 Jahre
Gerichtsentscheidungen: LG Dresden am 5.11.1946; OLG Dresden am 8.2.1947; LG Dresden am 25.10.1993 (Reha); OLG Dresden am 28.9.1994 (Reha)

32. Denunziation – Nr. 1808
Im Januar/Februar 1942 denunzierten die Angeklagten in Dresden eine Hausgenossin, die sich gegen den Krieg ausgesprochen hatte. Diese wurde verhaftet und anderthalb Jahre in U-Haft gehalten. Anschließend soll sie in ein KZ bei Lublin deportiert worden und dort verstorben sein.

Jun., Liesbeth Johanna, geb. Pös. – 2 Jahre Haft
Tei., Edith Klara Marie Louise Helene, geb. War. – 3 Jahre Haft
Gerichtsentscheidung: LG Dresden am 6.11.1946

33. Denunziation – Nr. 1807
Im Mai 1940 denunzierte der Angeklagte in Dresden einen Maler, der sich in einer Gastwirtschaft abfällig über Hitler und den Krieg gegen Polen geäußert hatte. Der Denunzierte wurde verhaftet und verstarb, vermutlich infolge von Misshandlungen, in der Gestapo-Haft.

Wir., Alfred Paul Kurt – 12 Jahre Haft
Gerichtsentscheidung: LG Dresden am 21.11.1946

34. Verbrechen gegen Kriegsende – Nr. 1806

Am 29. April 1945 veranlasste der Angeklagte als Volkssturmmann die Verhaftung eines 16-jährigen ostpreußischen Flüchtlings. Dieser soll, als Lommatzsch vorübergehend von sowjetischen Truppen eingenommen war, dort geplündert haben. Nach Rückkehr der deutschen Truppen wurde er verhaftet.

Sch., Rudolf Otto Georg – 15 Jahre Haft / Reha: Strafe reduziert auf 6 Jahre

Gerichtsentscheidungen: LG Dresden am 22.11.1946; OLG Dresden am 18.4.1947; LG Dresden am 24.3.1994 (Reha)

35. Denunziation – Nr. 1805

Am 20. Februar 1943 verriet die Angeklagte in Dresden der Gestapo eine Jüdin, die sich unter Verletzung der »Judenverordnungen« in einem Friseurgeschäft die Haare hatte schneiden lassen. Die Frau wurde verhaftet und ins KZ Auschwitz deportiert, wo sie starb.

Bit., Martha Adele Edith, geb. Kun. – 2 Jahre Haft

Gerichtsentscheidungen: LG Dresden am 23.11.1946; OLG Dresden am 12.3.1947

36. Denunziation – Nr. 1804

Am 23. Dezember 1942 denunzierte der Angeklagte nach handgreiflichen Familienstreitigkeiten seinen Vater wegen Abhörens ausländischer Sender. Der Denunzierte kam ins Zuchthaus, wo er starb.

We., Rudolf Fritz – 2 Jahre Haft

Gerichtsentscheidungen: LG Magdeburg am 27.11.1946; OLG Halle am 10.10.1947; LG Magdeburg am 21.2.1950

37. Denunziation – Nr. 1803

Von Juli 1933 bis 1935 verriet der Angeklagte nach seiner Verhaftung durch die Gestapo wichtige Tatsachen über Aufbau und Apparat der illegalen KPD sowie Namen und Aufenthaltsorte ihrer Spitzenfunktionäre. Dies führte zu deren Inhaftierung und zu einem Selbstmord.

Klöden, Erich Max – lebenslange Haft
Gerichtsentscheidung: LG Leipzig am 28.11.1946

38. Gewaltverbrechen in Haftstätten – Nr. 1802

Von 1943 bis 1944 und im April 1945 waren die Angeklagten in Solpke, Kreis Gardelegen, an der Verhaftung entflohener Kriegsgefangener sowie an der Erschießung von mindestens 26 KZ-Häftlingen, die während eines Evakuierungsmarsches entflohen waren, beteiligt (s. auch Nr. 1768).

Rit., Friedrich – Freispruch
Mew., Otto – Freispruch
Not., Adolf – Freispruch
Pre., Hermann – Freispruch
Rot., Otto Karl – Freispruch
Sch., Hermann – Freispruch

Gerichtsentscheidung: LG Magdeburg am 5.12.1946

39. Denunziation – Nr. 1801

Im Jahr 1944 denunzierten die Angeklagten in Leipzig einen Arbeitskollegen in dem Bestreben, ihn aus dem Betrieb zu entfernen. Der Denunzierte wurde von der Gestapo verhaftet und im April 1945, kurz vor dem Einmarsch der US-Amerikaner, mit zahlreichen anderen Häftlingen aus dem Gestapo-Gefängnis in Leipzig-Lindenthal erschossen.

Fal., Walther Eduard – 5 Jahre Haft
May., Martin Ernst Heinrich – 3 Jahre Haft

Gerichtsentscheidung: LG Leipzig am 10.12.1946

40. Gewaltverbrechen in Haftstätten – Nr. 1800

Am 9. Februar 1945 war der Angeklagte an der Ermordung eines Häftlings im Polizeigefängnis Leipzig durch die Gestapo beteiligt.

Sch., August Reinhold Paul – 3 Jahre Haft

Gerichtsentscheidungen: LG Leipzig 12.12.1946; OLG Dresden am 6.6.1947

41. Denunziation – Nr. 1799

1943 hat die Angeklagte in Magdeburg einen bei ihr arbeitenden Töpfermeister bei der Gestapo wegen antifaschistischer Äußerungen denunziert. Der Denunzierte wurde vom Sondergericht zu vier Jahren Zuchthaus verurteilt und verstarb in der Haft.

    Köh., Margarete, geb. Löh. – Freispruch

Gerichtsentscheidungen: LG Magdeburg am 18.12.1946; OLG Halle am 6.11.1946

42. Gewaltverbrechen in Haftstätten – Nr. 1798

Die zur Leitung und zum Wachpersonal der Haftstätten Dresden I und II gehörenden Angeklagten haben dort von 1935 bis 1945 einsitzende Häftlinge schwer misshandelt, zum Teil mit Todesfolge. Sie schlossen Häftlinge während der Luftangriffe im Februar und März 1945 in ihren Zellen ein. Dabei kamen über 40 Häftlinge zu Tode. Die Angeklagten waren im Februar 1945 zuständig für die Überführung von etwa 1200 Häftlingen nach Leipzig bei völlig unzureichender Ernährung und Verweigerung ärztlicher Hilfe. In den Dresdner Haftanstalten wurden in Sachsen und in Prag verhängte Todesurteile vollstreckt.

    Aeh., Hermann Martin – 15 Jahre Haft
    Hor., Friedrich Karl Rudolf – 6 Jahre Haft / Reha:
       Strafe reduziert auf 3 Jahre
    Koch, Friedrich Willy – Todesstrafe
    Reinicke, Eduard Gustav – lebenslange Haft
    Ry., Alfred Josef – 1 Jahr und 6 Monate Haft
    Schäfer, Ernst Reinhard – Todesstrafe
    Sch., Dr. med. Albert Gebhard – 15 Jahre Haft

Gerichtsentscheidungen: LG Dresden am 20.12.1946; OLG Dresden am 18.6.1947; LG Dresden am 10.5.1994 (Reha)

43. Denunziation – Nr. 1797

Am 28. April 1945 denunzierten die Angeklagten in Fichtenwalde einen Mann, der, als Finsterwalde vorübergehend in sowjetischer Hand war, am Haus eines der Angeklagten ein

Plakat mit dem Hinweis auf dessen NSDAP-Zugehörigkeit angebracht hatte. Nachdem die deutschen Truppen den Ort wieder in Besitz genommen hatten, wurde der Denunzierte von einer SS-Einheit erschossen.

Bru., Rudolf Friedrich Heinrich – Freispruch
Kra., Frieda Emilie Auguste, geb. Tem. – Freispruch
Gerichtsentscheidung: LG Potsdam am 3.1.1947

44. Denunziation – Nr. 1796
1943 denunzierten die Angeklagten in Werdau einen Mann, der eine Bekannte aufgefordert hatte, das Hitlerbild in ihrer Wohnung abzuhängen, weil Hitler ein Mörder sei. Der Denunzierte wurde zu sieben Jahre Zuchthaus verurteilt und starb während der Strafhaft (s. auch Nr. 1416).

Ran., Olga Klara – 1 Jahr und 6 Monate Haft
Sar., Lina – 2 Jahre Haft
Sch., Frieda, geb. Kri. – 1 Jahr und 6 Monate Haft
Gerichtsentscheidungen: LG Zwickau am 3.1.1947; OLG Dresden am 12.11.1947

45. Gewaltverbrechen in Haftstätten – Nr. 1795
Von 1937 bis 1945 misshandelte der Angeklagte im KZ Hohnstein Häftlinge mit Fußtritten, Stockschlägen und durch Ausdrücken brennender Zigaretten im Gesicht. Bei Misshandlungen von Häftlingen zu Pfingsten 1934 starben mehrere Häftlinge (s. auch Nr. 1268, Nr. 1358, Nr. 1411, Nr. 1430 und Nr. 2076).

Hau., Otto Helmut – 20 Jahre Haft
Gerichtsentscheidung: LG Dresden am 6.1.1947

46. Denunziation – Nr. 1794
Am 20. April 1943 denunzierte der Angeklagte einen bei der Firma Hanack in Magdeburg zwangsbeschäftigten Juden, der sich geweigert hatte zu arbeiten. Der Denunzierte wurde festgenommen und kam ins KZ Auschwitz, wo er starb.

Mol., Otto – 7 Monate Haft
Gerichtsentscheidung: LG Magdeburg am 8.1.1947

47. Gewaltverbrechen in Haftstätten – Nr. 1793

1939 erschoss der Angeklagte einen Häftling im KZ Buchenwald, als dieser die ihm vom Angeklagten weggerissene und außerhalb der Postenkette geworfene Mütze holen wollte. 1940 erschoss er einen Häftling, der im Steinbruch des KZ Flossenbürg den Stolperdraht überstiegen hatte und auf die Umzäunung zugelaufen war.

  Klier, Franz – Todesstrafe und lebenslange Haft

Gerichtsentscheidung: LG Chemnitz am 14.1.1947

48. Verbrechen gegen Kriegsende – Nr. 1792

Am 12. April 1945 erschossen die Angeklagten vom Volkssturm Rönnebeck in Storbeck einen italienischen Zwangsarbeiter, der gesagt hatte, dass er beim Einzug der US-Amerikaner einige Einwohner von Rönnebeck umzubringen gedenke.

  Deg., Otto – Freispruch

  Krü., Wilhelm – 9 Monate Haft

  Müller, Wilhelm – lebenslange Haft

Gerichtsentscheidungen: LG Stendal am 21.1.1947; OLG Halle am 13.9.1948; LG Halle am 2.6.1949

49. Denunziation – Nr. 1791

Im September 1939 denunzierten die Angeklagten in Krummhennersdorf einen ambulanten Händler wegen antifaschistischer Äußerungen. Der Denunzierte wurde zu einer Gefängnisstrafe verurteilt und anschließend in ein KZ deportiert, in dem er im Mai 1942 verstarb (s. auch Nr. 1383).

  Hau., Willy Kurt – 2 Jahre Haft (s. Wiederaufnahme-
    verfahren Nr. 1383)

  Rei., Max Oskar – 3 Jahre Haft

  Sch., Olga Hilma, geb. Tam. – Freispruch

  Schm., Oskar Robert – Freispruch

Gerichtsentscheidungen: LG Freiberg am 24.1.1947; OLG Dresden am 26.6.1947

50. Denunziation – Nr. 1790
Im April 1943 denunzierten die Angeklagten in Leipzig einen Arbeitskollegen wegen kommunischtischer und kritischer Äußerungen über die Kriegslage. Er wurde 1944 vom Volksgerichtshof zum Tode verurteilt und hingerichtet.
    Buc., Johannes Erich – 7 Jahre Haft
    Ger., Fritz Heinrich – Freispruch
    Lit., Gustav Erwin – Freispruch
Gerichtsentscheidung: LG Leipzig am 7. 2. 1944

51. Denunziation – Nr. 1789
1941 und 1943 denunzierten die Angeklagten in Magdeburg einen Arbeitskollegen wegen antifaschistischer Äußerungen. Sie machten Aussagen über dessen Hitlerwitze bei Gestapo und am Volksgerichtshof. Der Denunzierte wurde zum Tode verurteilt und hingerichtet.
    Brü., Max – Freispruch
    Fre., Anna – Verfahren eingestellt
    Len., Paul – Freispruch
    Wag., Else – Verfahren eingestellt
Gerichtsentscheidungen: LG Magdeburg am 14. 2. 1947; OLG Halle am 11. 12. 1947; LG Magdeburg am 15. 4. 1950

52. Denunziation – Nr. 1788
Der Angeklagte denunzierte einen Arbeitskollegen im Ferrowerk Mückenberg, der das Misslingen des Hitlerattentats am 8. November 1939 bedauert und »defaitistische« Äußerungen getätigt hatte. Der Denunzierte wurde vom Volksgerichtshof zum Tode verurteilt und hingerichtet (s. auch Nr. 1377).
    Sch., Heinrich – 1 Jahr Haft
Gerichtsentscheidungen: LG Torgau am 5. 3. 1947; OLG Halle am 1. 8. 1947

53. Denunziation – Nr. 1787
1940 denunzierte der Angeklagte nach einem Familienstreit seinen Bruder wegen Besitzes antifaschistischer Schriften. Der

Betroffene kam ins KZ Oranienburg/Sachsenhausen, wo er nach 16 Monaten starb.

Muc., Friedrich August – 1 Jahr und 6 Monate Haft
Gerichtsentscheidung: LG Dresden am 11.3.1947

54. Denunziation – Nr. 1786
Im Juli 1943 denunzierten die Angeklagten in Penig einen Mann wegen antifaschistischer Äußerungen. Der Denunzierte wurde vom Volksgerichtshof zum Tode verurteilt und hingerichtet.

Eic., Kurt Richard – 6 Jahre Haft
Eng., Max Richard – 3 Jahre Haft
Gerichtsentscheidungen: LG Chemnitz am 13.3.1947; OLG Dresden am 28.7.1947

55. Denunziation – Nr. 1785
1943 denunzierten die Angeklagten in Gernrode eine Nachbarin wegen Abhörens von »Feindsendern« und abfälligen Äußerungen über führende Persönlichkeiten des »Dritten Reiches«. Die Denunzierte wurde 1944 vom Volksgerichtshof zum Tode verurteilt und hingerichtet.

Röm., Stanislava, geb. He. – 6 Jahre Haft
Kre., Irmgard, geb. Por. – 3 Jahre Haft
Gerichtsentscheidung: LG Dessau am 13.3.1947

56. Denunziation – Nr. 1784
1939 und 1944 denunzierte der Angeklagte, NSDAP-Zellenleiter in Borstendorf, mehrere Dorfbewohner wegen kriegs- oder nazifeindlicher Äußerungen. Einer der Denunzierten konnte bei seiner Verhaftung fliehen und beging anschließend Selbstmord.

Pfl., Paul Hugo – 3 Jahre Haft
Gerichtsentscheidung: LG Chemnitz am 19.3.1947

57. Denunziation – Nr. 1783
1942 und 1943 denunzierte der Angeklagte in Magdeburg und in Berlin einen Arbeitskollegen wegen antifaschistischer

Äußerungen und belastete ihn schwer bei Kammergericht und Volksgerichtshof. Der Denunzierte wurde zu fünf Jahren Zuchthaus verurteilt und starb während der Haft.

Hah., Georg Friedrich – 8 Jahre Haft
Gerichtsentscheidung: LG Chemnitz am 21.3.1947

58. Denunziation – Nr. 1782

1943 denunzierte der Angeklagte in Bitterfeld einen Juden, der in einem Streit mit dem Denunzianten geäußert hatte, die Zeiten würden sich wieder ändern. Der Denunzierte kam ins Arbeitserziehungslager Spergau, wo er starb.

Röt., Willi – 3 Jahre Haft
Gerichtsentscheidungen: LG Merseburg am 25.3.1947; OLG Halle am 23.6.1947

59. Denunziation – Nr. 1781

Im September 1933 denunzierte der Angeklagte sieben Mitglieder einer illegalen kommunistischen Zelle in Dresden. Zwei der Denunzierten starben in der Haft, die übrigen wurden zu Freiheitsstrafen verurteilt. Der Angeklagte hatte seit 1921 der KPD angehört, vermied aber nach 1945 jeglichen Kontakt zu ehemaligen Genossen und trat 1946 der LDPD bei. Im Mai 1947 floh er aus der Haft nach Westdeutschland.

Dahmen, Heinrich Dietrich – 15 Jahre Haft
Gerichtsentscheidung: LG Dresden am 27.3.1947

60. Denunziation – Nr. 1780

Der Angeklagte denunzierte 1941 und 1943 zwei Arbeiterinnen der Firma Cruse und Co. wegen antifaschistischer Propaganda bzw. verbotenen Umgangs mit Ausländern. Beide kamen in ein Konzentrationslager; eine der Denunzierten starb im KZ.

Gün., Richard Arthur – 4 Jahre und 6 Monate Haft
Gerichtsentscheidungen: LG Dresden am 1.4.1947; OLG Dresden am 24.7.1947

61. Denunziation – Nr. 1779

Die beiden Angeklagten denunzierten 1944 in Leipzig einen Mann wegen Abhörens ausländischer Sender und Verbreitung »defaitistischer« Meldungen. Der Denunzierte wurde wegen Hochverrats und Wehrkraftzersetzung zum Tode verurteilt und hingerichtet.

Jen., Erna Martha, geb. Str. – 3 Jahre Haft
Lan., Maria, geb. Gie. – Freispruch

Gerichtsentscheidungen: LG Leipzig am 17. 4. 1947; OLG Dresden am 8. 8. 1947; LG Leipzig am 16. 8. 1948

62. Kriegsverbrechen – Nr. 1778

Im Februar 1940 beteiligte sich der Angeklagte als Hilfspolizist in Döblitz an der Erschießung eines beim Arbeitseinsatz geflohenen polnischen Kriegsgefangenen.

Sch., Karl – 4 Jahre Haft

Gerichtsentscheidungen: LG Halle am 21. 4. 1947; LG Halle am 30. 7. 1948

63. Denunziation – Nr. 1777

Im März 1938 denunzierte der Angeklagte eine Frau, die ihn beim Fotografieren von Kunden eines jüdischen Geschäftes empört angerempelt hatte. Sie wurde zur Polizei vorgeladen und dort derart bedroht, dass sie anschließend Selbstmord beging.

Zum., Friedrich Herbert – 5 Jahre Haft

Gerichtsentscheidungen: LG Dresden am 22. 4. 1947; OLG Dresden am 20. 6. 1947

64. Denunziation – Nr. 1776

Am 3. September 1939 denunzierte der Angeklagte einen Mann, der die Rationierung von Lebensmitteln kritisiert hatte. Der Denunzierte wurde verhaftet und starb im KZ.

Heb., Arthur Paul – 4 Jahre Haft

Gerichtsentscheidung: LG Leipzig am 24. 4. 1947

65. Denunziation – Nr. 1775
Die Angeklagten denunzierten 1943 in Dresden einen Nachbarn wegen antifaschistischer Äußerungen und belasteten ihn schwer bei der Verhandlung vor dem Volksgerichtshof. Der Denunzierte wurde zum Tode verurteilt und hingerichtet.
    Zöl., Karl Julius Fritz – 12 Jahre Haft
    Zöl., Kamilla Klara, geb. Thi. – 3 Jahre Haft
Gerichtsentscheidungen: LG Dresden am 25.4.1947; OLG Dresden am 26.7.1947

66. Denunziation – Nr. 1774
1943 spitzelte die Angeklagte im Auftrag der Polizei in Klingenthal. Sie sollte feststellen, wer in der Nähe ihrer Wohnung antifaschistische Schriften verbreitete. Ein von ihr denunzierter Mann wurde vom Volksgerichtshof zum Tode verurteilt und hingerichtet.
    Mei., Helena Frieda, geb. Mei. – 5 Jahre Haft
Gerichtsentscheidung: LG Plauen am 3.5.1947

67. Denunziation – Nr. 1773
Im Juli 1944 denunzierten die Angeklagten in Schönebeck einen Mann, der das Misslingen des Attentats am 20. Juli 1944 bedauert hatte. Der Denunzierte wurde zum Tode verurteilt und hingerichtet.
    Bra., Ernst – 1 Jahr Haft
    Sch., Hermann – Freispruch
    Vog., Paul – 2 Jahre Haft
Gerichtsentscheidungen: LG Magdeburg am 6.5.1947; OLG Halle am 16.11.1948

68. Denunziation – Nr. 1772
1943 denunzierten der angeklagte NSDAP-Blockleiter und zwei Personen in Magdeburg einen Kommunisten wegen »defaitistischer« und antifaschistischer Äußerungen. Der Denunzierte wurde zum Tode verurteilt und hingerichtet.

Di., Otto – Freispruch
Gud., Johann – Verfahren vorläufig eingestellt
M., Martha, geb. Lin. – Verfahren eingestellt / Rehabilitierungsantrag zurückgewiesen
Gerichtsentscheidungen: LG Magdeburg am 6.5.1947; OLG am 5.4.1948; LG Magdeburg am 12.10.1994 (Reha)

69. Denunziation – Nr. 1771
Im März 1943 denunzierten die Angeklagten in Ruhla einen deutschen Soldaten, der sich gegen das Nazi-Reich und den Krieg ausgesprochen hatte. Nachdem der Denunzierte vom Reichskriegsgericht zum Tode verurteilt worden war, erhängte er sich in seiner Zelle.
Pet., Emilie, geb. Wei. – 3 Jahre Haft
Pet., Hermann – 2 Jahre Haft
Gerichtsentscheidung: LG Eisenach am 9.5.1947

70. Denunziation – Nr. 1770
1940 denunzierte der Angeklagte in Magdeburg einen Mann wegen Abhörens ausländischer Sender. Der Denunzierte wurde in Haft genommen, später freigesprochen und entlassen. Er verstarb aber einen Monat später an den Folgen der Inhaftierung.
Ack., Ida, geb. M. – 2 Jahre und 6 Monate Haft
Gerichtsentscheidung: LG Magdeburg am 16.5.1947

71. Gewaltverbrechen in Haftstätten – Nr. 1769
Von 1940 bis 1945 misshandelte der Angeklagte als Blockältester im KZ Sachsenhausen Häftlinge und denunzierte sie, zum Teil mit tödlichem Ausgang. Er war beteiligt an »Aussonderungen« von Häftlingen, die in das KZ Bergen-Belsen überführt wurden und von dort nicht wiederkamen.
Bauer, Erich Albert – lebenslange Haft
Gerichtsentscheidung: LG Plauen am 30.5.1947

72. Gewaltverbrechen in Haftstätten – Nr. 1768
Am 11. April 1945 beteiligte sich der Angeklagte als Volkssturmmann in Solpke an der Erschießung von KZ-Häftlingen, die während eines Evakuierungsmarsches entflohen waren (s. auch Nr. 1802).

M., Hermann – Freispruch

Gerichtsentscheidung: LG Magdeburg am 31.5.1947

73. Denunziation – Nr. 1767
Im Juli 1941 denunzierten die Angeklagten einen unter Polizeiüberwachung stehenden Arbeiter, weil er Unruhe in dem Brandenburger Brauereibetrieb verursacht haben sollte. Der Denunzierte wurde verhaftet und starb in einem Konzentrationslager.

Rae., Elsa, geb. Sche. – 9 Monate Haft

Sch., Wilhelm – Freispruch

Gerichtsentscheidungen: LG Neuruppin, Zweigstelle Brandenburg, am 5.6.1947; LG Neuruppin, Zweigstelle Brandenburg, am 18.7.1947

74. Verbrechen gegen Kriegsende – Nr. 1766
Am 12. April 1945 war der Angeklagte als Polizist in Preußisch-Börnecke an der Erschießung eines Zivilisten beteiligt, der den Hitlergruß mit den Worten »Der Traum ist aus, die Zeiten sind vorüber« erwidert hatte.

Gra., Wilhelm Robert – 12 Jahre Haft

Gerichtsentscheidung: LG Dessau am 10.6.1947

75. Gewaltverbrechen in Haftstätten – Nr. 1765
Der Angeklagte misshandelte zwischen 1939 und 1945 im KZ Groß-Rosen und Hirschfeld Häftlinge, von denen mehrere danach verstorben sein sollen.

Stender, Karl-Heinz – lebenslange Haft

Gerichtsentscheidung: LG Görlitz am 11.6.1947

76. Denunziation – Nr. 1764
Am 4. Mai 1943 denunzierte die Angeklagte in Chemnitz einen Mann wegen Abhörens ausländischer Sender. Der Denunzierte wurde verhaftet und in das Arbeitserziehungslager Spergau bei Merseburg gebracht, wo er am 22. Oktober 1944 starb.

Sch., Helene Martha Johanne, geb. Möc. – 3 Jahre Haft
Gerichtsentscheidung: LG Chemnitz am 14.6.1947

77. Denunziation – Nr. 1763
Der Angeklagte denunzierte im November 1941 einen Juden, der keinen Judenstern trug und nach Beanstandung geäußert hatte: »Hüten Sie sich, einmal kommt die Zeit!« Der Denunzierte wurde in das KZ Sachsenhausen deportiert und soll im November 1942 in Auschwitz oder Maidanek zu Tode gekommen sein.

Tus., Leo – 10 Jahre Haft
Gerichtsentscheidungen: LG Leipzig am 18.6.1947; LG Leipzig am 5.10.1946; OLG Dresden am 18.4.1947

78. Denunziation – Nr. 1762
Im April 1945 denunzierte der Angeklagte in Döbeln einen Unteroffizier, der sich unerlaubt zu Hause aufhielt. Der Denunzierte wurde standgerichtlich zum Tode verurteilt und hingerichtet.

Baa., Willi – 2 Jahre Haft
Gerichtsentscheidungen: LG Freiberg am 25.6.1947; LG Freiberg am 20.8.1946; OLG Dresden am 24.1.1947; OLG Dresden am 26.10.1948

79. Gewaltverbrechen in Haftstätten – Nr. 1761
Von 1934 bis zum 23. Februar 1945 misshandelte der Angeklagte in den KZ Lichtenburg, Buchenwald und Dachau Häftlinge, zum Teil mit Todesfolge. So trieb er Häftlinge in die Postenkette, wo sie von der Wachmannschaft erschossen wurden.

Schmidt, Ernst Friedrich Reinhold – Todesstrafe
Gerichtsentscheidung: LG Leipzig am 30.6.1947

80. »Euthanasie« – Nr. 1760

Die angeklagten Ärzte und Pfleger wirkten am »Euthanasie-Programm« T 4 in unterschiedlicher Weise mit. Prof. Nitsche arbeitete als Obergutachter Richtlinien aus und war praktisch tätig. Die übrigen Angeklagten waren als Arzt, Anstaltsleiter, Krankenschwester oder Krankenpfleger mit unterschiedlichen Tatbeiträgen (Transport, Beaufsichtigung, Entkleidung, Begutachtung oder Verabreichung erhöhter Dosen von Beruhigungsmitteln usw.) an der Ermordung von Menschen in den Heil- und Pflegeanstalten Arnsdorf, Leipzig-Dösen, Großschweidnitz und Sonnenstein beteiligt.

Ack., Hildegard Klara Franziska – 8 Jahre Haft
Felfe, Hermann – Todesstrafe
Fri., Lina Klara – 3 Jahre Haft
Fri., Martha Gertrud – Freispruch
Gäbler, Karl Erhardt – Todesstrafe
Her., Eduard Robert – 20 Jahre Haft
Lan., Dr. Günther Rudolf – 15 Jahre Haft
Leonhardt, Dr. Ernst – Todesstrafe
Nitsche, Prof. Dr. Hermann Paul – Todesstrafe
Pus., Johanna Marie-Luise – 3 Jahre Haft
Räpke, Wilhelm Paul – lebenslange Haft
Sac., Elsa Gertrud – 15 Jahre Haft
Sch., Dr. Walter Herbert – Freispruch
Wal., Dr. Esther Gertrud – Freispruch
Wed., Luise Marie – 8 Jahre Haft

Gerichtsentscheidungen: LG Dresden am 7.6.1947; OLG Dresden am 27.9.1947
Aus diesem Verfahren wurden zahlreiche Beweismittel an westdeutsche Justizorgane übergeben.

81. Denunziation – Nr. 1759

Am 25. Januar 1943 denunzierte die Angeklagte in Halle zwei Brüder, die sich abfällig über die Kriegslage und die Nazi-Regierung geäußert hatten. Einer der Brüder erhielt eine Haftstrafe, der andere wurde vom Kriegsgericht in Kiel zu zwei

Jahren Zuchthaus verurteilt. Er kam 1945 in das Strafbataillon 500 und gilt als vermisst.

Sch., Lina – 4 Jahre Haft
Gerichtsentscheidung: LG Merseburg am 7.7.1947

82. Kriegsverbrechen – Nr. 1758

Der Angeklagte erschoss als Wehrmachtsoldat einen serbischen Kriegsgefangenen, als dieser einen Gartenzaun überstieg und auf Zuruf nicht stehenblieb.

Rüg., Reinhold – Urteil unbekannt / nicht aufgefunden
Gerichtsentscheidungen: LG Leipzig am 11.7.1947; OLG Dresden am 13.7.1948; LG Leipzig, unbekannt

83. Denunziation – Nr. 1757

1944 und im März 1945 denunzierte der Angeklagte in Leipzig einen Werkmeister wegen Besitzes illegaler Flugblätter sowie den Inhaber der Hentschel Metallwarenfabrik wegen Hortung kriegswichtigen Materials. Der Betriebsinhaber wurde von der Gestapo verhaftet und kurz vor Einmarsch der US-Amerikaner von der SS erschossen.

Zen., Walter Herrmann – 5 Jahre Haft
Gerichtsentscheidungen: LG Leipzig am 25.7.1947; LG Leipzig am 17.8.1946; OLG Dresden, Datum und Aktenzeichen unbekannt

84. Kriegsverbrechen – Nr. 1756

1944 und 1945 misshandelte der Angeklagte in den Wolfsburger Volkswagenwerken italienische Militärinternierte, in einem Falle mit Todesfolge.

Arm., Friedrich – 15 Jahre Haft
Gerichtsentscheidung: LG Stendal am 25.7.1947

85. Verbrechen gegen Kriegsende – Nr. 1755

Vom 11. bis 17. April 1945 waren die Angeklagten an der Erschießung eines Mannes beteiligt, der eine weiße Fahne gehisst hatte, sowie an der versuchten Tötung des Pförtners eines

Hauses, dessen Fenster nicht vorschriftsmäßig verdunkelt waren. Sie erschossen einen Mann, der während der Sperrzeit auf die Straße ging und auf Zuruf nicht stehenblieb, zwei Zwangsarbeiter, die Lebensmittel und Feldpostpäckchen bei sich trugen, und weitere vier Fremdarbeiter, die beim Plündern verhaftet worden waren.

Bau., Heinz – Freispruch
Lot., Wilhelm – 3 Jahre und 6 Monate Haft
Wag., Günther – Freispruch und Verfahren eingestellt
Gerichtsentscheidungen: LG Magdeburg am 30.7.1947; OLG Halle am 15.1.1948; LG Magdeburg am 6.5.1949

86. Denunziation – Nr. 1754
1943 zeigte der Angeklagte, ein Blockleiter der NSDAP in Greiz, einen Mann an, der Auslandssender gehört und einem jungen Mann, dessen Einberufung zur Wehrmacht bevorstand, geraten hatte, überzulaufen. Der Denunzierte wurde zum Tode verurteilt (s. auch Nr. 1295).

Tit., Richard – 10 Jahre Haft
Gerichtsentscheidung: LG Gera am 25.8.1947

87. Denunziation – Nr. 1753
Im Juni 1941 denunzierte der Angeklagte in Pirna einen Mann, der sich gegen den Krieg ausgesprochen hatte. Der Denunzierte wurde zu zwei Jahren Gefängnis verurteilt. Er starb im KZ Sachsenhausen.

Gro., Ernst – 3 Jahre und 6 Monate Haft
Gerichtsentscheidung: LG Dresden am 28.8.1947

88. Denunziation – Nr. 1752
1936 denunzierte die Angeklagte in Greifswald vier Kommunisten wegen illegaler Tätigkeit gegen das Nazi-Regime. Drei wurden zu Gefängnisstrafen verurteilt. Anschließend kamen sie in ein KZ, wo zwei von ihnen starben.

Lip., Klara – 10 Jahre Haft
Gerichtsentscheidung: LG Greifswald am 3.9.1947

89. Kriegsverbrechen – Nr. 1751

Als Angehöriger einer Fallschirmjägerkompanie der Luftwaffe erschoss der Angeklagte vier deutsche Überläufer an der Westfront.

Ot., Hermann – Freispruch

Gerichtsentscheidung: LG Leipzig am 10.9.1947

90. Denunziation – Nr. 1750

Zwischen 1941 und 1945 denunzierten die Angeklagten, darunter der Leiter des Werkschutzes der Leipziger Firma Jaeger & Co., Kollegen wegen antifaschistischer Äußerungen. Diese wurden verhaftet und verurteilt oder kamen in ein Straflager. Einer der Denunzierten verstarb in der Haft.

Loe., Fritz – 1 Jahr und 3 Monate Haft

Sch., Arno Alwin – 3 Jahre Haft

Sch., Anna Minna, geb. Neb. – Freispruch

Sch., Richard August – 3 Jahre Haft

Gerichtsentscheidung: LG Leipzig am 12.9.1947

91. Denunziation – Nr. 1749

1944 denunzierten die Angeklagten, darunter der Betriebsobmann der Firma Fränkel & Viebahn in Leipzig, einen Arbeitskollegen, der im Betrieb alliierte Flugblätter verbreitet und die Luftangriffe begrüßt hatte, weil dadurch der Krieg verkürzt würde. Der Denunzierte wurde vom Sondergericht Dresden zum Tode verurteilt und hingerichtet.

Bru., Kurt Hermann – Freispruch und 4 Monate Haft

Fra., Bruno Julius – Freispruch

Fri., Franz Heinrich – Freispruch und 1 Jahr und 6 Monate Haft

Gerichtsentscheidungen: LG Leipzig am 17.9.1947; LG Leipzig am 10.3.1949

92. Verbrechen gegen Juden durch Teilnahme an Pogromen – Nr. 1748

Im November 1938 beteiligte sich der Angeklagte in Leipzig an antisemitischen Pogromen im Zusammenhang mit der sogenannten »Kristallnacht«. Ein von ihm misshandelter Jude verstarb an den Spätfolgen.

Mei., Max Willy – 15 Jahre Haft

Gerichtsentscheidung: LG Leipzig am 26.9.1947

93. Gewaltverbrechen in Haftstätten – Nr. 1747

Der Angeklagte war 1944 wegen Rückfallbetruges verurteilt und im Zuchthaus Brandenburg-Görden inhaftiert worden. Als Hilfskalfaktor der Tbc-Baracke misshandelte und schikanierte er schwerkranke Häftlinge, die anschließend verstarben.

Hos., Robert – 7 Jahre Haft

Gerichtsentscheidung: LG Neuruppin, Zweigstelle Brandenburg, am 1.10.1947

94. Denunziation – Nr. 1746

Im Juli 1941 denunzierten die Angeklagten in Wurzen einen Glasermeister, der sich in einem Friseurgeschäft gegen den Krieg ausgesprochen und Zweifel am »Endsieg« deutlich gemacht hatte. Der Denunzierte wurde verhaftet und erhängte sich wenige Tage später in der Zelle.

Pfü., Erich Kurt – 1 Jahr Haft

Eis., Gottlieb Andreas Hermann – Freispruch

Gerichtsentscheidung: LG Leipzig am 3.10.1947

95. Verbrechen bei der Errichtung der faschistischen Diktatur – Nr. 1745

Als Angehörige der SA und der Polizei in Erfurt führten die Angeklagten 1933 und 1934 sogenannte »Sondervernehmungen« von Kommunisten und Sozialdemokraten durch. Dabei starben drei Häftlinge (s. auch Nr. 1458).

Bar., Robert – 12 Jahre Haft

Fre., Kurt – 3 Jahre Haft

Got., Paul – 5 Jahre Haft
Ros., Fritz – 5 Jahre Haft
Gerichtsentscheidung: LG Erfurt am 8.10.1947

96.   Denunziation, Verbrechen gegen Kriegsende – Nr. 1744
Am 17. April 1945 denunzierte der Angeklagte in Siegmar-Schönau einen Hilfspolizisten bei durchziehenden deutschen Soldaten, weil dieser eine Kapitulation befürwortet hatte. Der Polizist wurde verhaftet, auf den »Kampfstand« gebracht und erschlagen.
  Rei., Siegfried Otto – 6 Jahre Haft
Gerichtsentscheidung: LG Chemnitz am 9.10.1947

97.   Denunziation – Nr. 1743
Die Angeklagten unterstützten die Gestapo 1933 beim Ausspähen eines Ehepaars, das kommunistische Druckschriften herstellte und vertrieb. Der Mann wurde zu einer Freiheitsstrafe verurteilt und bis 1939 in einem Konzentrationslager festgehalten, die Frau wurde sechs Wochen inhaftiert. Im Dezember 1943 wurde der Mann wegen antifaschistischer Äußerungen neuerlich denunziert und vom Volksgerichtshof zum Tode verurteilt.
  Nic., Ernst Albin – 3 Jahre Haft
  Päh., Frieda Linda, geb. Sei. – 4 Jahre Haft
Gerichtsentscheidungen: LG Chemnitz am 9.10.1947; OLG Dresden am 5.3.1948

98.   Verbrechen bei der Errichtung der faschistischen Diktatur – Nr. 1742
Im März 1933 waren die Angeklagten als Mitglieder der SA Eppendorf beteiligt an Verhaftungen und Misshandlungen von Antifaschisten.
  Hau., Willy Karl – 5 Jahre Haft
  Ne., Erich Paul – 6 Jahre Haft
Gerichtsentscheidung: LG Chemnitz am 13.10.1947

99. Verbrechen gegen Kriegsende – Nr. 1741
Am 3. Mai 1945 beteiligten sich die Angeklagten als Angehörige des Volkssturms Schlösschen und Zschopau an der Erschießung eines Volkssturm-Angehörigen, der sich geweigert hatte, mit dem Hitlergruß zu grüßen und in der darauffolgenden Auseinandersetzung geäußert hatte, dass es gut sei, dass dieser Lump tot ist.

Med., Fritz Karl Arno – 2 Jahre und 6 Monate Haft
Pos., Hans – 15 Jahre Haft / Reha: Vermögenseinziehung als »rechtsstaatswidrig« aufgehoben
Stö., Ernst Emil – Verfahren eingestellt
Ulbrich, Ernst Alfred – Todesstrafe

Gerichtsentscheidungen: LG Chemnitz am 20.10.1947; OLG Dresden am 3.2.1948; OLG Dresden am 1.4.1948; OLG Dresden am 20.4.1948; LG Chemnitz am 10.3.1949; LG Chemnitz am 14.7.1993 (Reha Pos.)

100. Verbrechen bei der Errichtung der faschistischen Diktatur, Denunziation – Nr. 1740
Von 1933 bis 1945 spitzelte der Angeklagte, einst Vertrauter eines KPD-Unterbezirksleiters, als V-Mann der Gestapo Zwickau. In einem Falle führten seine Berichte zum Tode eines Denunzierten, in mehreren weiteren Fällen zu langjährigen Haftstrafen.

Zsc., Arno Edmund – 5 Jahre Haft / Urteil nicht veröffentlicht, da nicht aufgefunden

Gerichtsentscheidung: LG Zwickau am 22.10.1947

101. Denunziation – Nr. 1739
Im August 1943 denunzierte der Angeklagte in Halle einen Betriebsleiter wegen antifaschistischer Äußerungen. Um ihn aus dem Betrieb zu verdrängen, hatte er über einen längeren Zeitraum Notizen über ihn angefertigt. Der Denunzierte wurde vom Volksgerichtshof wegen Feindbegünstigung und Wehrkraftzersetzung zum Tode verurteilt und hingerichtet (s. auch Nr. 1190).

Becher, Albert – Todesstrafe
Gerichtsentscheidungen: LG Halle am 22.10.1947; OLG Halle am 1.3.1949

102. Denunziation / V-Mann-Tätigkeit für die Gestapo – Nr. 1738
Von 1932 bis 1945 denunzierte der Angeklage in Köslin als V-Mann der Gestapo mehrere KPD-Mitglieder, die bis 1933 dem »Kampfbund gegen den Faschismus« angehört hatten. Diese wurden zu hohen Zuchthausstrafen verurteilt, einer starb in Haft.

Schulz, Alfred – lebenslange Haft / Urteil nicht veröffentlicht, da nicht aufgefunden
Gerichtsentscheidung: LG Schwerin am 28.10.1947

103. Denunziation – Nr. 1737
1937 denunzierte der Angeklagte in Halle seinen Vermieter wegen »unsozialen Verhaltens« und »Verkehrs mit Juden«. Daraufhin leitete die Gestapo ein Verfahren ein, das zur Verhaftung des Vermieters und seiner jüdischen Freundin führte. Der Denunzierte musste eine zweieinhalbjährige Freiheitsstrafe verbüßen, seine jüdische Freundin starb im KZ Ravensbrück.

Sta., Wilhelm – 7 Jahre Haft
Gerichtsentscheidungen: LG Halle am 29.10.1947; OLG Halle am 13.8.1948

104. Denunziation – Nr. 1736
1943 denunzierte der Angeklagte in der Mecklenburgischen Metallwarenfabrik Waren drei Arbeitskollegen, von denen einer wegen Vergehens gegen das Heimtückegesetz zum Tode verurteilt wurde.

Sch., Walter – Freispruch
Gerichtsentscheidung: LG Schwerin am 4.11.1947

105. Denunziation – Nr. 1735
1934 denunzierte der Angeklagte, Betriebsobmann der Firma Frühauf in Walddorf, einen Arbeitskollegen wegen dessen

antifaschistischer Einstellung. Nach Mitteilung der angedrohten Anzeige beging er noch am gleichen Tag Selbstmord.

App., Erwin Richard – 2 Jahre Haft

Gerichtsentscheidung: LG Bautzen am 6.11.1947

106. Denunziation – Nr. 1734

Um eine andere Frau heiraten zu können, denunzierte der Angeklagte seine Ehefrau als Jüdin und beantragte 1944 in Bautzen die Auflösung seiner bestehenden Ehe mit ihr. Die Frau wurde kurz nach Einreichung der Scheidungsklage deportiert und kam in einem KZ um.

Güc., Fritz Emil – 8 Jahre Haft

Gerichtsentscheidungen: LG Bautzen am 12.11.1947; LG Bautzen am 28.3.1947; OLG Dresden am 5.9.1947; OLG Dresden am 12.3.1948

107. Denunziation – Nr. 1733

1935 denunzierte die Angeklagte in Potsdam einen Polizisten wegen abfälliger Äußerungen über das Hitler-Regime und belastete ihn vor dem Sondergericht Berlin. Der Polizist wurde zu sieben Monaten Haft verurteilt und erlag später den Folgen der Haft.

Müh., Elly von der, geb. Ros. – 2 Jahre Haft

Gerichtsentscheidungen: LG Potsdam am 13.11.1947; OLG Potsdam am 24.2.1948

108. Gewaltverbrechen in Haftstätten – Nr. 1732

1944 war der Angeklagte als Angehöriger des Haftstättenpersonals an der Erschießung von zwei Gefangenen im Polizeigefängnis Halle sowie an der Misshandlung mehrerer Häftlinge beteiligt. Er lieferte außerdem einen sowjetischen Politkommissar an die Gestapo aus.

Hempel, Wilhelm – lebenslange Haft

Gerichtsentscheidungen: LG Halle am 21.11.1947; OLG Halle am 28.5.1951

109. Denunziation – Nr. 1731

Im Oktober 1942 denunzierte die Angeklagte in Krögis bei Meißen ihren Schwiegervater wegen Abhörens ausländischer Sender. Der Denunzierte wurde zu dreieinhalb Jahren Zuchthaus verurteilt. Er verstarb nach Kriegsende an den Folgen der Haft.

Mie., Frieda, geb. Bar. – 2 Jahre Haft

Gerichtsentscheidung: LG Schwerin am 22.11.1947

110. Denunziation – Nr. 1730

Im Juli 1941 denunzierte die Angeklagte aus Dresden-Radebeul eine Nachbarin wegen antifaschistischer Äußerungen. Die Denunzierte wurde vom Sondergericht Dresden freigesprochen, gleichzeitig jedoch ihre Unterbringung in der Heil- und Pflegeanstalt Groß-Schweidnitz angeordnet, wo sie am 8. November 1944 starb.

Fic., Hilde, geb. Klo., verw. Sch. – nur Sühnemaßnahmen

Gerichtsentscheidung: LG Dresden am 24.11.1947

111. Gewaltverbrechen in Haftstätten – Nr. 1729

Im März 1945 waren in Schwarzwaldau aus einer bei der Anlegung von Panzergräben eingesetzten Arbeitskolonne drei Häftlinge geflüchtet. Bei der eingeleiteten Suchaktion, an der der Angeklagte als Angehöriger des Volkssturms beteiligt war, wurde ein angeschossener Häftling durch Genickschuss getötet.

Sch., Hermann Heinrich – 5 Jahre Haft

Gerichtsentscheidung: LG Zwickau am 6.11.1947

112. Denunziation – Nr. 1728

Im Juli 1942 denunzierte der Angeklagte in Auerswalde bei Chemnitz seinen Sohn wegen Abhörens ausländischer Sender. Der Denunzierte wurde zu einem Jahr und sechs Monaten Zuchthaus verurteilt, während der Haftzeit dem Strafbataillon 999 zugewiesen und im Oktober 1943 als vermisst gemeldet.

Kir., Emil Friedrich – 1 Jahr Haft

Gerichtsentscheidung: LG Chemnitz am 26.11.1947

113. Denunziation – Nr. 1727
Im Juli/August 1943 denunzierten die Angeklagten, darunter der Bürgermeister von Liessow, eine Frau wegen »defaitistischer« Äußerungen und Abhaltens von Versammlungen mit polnischen Zwangsarbeitern. Die Denunzierte wurde verhaftet und starb während der Haft.
    Fal., August – 2 Jahre, 6 Monate Haft
    Gün., Georg – Freispruch
Gerichtsentscheidungen: LG Schwerin am 28.11.1947; OLG Schwerin am 23.8.1948; LG Schwerin am 4.4.1949

114. Denunziation – Nr. 1726
Im Oktober 1939 denunzierte der Angeklagte in Chemnitz einen Mann wegen Abhörens »feindlicher« Rundfunksender. Der Denunzierte wurde vom Oberlandesgericht Dresden zu einer Gefängnisstrafe verurteilt und kam nach der Strafverbüßung ins KZ Sachsenhausen, wo er 1944 starb. Der Angeklagte Gla. hatte 1947 bei der SED-Ortsgruppe Chemnitz Selbstanzeige erstattet.
    Gla., Paul Erich – 1 Jahr Haft
Gerichtsentscheidungen: LG Chemnitz am 3.12.1947; OLG Dresden am 16.1.1948

115. Denunziation – Nr. 1725
Zwischen 1940 und 1945 denunzierte der Angeklagte, Blockleiter der NSDAP in Leipzig, wiederholt Juden bei der Gestapo. Diese wurden in Konzentrationslager deportiert, wo mehrere von ihnen starben.
    Wen., Gustav Heinrich – 5 Jahre Haft
Gerichtsentscheidung: LG Leipzig am 4.12.1947

116. Verbrechen gegen Kriegsende – Nr. 1724
1945 beteiligte sich der Angeklagte an der Erschießung von zwei KZ-Häftlingen auf Rügen sowie an der Verhaftung und Misshandlung von flüchtigen KZ-Häftlingen, die einer SS-Dienststelle übergeben worden waren.

Oli., Gustav – 1 Jahr Haft
Gerichtsentscheidung: LG Schwerin am 5.12.1947

117. Denunziation – Nr. 1723
1944 bespitzelte die Angeklagte in Rathenow einen mit ihr verfeindeten Untermieter und überwachte im Auftrage der Gestapo dessen Post. Er wurde schließlich verhaftet und seitdem fehlt von ihm jede Spur.
Kai., Paula, gesch. Gle., geb. Sch. – 2 Jahre Haft
Gerichtsentscheidung: LG Neuruppin, Zweigstelle Brandenburg, am 8.12.1947

118. Denunziation – Nr. 1722
Im Februar 1943 denunzierten die Angeklagten in Engelsdorf bei Leipzig einen Mann, der über den Moskauer Rundfunk Lebensäußerungen eines in sowjetische Gefangenschaft geratenen deutschen Soldaten gehört und dies dessen Ehefrau mitgeteilt hatte. Der Denunzierte wurde verhaftet und beging in der Gestapohaft Selbstmord.
Fra., Anna Helene – 1 Jahr Haft
Lis., Alfred Theodor – 7 Jahre Haft
Gerichtsentscheidung: LG Leipzig am 9.12.1947

119. Verbrechen gegen Kriegsende – Nr. 1721
Am 12. April 1945 war der Angeklagte als Angehöriger des Volkssturms in Großlöbischau an der Erschießung von etwa 30 während eines Evakuierungsmarsches entflohenen und wieder aufgegriffenen Häftlingen beteiligt.
Griebel, Willi – lebenslange Haft
Gerichtsentscheidungen: LG Weimar, Jena, am 12.12.1947; OLG Gera am 20.2.1948

120. Denunziation – Nr. 1720
1943 denunzierte der Angeklagte in Zschocken einen Bekannten wegen Abhörens ausländischer Sender. Der Denunzierte kam in ein KZ und dort zu Tode.

Ric., Emil Willy – 3 Jahre Haft
Gerichtsentscheidung: LG Zwickau am 15.12.1947

121. Verbrechen bei der Errichtung der faschistischen Diktatur – Nr. 1719
Im Mai/Juni 1933 misshandelte der Angeklagte, Mitglied der SA in Havelberg, einen Arbeiter während des Verhörs durch SA-Angehörige. Der durch einen Schuss Schwerverletzte wurde in der Nähe von Havelberg ausgesetzt und verstarb wenige Stunden nach seinem Auffinden.
Voc., Karl – 10 Jahre Haft
Gerichtsentscheidungen: LG Neuruppin, Zweigstelle Brandenburg, am 16.12.1947; OLG Potsdam am 23.11.1948

122. Denunziation – Nr. 1718
Der Angeklagte denunzierte im Jahre 1942 seinen Vater wegen angeblicher kommunistischer Betätigung und Waffenbesitzes. Der Denunzierte wurde zu fünf Jahren Zuchthaus verurteilt und starb in der Haft.
Zie. Paul, – 3 Jahre Haft
Gerichtsentscheidung: LG Chemnitz am 23.12.1947; OLG Dresden am 27.2.1948

123. Denunziation – Nr. 1717
1941 denunzierte der Angeklagte einen Arbeitskollegen in der Schiffsschmiede Neptun in Rostock wegen »Sabotage«. Der Denunzierte beging daraufhin aus Angst vor der Verhaftung durch die Gestapo Selbstmord.
Mat., Stephan – 2 Jahre Haft
Gerichtsentscheidung: LG Schwerin am 23.12.1947

124. Deportationsverbrechen – Nr. 1716
1943 wirkte der Angeklagte als SA-Mitglied in Neustadt-Glewe an der Verhaftung und Deportation von Sinti und Roma mit. Da sie nicht zurückgekehrt sind, wird angenommen, dass sie umkamen.

Do., Paul – nur Sühnemaßnahmen
Gerichtsentscheidung: LG Schwerin am 29.12.1947

125. Denunziation – Nr. 1715

Der Angeklagte denunzierte 1944 in Gössnitz einen Mann, der Hitler als »Mörder« bezeichnet hatte. Der Denunzierte wurde vom Volksgerichtshof zum Tode verurteilt und hingerichtet.

Sch., Walter – 4 Jahre Haft / Reha: Vermögenseinziehung als »rechtsstaatswidrig« aufgehoben

Gerichtsentscheidungen: LG Weimar, Jena, am 2.1.1948; OLG Gera am 2.1.1948; LG Erfurt am 27.9.1994

126. Denunziation – Nr. 1714

Der Angeklagte, Ortspolizist in Neustadt an der Dosse, misshandelte ausländische Zwangsarbeiter und denunzierte einen bei der Gestapostelle Potsdam. Dieser wurde abgeholt und kam nicht wieder.

Man., Richard – 3 Jahre Haft

Gerichtsentscheidung: LG Cottbus am 7.1.1948

127. Denunziation – Nr. 1713

1943 denunzierte die Angeklagte aus Meißen einen Mann, der sie und ihre Freundin als »Nazischweine, die demnächst alle nach Sibirien laufen würden«, beschimpft haben soll. Der Denunzierte kam ins KZ Sachsenhausen und starb in einem Lager bei Lublin.

Sch., Anna Martha Dora, geb. Bor. – 1 Jahr und 6 Monate Haft

Gerichtsentscheidungen: LG Dresden am 12.1.1948; OLG Dresden am 1.4.1948

128. Denunziation – Nr. 1712

Im Mai 1943 denunzierte der Angeklagte einen niederländischen Fremdarbeiter wegen antifaschistischer Äußerungen. Der Denunzierte wurde ins Konzentrationslager deportiert und gilt seitdem als verschollen.

Sch., Max – 4 Jahre Haft
Gerichtsentscheidung: LG Neuruppin, Zweigstelle Brandenburg, am 12.1.1948

129. Denunziation – Nr. 1711
Am 28. Juni 1943 beteiligte sich der Angeklagte an der Denunziation eines Reichsbahnangestellten, der sich auf dem Bahnhof Flöha abfällig über Wehrmacht und Kriegslage geäußert hatte. Der Denunzierte wurde zu acht Monaten Gefängnis verurteilt. Seitdem gilt er als vermisst.

Ram., Johann Peter – 10 Monate Haft
Gerichtsentscheidung: LG Chemnitz am 13.1.1948

130. Denunziation – Nr. 1710
1941 und 1942 meldeten die Angeklagten – der NSDAP-Ortsgruppenleiter, der NSDAP-Blockleiter und der Bürgermeister von Rosenow – an die NSDAP-Kreisleitung Schwerin, dass eine Frau von einem polnischen Zwangsarbeiter schwanger sei. Die Frau wurde zu einer Haftstrafe verurteilt, der Zivilarbeiter in Rosenow öffentlich gehängt.

Ben., Friedrich – Verfahren eingestellt
Fre., Heinrich – 1 Jahr Haft
Lew., Karl – 1 Jahr Haft
Gerichtsentscheidung: LG Schwerin am 13.1.1948

131. Denunziation – Nr. 1709
Im April 1942 gab die Angeklagte aus Leipzig eine Erklärung über das Zusammenleben eines ihr bekannten »Halbjuden« mit einer »Arierin« ab. Der Mann wurde verhaftet und kam ins KZ, wo er starb.

Wor., Ida Hedwig, geb. Rie. – Freispruch
Gerichtsentscheidung: LG Leipzig am 15.1.1948

132. Denunziation – Nr. 1708
Im März 1944 denunzierte der Angeklagte in Apolda einen Nachbarn, der als Soldat sein Gewehr unterschlagen hatte, das

von seiner Frau weitergereicht worden war. Der Denunzierte wurde misshandelt, zu elf Wochen Gefängnis und zur Versetzung in eine Strafkompanie verurteilt. Seine Ehefrau erhielt eine einjährige Haftstrafe. Der Empfänger des Gewehrs wurde verhaftet und starb bei einem Versuch, aus der Gestapo-Haft zu fliehen.

Bie., Erich – 1 Jahr und 6 Monate Haft
Gerichtsentscheidungen: LG Weimar, Jena, am 16.1.1948; OLG Gera am 12.3.1948

133. Verbrechen gegen Kriegsende – Nr. 1707
Vom 18. bis 20. April 1945 waren die Angeklagten als Mitglieder der »Kampfgruppe Ludwig« der Wehrmacht in Zschaiten an der Tötung mehrerer während eines Evakuierungsmarsches bzw. aus dem Lager Glaubitz bei Riesa entflohener Häftlinge beteiligt (s. auch Nr. 1582).

Gän., Heinz Siegfried – 10 Jahre Haft
Meh., Karlheinz Richard – 3 Jahre Haft
Gerichtsentscheidungen: LG Dresden am 16.1.1948; OLG Dresden am 4.5.1948

134. Denunziation – Nr. 1706
Der Angeklagte hat 1944 als Meister im Rüstungsbetrieb Wumag Görlitz dort eingesetzte Zwangsarbeiter und jüdische KZ-Häftlinge bis zur Erschöpfung angetrieben, geschlagen, von einem Kapo verprügeln lassen. Bei der Lagerleitung denunzierte er mehrere Personen, was in einem Falle den Tod des Gemeldeten zur Folge hatte.

M., Rudolf – 3 Jahre Haft
Gerichtsentscheidung: LG Bautzen am 17.1.1948

135. Denunziation – Nr. 1705
In den Jahren 1941 bis 1943 haben die Angeklagten jüdische Zwangsarbeiter in einem Gartenbaubetrieb in Chemnitz schikaniert. Einer der Zwangsarbeiter wurde nach einem Streit mit dem Vorarbeiter der Gestapo wegen Verstoßes gegen die

Arbeitsdisziplin gemeldet, verhaftet und deportiert. Er kehrte nicht zurück.
Lan., Paul Georg – 6 Jahre Haft
To., Fritz Otto – 4 Jahre Haft
Gerichtsentscheidungen: LG Chemnitz am 20.1.1948; OLG Dresden am 4.5.1948

136. Verbrechen bei der Errichtung der faschistischen Diktatur – Nr. 1704
Zwischen 1931 und 1933 war der Angeklagte als Ortsgruppenleiter der NSDAP in Wildau an der Bedrohung und Misshandlung von Nazi-Gegnern beteiligt. Er veranlasste die Einlieferung von 17 ehemaligen KPD-Mitgliedern in das KZ Oranienburg. Einer der Verhafteten ist im KZ verstorben.
Hay., Werner – 10 Jahre Haft
Gerichtsentscheidung: LG Potsdam am 21.1.1948

137. Denunziation – Nr. 1703
1944 denunzierte der Angeklagte in Bergfriede einen Unteroffizier wegen antifaschistischer Äußerungen. Der Denunzierte wurde zum Tode verurteilt.
Koh., Reinhold – nur Sühnemaßnahmen
Gerichtsentscheidung: LG Potsdam am 22.1.1948

138. Kriegsverbrechen – Nr. 1702
Zwischen 1940 und 1945 war der Angeklagte als Polizist bei der Gendarmerie in Rakow an der Erhängung eines Polen, am Beschießen sowjetischer Kriegsgefangener sowie an der Misshandlung polnischer Zwangsarbeiter beteiligt.
Mir., Friedrich – Verfahren eingestellt
Gerichtsentscheidung: LG Schwerin am 22.1.1948

139. Denunziation – Nr. 1701
1944 denunzierten die Angeklagten in Dresden-Zschachwitz einen Betriebskollegen, der geäußert hatte, er »würde die Waffen umdrehen, wenn er zum Volkssturm käme«. Nachdem der

Denunzierte eine Vorladung der Gestapo erhalten hatte, nahm er sich das Leben.

    Gra., Anna Charlotte – 1 Jahr und 6 Monate Haft
    Kot., Johanna, geb. Kir. – Freispruch
    Lie., Johanna, geb. Hau. – 2 Jahre und 4 Monate Haft
Gerichtsentscheidung: LG Dresden am 23.1.1948

140. Denunziation – Nr. 1700
1940 denunzierte der Angeklagte in Mühlhausen ein Ehepaar, das einem französischen Kriegsgefangenen Lebensmittel und Rauchwaren geschenkt hatte. Der Mann starb während der Haft an den Folgen von Misshandlungen, die Frau verbüßte eine einmonatige Haftstrafe.

    Kör., Otto August – Freispruch und Verfahren eingestellt
Gerichtsentscheidung: LG Erfurt am 23.1.1948

141. Denunziation – Nr. 1699
1942 denunzierte die Angeklagte in Drochaus/Vogtland eine Bäuerin wegen antifaschistischer Äußerungen. Die Denunzierte wurde verhaftet und wegen Verstoßes gegen das Heimtückegesetz angeklagt. Einen Tag vor der Hauptverhandlung beging sie Selbstmord.

    Grü., Hertha, geb. Jah. – Verfahren eingestellt
Gerichtsentscheidung: LG Zwickau am 28.1.1948

142. Denunziation – Nr. 1698
Im August 1942 denunzierte der Angeklagte die Witwe eines Mannes, der im KZ umgekommen war, wegen abfälliger Äußerungen über Hitler und die Nazis. Als die denunzierte Frau zur Polizei vorgeladen wurde, erhängte sie sich. Der Denunziant setzte sich dann – aufgrund eines früher mit der Frau abgeschlossenen Erbvertrages – in den Besitz ihrer Wirtschaft.

    Roi., Paul – 4 Jahre Haft
Gerichtsentscheidungen: LG Cottbus am 28.1.1948; OLG Potsdam am 7.5.1948

143. Denunziation – Nr. 1697
Im November 1944 denunzierten die Angeklagten – Betriebsobmann und Vertrauensratsmitglied in den Chemnitzer Elektrizitätswerken Nord – einen Arbeiter, der sich abfällig über Hitler und die Entwicklung des Krieges geäußert hatte. Der Denunzierte wurde in das KZ Flossenbürg deportiert und verstarb dort Anfang 1945.
 Len., Arno August – 2 Jahre Haft
 Sch., Kurt Erich – 1 Jahr Haft
Gerichtsentscheidung: LG Chemnitz am 28.1.1948

144. Denunziation – Nr. 1696
1942 denunzierte der Angeklagte in Erfurt einen jüdischen Zwangsarbeiter, der Zigaretten gegen Brotmarken getauscht hatte. Der Denunzierte wurde zu drei Monaten Gefängnis verurteilt und später in das KZ Auschwitz deportiert, wo er starb.
 Alt., Friedrich – 12 Jahre Haft
Gerichtsentscheidungen: LG Erfurt am 30.1.1948; OLG Gera am 9.4.1948

145. Denunziation – Nr. 1695
Im Februar 1945 denunzierte die Angeklagte eine Arbeitskollegin in Berlin, weil diese Hitler den Tod gewünscht hatte. Als die Denunzierte erfuhr, die Sache werde der Gestapo übergeben, nahm sie sich das Leben.
 Al., Charlotte – Freispruch und Verfahren eingestellt
Gerichtsentscheidung: LG Potsdam am 30.1.1948

146. Kriegsverbrechen – Nr. 1694
Dem Angeklagten wurde als Polizeiangehörigem bei der Landwacht die Erschießung eines polnischen Kriegsgefangenen bei einem Fluchtversuch 1945 in Schiass angelastet.
 Ger., Ewald – Freispruch
Gerichtsentscheidung: LG Potsdam 30.1.1948

147. Denunziation – Nr. 1693
Im Oktober 1944 denunzierten die Angeklagten einen Arbeitskollegen der Gebler-Werke in Dresden-Radebeul, der einen Wachmann wegen der schlechten Behandlung sowjetischer Zwangsarbeiter zur Rede gestellt hatte. Der Denunzierte kam in das KZ Sachsenhausen und ist seitdem verschollen (s. auch Nr. 1331).

    Ruz., Rudolf – 2 Jahre und 6 Monate Haft
    Tau., Arno – 2 Jahre und 6 Monate Haft
Gerichtsentscheidung: LG Dresden am 30.1.1948

148. Denunziation – Nr. 1692
Die Angeklagten denunzierten im Oktober 1944 eine Frau wegen intimen Umgangs mit einem französischen Kriegsgefangenen. Die Denunzierte wurde zu 16 Monaten Zuchthaus verurteilt und ist aus dem Frauengefängnis nicht zurückgekehrt. Der Kriegsgefangene kam in ein Straflager.

    Adl., Max – 3 Jahre Haft
    Sch., Hildegard – 2 Jahre Haft
    Sch., Otto – 2 Jahre Haft
Gerichtsentscheidung: LG Cottbus am 31.1.1948

149. Denunziation – Nr. 1691
Der Angeklagte denunzierte 1942 als Hauswart in Berlin eine untergetauchte Jüdin und führte sie der Polizei zu, als sie ihre Wohnung aufsuchte. Sie wurde festgenommen und kam nicht wieder.

    Alb., Erwin – Freispruch und Verfahren eingestellt
Gerichtsentscheidung: LG Potsdam am 4.2.1948

150. Denunziation – Nr. 1690
Die Angeklagten denunzierten 1943 in Wolgast zwei Männer wegen Abhörens ausländischer Sender. Die Denunzierten wurden zu Freiheitsstrafen verurteilt und kamen im Zuchthaus um.

Dah., Marie, geb. Kru. – Freispruch
Knu., Frieda, geb. Maa. – 1 Jahr und 6 Monate Haft
Wun., Luise, geb. Kru. – Freispruch
Gerichtsentscheidung: LG Schwerin am 12.2.1948; OLG Schwerin am 13.12.1948

151. Kriegsverbrechen – Nr. 1689
Der Angeklagte war im Reservelazarett III der Wehrmacht in Krakau tätig und beteiligte sich an Misshandlungen und Erschießungen von Juden sowie Zivil- und Kriegsgefangenen.
Tro., Hans – Freispruch und Verfahren eingestellt
Gerichtsentscheidung: LG Erfurt am 13.2.1948

152. Denunziation – Nr. 1688
Der Angeklagte war als Spitzel für die Gestapo in Breslau tätig und hat zur Verhaftung von KPD-Funktionären beigetragen. Einer der Denunzierten war der von der ČSR aus agierende Leiter des kommunistischen Widerstandes in Schlesien. Er wurde über die deutsch-tschechische Grenze gelockt, auf deutschem Gebiet verhaftet, 1939 zum Tode verurteilt und hingerichtet. Der andere Denunzierte wurde zu sieben Jahren Zuchthaus verurteilt.
Fischer, Hans – 15 Jahre Haft
Gerichtsentscheidung: LG Erfurt am 13.2.1948

153. Denunziation – Nr. 1687
Die Angeklagte denunzierte im November 1941 in Aue eine Jüdin, weil diese den »Judenstern« nicht trug. Die Denunzierte wurde deswegen zu einer Freiheitsstrafe verurteilt und anschließend in »Schutzhaft« genommen und einige Monate später nach Izbica deportiert. Sie ist von dort nicht zurückgekehrt.
Tau., Ida Klara, geb. Ger. – 2 Jahre Haft
Gerichtsentscheidung: LG Zwickau am 13.2.1948; LG Zwickau am 16.5.1947; OLG Dresden am 28.11.1947

154. Verbrechen bei der Errichtung der faschistischen Dikatur – Nr. 1686

Die Angeklagten beteiligten sich als SS-Mitglieder am 14. April 1933 an der Misshandlung und Ermordung des SPD-Chefs von Arnswalde. Mit Hilfe der späteren SS-Führer Erich von dem Bach-Zelewski und Heinz Reinefarth wurden sie nach ihrer Festnahme aus der Polizeihaft geholt und konnten sich der Strafverfolgung wegen Mordes entziehen.

Marten, Kurt – Todesstrafe und 10 Jahre Haft
Titel, Adolf – Todesstrafe und 10 Jahre Haft
Gerichtsentscheidungen: LG Potsdam am 13.2.1948; OLG Potsdam am 14.12.1948

155. Verbrechen gegen Kriegsende – Nr. 1685

Die Angeklagten haben 1945 in Demmin an der Ermordung mehrerer Personen mitgewirkt, die von einem Standgericht zum Tode verurteilt worden waren.

Olms, Johannes – lebenslange Haft
Ot., Gustav – 10 Jahre Haft
Gerichtsentscheidung: LG Schwerin am 13.2.1948

156. »Euthanasie« – Nr. 1684

Die Angeklagten waren als medizinisches Personal und als Pflegepersonal in der Heil- und Pflegeanstalt Uchtspringe an der Ermordung »geisteskranker« Kinder und Erwachsener mittels Luminal oder Morphiuminjektionen sowie am Transport von Kranken in Tötungsanstalten beteiligt. (Verwaltungsarbeit für die »Euthanasie-Aktion« im Heilanstaltbüro Merseburg, s. auch Nr. 1316).

Ahr., Otto – 6 Jahre Haft
Düm., Elfriede – 4 Jahre Haft
Tie., Paula – 6 Jahre Haft
Roh., Erwin – Freispruch
Mün., Hermann – Freispruch
Fel., Dr. med. Michael – Freispruch
Gerichtsentscheidung: LG Magdeburg am 14.2.1948

157. Denunziation – Nr. 1683
Der Bahnangestellte zeigte im November einen polnischen Arbeiter bei der Gestapo an, weil dieser Lebensmittel aus Bahnwagen gestohlen hatte und flüchten wollte. Der Denunzierte wurde – einer Anregung des Angeklagten folgend – in ein Konzentrationslager eingeliefert, wo er zwei Monate später zu Tode kam.
Bir., Kuno – 1 Jahr Haft
Gerichtsentscheidung: LG Neuruppin, Zweigstelle Brandenburg, am 17.2.1948

158. Denunziation – Nr. 1682
Der Angeklagte denunzierte 1942/1943 einen Arbeitskollegen wegen »staatsfeindlicher« Äußerungen und sagte bei der Gestapo und vor dem Volksgerichtshof gegen ihn aus. Der Denunzierte wurde zum Tode verurteilt und hingerichtet.
Ro., Ewald – 2 Jahre Haft
Gerichtsentscheidungen: LG Potsdam am 18.2.1948; LG Potsdam am 18.10.1946; OLG Potsdam am 21.1.1947

159. Gewaltverbrechen gegen Zwangsarbeiter – Nr. 1681
Die Angeklagten haben in den Jahren 1943 bis 1945 im Plauener Betrieb der Erla-Flugzeugwerke dort beschäftigte KZ-Häftlinge drangsaliert, von denen mehrere durch Hunger und Kälte starben. Fünf wurden wegen Sabotage hingerichtet, andere deportiert, weil sie angeblich gegen die Arbeitsdisziplin verstoßen hatten.
Gün., Max Paul Heinrich – 20 Jahre Haft
Kru., Paul – 2 Jahre und 6 Monate Haft
Gerichtsentscheidungen: LG Chemnitz am 20.2.1948; OLG Dresden am 22.2.1948

160. Denunziation – Nr. 1680
Der Angeklagte denunzierte 1941 in Erfurt die Tochter seines jüdischen Vermieters, weil diese ihm mit einer Räumungsklage gedroht hatte, da er die Miete schuldig geblieben war. Sie wurde

von der Gestapo mehrere Tage festgehalten. Fünf Monate später wurde sie nach Theresienstadt deportiert. Sie ist nicht zurückgekehrt.

Bec., Wilhelm – Freispruch

Gerichtsentscheidung: LG Erfurt am 23.2.1948

161. Denunziation – Nr. 1679

Der Angeklagte denunzierte im Juli 1943 in Illeben einen Mann wegen Abhörens ausländischer Sender. Der Denunzierte wurde zu einer Haftstrafe verurteilt und verstarb in der Haft.

Sto., Gustav – 5 Jahre Haft

Gerichtsentscheidungen: LG Gotha am 26.2.1948; OLG Gera am 30.4.1948

162. Denunziation – Nr. 1678

Der Angeklagte meldete im April 1944 in Aschersleben einen Mann wegen »defaitistischer« Äußerungen und Abhörens ausländischer Sender. Während der Gestapo-Haft wurde der Denunzierte infolge der dort erlittenen Behandlung krank und verstarb im Juni 1945.

Ran., Paul – 9 Jahre Haft

Gerichtsentscheidung: LG Magdeburg am 26.2.1948

163. Denunziation – Nr. 1677

Der Angeklagte zeigte zwischen 1940 und 1942 in Chemnitz im selben Haus mit ihm wohnende Juden und mit ihnen solidarisierende Nicht-Juden an und drangsalierte sie. In drei Fällen führten die Anzeigen zur Deportation von Juden, von denen zwei umkamen.

Wet., Karl Richard Paul – 5 Jahre Haft

Gerichtsentscheidungen: LG Chemnitz am 17.2.1948; OLG Dresden am 22.4.1948

164. Gewaltverbrechen in Haftstätten – Nr. 1676

Der Angeklagte war als sogenannter »asozialer« KZ-Häftling zwischen den Jahren 1940 und 1944 im KZ Flossenbürg an

Misshandlungen sowie Tötungen überwiegend jüdischer Häftlinge tatbeteiligt. Die Häftlinge wurden u. a. durch Schläge in die Postenkette getrieben und daraufhin von der Wachmannschaft erschossen. Eine weitere Tatbeteiligung betraf die Erdrosselung von Häftlingen, die sich nicht in die Postenkette treiben ließen.

Spiecker, Paul – Todesstrafe

Gerichtsentscheidungen: LG Magdeburg am 17. 2. 1948; LG Magdeburg am 27. 2. 1948; OLG Halle am 27. 5. 1949; LG Magdeburg am 29. 3. 1950; OLG Halle am 29. 3. 1950; LG Magdeburg am 30. 3. 1950; OLG Halle am 5. 5. 1950

165. Denunziation – Nr. 1675

Die Angeklagte denunzierte im August 1941 in Schöten bei Apolda eine Frau wegen intimen Verkehrs mit einem polnischen Fremdarbeiter. Die Frau kam ins KZ Ravensbrück, wo sie schwer misshandelt wurde. Der Fremdarbeiter wurde in Schöten öffentlich gehängt.

Jab., Ilse, geb. Urb., gesch. Sch. – 4 Jahre Haft

Gerichtsentscheidungen: LG Weimar, Jena, am 27. 2. 1948; OLG Gera am 16. 7. 1948

166. Denunziation – Nr. 1674

Der Angeklagte denunzierte im Oktober 1943 in Rostock einen Arbeitskollegen wegen »defaitistischer« Äußerungen. Der Denunzierte wurde zu einer Zuchthausstrafe verurteilt und verstarb in der Haft.

Pin., Alois – Freispruch

Gerichtsentscheidung: LG Güstrow, Zweigstelle Rostock, am 1. 3. 1948

167. Denunziation – Nr. 1673

Der Angeklagte gab im März 1944 als Betriebsobmann eine Meldung über »defaitistische« Äußerungen eines Arbeitskollegen aus dem Wasserstraßenmaschinenamt Magdeburg weiter und machte Aussagen bei der Gestapo sowie beim

Kammergericht. Der Denunzierte wurde wegen Wehrkraftzersetzung verurteilt und starb in der Strafanstalt Ichtershausen.
    Gul. Heinrich – Freispruch
Gerichtsentscheidungen: LG Magdeburg am 2.3.1948; LG Magdeburg am 27.3.1947; OLG Halle am 26.9.1947

168.   Denunziation – Nr. 1672
Die beiden Angeklagten denunzierten im November 1943 in Chemnitz einen Arbeitskollegen, der wiederholt geäußert hatte, die Hitlerregierung müsse weg. Der Volksgerichtshof verurteilte ihn zum Tode.
    Ne., Arthur Wenzel – 10 Jahre Haft
    Spi., Walter Karl – Freispruch
Gerichtsentscheidung: LG Chemnitz am 3.3.1948

169.   Denunziation – Nr. 1671
Die Angeklagten denunzierten 1943 in Merke, Kreis Guben, einen Mann wegen antifaschistischer Äußerungen. Der Denunzierte wurde vom Volksgerichtshof zum Tode verurteilt und hingerichtet.
    Lin., Bernhard – 8 Jahre Haft
    Mos., Luise, geb. Kas. – 10 Jahre Haft
Gerichtsentscheidungen: LG Cottbus am 4.3.1948; OLG Potsdam am 12.4.1949

170.   Denunziation – Nr. 1670
Der Angeklagte denunzierte im Februar 1941 in Hainewalde einen Mann, der sich in einer Gaststätte abfällig über die NSDAP und die Naziregierung geäußert hatte. Er wurde zu einer Gefängnisstrafe verurteilt und verstarb in der Haft.
    Sch., Rudolf Fritz – 6 Monate Haft
Gerichtsentscheidung: LG Bautzen am 6.3.1948

171.   Kriegsverbrechen – Nr. 1669
Der Angeklagte erschoss im November 1944 in Vries bei Assen, Niederlande, als Angehöriger der Organisation Todt zwei

Häftlinge während des Rücktransports in ein OT-Zwangsarbeiterlager auf der Flucht. In den Niederlanden wurde der Angeklagte wegen dieser Tat vom »Bijzonder Gerechtshof Leeuwarden« am 7. April 1949 in Abwesenheit zum Tode verurteilt.

Zül., Karl Friedrich Wilhelm – 15 Jahre Haft
Gerichtsentscheidung: LG Leipzig am 8.3.1948

172. Denunziation – Nr. 1668

Der Angeklagte, ein NSDAP-Blockwart in Weißenfels, denunzierte am 26. Januar 1945 einen tschechischen Fremdarbeiter und eine deutsche Frau. Die Frau und der Tscheche kamen in ein »Erziehungslager«. Während die Frau nach etwa acht Wochen entlassen wurde, kam der Tscheche ums Leben.

Böh., Oswin – 3 Jahre Haft
Gerichtsentscheidung: LG Halle am 8.3.1948

173. Denunziation – Nr. 1667

Der Anklagte, stationiert in der Hafenschutzbatterie in Korsör, Dänemark, denunzierte einen Kameraden wegen antifaschistischer Äußerungen. Der Denunzierte wurde am 5. Mai 1945 von einem Standgericht zum Tode verurteilt. Das Urteil wurde wegen der Kapitulation der deutschen Truppen in Dänemark am 6. Mai 1945 nicht vollstreckt.

Ran., Georg Martin – 5 Jahre Haft
Gerichtsentscheidung: LG Chemnitz am 8.3.1948

174. Verbrechen bei der Errichtung der faschistischen Diktatur, Denunziation – Nr. 1666

Der Angeklagte veranlasste 1933 in Selchow die Verhaftung eines KPD-Funktionärs durch die SS. Der Festgenommene wurde nach einem Jahr entlassen, später jedoch wieder verhaftet, und ist seit 1943 verschollen.

Bos., Hans – Freispruch
Gerichtsentscheidung: LG Potsdam am 10.3.1948

175. Denunziation – Nr. 1665

Die Angeklagte denunzierte ihren Ehemann, weil dieser Auslandssender gehört und Wehrmachtseigentum besessen hatte. Der Denunzierte soll daraufhin von einem Feldkriegsgericht zum Tode verurteilt worden sein, wobei das Urteil infolge des schnellen Vorrückens der Roten Armee in diesem Frontabschnitt nicht vollstreckt wurde.

Zwa., Ilse Fanny Luise – 4 Jahre Haft

Gerichtsentscheidung: LG Halle am 11.3.1948

176. »Euthanasie« – Nr. 1664

Die Angeklagten wirkten beim Bau der Gaskammer in der Heil- und Pflegeanstalt Bernburg sowie bei der Vergasung von »Geisteskranken« im Zuchthaus Brandenburg und in Bernburg mit.

Sch., Erna, geb. Beu. – 3 Jahre Haft

Spo., Erich Paul – 8 Jahre Haft

Gerichtsentscheidungen: LG Magdeburg am 11.3.1948; OLG Halle am 17.10.1949

177. Denunziation – Nr. 1663

Der Angeklagte zeigte 1943 in Suhl seine Schwiegermutter bei der Gestapo an, weil sie jüdischer Abstammung war. Die Denunzierte wurde ins KZ Auschwitz deportiert, wo sie starb.

Bad., Alfred – 6 Jahre Haft

Gerichtsentscheidung: LG Meiningen am 15.3.1948

178. Denunziation im Zusammenhang mit dem 20. Juli 1944 – Nr. 1662

Der Angeklagte verriet im August 1944 in Dresden einen Freund, weil dieser den im Zusammenhang mit dem Attentat vom 20. Juli 1944 gesuchten General Fritz Lindemann in Berlin versteckt hatte. Der Denunzierte, eine weitere Person und Lindemann wurden erschossen. Drei weitere Personen wurden zum Tode verurteilt und hingerichtet. Ein Vetter Lindemanns erhielt eine hohe Zuchthausstrafe.

Schäffner, Ernst Eduard Johann – lebenslange Haft
Gerichtsentscheidungen: LG Dresden am 15.3.1948; LG Dresden am 25.8.1947; OLG Dresden am 9.1.1948

179. Denunziation – Nr. 1661
Die Angeklagte denunzierte im März 1939 in Leipzig eine jüdische Nachbarin, weil sie mit ihrem Untermieter intimen Verkehr hatte. Dieser wurde zu einer Freiheitsstrafe verurteilt. Die jüdische Frau wurde nach vorübergehender Entlassung aus der Haft ins KZ Ravensbrück deportiert, wo sie starb.

Lau., Anna Olga, geb. Hen. – 2 Jahre und 3 Monate
Gerichtsentscheidungen: LG Leipzig am 16.3.1948; OLG Dresden am 13.7.1948

180. Denunziation – Nr. 1660
Der Angeklagte denunzierte im April 1944 in Elsterberg seinen Vater wegen Abhörens ausländischer Sender, nachdem dieser wiederholt gegen seine Mutter gewalttätig geworden war. Der Denunzierte kam ins KZ Flossenbürg, wo er starb.

Hen., Kurt Arno – 3 Jahre und 6 Monate Haft
Gerichtsentscheidung: LG Zwickau am 17.3.1948

181. Denunziation – Nr. 1659
Die Angeklagten denunzierten im September 1940 in Geringswalde, Kreis Zschopau, einen Hauswirt wegen antifaschistischer Äußerungen. Der Denunzierte wurde zu sechs Monaten Gefängnis verurteilt und nach Verbüßung der Strafe ins KZ Sachsenhausen deportiert, wo er starb.

Grü., Martha, geb. Pop. – 1 Jahr und 3 Monate Haft
Wi., Elsa Frieda, geb. Loh. – 1 Jahr und 6 Monate Haft
Gerichtsentscheidung: LG Chemnitz am 19.3.1948

182. Denunziation – Nr. 1658
Der Angeklagt denunzierte im September 1941 in Wechmar, Kreis Gotha, eine deutsche Frau und einen polnischen Fremdarbeiter wegen intimen Verkehrs. Die Frau kam ins KZ

Ravensbrück und der Fremdarbeiter wurde in Wechmar öffentlich gehängt.

Sch., Josef – 6 Jahre Haft
Gerichtsentscheidung: LG Gotha am 19.3.1948

183. Verbrechen gegen Zwangsarbeiter – Nr. 1657

Der angeklagte Arzt hatte es im März 1945 in Breitungen unterlassen, ausländische Zwangsarbeiter zu behandeln, was in einem Falle den Tod eines Patienten zur Folge hatte.

Gon., Dr. med. Rudolf – nur Sühnemaßnahmen
Gerichtsentscheidung: LG Meiningen am 20.3.1948

184. Verbrechen bei der Errichtung der faschistischen Diktatur – Nr. 1656

Der Angeklagte schoss als SS-Mitglied am 17. Juli 1932 im Zusammenhang mit dem »Blutsonntag« in Greifswald mit einem Jagdgewehr auf Antifaschisten.

Beh., Alfred – Freispruch
Gerichtsentscheidungen: LG Schwerin am 23.3.1948; OLG Schwerin am 26.7.1948

185. Denunziation – Nr. 1655

Der Angeklagte denunzierte im September 1943 in Altlandsberg eine Frau, die in ihrem Haus eine jüdische Mutter mit ihrem Sohn versteckte. Die Denunzierte und ihr Ehemann wurden zu langjährigen Zuchthausstrafen verurteilt, die jüdische Mutter und ihr Sohn von der Gestapo abgeführt. Sie sollen bereits nach kurzer Zeit zu Tode gekommen sein.

Kun., Ferdinand – 2 Jahre und 6 Monate Haft
Gerichtsentscheidungen: LG Eberswalde am 23.3.1948; OLG Potsdam am 28.9.1948

186. Gewaltverbrechen in Haftstätten – Nr. 1654

Der Angeklagte misshandelte von 1940 bis 1944 im Leunawerk Osendorf Häftlinge aus dem Arbeitserziehungslager Spergau, die Waggons entluden. Als ein Häftling sich dagegen wehrte, wurde er vom Angeklagten geschlagen und getreten und von einem Wachposten erschossen.

Wis., Hermann – 5 Jahre Haft
Gerichtsentscheidung: LG Halle am 24.3.1948

187. Denunziation – Nr. 1653
Im Februar 1944 denunzierte die Angeklagte in Dosdorf/Thüringen ihren Ehemann wegen abfälliger Äußerungen über das Nazi-Regime. Der Denunzierte wurde freigesprochen, anschließend aber im KZ Flossenbürg inhaftiert. Nach der Kapitulation verstarb er auf dem Weg zu seinem Wohnort an den Folgen der Haft.

Ehr., Paula, geb. Fis. – 2 Jahre Haft
Gerichtsentscheidung: LG Gotha am 25.3.1948

188. Denunziation – Nr. 1652
Die Angeklagten denunzierten im Oktober 1944 in Lohmen/Pirna ein Ehepaar wegen antifaschistischer Äußerungen und Abhörens ausländischer Sender. Die Denunzierten wurden verhaftet, der Ehemann ist seitdem verschollen.

Fie., Gerhard Ludwig Helmut – 1 Jahr und 6 Monate Haft
Wei., Auguste Lina – 3 Jahre Haft
Gerichtsentscheidung: LG Dresden am 30.3.1948

189. Denunziation – Nr. 1651
Der Angeklagte denunzierte 1944 in Thal, Kreis Eisenach, einen Gastwirt wegen abfälliger Äußerungen über einen gefallenen SS-Mann. Nach dem anschließenden Verhör verstarb der Denunzierte infolge eines Herzinfarkts.

Keh., Karl – 1 Jahr und 6 Monate Haft
Gerichtsentscheidung: LG Eisenach am 1.4.1948

190. Denunziation – Nr. 1650
Der Angeklagte denunzierte im November 1940 in Meerane einen Mann wegen antifaschistischer Äußerungen. Der

Denunzierte wurde zu sechs Monaten Haft verurteilt und nach der Strafverbüßung ins KZ Groß Rosen überführt, wo er starb.
    Mal., Emil Kurt – 2 Jahre Haft
Gerichtsentscheidung: LG Chemnitz am 6.4.1948

191.   Denunziation – Nr. 1649
Der Angeklagte denunzierte im April 1944 in Mittweida einen Arbeitskollegen wegen antifaschistischer Äußerungen. Der Denunzierte wurde verhaftet und verstarb im Oktober 1944 im Arbeitserziehungslager Zöschen.
    Lan., Ernst Walter – 3 Jahre Haft
Gerichtsentscheidung: LG Chemnitz am 7.4.1948

192.   Denunziation – Nr. 1648
Die Angeklagten denunzierten 1943 in Chemnitz ein Ehepaar wegen antifaschistischer Äußerungen, Umgangs mit Russen und Kommunisten, Abhörens von »Feindsendern« und Verbreitung der Nachrichten. Der Mann wurde zweimal für kurze Zeit inhaftiert und beim Gestapo-Verhör schwer misshandelt. Die Frau wurde vom Volksgerichtshof wegen Wehrkraftzersetzung zum Tode verurteilt und hingerichtet.
    Hen., Johannes Heinrich – 8 Jahre Haft
    Köt., Josef Adolf – 8 Jahre Haft
    Köt., Rosa Frieda, geb. Sch. – 9 Jahre Haft
Gerichtsentscheidungen: LG Chemnitz am 8.4.1948; OLG Dresden am 6.8.1948

193.   Denunziation – Nr. 1647
Der angeklagte Ortsgruppenleiter der NSDAP in Hennersdorf/Sudentenland meldete 1942 einen Dorfbewohner wegen Abhörens ausländischer Sender. Der Denunzierte kam in ein Konzentrationslager und starb dort nach drei Monaten.
    Pro., Rudolf – 3 Jahre Haft
Gerichtsentscheidung: LG Magdeburg am 9.4.1948

194. Denunziation – Nr. 1646
Der Angeklagte, ein ehemaliger Kriminalobersekretär der Kripo Berlin, denunzierte 1940 einen Polizeikollegen wegen »defaitistischer« Äußerungen. Dieser wurde daraufhin vom SS- und Polizeigericht Berlin zu sechs Monaten Gefängnis verurteilt, auf Weisung Himmlers jedoch in ein KZ überführt. Er verstarb kurz nach Kriegsende an den Folgen der Haft.

M., Ernst – 5 Jahre Haft

Gerichtsentscheidungen: LG Stendal am 12.4.1948; OLG Halle am 21.6.1948

195. Denunziation – Nr. 1645
Die Angeklagten denunzierten 1943 in Bad Elster einen gemeinsamen Bekannten wegen antifaschistischer Äußerungen, der zu einer einjährigen Haftstrafe verurteilt wurde und kurz nach seiner Entlassung an den Folgen der Haft starb. Eine weitere Denunziation blieb ohne Folgen.

Bau., Anna Lina, geb. Web. – 1 Jahr und 6 Monate Haft
Trö., Anna, geb. Thi. – 1 Jahr und 4 Monate Haft
Trö., Eduard Hermann – 1 Jahr und 3 Monate Haft

Gerichtsentscheidung: LG Zwickau am 12.4.1948

196. Denunziation – Nr. 1644
Auf Veranlassung der Angeklagten wurden zwischen 1943 und 1944 eine illegal in Berlin lebende jüdische Frau und ihre fünfjährige Tochter von der Polizei festgenommen. Seitdem fehlt von ihnen jedes Lebenszeichen.

Pot., Erna, geb. Kle. – 4 Jahre und 6 Monate Haft

Gerichtsentscheidungen: LG Berlin am 12.4.1948; LG Berlin am 30.4.1951

197. Denunziation – Nr. 1643
Die Angeklagte denunzierte 1943 in Mülbitz einen Bekannten wegen antifaschistischer Äußerungen. Dieser wurde zum Tode verurteilt und hingerichtet (s. auch Nr. 1239 und Nr. 1412).

Jac., Frieda, geb. Möl. – 2 Jahre Haft
Gerichtsentscheidungen: LG Rudolstadt am 13.3.1948; OLG Gera am 4.6.1948

198. Denunziation – Nr. 1642
Der Angeklagte denunzierte 1937 in Oberfrohna einen Mann wegen antifaschistischer Äußerungen. Der Denunzierte wurde zu einer Freiheitsstrafe verurteilt und nach der Strafverbüßung in ein Konzentrationslager deportiert, wo er starb.

Fri., Walter Johannes – 1 Jahr und 9 Monate Haft / Reha: Vermögenseinziehung als »rechtsstaatswidrig« aufgehoben

Gerichtsentscheidungen: LG Chemnitz am 14.4.1948; LG Chemnitz am 23.11.1993

199. Verbrechen bei der Errichtung der faschistischen Diktatur, Denunziation – Nr. 1641
Die Angeklagten beteiligten sich als Angehörige der NSDAP, der SA und der Polizei in Gittersee bei Freital in der Zeit zwischen März und Juli 1933 an der Denunziation, Verhaftung und schweren Misshandlung von circa 80 Gegnern des Nazi-Regimes mit, von denen vier an den Folgen der Misshandlungen starben.

Fra., Kurt – 4 Jahre Haft

Grö., Arno – 8 Jahre Haft / Reha: Vermögenseinziehung als »rechtsstaatswidrig« aufgehoben

Haa., Bruno Johannes – 9 Jahre Haft

Hei., Paul – 9 Jahre Haft

Hey., Richard – 7 Jahre Haft / Reha: Vermögenseinziehung als »rechtsstaatswidrig« aufgehoben

Jen., Hermann Fritz – 7 Jahre Haft

Kad., Karl Otto – 7 Jahre Haft

Kun., Wilhelm – 5 Jahre Haft

Lah., Max – 8 Jahre Haft / Reha: Verurteilung als »rechtsstaatswidrig« aufgehoben

Gerichtsentscheidungen: LG Dresden am 16.4.1948; OLG Dresden am 21.12.1948; LG Dresden am 9.5.1949; LG Dresden am 8.3.1994 (Reha); LG Dresden am 26.8.1996 (Reha)

200. Gewaltverbrechen in Haftstätten – Nr. 1640
Die Angeklagten, Personal aus dem KZ Schloss Ostertein, misshandelten im Jahr 1933 Häftlinge schwer, in mindestens einem Falle mit Todesfolge.

    Bitterlich, Kurt Herbert – lebenslange Haft / Rehabilitierungsantrag zurückgewiesen
    Spi., Wilhelm Josef – 15 Jahre Haft
    R., Willi 6 – Jahre Haft
    K., Kurt – 6 Jahre Haft

Gerichtsentscheidungen: LG Zwickau am 17.4.1948; LG Chemnitz am 16.11.1993 (Reha)

201. Verbrechen gegen Kriegsende – Nr. 1639
Der Angeklagte tötete im Februar 1945 in der Slowakei einen Soldaten bei dessen Fluchtversuch aus einer Strafkompanie ohne vorherigen Zuruf oder Warnschuss.

    Gro., Max – 6 Jahre Haft / Urteil nicht veröffentlicht, da nicht aufgefunden

Gerichtsentscheidung: LG Leipzig am 17.4.1948

202. Denunziation – Nr. 1638
Der Angeklagte denunzierte zwischen 1937 und 1938 in Fürstenberg ein früheres KPD-Mitglied. Der Denunzierte kam ins KZ Mauthausen, wo er 1940 starb.

    Hag., Bernhard – Freispruch

Gerichtsentscheidung: LG Güstrow, Zweigstelle Rostock, am 19.4.1948

203. Verbrechen bei der Errichtung der faschistischen Diktatur – Nr. 1637
Die Angeklagten, Angehörige der Polizei und der SA in Ehrenfriedersdorf, waren im März 1933 beteiligt an einem Überfall auf das Arbeiterturnerheim, wobei mehrere Personen

misshandelt und beschossen wurden. Einem der Beschossenen musste ein Beim amputiert werden, ein anderer starb an seinen Schussverletzungen.

Fra., Erich Walter Philipp – 8 Jahre Haft
Erm., Alfred Heinrich – 4 Jahre Haft
Sei., Hermann Rudolf – 4 Jahre Haft
Gerichtsentscheidung: LG Chemnitz am 19.4.1948

204. Denunziation – Nr. 1636
Die Angeklagte denunzierte 1941 in Reichmannsdorf einen Mann, der daraufhin ins KZ Buchenwald deportiert wurde und dort starb.

Dit., Hanna, geb. Hän. – Verfahren eingestellt
Gerichtsentscheidung: LG Rudolstadt am 19.4.1948

205. Gewaltverbrechen in Haftstätten – Nr. 1635
Der Blockälteste und Kapo einer Strafkompanie im KZ Buchenwald misshandelte Mithäftlinge schwer. Mindestens vier starben.

Waitz, Paul – Todesstrafe
Gerichtsentscheidungen: LG Halle am 20.4.1948; OLG Halle am 6.12.1948

206. Denunziation – Nr. 1634
Die Angeklagte denunzierte im März 1945 in Schwerin einen Soldaten wegen Fahnenflucht. Der Denunzierte wurde zum Tode verurteilt und hingerichtet.

Sch., Karla, geb. Kar. – Freispruch
Gerichtsentscheidung: LG Schwerin am 21.4.1948

207. Denunziation – Nr. 1633
Der Wachmann in den Flugzeugwerken in Freiberg/Sachsen und der andere Angeklagte denunzierten am 22. September 1944 einen Arbeitskollegen wegen abfälliger Äußerungen über Hitler. Der Denunzierte wurde verhaftet und erhängte sich im Gefängnis.

Uhl., Walter Robert – 1 Jahr und 9 Monate Haft
Ram., Helmut Johannes – Freispruch
Gerichtsentscheidung: LG Dresden am 21. 4. 1948

208. Denunziation – Nr. 1632
Der Geschäftsführer der NSDAP-Volksfürsorge Riesa denunzierte im September 1944 zwei Mitarbeiter in Leisnig, die geäußert hatten, ein Sieg Deutschlands würde die bitterste Enttäuschung ihres Lebens sein. Der eine Denunzierte wurde zum Tode verurteilt, jedoch vor der Vollstreckung des Urteils von der Roten Armee befreit. Der andere wurde inhaftiert und schwer misshandelt.
Klo., Carl Gustav Wilhelm – 5 Jahre Haft / Rehabilitierungsantrag zurückgewiesen
Gerichtsentscheidungen: LG Dresden am 22. 4. 1948; LG Dresden am 22. 8. 1995 (Reha)

209. Verbrechen gegen Kriegsende – Nr. 1631
Die Anklage lautete auf im April 1945 in Chemnitz / Rottluff und Rabenstein versuchte Verhaftung eines Mannes, der zur Entfernung einer Panzersperre aufgefordert hatte, und Tötung eines Mannes, der sich geweigert hatte, eine wegen des bevorstehenden Einmarsches US-amerikanischer Truppen herausgehängte weiße Fahne zu entfernen.
Hof., Richard Gerhard – 25 Jahre Haft
Gerichtsentscheidungen: LG Chemnitz am 22. 4. 1948; LG Chemnitz am 13. 10. 1947; OLG Dresden am 13. 1. 1948; OLG Dresden am 4. 8. 1948

210. Verbrechen gegen Kriegsende, Kriegsverbrechen – Nr. 1630
Die zwei Angeklagten, der Kreisleiter der NSDAP in Görlitz und der Oberbürgermeister veranlassten im April 1945 die Zwangsevakuierung der Görlitzer Bevölkerung und der Insassen des KZ Görlitz-Biesnitzer Grund unter katastrophalen Bedingungen, was zahlreiche Todesfälle und Selbstmorde zur Folge hatte. Beim Marsch wurden kranke und gehunfähige

Häftlinge, ebenso ausländische Zwangsarbeiter und Kriegsgefangene durch den Görlitzer Volkssturm (Werksvolkssturm Wumag) erschossen. Die Anklage lautete des Weiteren auf Anordnung der Erschießung des Leiters des Wirtschaftsamtes Breslau auf Weisung des Gauleiters Hanke sowie auf Einleitung eines Standgerichtsverfahrens gegen den Ortsgruppenleiter von Florsdorf, der zum Tode verurteilt wurde. Des Weiteren lautete der Vorwurf auf Mitwirkung an der Verfolgung eines Ehepaars im Jahre 1943. Der Mann wurde vom Volksgerichtshof zu sieben Jahren Zuchthaus, die Frau zum Tode verurteilt und hingerichtet. Gegenstand des Verfahrens waren weitere Straftaten ohne tödlichen Ausgang, darunter die Entlassung von Lehrkräften in Berlin im Jahre 1933 (siehe auch Verfahren Nr. 1532).

Malitz, Dr. Bruno Erwin Fritz – Todesstrafe

Meinshausen, Dr. Hans Friedrich August – Todesstrafe

Gerichtsentscheidungen: LG Bautzen am 22. 4.1948; OLG Dresden am 25. 6.1948

211. »Euthanasie« – Nr. 1629

Die Angeklagte verabreichte zwischen 1940 und 1945 in der Heil- und Pflegeanstalt Hadamar sowie in Grafeneck tödliche Medikamente an »Geisteskranke« und wirkte mit an deren Vergasung.

Hac., Käthe – 15 Jahre Haft

Gerichtsentscheidung: LG Magdeburg am 23. 4.1948

212. Denunziation – Nr. 1628

Die Angeklagte denunzierte 1941 in Altenburg einen Arbeitskollegen, der sich abfällig über Hitler und das Nazi-Regime geäußert hatte. Der Denunzierte wurde vom Sondergericht Weimar zu einer Zuchthausstrafe verurteilt und nach der Strafverbüßung in das KZ Buchenwald deportiert, wo er starb.

Jah., Johannes – 3 Jahre Haft

Gerichtsentscheidung: LG Güstrow, Zweigstelle Rostock, am 23. 4.1948

213. Denunziation – Nr. 1627

Die Angeklagten denunzierten zwischen 1937 und 1940 in Anderbeck wiederholt den Ehemann der Kre. wegen antifaschistischer Äußerungen, was nach mehrmaliger Verhaftung schließlich dazu führte, dass der Denunzierte in ein KZ kam, wo er starb.

Kah., Rudolf – Freispruch und Verfahren eingestellt
Kre., Minna, geb. Nia. – Verfahren eingestellt
Gerichtsentscheidungen: LG Magdeburg am 28.4.1948; OLG Halle am 22.8.1949; LG Magdeburg am 18.4.1950

214. Denunziation, Verbrechen gegen Kriegsende – Nr. 1626

Der Arbeitseinsatzleiter der NSDAP und Ortsobmann der DAF in Wrocław (Breslau) denunzierte eine jüdische Familie und einen Bekannten wegen dessen politischer Gegnerschaft. Er zwang in Luftschutzkellern aufgegriffene Frauen und Kinder zu gefährlichen Aufräumungsarbeiten während der letzten Kriegsmonate in der Festung Breslau, wobei ein Vierzehnjähriger bei einem Meldegang ums Leben kam.

Jän., Paul Julius – 10 Jahre Haft
Gerichtsentscheidung: LG Dresden am 29.4.1948

215. Verbrechen zum Kriegsende – Nr. 1625

Der Angeklagte, ein Hilfspolizist, verhaftete 1943 einen Mann aus Annaberg wegen antifaschistischer Äußerungen, der zu drei Jahren Zuchthaus verurteilt worden war. Beim Einmarsch der US-Amerikaner wurde dieser aus der Haftanstalt Lengefeld entlassen und kehrte nach Annaberg zurück, bevor die US-amerikanischen Truppen dort eintrafen. Daraufhin wurde er festgenommen, von der Gestapo in Chemnitz inhaftiert und ist seitdem verschollen.

Hah., Hans Eduard – 2 Jahre Haft
Gerichtsentscheidung: LG Chemnitz am 5.5.1948; OLG Dresden am 2.11.1948

216. Denunziation, Mitwirkung an der Judenverfolgung – Nr. 1624

Die Angeklagten waren als Mitarbeiter des Amtes zur Förderung des Wohnungsbaues der Stadt Leipzig in den Jahren 1939 bis 1945 an Maßnahmen zur Verfolgung der jüdischen Bevölkerung beteiligt. Sie veranlassten die Einweisung von Juden in ein Ghetto und drangsalierten und schikanierten sie. Einer beging Selbstmord. Infolge der Denunziation mehrerer Juden bei der Gestapo wurden diese verhaftet und kamen nicht mehr zurück.

    Ge., Felix Karl – 10 Jahre Haft

    Voi., Kurt Hermann – 11 Jahre Haft

Gerichtsentscheidungen: LG Leipzig am 5.5.1948; OLG Dresden am 14.10.1948; LG Leipzig am 5.5.1949

217. Verbrechen bei der Errichtung der faschistischen Diktatur – Nr. 1623

Die Angeklagten nahmen am 19. Februar 1933 als SA-Leute an einem bewaffneten Überfall auf einen Aufmarsch des Reichsbanners in Bad Doberan teil. Dabei wurden mehrere Reichsbannerangehörige verwundet und einer getötet.

    God., Karl – Verfahren eingestellt

    Neh., Richard – 5 Jahre Haft / Rehabilitierungsantrag zurückgewiesen

Gerichtsentscheidungen: LG Schwerin am 7.5.1948; OLG Schwerin am 15.11.1948; LG Rostock am 7.5.1997 (Reha)

218. Denunziation – Nr. 1622

Der Angeklagte bedrohte 1943 in Großenhain einen Mann mit einer Anzeige, weil dieser sich abfällig über Hitler und das Nazi-Regime geäußert hatte. Der Bedrohte nahm sich daraufhin mit seinem Sohn das Leben.

    Eck., Arthur Alfred – 1 Jahr und 3 Monate Haft

Gerichtsentscheidung: LG Dresden am 10.5.1948

219. Denunziation – Nr. 1621

Der Angeklagte denunzierte 1943 in Oberlind einen Arbeitskollegen, der daraufhin Selbstmord beging.

Al., Johannes – Freispruch
Gerichtsentscheidung: LG Meiningen am 11.5.1948 (Urteil nicht veröffentlicht)

220. Denunziation – Nr. 1620
Der Angeklagte denunzierte im September 1943 einen Arbeiter, der auf einen Abreißkalender in den AEG-Werken in Annaberg »Heil Moskau« geschrieben hatte. Der Denunzierte kam ins KZ Buchenwald, wo er starb.

Sch., Alfred – 1 Jahr und 9 Monate Haft
Gerichtsentscheidung: LG Chemnitz am 12.5.1948

221. Kriegsverbrechen – Nr. 1619
Der Angeklagte war zwischen den Jahren 1942 und 1943 als Angehöriger der SS-Division »Prinz Eugen« beteiligt an Misshandlungen und Ermordungen von Zivilisten in Kroatien/Jugoslawien.

Tu., Franz – Freispruch
Gerichtsentscheidung: LG Gera am 12.5.1948

222. Verbrechen bei der Errichtung der faschistischen Diktatur – Nr. 1618
Der Angeklagte, ein Mitglied der SS in Limbach, war am 6.11.1932 an einem bewaffneten Überfall auf ein KPD-Heim in Burgstädt beteiligt. Dabei wurden sechs Personen verwundet, ein Mann erlag seinen Schussverletzungen.

Wil., Erich Andreas – 10 Jahre Haft
Gerichtsentscheidung: LG Chemnitz am 13.5.1948

223. Verbrechen im Zusammenhang mit der Annexion des Sudetenlandes – Nr. 1617
Die Angeklagten nahmen im September 1938 an Verhaftungsaktionen in Böhmisch-Wiesenthal und an der Übergabe der Häftlinge an die sächsische SA teil. Die Häftlinge wurden anschließend in Konzentrationslager deportiert, einer von ihnen verstarb 1940 im KZ Mauthausen.

Arm., Ignaz – 1 Jahr und 3 Monate Haft
Gah., Karl – Freispruch
Lie., Johann – Verfahren eingestellt
Gerichtsentscheidung: LG Chemnitz am 14.5.1948

224. »Euthanasie« – Nr. 1616
Die Angeklagte, Pflegerin in den Heil- und Pflegeanstalten Grafeneck und Hadamar, war aktiv an der Tötung von Hunderten von »Geisteskranken« beteiligt.
Räd., Margarete Emilie, geb. Kri. – 7 Jahre Haft
Gerichtsentscheidungen: LG Meiningen am 19.5.1948; LG Meiningen am 20.2.1948; OLG Gera am 16.4.1948

225. Gewaltverbrechen in Haftstätten – Nr. 1615
Der Angeklagte war 1938 bis 1945 Meister bei der Firma Colas Kaltasphalt, einer im KZ Buchenwald tätigen Baufirma, bei der KZ-Häftlinge des Straßenbau- und Steinträgerkommandos eingesetzt waren. Er veranlasste die SS zu Misshandlungen von Häftlingen, bei denen einer zu Tode kam.
Uhl., Emil – 3 Jahre Haft
Gerichtsentscheidungen: LG Weimar, Jena, am 19.5.1948; OLG Gera am 3.9.1948

226. Verbrechen gegen KZ-Häftlinge – Nr. 1614
Die angeklagten Hilfspolizisten aus Klein- und Großwerther und Hesserode schossen im November 1944 auf einen geflohenen KZ-Häftling, der sich auf einem Bauernhof versteckt hatte. Dieser erlag seinen Verletzungen.
Mar., Otto – 1 Jahr 6 Monate Haft / Reha: Vermögenseinziehung als »rechtsstaatswidrig« aufgehoben
Mor., Hermann – 2 Jahre Haft
Gerichtsentscheidungen: LG Nordhausen am 19.5.1948; OLG Gera am 6.8.1948; OLG Gera am 11.4.1949; LG Mühlhausen am 15.1.1951; OLG Erfurt am 15.6.1951; LG Gera am 7.7.1992 (Reha)

227. Denunziation – Nr. 1613
Die Angeklagte denunzierte 1942 in Spremberg ihren Ehemann und einen Untermieter, weil diese ausländische Sender abgehört hatten. Sie wurden daraufhin zu Zuchthausstrafen verurteilt; der Ehemann verstarb in der Haft.

Kan., Frieda, geb. Nit. – 4 Jahre Haft
Gerichtsentscheidung: LG Cottbus am 20.5.1948

228. Denunziation – Nr. 1612
In der Zeit vom Januar bis April 1943 wurden 14 Arbeiter der Maschinenfabrik R. Wolf AG in Magdeburg-Buckau aufgrund Denunziation durch die Angeklagten verhaftet. Die Denunzierten wurden 1944 zu mehrjährigen Zuchthausstrafen verurteilt; acht starben in der Haft.

Sch., Willy – 2 Jahre Haft
Wen., Willi – Freispruch und Verfahren eingestellt
Gerichtsentscheidungen: LG Magdeburg am 21.5.1948; LG Magdeburg am 19.3.1947; OLG Halle am 29.1.1948; LG Magdeburg am 22.3.1949

229. Denunziation – Nr. 1611
Der Angeklagte arbeitete seit 1935 als Spitzel für die Gestapo im Stickstoffwerk Piesteritz und im Sprengstoffwerk Reinsdorf. Er war beteiligt an der Verhaftung eines Nazigegners, der ins KZ Buchenwald kam und dort verstarb.

Sac., Kurt – 5 Jahre und 6 Monate Haft
Gerichtsentscheidungen: LG Halle am 21.5.1948; OLG Halle am 22.8.1949

230. Denunziation – Nr. 1610
Der Angeklagte denunzierte im Januar 1943 als NSDAP-Zellenleiter in Gotha ein Ehepaar wegen »Kriegswirtschaftsverbrechen«. Die Frau wurde zu einer Zuchthausstrafe verurteilt, der Mann verstarb in der Untersuchungshaft.

Ne., Johann – 1 Jahr und 2 Monate Haft
Gerichtsentscheidung: LG Gotha am 21.5.1948

231. Verbrechen bei der Errichtung der faschistischen Diktatur – Nr. 1609

Der Angeklagte war von Februar bis April 1933 in Brieg/Glogau beteiligt an Misshandlungen verhafteter Antifaschisten im »Braunen Haus«, wobei einer der Verhafteten aus einem Fenster zu Tode stürzte. Ein weiterer Tatvorwurf betraf die Misshandlung von Zivilisten, die in einem jüdischen Laden eingekauft hatten, sowie die Misshandlung politischer Gegner, die gezwungen wurden, mit Zahnbürsten antifaschistische Plakate und Inschriften zu entfernen.

Suc., Oskar – 9 Jahre Haft

Gerichtsentscheidung: LG Halle am 21.5.1948

232. Denunziation, Verbrechen gegen Kriegsende – Nr. 1608

Als Angehöriger des Volkssturms in Mörbach denunzierte der Angeklagte am 5. April 1945 einen aus einer SS-Strafkompanie desertierten Soldaten, der sich in Mörbach versteckt hatte. Der Denunzierte wurde verhaftet und wenige Tage später erschossen.

Wi., Louis – Freispruch

Gerichtsentscheidung: LG Nordhausen am 21.5.1948

233. Verbrechen bei der Errichtung der faschistischen Dikatur, Verbrechen gegen Kriegsende – Nr. 1607

Der Angeklagte war 1933 als Angehöriger der SA Grosswerther beteiligt an der Schikanierung politischer Häftlinge im Siechenhof in Nordhausen. Im April 1945 war er Leiter eines Auffanglagers in Steigerthal und stiftete »Hitlerjungen« in Volkssturmausrüstung dazu an, gefangene Häftlinge aus dem KZ Dora abzuführen und, falls sie nicht mehr gehen konnten, »umzulegen«. Die Jugendlichen kamen der Aufforderung nicht nach und ließen die Häftlinge laufen. Weiterhin veranlasste der Angeklagte die Einziehung einer weißen Fahne in Leimbach.

Hei., Karl – 4 Jahre und 6 Monate Haft

Gerichtsentscheidungen: LG Nordhausen am 24.5.1948; OLG Gera am 13.8.1948

234. Denunziation – Nr. 1606
Beide Angeklagten waren Beschäftigte in der Werkzeug- und Maschinenfabrik Paul Fischer in Berggießhübel und denunzierten einen Arbeitskollegen wegen abfälliger Äußerungen über Hitler und den Krieg. Der Denunzierte wurde wegen Hochverrats zu zwei Jahren Zuchthaus verurteilt, kam anschließend ins KZ Sachsenhausen und verstarb dort. Eine weitere Denunziation zweier Arbeitskollegen blieb durch Einschreiten der Betriebsführung wirkungslos.

Ebe., Oskar Karl – 5 Jahre Haft

Ehr., Ewald Edmund – 9 Jahre Haft

Gerichtsentscheidungen: LG Dresden am 25.5.1948; OLG Dresden am 20.7.1948

235. Denunziation – Nr. 1605
Der Angeklagte denunzierte 1937 in Greiz einen Mann, der Hitler beschimpft hatte. Der Denunzierte kam ins KZ Buchenwald, aus dem er 1942 entlassen wurde und kurz darauf verstarb.

Steike, Herbert – 2 Jahre und 6 Monate Haft

Gerichtsentscheidung: LG Gera am 25.5.1948

236. Denunziation – Nr. 1604
Auf Veranlassung des Ehemannes der Angeklagten denunzierten die Angeklagten 1943 in Halle ein benachbartes Ehepaar wegen Abhörens ausländischer Sender. Die Denunzierten wurden zu Zuchthausstrafen verurteilt. Der Mann verstarb in der Haft.

Lie., Emmi, geb. Sch. – 2 Jahre und 6 Monate Haft

Ul., Gustav – Freispruch

Gerichtsentscheidung: LG Halle 26.5.1948

237. Denunziation, Verbrechen gegen Kriegsende – Nr. 1603
Die Angeklagten veranlassten wiederholt die Verhaftung eines Ehepaares, das die kampflose Übergabe von Siegmar-Schönau befürwortet und zur Hissung weißer Fahnen aufgerufen hatte.

Nachdem sie von einem Feldgericht auf freien Fuß gesetzt worden waren, wurde die Frau von einem Werwolfangehörigen erschossen, der Ehemann konnte entkommen; ihre Wohnung wurde geplündert. Außerdem denunzierten die Angeklagten einen Juden sowie eine Frau.

Bie., Reinhard Oskar – 1 Jahr 4 Monate Haft

Fra., Albert – 3 Jahre und 6 Monate Haft

Gerichtsentscheidungen: LG Chemnitz am 26.5.1948; OLG Dresden am 20.7.1948

238. Denunziation, Verbrechen gegen Kriegsende – Nr. 1602

Die Angeklagte denunzierte im März 1945 in Drebkau/Calau einen desertierten deutschen Soldaten, der in der Nähe seines Wohnortes von einem Bauern versteckt worden war. Der Soldat wurde zum Tode verurteilt und hingerichtet, der Bauer erhängte sich im Polizeigefängnis.

Oe., Marie, geb. Zim. – Freispruch

Gerichtsentscheidung: LG Cottbus am 2.6.1948

239. Denunziation – Nr. 1601

Der Angeklagte denunzierte 1944 in Herbsleben zwei deutsche Frauen wegen intimer Beziehungen zu zwei polnischen Zwangsarbeitern. Alle vier wurden verhaftet und kamen in Konzentrationslager. Eine der Frauen ist dort verstorben, einer der Zwangsarbeiter wird seitdem vermisst. Des Weiteren wurde dem Angeklagten die Misshandlung eines Fremdarbeiters vorgeworfen.

Kei., Otto Robert – 1 Jahr und 3 Monate Haft

Gerichtsentscheidung: LG Gotha am 4.6.1948

240. Denunziation – Nr. 1600

Der Angeklagte erstattete am 15.8.1942 in Hettstedt Anzeige gegen seinen Schwiegersohn wegen Fahnenflucht. Dieser soll daraufhin ergriffen und standrechtlich erschossen worden sein.

Web., Oswald – Verfahren eingestellt

Gerichtsentscheidung: LG Halle am 15.6.1948

241. Denunziation – Nr. 1599
Der Angeklagte denunzierte 1943 in Dresden eine Bekannte wegen Abhörens ausländischer Sender. Die Denunzierte wurde zu zwei Jahren Zuchthaus verurteilt und verstarb während der Haft.
   Hön., Kurt – 2 Jahre und 6 Monate Haft
Gerichtsentscheidung: LG Dresden am 17.6.1948

242. Denunziation – Nr. 1598
Der Angeklagte denunzierte im November 1944 in Böhmisch-Wiesenthal einen ihm bekannten Juden, indem er einen von diesem erhaltenen Geschäftsbrief an die Gestapo weiterleitete. Der in Prag lebende Jude und seine Frau wurden wegen »staatsfeindlicher Ausführungen« in das KZ Theresienstadt deportiert, wo der Mann erschlagen worden sein soll.
   Pös., Hans Ottokar – 2 Jahre und 6 Monate Haft
Gerichtsentscheidung: LG Chemnitz am 18.6.1948

243. Denunziation – Nr. 1597
Die Angeklagte denunzierte im Oktober 1943 in Bestensee eine Bekannte wegen abfälliger Äußerungen über das Nazi-Regime. Die Denunzierte wurde zu einer Gefängnisstrafe verurteilt und kehrte aus der Haft nicht zurück.
   Has., Gertrud, geb. Sch. – Freispruch und Verfahren
      eingestellt
Gerichtsentscheidung: LG Potsdam am 22.6.1948

244. Denunziation – Nr. 1596
Die Angeklagten denunzierten im November 1939 in Görlitz einen Mann, der das Misslingen des Münchener Bürgerbräu-Attentats auf Hitler bedauert hatte. Der Denunzierte kam in das KZ Sachsenhausen, wo er starb.
   Puf., Martha Maria, geb. Kam. – 1 Jahr Haft
   Tra., Artur Richard Hermann – 2 Jahre Haft
Gerichtsentscheidung: LG Bautzen am 22.6.1948

245. Denunziation – Nr. 1595
Die Angeklagten denunzierten zwischen 1940 und 1942 in Cranzahl einen deutschen Zivilisten wegen verbotenen Umgangs mit Kriegsgefangenen, zwei deutsche Arbeiter wegen »Arbeitsbummelei« und einen polnischen Zwangsarbeiter wegen Arbeitsverweigerung und versuchter Vergewaltigung einer deutschen Frau. Die denunzierten Deutschen wurden für kurze Zeit inhaftiert, der Zwangsarbeiter wurde in Cranzahl öffentlich gehängt.

Läm., Ernst Albin – 3 Jahre Haft
Wei., Walter Georg – Verfahren eingestellt
Gerichtsentscheidungen: LG Chemnitz am 24.6.1948; OLG Dresden am 2.11.1948; LG Chemnitz am 16.3.1950

246. Denunziation – Nr. 1594
Die Angeklagte denunzierte 1937 in Berlin einen jüdischen Bekannten, weil dieser versucht haben soll, die Angeklagte zu vergewaltigen. Der Denunzierte wurde zu einer Gefängnisstrafe verurteilt, kam anschließend ins KZ Buchenwald und starb dort.

Mlo., Veronika, geb. R. – 1 Jahr und 6 Monate Haft
Gerichtsentscheidungen: LG Potsdam am 25.6.1948; OLG Potsdam am 15.10.1948

247. Gewaltverbrechen gegen KZ-Häftlinge – Nr. 1593
Der Beschäftigte der Firma Wumag in Görlitz war 1945 tatbeteiligt an der Misshandlung von Häftlingen des KZ Görlitz-Biesnitzer Grund, die sich Schweinefutter aus Kübeln der Wumag-Werksküche geholt hatten, sowie an der Übergabe von zwei dabei ertappten Häftlingen an die Lagerleitung, die später einen wegen der Wegnahme des Schweinefutters erschießen ließ.

Sed., Gerhard Anton – 8 Jahre Haft
Gerichtsentscheidungen: LG Bautzen am 26.6.1948; OLG Dresden am 19.10.1948

248. Justizverbrechen – Nr. 1592
Die Angeklagten wirkten als Juristen (Staatsanwalt, Präsident oder Beisitzer eines politischen Strafsenats) am Oberlandesgericht Dresden bzw. am Sondergericht Leipzig bei Verfahren wegen Hoch- und Landesverrat sowie »Feindbegünstigung« mit. Es handelte sich um etwa 500 Verfahren gegen circa 1500 Angeklagte, wobei Todesurteile, vorwiegend gegen Tschechen, gefällt wurden (s. auch Nr. 1273).

Anger, Dr. Dr. Erich – 12 Jahre Haft
Bücking, Dr. Walther – 10 Jahre Haft
Fischer, Hans – 6 Jahre Haft
Härtel, Dr. Erich – 6 Jahre Haft
Müller, Karl – 3 Jahre Haft
Schulze, Dr. Richard – 1 Jahr und 2 Monate Haft

Zu Dr. Dr. Anger wird im Buch »Furchtbare Juristen« von Ingo Müller ausgeführt: »1948 war der ehemalige Staatsanwalt Dr. Dr. Erich Anger, der als Ankläger beim Landgericht in Leipzig mehrfach mit Erfolg die Todesstrafe gefordert hatte, von der Großen Strafkammer des Landgerichts Dresden wegen Verbrechen gegen die Menschlichkeit zu 12 Jahren Zuchthaus verurteilt worden. Nach Verbüßung der Strafe wurde Anger Erster Staatsanwalt in Essen.« (s. auch »Braunbuch« 1968 – Reprint bei edition ost 2002, S. 115 und 147)
Gerichtsentscheidungen: LG Dresden am 29.6.1948; LG Dresden am 2.6.1947; OLG Dresden am 7.11.1947; OLG Dresden am 20.6.1949

249. »Euthanasie« – Nr. 1591
Die Angeklagte hat in den Heil- und Pflegeanstalten Grafeneck und Hadamar an der Vergasung von 400 bis 500 »Geisteskranken« durch Registrierung, Entkleidung und Untersuchung der Kranken sowie Verwaltung der Nachlasssachen mitgewirkt. Ab Juli 1941 leistete sie Büroarbeit in der Zentralverrechnungsstelle der Heil- und Pflegeanstalten in Berlin.

Mic., Hedwig, geb. Sch. – 2 Jahre und 6 Monate Haft
Gerichtsentscheidungen: LG Weimar, Jena, am 29.6.1948; LG

Weimar, Jena, am 18.12.1947; OLG Gera am 5.3.1948; OLG Gera am 16.4.1948

250. Denunziation – Nr. 1590
In seiner Funktion als Bürgermeister in Kalteneber war der Angeklagte 1941 verantwortlich für die Misshandlung von Fremdarbeitern sowie für die Denunziation eines Polen, der daraufhin zum Tode verurteilt und hingerichtet wurde.

Köh., Franz – Verfahren eingestellt
Gerichtsentscheidung: LG Nordhausen am 30.6.1948

251. Denunziation – Nr. 1589
Der Angeklagte machte 1934 nach seiner Verhaftung bei der Gestapo umfangreiche Angaben über mehrere KPD-Mitglieder aus Dresden und Plauen. Die Denunzierten wurden daraufhin vom OLG Dresden wegen Vorbereitung zum Hochverrat zu langen Freiheitsstrafen verurteilt. Einer der Denunzierten starb kurz nach der Verurteilung an den Folgen der in der Untersuchungshaft erlittenen Misshandlungen. Des Weiteren lautete die Anklage auf 1947 begangene Boykotthetze, für die er aber nicht verurteilt wurde.

Bec., Friedrich Otto – 5 Jahre Haft
Gerichtsentscheidung: LG Dresden am 1.7.1948

252 Denunziation – Nr. 1588
Der Angeklagte war als Beschäftigter in der Waffenfabrik Krieghoff in Suhl 1945 tatbeteiligt an der Misshandlung und Denunziation eines »halbjüdischen« Zwangsarbeiters, der sich in einem Zwangsarbeiterlager der OT Notizen gemacht hatte. Er wurde ins KZ Buchenwald überführt und kam im April 1945 bei einem Evakuierungsmarsch nach Dachau zu Tode (s. auch Nr. 1208).

Kra., Ludwig – 4 Jahre Haft
Gerichtsentscheidung: LG Meiningen am 5.7.1948

253. Gewaltverbrechen in Haftstätten – Nr. 1587

Die Angeklagte war als KZ-Häftling und Lagerälteste im KZ Ravensbrück tatbeteiligt an Denunziationen und Meldungen von Mithäftlingen zur Bestrafung, in mindestens einem Fall mit Todesfolge. Sie hat an der Auswahl von marschunfähigen und zur Vergasung vorgesehenen Häftlingen kurz vor der Auflösung des Lagers teilgenommen.

 Angeler, Katharina Henriette Sophie, geb. Kno. – 18 Jahre Haft

Gerichtsentscheidung: LG Dresden am 5.7.1948

254. Denunziation – Nr. 1586

Die Angeklagten denunzierten im August 1938 in Meiningen einen Mann wegen antifaschistischer Äußerungen. Der Denunzierte wurde vom Volksgerichtshof wegen Wehrkraftzersetzung zum Tode verurteilt und hingerichtet.

 Böt., Hilde, geb. Vi. – 2 Jahre Haft
 Gol., Elsa, geb. Sch. – 3 Jahre und 6 Monate Haft
 Gol., Ursula – Verfahren vorläufig eingestellt
 Wei., Ida, geb. Säu. – 2 Jahre Haft

Gerichtsentscheidungen: LG Meiningen am 5.7.1948; OLG Gera, unbekannt; LG Meiningen am 21.3.1949; OLG Gera, unbekannt; LG Meiningen am 29.3.1950

255. Denunziation – Nr. 1585

Der Angeklagte beteiligte sich im August 1942 in Ölsnitz an der Denunziation eines Mannes wegen nazifeindlicher und »defaitistischer« Äußerungen. Der Denunzierte wurde verurteilt und kam nach der Strafverbüßung ins KZ Flossenbürg, wo er zu Tode kam.

 Sch., Paul Ernst – 3 Jahre Haft

Gerichtsentscheidungen: LG Chemnitz am 8.7.1948; OLG Dresden am 15.10.1948

256. Denunziation – Nr. 1584
Als Angehöriger der SA Luckenwalde war der Angeklagte 1944 beteiligt an der Denunziation eines Geschäftsmannes, der sich gegen die Judenverfolgung ausgesprochen und die SS beschuldigt hatte, die Juden zu vergiften. Der Denunzierte wurde ins KZ Sachsenhausen deportiert und ist nicht zurückgekehrt.

Pit., Otto – 1 Jahr und 6 Monate Haft

Gerichtsentscheidungen: LG Potsdam am 9.7.1948; LG Cottbus am 8.11.1947; OLG Potsdam am 24.2.1948

257. Kriegsverbrechen, Gewaltverbrechen in Haftstätten – Nr. 1583
Der Angeklagte war als Angehöriger der Waffen-SS unter anderem in der Ukraine an sogenannten »Vergeltungs- und Vernichtungsaktionen« sowie später an Verbrechen im KZ Buchenwald beteiligt. Er wurde 1948 von seiner Ehefrau und deren Schwester angezeigt.

Mew., Hermann Fritz Karl – 4 Jahre und 6 Monate Haft

Gerichtsentscheidung: LG Magdeburg am 12.7.1948

258. Verbrechen gegen Kriegsende – Nr. 1582
Der Angeklagte hatte als Angehöriger des Volkssturms Riesa mit gezogener Pistole die Exekution von während eines Evakuierungsmarsches entflohenen Häftlingen überwacht (s. auch Nr. 1707).

Gri., Heinz Joachim – 3 Jahre Haft

Gerichtsentscheidung: LG Dresden am 14.7.1948

259. Denunziation – Nr. 1581
Der Angeklagte war 1940 in Hohenstein-Ernstthal beteiligt an der Denunziation eines Arbeitskollegen wegen »kriegsfeindlicher« Äußerungen. Der Denunzierte erhielt eine Vorladung von der Gestapo und verübte daraufhin Selbstmord.

Hoe., Johann Conrad – Verfahren eingestellt

Gerichtsentscheidung: LG Chemnitz am 15.7.1948

260. Denunziation – Nr. 1580
Die Angeklagte denunzierte 1943 in Bötzow ihren Untermieter als Gegner des Nazi-Regimes. Der Denunzierte kam in das KZ Neuengamme, wo er vergast worden sein soll.
  Mar., Johanne, geb. Bal. – Freispruch und Verfahren eingestellt
Gerichtsentscheidung: LG Potsdam am 16.7.1948

261. Denunziation – Nr. 1579
Die Angeklagte denunzierte in den Jahren 1939 bis 1942 in Niederdorf-Stollberg in vier Fällen Personen wegen antifaschistischer Äußerungen. Von den Denunzierten wurde einer zu eineinhalb Jahren Zuchthaus verurteilt, eine Frau verübte Selbstmord, nachdem sie zur Vernehmung vorgeladen worden war.
  Hut., Karoline Wilhelmine Charlotte, geb. Sch. – 3 Jahre und 6 Monate Haft
Gerichtsentscheidung: LG Chemnitz am 16.7.1948

262. Denunziation – Nr. 1578
Die Angeklagten denunzierten im Mai 1943 in Hartmannsdorf einen Mann wegen »defaitistischer« Äußerungen. Der Denunzierte verstarb unmittelbar nach der Hauptverhandlung vor dem Volksgerichtshof in der Untersuchungshaft.
  Grö., Gustav Karl – 1 Jahr und 6 Monate Haft
  Wür., Franz Alois – 2 Jahre und 3 Monate Haft
Gerichtsentscheidung: LG Chemnitz am 20.7.1948

263. Verbrechen bei der Errichtung der faschistischen Diktatur – Nr. 1577
Als Angehörige der Allgemeinen SS und der SA in Tangerhütte waren die Angeklagten im August 1933 tatbeteiligt an der Verhaftung und schweren Misshandlung von KPD- und SPD-Mitgliedern und -Funktionären, in einem Falle mit Todesfolge.
  Bor., Wilhelm – 6 Monate Haft
  Bre., Alfred – 3 Monate Haft

Gas., Franz – 3 Monate Haft
Pau., Hans – 3 Monate Haft
Sch., Gerhard – 5 Monate Haft
Sch., Willi – 5 Jahre Haft
Stä., Karl-Heinz – Verfahren eingestellt
Thi., Willi – 6 Monate Haft
Vin., Karl – 2 Jahre und 6 Monate Haft
Wes., Willi – 6 Jahre und 3 Monate Haft
Wi., Otto – 2 Jahre und 6 Monate Haft / Rehabilitierungsantrag zurückgewiesen

Gerichtsentscheidungen: LG Magdeburg am 23.7.1948; OLG Halle am 28.11.1949; LG Magdeburg am 22.10.1993 (Reha)

264. Denunziation – Nr. 1576

Die Angeklagten denunzierten im März 1935 eine Schwester der Universitäts-Nervenklinik Leipzig, weil sie gegen das Hitler-Regime schreibende tschechische Zeitungen verbreitete. Außerdem hatte sieein intimes Verhältnis mit einem Juden. Nachdem sie von der Gestapo verhaftet worden war, vergiftete sie sich.

Dro., Ida Minna Martha, geb. M. – 1 Jahr und 6 Monate Haft
Ham., Alwin Otto Karl – 2 Jahre Haft

Gerichtsentscheidungen: LG Leipzig am 30.7.1948; OLG Dresden am 23.2.1949

265. Denunziation – Nr. 1575

Als Angehöriger der Wehrmacht gehörte der Angeklagte einer Widerstandsgruppe im Strafbataillon 999 an, die Verbindungen zu griechischen Partisanen unterhielt. Diese Gruppe wurde von ihm im Juli 1943 verraten. Während einige Mitglieder freigesprochen und andere zu Zuchthausstrafen verurteilt wurden, verurteilte man den Leiter der Gruppe zum Tode. Der Verdacht des Verrats von ehemaligen Spanienkämpfern an den französischen Geheimdienst im Jahr 1938 im Lager Gurs konnte im Verfahren 1948 nicht bewiesen werden.

Hertel, Andreas – lebenslange Haft / 1956 im Zuge
einer Amnestie aus der Haft entlassen
Gerichtsentscheidung: LG Magdeburg am 30.7.1948

266. Denunziation – Nr. 1574

1943 denunzierte der Angeklagte in Senftenberg einen Mann wegen »defaitistischer« Äußerungen. Der Denunzierte wurde wegen Wehrkraftzersetzung zu drei Jahren Zuchthaus verurteilt, kam anschließend in ein Konzentrationslager und ist nicht zurückgekehrt.

Ada., Erich – Freispruch
Gerichtsentscheidung: LG Meiningen am 31.7.1948

267. Verbrechen bei der Errichtung der faschistischen Diktatur – Nr. 1573

Die Angeklagten waren als Angehörige der SA in Chemnitz, Marienberg, Lauterbach, Rittersberg, Lauta, Großolbersdorf, Großrückerswalde, Kühnhaide und Drebach im März/April 1933 tatbeteiligt an schweren Misshandlungen von verhafteten Antifaschisten, von denen zwei den Folgen der Misshandlungen erlagen.

Bil., Johannes Bruno – 1 Jahr und 4 Monate Haft
Brä., Wilhelm Otto – 9 Monate Haft
Dit., Friedrich Karl – 5 Jahre Haft
Ehr., Hellmuth Emil – 1 Jahr und 8 Monate Haft
Eic., Richard Herbert – 12 Jahre Haft
Gär., Albin Richard – 9 Monate Haft
Gla., Gerhard Willy – Freispruch
Gün., Herbert – 6 Jahre und 6 Monate Haft
Har., Guido Arno – 6 Jahre Haft / Reha: Verurteilung
  als »rechtsstaatswidrig« aufgehoben
Hau., Walter Rudolf – nur Sühnemaßnahmen
Kol., Arthur Franz – 9 Monate Haft
Kro., Max Friedrich – Freispruch
Loo., Max Paul – 1 Jahr Haft
Meh., Max Alfred – 1 Jahr Haft

Mer., Rudolf Arno – 1 Jahr und 6 Monate Haft
Mey., Ernst Richard – 1 Jahr und 3 Monate Haft
Ne., Karl Albert – Freispruch
Reu., Friedrich Walter – 1 Jahr Haft
Re., Gotthard Paul – 1 Jahr Haft
Sch., Paul Alfred – 1 Jahr Haft
Sei., Otto Bruno – 6 Monate Haft
Sei., Friedrich – 1 Jahr Haft
Spi., Friedrich – 9 Monate Haft
Szy., Vincenz Franz – 11 Jahre Haft
Tri., Anton Paul – 9 Monate Haft
Uhl., Johannes Kurt – Freispruch
Uh., Albrecht Friedrich Emil – 1 Jahr und 3 Monate Haft
Ul., Alfred Paul – 2 Jahre und 6 Monate Haft

Gerichtsentscheidungen: LG Chemnitz am 7.8.1948; LG Chemnitz 4.11.1993 (Reha Har.)

268. Denunziation – Nr. 1572

Die Beschäftigten der Leipziger Kugellagerfabrik in Plagwitz waren 1944 tatbeteiligt an der Meldung eines belgischen Fremdarbeiters, der geäußert hatte, die Ausländer seien sich einig, was sie beim Zusammenbruch des Nazi-Regimes mit jenen Meistern machen würden, die sie schlecht behandelt hatten. Der Denunzierte kam ins KZ Flossenbürg, wo er kurz vor Kriegsende verstarb.

Ble., Hans Heinz Georg – 2 Jahre Haft

Gri., Karl Fritz – 2 Jahre Haft

Wit., Adolph – 2 Jahre Haft / Reha: Verurteilung als »rechtsstaatswidrig« aufgehoben

Gerichtsentscheidungen: LG Leipzig am 11.8.1948; LG Leipzig am 7.6.1993 (Reha Wit.)

269. Denunziation – Nr. 1571

Die in der Firma F.G. Sohre in Dresden-Freital Beschäftigten waren im Januar 1944 beteiligt an der Denunziation von drei

Zwangsarbeitern, in deren Unterkunft Messer gefunden worden waren. Die Denunzierten wurden ins KZ Buchenwald überführt. Einer starb dort, einer ist seitdem verschollen, der Dritte starb im September 1946 an den Folgen seiner Inhaftierung (s. auch Nr. 1330).

Det., Willi Karl Heinrich – 1 Jahr und 3 Monate Haft
Kum., Arno Friedrich – 2 Jahre Haft
Gerichtsentscheidungen: LG Dresden am 12. 8. 1948; OLG Dresden am 23. 2. 1949

270. Verbrechen bei der Errichtung der faschistischen Diktatur – Nr. 1570

Die Angeklagten waren als Mitglieder der SA in Berlin-Köpenick tatbeteiligt an der Verhaftung, Misshandlung und Tötung von SPD- und KPD-Mitgliedern während der sogenannten »Köpenicker Blutwoche« im Juni 1933 und an der Misshandlung eines Kommunisten im Jahre 1934 (s. auch Nr. 1201, Nr. 1293, Nr. 1524 und »Waldheimverfahren« Nr. 2084).

Krü., Walter Bruno – 6 Monate Haft
Le., August Oskar – 15 Jahre und 5 Jahre Haft
Schr., Bruno Heinz – 15 Jahre und 5 Jahre Haft
Gerichtsentscheidungen: LG Berlin am 19. 8. 1948; KG am 17. 1. 1949; LG Berlin am 3. 11. 1950; KG am 20. 3. 1951

271. Denunziation – Nr. 1569

Der Angeklagte denunzierte im August 1941 in Niederwünsch bei Merseburg seine Schwiegertochter wegen Umgangs mit Fremdarbeitern. Die Denunzierte wurde inhaftiert und verstarb im KZ Auschwitz.

Fra., Hermann – 4 Jahre Haft
Gerichtsentscheidung: LG Halle am 20. 8. 1948

272. Kriegsverbrechen – Nr. 1568

Als Angehöriger der Polizei bei der Landwacht in Polleben/Kreis Eisleben erteilte der Angeklagte Zim. den Befehl, einen schwerverwundeten US-amerikanischen Piloten zu erschießen. Der Mitangeklagte He. schoss über den Amerikaner hinweg, der kurz darauf an seinen im Luftkampf erlittenen Verletzungen verstarb.

He., Siegfried – Verfahren eingestellt
Zim., Wilhelm – 7 Jahre Haft
Gerichtsentscheidungen: LG Halle am 21.8.1948; OLG Halle am 26.9.1949

273.   Verbrechen gegen Kriegsende – Nr. 1567
Als Angehöriger des Volkssturms und Flakhelfer in Jessen war der Angeklagte im April 1945 tatbeteiligt an der Erschießung eines KZ-Häftlings während eines Evakuierungstransports.

Klo., Hans – Jugendstrafe von mindestens 2 Jahren
Gerichtsentscheidung: LG Halle am 21.8.1948

274.   Verbrechen gegen Kriegsende – Nr. 1566
Als Angehörige des Volkssturms in Niederbobritzsch/Freiberg waren die Angeklagten im April 1945 beteiligt an der Festnahme dreier entflohener KZ-Häftlinge, die sich bei einem Bauern versteckt hatten. Sie wurden in der Gemeindezelle eingesperrt, der Polizei übergeben und von dieser erschossen.

Uhl., Friedrich Hermann – 1 Jahr und 6 Monate Haft
Wal., Georg – Verfahren eingestellt
Gerichtsentscheidung: LG Dresden am 24.8.1948

275.   Denunziation – Nr. 1565
Die Angeklagten denunzierten im Juli 1940 einen Arbeitskollegen in der Firma Huhnholz in Gera, in dessen Werkzeugkasten ein Notizbuch mit abfälligen Äußerungen über führende Nazis gefunden worden war. Der Denunzierte wurde in ein Konzentrationslager deportiert und starb 1942 im KZ Dachau.

Jun., Paul – 1 Jahr und 6 Monate
M., Erich – Freispruch
Gerichtsentscheidungen: LG Gera am 25.8.1948; OLG Gera am 15.10.1948; LG Gera am 18.5.1949; OLG Gera am 5.8.1949; LG Rudolstadt am 6.10.1949

276. Denunziation – Nr. 1564
Die Angeklagten denunzierten im Juni 1944 in Piesteritz einen Arbeitskollegen, der über die Fortschritte der alliierten Truppen nach der Invasion 1944 berichtet hatte. Der Denunzierte wurde verurteilt und verstarb kurz nach seiner Entlassung an den Folgen der Haft.

Mat., Paul – Freispruch
Mol., Richard – 1 Jahr und 6 Monate Haft
Woh., Emanuel – 1 Jahr und 6 Monate Haft
Gerichtsentscheidung: LG Halle am 25.8.1948

277. Kriegsverbrechen – Nr. 1563
Der Angeklagte war im Juli 1944 als Angehöriger der Hilfspolizei in Osterwieck tatbeteiligt an der versuchten Erschießung eines notgelandeten US-amerikanischen Fliegers.

Gei., Otto – 8 Jahre Haft
Gerichtsentscheidung: LG Magdeburg am 26.8.1948

278. Gewaltverbrechen in Haftstätten – Nr. 1562
Der Angeklagte war als Kriminalkommissar der Gestapo unter anderem ab April 1944 als Leiter der Gestapo-Dienststelle in Niedersachswerfen eingesetzt und dort an Misshandlungen bei Vernehmungen sowie an der Erhängung von Häftlingen des KZ Dora beteiligt.

Häser, Adolf – 20 Jahre Haft
Gerichtsentscheidung: LG Magdeburg am 26.8.1948
Nach seiner vorzeitigen Haftentlassung am 16. März 1956 setzte sich Häser in die BRD ab und war anschließend als kaufmännischer Angestellter in Bayreuth beschäftigt. In den 60er Jahren wurde er mehrfach durch die bundesdeutsche Justiz vernommen.

279. Gewaltverbrechen in Haftstätten – Nr. 1561
Als SS-Aufseherin und Hundeführerin beteiligte sich die Angeklagte an Misshandlungen und Meldungen von Häftlingen im KZ Ravensbrück. Mehrere Häftlinge sollen dadurch den Tod

erlitten haben. Sie hatte die Spitznamen: »Rabenaas«, »Mannweib«, »Dragoner«, »Schmelings Schatten«.

Rabestein, Gertrud – lebenslange Haft / Rehabilitierungsantrag zurückgewiesen

Gerichtsentscheidungen: LG Halle am 31.8.1948; OLG Halle am 18.4.1949; LG Halle am 15.1.1996 (Reha) ; OLG Naumburg am 26.3.1996 (Reha)

280.   Denunziation – Nr. 1560

Die Angeklagte E. denunzierte im Juli 1943 in Gröben ihren Ehemann wegen abfälliger Äußerungen über Hitler. Der Denunzierte wurde vom Volksgerichtshof zum Tode verurteilt und hingerichtet. Der Ortsbürgermeister Mar. weigerte sich, für den Verurteilten ein Gnadengesuch einzureichen.

E., Olga – 1 Jahr Haft

Mar., Kurt – 1 Jahr und 6 Monate Haft

Gerichtsentscheidung: LG Halle am 1.9.1948

281.   Denunziation – Nr. 1559

Im Rahmen von Ehestreitigkeiten denunzierten die Ehefrau und die Tochter 1942 in Lübtheen den als Kommunist vorbestraften Ehemann und Vater. Der Denunzierte wurde daraufhin zur Wehrmacht eingezogen und fiel 1944.

Gön., Karla, geb. Me. – 6 Monate Haft

Me., Bertha, geb. Wen. – 6 Monate Haft

Gerichtsentscheidung: LG Schwerin am 3.9.1948

282.   Denunziation – Nr. 1558

1942 informierte die Angeklagte in Holbach / Nordhausen im Rahmen schwerer Familienstreitigkeiten einen Polizisten über die »defaitistischen« Äußerungen ihres Ehemannes. Der Ehemann wurde zu einer Gefängnisstrafe verurteilt und verstarb wenige Tage nach seiner vorzeitigen Entlassung an den Folgen der Haft.

Wec., Karoline, geb. Kul., gesch. Lam. – 2 Jahre und 6 Monate Haft

Gerichtsentscheidungen: LG Nordhausen am 4.9.1948; LG Nordhausen am 19.4.1948; OLG Gera am 25.6.1948

283. Denunziation – Nr. 1557
Die Angeklagten denunzierten 1944 in Schwerin ihren Ehemann bzw. Vermieter wegen antifaschistischer Äußerungen. Der Denunzierte wurde vom Sondergericht Schwerin zu zwei Jahren Haft verurteilt und verstarb während der Strafverbüßung.

Si., Gertrud, geb. Bo. – Verfahren eingestellt
Sti., Lilli – Verfahren eingestellt
Gerichtsentscheidungen: LG Schwerin am 6.9.1948; LG Schwerin am 19.2.1948; OLG Schwerin am 26.7.1948

284. Verbrechen gegen Zwangsarbeiter – Nr. 1556
Der Angeklagte war beteiligt an der Bedrohung, Beschimpfung und schweren Misshandlung von Zwangsarbeitern der Firma AEG in den Jahren 1943 bis 1944 in Bodenbach, in einem Falle mit Todesfolge.

Lud., Franz – 8 Jahre Haft
Gerichtsentscheidungen: LG Dresden 13.9.1948; OLG Dresden am 10.6.1949

285. Denunziation – Nr. 1555
Die Angeklagten wirkten 1944 in Leipzig an der Fahndung nach einem desertierten Soldaten mit, der nach wiederholter Fahnenflucht festgenommen, zum Tode verurteilt und hingerichtet wurde.

Vol., Anna Elsa, geb. Hes. – Freispruch
Bal., Ilse Anny, geb. Vol. – Freispruch
Gerichtsentscheidung: LG Leipzig 15.9.1948

286. Denunziation – Nr. 1554
Der Angeklagte war im Juli 1944 beteiligt an der Denunziation eines Kollegen der Firma Lorenz AG in Guben, der bedauert hatte, dass das Attentat auf Hitler nicht geglückt sei. Der

Denunzierte wurde vom Volksgerichtshof zum Tode verurteilt und hingerichtet.

Di., Georg – 3 Jahre Haft
Gerichtsentscheidung: LG Potsdam 17. 9. 1948; OLG Potsdam am 23. 4. 1949

287. Verbrechen bei der Errichtung der faschistischen Diktatur, Denunziation – Nr. 1553

Der Angeklagte denunzierte im Oktober 1933 in Staffelde einen Mann wegen antifaschistischer Äußerungen und Verbindungen zur KPD. Der Denunzierte wurde ins KZ Oranienburg überführt. Nach längerem Aufenthalt in verschiedenen Konzentrationslagern starb er 1941 in Haft.

Wit., Gustav – 1 Jahr und 6 Monate Haft
Gerichtsentscheidung: LG Potsdam am 17. 9. 1948

288. Verbrechen bei der Errichtung der faschistischen Diktatur / Gewaltverbrechen in Haftstätten – Nr. 1552

Als Angehöriger der SA war der Angeklagte zwischen 1933 und 1934 beteiligt an der Misshandlung von Antifaschisten und ausländischen Arbeitern in Nauen sowie an der Misshandlung von Häftlingen im KZ Börnicke. Einer der Misshandelten ist dadurch verstorben.

Küh., Ernst – 10 Jahre Haft / Rehabilitierungsantrag
    zurückgewiesen
Gerichtsentscheidungen: LG Potsdam am 17. 9. 1948; OLG Potsdam am 2. 2. 1949; LG Potsdam am 11. 7. 1996 (Reha)

289. »Euthanasie« – Nr. 1551

Der spätere SS-Obersturmführer wirkte in den Jahren 1940 und 1941 als SS-Oberscharführer bei der »Reichsarbeitsgemeinschaft für Heil- und Pflegeanstalten« in Berlin bei der Tötung von sogenannten »Geisteskranken« in den Heil- und Pflegeanstalten Grafeneck und Bernburg sowie im Zuchthaus Brandenburg mit.

Oberhauser, Josef – 15 Jahre Haft

Nach Verbüßung eines erheblichen Teils dieser Strafe wurde Oberhauser am 28. April 1956 im Rahmen einer Amnestie aus der Haft entlassen und übersiedelte in die BRD. Dort wurde er vom Schwurgericht des Landgerichts München I am 21. Januar 1965 wegen »eines Verbrechens der Beihilfe zum gemeinschaftlichen Mord in 300 000 Fällen und wegen fünf weiterer Verbrechen der Beihilfe zum gemeinschaftlichen Mord in je 150 Fällen« zur Gesamtstrafe von vier Jahren und sechs Monaten Zuchthaus verurteilt (s. auch BRD-Verfahren Nr. 585).
Gerichtsentscheidung: LG Magdeburg am 24.9.1948

290. Denunziation, Verbrechen gegen Kriegsende – Nr. 1550
Die Angeklagten hatten 1943 in Stüptitz/Torgau einen Mann wegen abfälliger Äußerungen über das Nazi-Regime angezeigt. Der Denunzierte wurde daraufhin zu einer Zuchthausstrafe verurteilt. Außerdem denunzierten sie einen deutschen Soldaten, der sich im Frühjahr 1945 von seiner Truppe entfernt hatte und in Stüptitz untergetaucht war. Der Soldat soll erschossen worden sein.

Ec., Kurt – 2 Jahre und 6 Monate Haft
Hem., Max – Verfahren eingestellt
Woi., Irmgard – Verfahren eingestellt
Wöt., Alwine – Verfahren eingestellt
Gerichtsentscheidung: LG Halle am 27.9.1948

291. Denunziation – Nr. 1549
Im Rahmen von Streitigkeiten mit ihrem Vermieter beklagten sich die Angeklagten We. und Vo. im April 1941 bei der Gemeindeverwaltung und bei der NSDAP und erwähnten, dass er ausländische Sender abhöre. Auf Anforderung des Angeklagten Fro., NSDAP-Zellenleiter in Baalsdorf, fertigten sie eine Aufstellung der vom Vermieter abgehörten Sender an. Der Denunzierte wurde daraufhin von der Gestapo vernommen. Als er zu einer zweiten Vernehmung vorgeladen wurde, beging er Selbstmord.

Fro., Max Emil – 2 Jahre und 6 Monate Haft
We., Elfriede Hertha, geb. Gr. – 1 Jahr
Vo., Helene Ida, geb. Mü. – 1 Jahr
Gerichtsentscheidung: LG Leipzig am 28.9.1948

292.   Gewaltverbrechen in Haftstätten – Nr. 1548
Der Angeklagte wurde 1933 über die Polizeidienststelle in Frankfurt an der Oder als Wachmann in die KZ Hammerstein und Sonnenburg kommandiert. Er war tatbeteiligt an grausamen Misshandlungen und Ermordungen von politischen und jüdischen Häftlingen, darunter Carl von Ossietzky und Erich Mühsam.

Adrian, Heinz – Todesstrafe
Gerichtsentscheidungen: LG Schwerin am 29.9.1948; OLG Schwerin am 20.11.1948

293.   Denunziation – Nr. 1547
Die Angeklagten beteiligten sich im Dezember 1939 in Oberfrohna an der Denunziation eines Kollegen, der geäußert hatte, dass der Anschlag auf Hitler im Bürgerbräukeller von Himmler selbst inszeniert worden sei. Der Denunzierte wurde ins Konzentrationslager überführt und ist seit Anfang 1945 verschollen (s. auch Nr. 1325).

Fis., Erhard Hugo – 1 Jahr und 10 Monate Haft
Sch., Alfred Wilhelm – 2 Jahre Haft
Ste., Albert Paul – 2 Jahre und 9 Monate Haft
Gerichtsentscheidung: LG Chemnitz am 4.10.1948

294.   Denunziation – Nr. 1546
Die Angeklagte hat 1944 in Erfurt wiederholt Anzeigen gegen zwei jüdische Kinder erstattet, weil sie den Judenstern nicht getragen hatten. Die Kinder wurden in ein Konzentrationslager eingeliefert und starben dort.

Alb., Marie, geb. Wi. – 7 Jahre Haft
Gerichtsentscheidung: LG Erfurt 5.10.1948

295. Denunziation – Nr. 1545
Die Anklage lautete auf Denunziation eines im Mai 1944 in einem Waldversteck angetroffenen fahnenflüchtigen deutschen Soldaten. Der Denunzierte wurde daraufhin verhaftet, entwich aus dem Gefängnis, wurde erneut angehalten und beim Versuch zu flüchten erschossen.
  Kir., Franz – 4 Jahre Haft
Gerichtsentscheidung: LG Weimar, Jena, am 6.10.1948

296. Denunziation – Nr. 1544
Die Anklage lautete auf Denunziation eines Mannes im Oktober 1941 in Potsdam-Babelsberg wegen antifaschistischer Äußerungen. Der Denunzierte wurde vom Sondergericht Berlin zu 6 Monaten Gefängnis verurteilt und nach der Strafverbüßung ins KZ Sachsenhausen überführt, wo er starb.
  Rös., Gertrud, geb. Voh. – Freispruch und Verfahren eingestellt
Gerichtsentscheidung: LG Potsdam am 6.10.1948

297. Denunziation – Nr. 1543
Der Angeklagte war als Angehöriger der Kriegsmarine in Oslo tatbeteiligt an der Denunziation eines Soldaten, der Hitler beschimpft hatte. Der Denunzierte wurde von einem Kriegsgericht in Oslo zum Tode verurteilt und später zu 10,5 Jahren Zuchthaus begnadigt.
  Küh., Johannes – 5 Jahre Haft
Gerichtsentscheidungen: LG Halle am 9.10.1948; OLG Halle am 22.8.1949

298. Verbrechen gegen Kriegsende – Nr. 1542
Als Angehöriger der Polizei in Mertendorf war der Angeklagte im März 1945 beteiligt an der Erschießung eines Häftlings, der während eines Evakuierungsmarsches von der SS-Wachmannschaft angeschossen worden war.
  Stö., Willi – 5 Jahre Haft
Gerichtsentscheidung: LG Halle am 11.10.1948

299. Denunziation / Teilnahme an Judenpogromen – Nr. 1541

Die Angeklagten waren zwischen 1938 und 1939 in Leipzig tatbeteiligt an der Denunziation eines Juden, der abfällige Äußerungen über Hermann Göring getätigt hatte. Der Denunzierte wurde daraufhin zu neun Monaten Gefängnis verurteilt und ins KZ Oranienburg eingewiesen, wo er 1940 verstarb. Des Weiteren wurden die Angeklagten der Beteiligung an Ausschreitungen in der sogenannten »Reichskristallnacht« 1938 beschuldigt.

    Fuc., Wilhelm Fritz – 1 Jahr und 6 Monate Haft
    For., Ernst Karl Otto – 3 Jahre Haft
    Lud., Walter Fritz – 1 Jahr und 9 Monate Haft
    Rei., Paul – 3 Jahre Haft

Gerichtsentscheidungen: LG Leipzig am 11.10.1948; LG Leipzig am 31.1.1947

300. Verbrechen bei der Errichtung der faschistischen Diktatur – Nr. 1540

Der Angeklagte war am 15. Juli 1932 als Angehöriger der SA in Teschendorf an der tödlichen Misshandlung eines Kommunisten beteiligt.

    Hau., Jakob – 5 Jahre Haft

Gerichtsentscheidung: LG Neuruppin, Zweigstelle Brandenburg, am 15.10.1948

301. Denunziation – Nr. 1539

Die Angeklagte soll ihrem jüdischen Ehemann 1943 in Leipzig nach dem Leben getrachtet haben und ließ sich von ihm scheiden. Einige Monate später wurde er nach Theresienstadt deportiert und ist seitdem verschollen.

    Al., Marie Auguste, geb. Grä. – Freispruch

Gerichtsentscheidung: LG Leipzig am 20.10.1948

302. Denunziation, Verbrechen gegen Kriegsende – Nr. 1538

Die Angeklagte soll im April 1945 in Ölsen flüchtige KZ-Häftlinge beim Leiter eines in der Nähe gelegenen KZ-Ausweich-

lagers gemeldet haben. Die Häftlinge sollen wieder ergriffen und erschossen worden sein.

Lö., Maria Charlotte, geb. Gol. – Freispruch
Gerichtsentscheidung: LG Dresden am 21.10.1948

303. Verbrechen gegen Kriegsende – Nr. 1537
Die Anklage betraf die am 17. April 1945 in Quedlinburg erfolgte Erschießung eines Unterarztes wegen angeblicher Fahnenflucht (s. auch Nr. 1300, Nr. 1475 sowie BRD-Verfahren Nr. 434 und Nr. 441).

Bae., Herbert – Freispruch
Gerichtsentscheidung: LG Magdeburg am 26.10.1948

304. Kriegsverbrechen – Nr. 1536
Der Angeklagte war als Angehöriger des Polizeibataillons 93 tatverdächtig, an der Erschießung von 35 Männern und fünf Frauen am 26. August 1943 in Warschau beteiligt gewesen zu sein.

Ve., Hermanus ter – Freispruch
Gerichtsentscheidung: LG Erfurt am 28.10.1948

305. Denunziation – Nr. 1535
Der Angeklagte hat im April 1945 in Stralsund einen Mann wegen antifaschistischer Äußerungen denunziert. Das gegen den Denunzierten ergangene Todesurteil wurde infolge des Kriegsendes nicht vollstreckt.

Bre., Werner – 4 Jahre Haft
Gerichtsentscheidungen: LG Schwerin am 29.10.1948; LG Schwerin am 22.1.1948; OLG Schwerin am 23.8.1948; OLG Schwerin am 10.1.1949

306. Kriegsverbrechen – Nr. 1534
Der Angeklagte wurde beschuldigt, zwischen den Jahren 1943 und 1945 als Angehöriger des Polizeiregiments 88 in Tschechien an Strafexpeditionen gegen die Zivilbevölkerung beteiligt gewesen zu sein.

Bat., Max – Freispruch / Urteil wurde nicht veröffentlicht, da nicht aufgefunden
Gerichtsentscheidungen: LG Schwerin am 29.10.1948

307. Denunziation – Nr. 1533
Die Angeklagten waren im Juli 1944 in Gräbendorf/Teltow an der Denunziation eines Rechtsanwalts beteiligt, der das Misslingen des Attentats auf Hitler bedauert hatte. Der Denunzierte wurde zu sechs Jahren Zuchthaus verurteilt und starb 1946 an den Folgen seiner Inhaftierung.

Gro., Richard – Freispruch und Verfahren eingestellt
Wei., Max – 1 Jahr und 6 Monate Haft
Gerichtsentscheidungen: LG Potsdam am 29.10.1948; OLG Potsdam am 11.3.1949; LG Potsdam am 14.9.1949; OLG Potsdam am 29.12.1949

308. Denunziation – Nr. 1532
Die Angeklagten denunzierten 1943 in Biesnitz bei Görlitz ein Ehepaar wegen abfälliger Äußerungen über Hitler und Göring sowie wegen Abhörens ausländischer Sender. Die Denunzierten wurden vom Sondergericht Berlin zum Tode bzw. zu sieben Jahren Zuchthaus verurteilt. Das Todesurteil wurde vollstreckt, der verurteilte Ehemann starb wenige Tage nach Kriegsende an Entkräftung (s. auch Nr. 1630).

Sch., Oskar Arthur – 5 Jahre Haft
Wen., Erwin Bruno – 5 Jahre Haft
Gerichtsentscheidungen: LG Bautzen am 2.11.1948; OLG Dresden am 26.7.1949

309. Kriegsverbrechen – Nr. 1531
Der Angeklagte war seit dem 5. Juni 1941 Angehöriger der Waffen-SS und hatte in einem Brief aus Russland an Bekannte in der Heimat geschrieben, dass er an Erschießungen von ausgebrochenen Kriegsgefangenen teilgenommen habe. Seine Aussage vor Gericht, das nur zum Angeben geschrieben zu haben, konnte nicht widerlegt werden.

Bus., Willi – 8 Monate Haft
Gerichtsentscheidung: LG Gera am 5.11.1948

310. Denunziation – Nr. 1530
Der Angeklagte denunzierte 1934 in Leipzig einen Friseur, der dem Angeklagten das im Ausland herausgegebene Braunbuch gezeigt und etwas daraus vorgelesen hatte. Der zu neun Monaten Gefängnis verurteilte Denunzierte wurde nach Verbüßung dieser Strafe in ein Konzentrationslager deportiert, wo er zu Tode kam.

Hof., Paul Friedrich Oskar – 1 Jahr und 6 Monate Haft / Urteil nicht veröffentlicht, da nicht aufgefunden
Gerichtsentscheidung: LG Leipzig am 9.11.1948

311. Denunziation – Nr. 1529
Nachdem die Angeklagte 1941 in Wehlau / Ostpreußen ihrem Liebhaber bei der Entwendung von Geld und Schmuck ihrer Mutter behilflich gewesen war, lenkte sie den Verdacht auf einen polnischen Kriegsgefangenen, der daraufhin zum Tode verurteilt und hingerichtet wurde.

Hol., Maria Erika – 3 Jahre Haft
Gerichtsentscheidung: LG Zwickau am 13.11.1948

312. Denunziation – Nr. 1528
Der Angeklagte belastete 1943 verhaftete Antifaschisten durch Übermittlung negativer politischer Einschätzungen an die NSDAP in Suhl und denunzierte einen Gastwirt, der zum Tode verurteilt und hingerichtet wurde.

Hey., August – 1 Jahr und 8 Monate Haft / Urteil nicht veröffentlicht, da nicht aufgefunden
Gerichtsentscheidung: LG Meiningen am 13.11.1948

313. Gewaltverbrechen in Haftstätten, Verbrechen gegen Kriegsende – Nr. 1527

Der Angeklagte wurde als sogenannter »Halbjude« 1942 in das KZ Auschwitz-Monowitz eingeliefert und war dort als Vorarbeiter einem Arbeitskommando zugeteilt. Er wurde beschuldigt, im KZ und auf dem Evakuierungsmarsch Mithäftlinge grausam misshandelt zu haben und ein gefürchteter Schläger gewesen zu sein. Auch wenn ihm eigenhändige Tötungshandlungen nicht nachzuweisen waren, wurde er für den Tod unzähliger Häftlinge mitverantwortlich gemacht.

Bartell, Alexander – lebenslange Haft

Gerichtsentscheidungen: LG Bautzen am 15.11.1948; OLG Dresden am 23.6.1949

314. Denunziation – Nr. 1526

Im Februar 1945 denunzierte die Angeklagte in Obermühle/Ostprignitz einen fahnenflüchtigen deutschen Soldaten. Der Denunzierte wurde kurz darauf von einer Wehrmachtsstreife aufgegriffen, vom Fliegenden Standgericht des Wehrkreises III zum Tode verurteilt und hingerichtet.

G., Luise, geb. Wel. – 2 Jahre Haft

Gerichtsentscheidung: LG Neuruppin, Zweigstelle Brandenburg, am 16.11.1948

315. Denunziation – Nr. 1525

Die Angeklagten veranlassten 1943 in Girbigsdorf/Görlitz eine Durchsuchung bei einer von ihnen beschäftigten polnischen Zwangsarbeiterin, die gestohlen haben sollte. Die Polizei übergab die Frau der Gestapo. Die Polin kam in ein Konzentrationslager und dort zu Tode.

Blu., Johann Adolf Ernst – Freispruch
Blu., Johanna, geb. Wet. – Freispruch
Lau., Paul Louis – 1 Jahr Haft

Gerichtsentscheidung: LG Bautzen am 20.11.1948

316. Verbrechen bei der Errichtung der faschistischen Diktatur – Nr. 1524

Der Angeklagte war 1933 als Köpenicker SA-Mann an der Verhaftung, Misshandlung und Tötung von SPD- und KPD-Mitgliedern während der sogenannten »Köpenicker Blutwoche« beteiligt (s. auch Nr. 1201, Nr. 1293, Nr. 1570 und Nr. 2084).

Sch., Erich Richard Max – 4 Jahre Haft

Gerichtsentscheidung: LG Berlin am 23.11.1948; LG Berlin am 24.1.1948; KG am 6.9.1948; KG am 13.6.1949

317. Denunziation – Nr. 1523

Die beiden Angeklagten verrieten 1943 in Hinterhagen einen Mann, der sich mit einer Selbstverstümmelung dem Kriegsdienst entziehen wollte. Er wurde zum Tode verurteilt und hingerichtet.

Buc., Elsa, geb. Sch. – Freispruch

Por., Helene, geb. Rum. – Freispruch

Gerichtsentscheidung: LG Schwerin am 25.11.1948

318. Verbrechen bei der Errichtung der faschistischen Diktatur, Denunziation – Nr. 1522

Der Angeklagte war 1933 als SA-Angehöriger in Limbach an der Verhaftung und Misshandlung von politischen Gegnern der NSDAP tatbeteiligt. Der Sohn eines KPD-Funktionärs, der als »Geisel« verhaftet worden war, weil sein Vater nicht ergriffen werden konnte, wurde erschossen. Weiterhin denunzierte der Angeklagte 1944 eine Bekannte wegen Verkehrs mit einem ausländischen Arbeiter. Die Frau und der Fremdarbeiter wurden misshandelt und der Fremdarbeiter in ein Arbeitslager eingeliefert (s. auch Nr. 1340 und Nr. 2083).

Mai., Erich Fritz – 12 Jahre Haft

Gerichtsentscheidung: LG Chemnitz am 26.11.1948

319. Gewaltverbrechen in Haftstätten, Verbrechen gegen Kriegsende – Nr. 1521

Eigenen Angaben zufolge ist der Angeklagte 1938 von der Gestapo festgenommen und ins KZ Buchenwald eingeliefert worden. Über Dürenforth bei Breslau und Groß-Rosen kam er ins KZ Flossenbürg und von dort mit einem Aufräumungskommando ins Außenlager Plattling, wo er als Kapo eingesetzt wurde. In Plattling und während des Evakuierungsmarsches war er an der Misshandlung von Häftlingen beteiligt, in einem Fall mit Todesfolge.

Sroka, Roman – Todesstrafe

Er wurde am 19.8.1949 begnadigt und die Todesstrafe in eine lebenslange Zuchthausstrafe umgewandelt. 1956 erfolgte seine Haftentlassung im Rahmen einer breit angelegten Amnestie.

Gerichtsentscheidungen: LG Halle am 16.11.1948; OLG Halle am 12.3.1949

320. Kriegsverbrechen / Verbrechen gegen Zwangsarbeiter – Nr. 1520

Der Angeklagte wurde beschuldigt, 1944 in Friesack an der Erschießung eines abgesprungenen US-amerikanischen Piloten sowie an der Misshandlung von polnischen Zwangsarbeitern beteiligt gewesen zu sein.

Kme., Johann – Freispruch, nur Sühnemaßnahmen

Gerichtsentscheidung: LG Neuruppin, Zweigstelle Brandenburg, am 30.11.1948

321. Denunziation, Andere Verbrechen – Nr. 1519

Der frühere Regierungsrat und Amtshauptmann, zuletzt Landrat zu Bautzen, war wegen seiner Tatbeteiligung an der Bekämpfung der sorbischen Minderheit und Denunziation von Sorben angeklagt, die sich schriftstellerisch, in Sportvereinen oder durch Auslandskontakte in »wendenpolitischer Hinsicht« betätigten. In einer Reihe von Fällen führte dies zu Verhaftungen, Überstellungen in Konzentrationslager sowie zum Tode der Denunzierten. Er belobigte Landwachtmänner, die geflohene

Fremdarbeiter und Kriegsgefangene aufgegriffen hatten, und leistete kurz vor Kriegsende Fluchthilfe für führende Nazis.

Eckhardt, Dr. Hermann August Richard – 15 Jahre Haft / Ein Rehabilitierungsantrag soll zurückgewiesen worden sein. Nähere Angaben dazu liegen jedoch nicht vor.

Gerichtsentscheidung: LG Bautzen am 1.12.1948

322. Verbrechen bei der Errichtung der faschistischen Diktatur, Gewaltverbrechen in Haftstätten – Nr. 1518

Der Angeklagte kam im Juli 1933 als SS-Wachmann in das KZ Lichtenburg und gehörte dort zu einer Schlägerkolonne, die an der Schikanierung, Misshandlung und Folterung von Häftlingen – zum Teil mit Todesfolge – beteiligt war. Er war auch am Erschlagen eines Zivilisten beteiligt, der den von der Außenarbeit ins Lager zurückmarschierenden Häftlingen zugerufen hatte: »Kopf hoch, für euch kommt noch eine bessere Zeit!« (s. auch Nr. 1079 und Nr. 1203).

Schneider, Martin – lebenslange Haft

Gerichtsentscheidung: LG Halle am 2.12.1948

323. Verbrechen gegen Kriegsende, Denunziation, Andere Verbrechen – Nr. 1517

Der Angeklagte Bah. unterhielt in Bützow mit seinem Sohn einen Landmaschinenhandel sowie eine Reparaturwerkstatt und beschäftigte dort Zwangsarbeiter. Auf dem Betriebsgelände befand sich ein Kriegsgefangenenlager, das vom Sohn verwaltet wurde. Beide sollen mit der Gestapo zusammengearbeitet und Häftlinge misshandelt haben. Angeklagt wurden sie auch aufgrund ihrer Meldung eines fahnenflüchtigen deutschen Soldaten im März 1945, der daraufhin verhaftet, zum Tode verurteilt und erschossen wurde.

Bah., Otto – 6 Monate Haft

Bar., Karl – Verfahren aus Mangel an Beweisen eingestellt

Gerichtsentscheidung: LG Schwerin am 4.12.1948

324. Verbrechen bei der Errichtung der faschistischen Diktatur – Nr. 1516

Das Verfahren gegen Angehörige der SA in Ölsnitz hatte deren Tatbeteiligung im März 1933 an der Verhaftung, Misshandlung und Folterung von Antifaschisten, in einem Fall mit Todesfolge, zum Gegenstand.

Ber., Curt Alfred – 5 Jahre Haft
Bli., Max Arthur – 5 Jahre Haft
Boc., Herbert Albert – 1 Jahr Haft
Bon., Max Friedrich – 1 Jahr und 6 Monate Haft
Eckardt, Karl Edwin Hermann – lebenslange Haft
Glö., Franz – 5 Jahre Haft
Gri., Max Emil – 5 Jahre Haft
Här., Otto Max – 1 Jahr Haft
Hei., Paul Alfred – 1 Jahr Haft
Heuschneider, Anton – lebenslange Haft
Kre., Herbert Johannes – Freispruch
Nöt., Albert Erich – 1 Jahr Haft
Ot., Horst Paul – 12 Jahre Haft / Haftentlassung am 21.01.1956 / Rehabilitierungsantrag zurückgewiesen
Rei., Rudi Ernst – 2 Jahre und 6 Monate Haft / Rehabilitierungsantrag zurückgewiesen
Sch., Walter – nur Sühnemaßnahmen
Schö., Andreas Ludwig – 1 Jahr Haft
Stu., Johann Georg – 6 Jahre Haft
Trö., Paul Max – 1 Jahr Haft
Voi., Kurt Robert – 1 Jahr und 6 Monate Haft

Gerichtsentscheidungen: LG Chemnitz am 7.12.1948; LG Chemnitz am 29.9.1991 (Reha Rei.); LG Chemnitz am 17.2.1993 (Reha Ot.); LG Chemnitz am 17.1.1996 (erneuter Reha-Antrag Rei.)

325. Denunziation, Verbrechen gegen Zwangsarbeiter – Nr. 1515

Die Angeklagten waren zwischen 1942 und 1944 tatbeteiligt an der Schikanierung, Misshandlung und Einsperrung von Zwangsarbeitern und Kriegsgefangenen der Eisengießerei

Meerane. Außerdem verfolgten und überstellten sie geflüchtete bzw. missliebige Zwangsarbeiter in Haftstätten und denunzierten einen deutschen Betriebsangehörigen, der sich abfällig über das Nazi-Regime geäußert und sich geweigert hatte, beim Ausladen eines Lazarettzuges zu helfen. Der Denunzierte kam ins KZ Flossenbürg und dort zu Tode.

    But., Christa Eva-Maria, geb. Gol. – nur Sühnemaßnahmen

    Hau., Hildegard Marie, geb. Sem. – nur Sühnemaßnahmen

    Nes., Rudolf – 1 Jahr und 9 Monate Haft / Reha: Vermögenseinziehung als »rechtsstaatswidrig« aufgehoben

    Nes., Walter Ernst Erich – 2 Jahre und 6 Monate Haft / Reha: Vermögenseinziehung als »rechtsstaatswidrig« aufgehoben

Gerichtsentscheidungen: LG Chemnitz am 9.12.1948; OLG Dresden am 31.5.1949; LG Chemnitz am 30.11.1993 (Reha Walter Nes.); LG Chemnitz am 8.12.1994 (Reha Rudolf Nes.)
In den Rehabilitierungsverfahren zu Rudolf und Walter Nes. wurde das Urteil in Bezug auf die Vermögenseinziehung und die gegen Rudolf Nes. nach KD 38 verhängten Nebenfolgen als »rechtsstaatswidrig« aufgehoben. Im Übrigen wurden beide Rehabilitierungsanträge als unbegründet zurückgewiesen.

326. Denunziation – Nr. 1514

Die Angeklagten bespitzelten und denunzierten im Mai 1941 in Dankmarshausen/Eisenach eine deutsche Frau und einen polnischen Zwangsarbeiter als deren Liebhaber. Die Denunzierten wurden unter Beteiligung einiger Angeklagter in einem Umzug durch Dankmarshausen geführt, kamen anschließend ins Konzentrationslager und starben dort.

    Geo., Martin – 2 Jahre und 6 Monate Haft

    Heuchert, Georg – 2 Jahre Haft

    Hey., Erwin – 2 Jahre und 6 Monate Haft

    Hof., Heinrich – 3 Jahre Haft

Rim., Johannes – 2 Jahre Haft
Sal., Johann – 2 Jahre Haft
Sch., Adam – 3 Jahre Haft
Sc., Karl – 3 Jahre Haft
Sta., Johannes – 3 Jahre Haft

Gerichtsentscheidungen: LG Eisenach am 15.12.1948; LG Eisenach am 26.7.1948; OLG Gera am 8.10.1948; OLG Gera am 18.2.1949

327. Verbrechen bei der Errichtung der faschistischen Diktatur – Nr. 1513

Der Angeklagte beteiligte sich zwischen 1932 und 1933 als SA-Mitglied in Engeldorf bei Leipzig an tödlichen Auseinandersetzungen mit Antifaschisten.

Rot., Karl Anton Heinrich – 1 Jahr und 6 Monate Haft / Urteil nicht veröffentlicht, da nicht aufgefunden

Gerichtsentscheidung: LG Leipzig am 17.12.1948

328. Verbrechen der Gestapo – Nr. 1512

Die langjährigen Gestapoangehörigen waren von 1932 bis 1945 im Bereich der Gestapodienststellen Zwickau und Plauen tatbeteiligt an Verhaftungen, Misshandlungen und Verschleppungen von politischen Gegnern und Juden.

Köhler, Arthur Reinhard – 7 Jahre Haft
Lorbeer, Felix Emil – 2 Jahre Haft

Gerichtsentscheidung: LG Zwickau am 20.12.1948

Das Verfahren gegen den zunächst mitangeklagten Kaufmann Ernst Reinhardt Kraner wurde abgetrennt. Ein späteres Urteil gegen Kraner konnte nicht ermittelt werden. Vorher, am 17. Dezember 1947, war Kraner vom LG Plauen bereits wegen Denunziation und Spitzeldiensten in den Jahren 1933 und 1934 – beides ohne Todesfolge – zu einem Jahr Gefängnis verurteilt worden.

329. Massenvernichtungsverbrechen in Lagern – Nr. 1511

Die Angeklagten in diesem »Kamienna-Prozess« waren tatbeteiligt an der Verschleppung der jüdischen Bevölkerung aus der Umgebung Kamiennas in das Zwangsarbeitslager in Tschenstochau, am Raub ihrer Wertsachen sowie an Einzel- und Massenerschießungen von jüdischen Zwangsarbeitern der HASAG. Des Weiteren nahmen sie an Selektionen und »Totbadeaktionen« teil. Mehrere Häftlinge verstarben an den Folgen der Folterungen und Misshandlungen (zum »Kamienna-Prozess« s. auch Nr. 1369 und Nr. 1432 sowie das BRD-Verfahren Nr. 654).

And., Kurt – 2 Jahre und 6 Monate Haft
Bur., Kurt Arthur Friedrich – 6 Jahre Haft
Dec., Erich Albert – 15 Jahre Haft
Esp., Erich Arthur Max – 10 Jahre Haft
Fär., Hans – 15 Jahre Haft
Ge., Karl Friedrich – 12 Jahre Haft
Gle., Walter Reinhold Egon Otto – 8 Jahre Haft / Rehabilitierungsantrag zurückgewiesen
Gra., Erich Gustav – 8 Jahre Haft
Kal., Emil – 9 Jahre Haft
Knö., Walter Herbert – 10 Jahre Haft
Koc., Herbert – 10 Jahre Haft
Köh., Martin Arthur – 12 Jahre Haft
Krebs, Felix Willy – lebenslange Haft
Kro., Friedrich Ernst – 1 Jahr Haft
Krü., Walter Gustav – Freispruch
Kuh., Gustav Ernst – 8 Jahre Haft
Lei., Gustav Adolf – 8 Jahre Haft
Mör., Kurt Ernst – 6 Jahre Haft
Neumerkel, Reinhard Hermann – Todesstrafe
Rost, Dr. ing. chem. Arthur Alwin – Todesstrafe
Seidel, Willi Ernst – Todesstrafe
Sta., Leo Paul – 11 Jahre Haft
Tietge, Marianne Gertrud, geb. Haubold – lebenslange Haft

Voi., Ernst Alwin – 4 Jahre Haft
Wagner, Alfred Richard Paul – Todesstrafe
Gerichtsentscheidungen: LG Leipzig am 22.12.1948; LG Leipzig am 29.9.1994 (Reha Gle.)

330. Gewaltverbrechen in Haftstätten – Nr. 1510

Die Angehörigen des Haftstättenpersonals im Zuchthaus Brandenburg waren tatbeteiligt an der Misshandlung und Abschiebung von missliebigen Häftlingen durch sogenannte »Asozialen-Transporte« (s. BRD-Verfahren Nr. 310). Einer der so abgeschobenen Häftlinge soll gegen Kriegsende bei der Räumung des Zuchthauses Sonnenburg getötet worden sein (s. BRD-Verfahren Nr. 758).

Nör., Otto – 1 Jahr und 6 Monate Haft
Rot., Paul – nur Sühnemaßnahmen
Sti., Gustav – 2 Jahre und 6 Monate Haft
Wen., Fritz – 4 Jahre Haft / Reha: Vermögenseinziehung als »rechtsstaatswidrig« aufgehoben
Win., Felix – 1 Jahr Haft

Gerichtsentscheidungen: LG Neuruppin, Zweigstelle Brandenburg, am 17.1.1949; LG Potsdam am 8.10.1997 (Reha Wen.)

331. Gewaltverbrechen in Haftstätten, Verbrechen gegen Kriegsende – Nr. 1509

Der Angeklagte war zwischen 1943 und 1945 tatbeteiligt an der Misshandlung und Schikanierung von Häftlingen im Zuchthaus Halle sowie an der Begleitung eines fast vierwöchigen Evakuierungstransports von Häftlingen aus Halle nach Leitmeritz / Tschechien in offenen Güterwagen ohne ausreichende Ernährung, wodurch zahlreiche Gefangene zu Tode kamen (s. auch Nr. 1210).

Keu., Hermann – 8 Jahre Haft

Gerichtsentscheidung: LG Nordhausen am 18.1.1949

332. Verbrechen gegen KZ-Häftlinge – Nr. 1508

Als Geschäftsführer der Thüringer Fleischwerke in Apolda war der Angeklagte verantwortlich für die Verarbeitung von verdorbenem Freibankfleisch zu Fleisch- und Wurstwaren und deren Lieferung an das KZ Buchenwald, wodurch mehrere Häftlinge starben (s. auch Nr. 1445).

Dan., Karl Fritz Hermann – 10 Jahre Haft / Reha: Vermögenseinziehung als »rechtsstaatswidrig« aufgehoben

Gerichtsentscheidungen: LG Weimar, Jena, am 20.1.1949; OLG Gera am 29.4.1949; LG Gera am 1.4.1992 (Reha); LG Erfurt am 4.8.1993 (Reha)

333. Kriegsverbrechen – Nr. 1507

Der Angeklagte beteiligte sich zwischen 1940 und 1942 als Angehöriger der Bahnschutzpolizei Warschau an der Tötung von Zivilisten bei der Bewachung des Warschauer Bahnhofgeländes, bei der Sicherung von Eisenbahntransporten sowie an schweren Misshandlungen von drei Juden (s. auch Nr. 1086).

Sch., Bruno – 1 Jahr und 6 Monate Haft

Gerichtsentscheidung: LG Eisenach am 20.1.1949

334. Gewaltverbrechen in Haftstätten – Nr. 1506

Der Angeklagte kam 1937 als Häftling aus dem KZ Sachsenburg ins KZ Sachsenhausen und wurde dort als »Funktionshäftling« (Vorarbeiter) unter anderem im Klinkerwerk und im Kohlenbunkerkommando eingesetzt. Zwischen 1940 und 1943 war er Blockältester im Block 2. Er war tatbeteiligt an der Misshandlung und Ermordung von Häftlingen, unter anderem durch Ertränken oder »Totbaden«, womit das Abspritzen von Häftlingen mit heißem und kaltem Wasser unter (anschließender) Kälteeinwirkung bezeichnet wird.

Rottluff, Max Ernst – Todesstrafe

Gerichtsentscheidung: LG Chemnitz am 24.1.1949

335. Denunziation – Nr. 1505
Der Angeklagte zeigte zwischen 1943 und 1944 in Reichstädt/ Dippoldiswalde einen bei ihm beschäftigten Zwangsarbeiter wegen Eigentumsdelikten an. Der Denunzierte kam in ein KZ und dort zu Tode.
    Gie., Martin – Freispruch
Gerichtsentscheidung: LG Dresden am 24.1.1949

336. Verbrechen gegen Kriegsende – Nr. 1504
Die Angeklagten nahmen im April 1945 als Angehörige der Hitlerjugend und des Volkssturms in Quenstedt und Oberwiederstedt an Verfolgungen, Verhaftungen, Misshandlungen und Erschießungen während eines Evakuierungsmarsches entflohener Häftlinge teil.
    Bau., Egon – 6 Monate Haft
    Böt., Karl – 3 Jahre Haft
    Dit., Hermann – 2 Jahre und 6 Monate Haft
    Dit., Lucie, geb. S. – Freispruch
    Jam., Hermann – 6 Monate Haft
    Pät., Werner – 3 Jahre Haft
    Sch., Otto – 2 Jahre Haft
Gerichtsentscheidungen: LG Halle am 25.1.1949; OLG Halle am 31.10.1949; LG Halle am 23.5.1950

337. Denunziation – Nr. 1503
Das Verfahren betraf die in Sachsenburg erfolgte Denunziation eines »Bibelforschers«. Der Denunzierte wurde wiederholt für kurze Zeit in »Schutzhaft« genommen und schließlich ins KZ Sachsenhausen deportiert, wo er starb.
    Par., Vinzenz – 2 Jahre Haft
    Sch., Friedrich Max – 2 Jahre Haft
Gerichtsentscheidung: LG Chemnitz am 27.1.1949

338. Denunziation – Nr. 1502
Die Angeklagten denunzierten 1943 in Waren einen Arbeitskollegen wegen abfälliger Äußerungen über die Kriegsführung und

das Nazi-Regime. Der Denunzierte wurde vom Volksgerichtshof zum Tode verurteilt und hingerichtet.

Bor., Anneliese, geb. Dre. – 1 Jahr und 5 Monate Haft
Pfe., Hans – 1 Jahr und 5 Monate Haft
Rei., Erika – 1 Jahr und 5 Monate Haft

Gerichtsentscheidungen: LG Schwerin am 31.1.1949; LG Schwerin am 4.11.1947; OLG Schwerin am 9.8.1948; OLG Schwerin am 29.11.1948

339. Denunziation – Nr. 1501
Der Angeklagte erstattete im Juli 1932 in Leipzig-Mockau Anzeige gegen einen Kommunisten. Dieser wurde wegen Hochverrats zu einem Jahr und drei Monaten Gefängnis verurteilt. Nach Verbüßung der Strafe kam er in ein Konzentrationslager und verstarb nach seiner Entlassung an den Folgen des Aufenthaltes.

Bir., Karl August Hugo Johann – 2 Jahre Haft

Gerichtsentscheidung: LG Leipzig am 4.2.1949 Urteil nicht aufgefunden

340. Verbrechen gegen Kriegsende – Nr. 1500
Die Angeklagten beteiligten sich am 13. und 14. April 1945 als Angehörige des Volkssturms Harkerode an der Durchsuchung eines Waldes nach Häftlingen. Diese waren während eines Evakuierungsmarsches entflohen und beschafften sich nachts in Harkerode Nahrung und Kleidung. Im Laufe der Suchaktion wurden fünf Häftlinge erschossen, mehrere angeschossen und elf verhaftet.

And., Paul – 2 Jahre Haft
Bau., Walter – 10 Jahre Haft
Büt., Wilhelm – 15 Jahre Haft
Fit., Johann – 12 Jahre Haft
Her., Paul – Verfahren eingestellt
Het., Wilhelm – Freispruch
Küh., Franz – 12 Jahre Haft
Sch., Hermann – 12 Jahre Haft

Uhl., Kurt – Verfahren eingestellt
Witte, Otto – lebenslange Haft
Gerichtsentscheidung: LG Halle am 5.2.1949

341. Verbrechen gegen Kriegsende – Nr. 1499

Der Angeklagte war als Volkssturmangehöriger am 8. Mai 1945 in Sadisdorf an der Denunziation dreier aus einem Evakuierungstransport entflohener Häftlinge beteiligt, die geplündert haben sollten und daraufhin von zwei SS-Leuten erschossen wurden.

Kus., Herbert Wilhelm – 15 Jahre Haft
Gerichtsentscheidungen: LG Dresden am 7.2.1949; LG Dresden am 25.9.1946; OLG Dresden am 19.12.1947; LG Dresden am 6.4.1948; OLG Dresden am 9.7.1948; OLG Dresden am 21.9.1949; LG Dresden am 14.12.1949

342. Denunziation, Verbrechen gegen Kriegsende – Nr. 1498

Die Angeklagte denunzierte am 29. April 1945 einen deutschen Soldaten, der sich in einem Bunker in Brandenburg Zivilkleidung angezogen hatte. Zwei Fallschirmjäger, die den Soldaten zu seiner Einheit zurückbringen wollten, wurden von einem Ortsgruppenleiter angehalten, der den Soldaten an Ort und Stelle erschießen ließ.

Now., Eva – 4 Jahre Haft
Gerichtsentscheidungen: LG Neuruppin, Zweigstelle Brandenburg, am 8.2.1949; LG Neuruppin, Zweigstelle Brandenburg, am 3.2.1948; OLG Potsdam am 14.12.1948

343. Verbrechen gegen Kriegsende – Nr. 1497

Die Angeklagten waren am 29. April 1945 in Briesener Zootzen tatbeteiligt an der Misshandlung und Erschießung eines Fremdarbeiters aus Furcht, er könnte nach Abzug der deutschen Truppen der Bevölkerung gefährlich werden.

Win., Egon – Freispruch

Zil., Otto – Freispruch und 1 Jahr und 6 Monate Haft
Gerichtsentscheidung: LG Neuruppin, Zweigstelle Brandenburg, am 15.2.1949

344. Verbrechen der Landwacht – Nr. 1496
Der Angeklagte beteiligte sich im Oktober und November 1943 als Angehöriger der Landwacht Gresse an der Verhaftung eines flüchtigen politischen Häftlings. Dieser wurde anschließend vom Sondergericht Schwerin zum Tode verurteilt und hingerichtet.
 Küh., Hermann – Freispruch
Gerichtsentscheidung: LG Schwerin am 16. 2. 1949

345. Denunziation – Nr. 1495
Die Angeklagten waren 1940 und 1943 in Dresden tatbeteiligt an der Denunziation eines in der Großbuchbinderei Nittnaus beschäftigten tschechischen Zwangsarbeiters und eines deutschen Zivilisten. Der Deutsche wurde zwei Wochen in Gestapohaft genommen, der Fremdarbeiter soll ins KZ Buchenwald deportiert und dort gestorben sein.
 Chr., Helene Charlotte, geb. Küt. – 10 Monate Haft
 Nit., Bruno Ludwig – 1 Jahr Haft
 Wei., Bruno Ernst – 8 Monate Haft
Gerichtsentscheidung: LG Dresden am 16. 2. 1949

346. Denunziation – Nr. 1494
Um nach der Entlassung aus der Wehrmacht seine alte Stellung wiederzubekommen, denunzierte der Angeklagte am 6. Dezember 1942 in Zwickau einen bei seinem alten Arbeitgeber beschäftigten Mann – nachdem er dessen Abstammung ausgespäht hatte – als »Halbjuden«, der mit einer deutschen Frau ein uneheliches Kind hatte. Der Denunzierte kam ins KZ Buchenwald und dort zu Tode.
 Oeh., Georg Emil Karl – 3 Jahre Haft
Gerichtsentscheidung: LG Zwickau am 17. 2. 1949

347. Denunziation – Nr. 1493
Die Angeklagten denunzierten einen Wachmann in Rerik wegen antifaschistischer Äußerungen. Der Denunzierte wurde zu einer Zuchthausstrafe verurteilt und kehrte nicht zurück.

Gre., Rudolf – Freispruch
Lan., Erich – Freispruch
Gerichtsentscheidung: LG Schwerin am 18.2.1949

348. Kriegsverbrechen – Nr. 1492
Der Angeklagte war im August 1944 in Sponholz / Neubrandenburg als SS-Mitglied zusammen mit anderen Mitgliedern eines SS-Sturms zur Ergreifung von entflohenen Gefangenen und notgelandeten ausländischen Piloten eingesetzt. Er verhaftete einen US-amerikanischen Piloten. Dieser wurde trotz Widerstandes der örtlichen Gendarmerie zuerst schwer misshandelt und dann erschossen.
Röh., Erich – 4 Jahre Haft
Gerichtsentscheidungen: LG Schwerin am 18.2.1949; OLG Schwerin am 2.6.1949

349. Denunziation – Nr. 1491
Der Angeklagte war NSDAP-Ortsbauernführer in Heubach und wurde der Denunziation und der Beteiligung an der Erhängung von 20 Polen im Mai 1943 beschuldigt (s. auch Nr. 1182).
Tra., Ernst – nur Sühnemaßnahmen
Gerichtsentscheidung: LG Meiningen am 19.2.1949

350. Denunziation – Nr. 1490
Der Angeklagte war Arzt der Marine in Kristiansand und im April 1945 tatbeteiligt an der Festnahme eines Matrosen, der unter Alkoholeinfluss auf Hitler und das Nazi-Regime schimpfte und im Krankenrevier randalierte. Der Matrose wurde vom Kriegsgericht zum Tode verurteilt und am 4. Mai 1945 erschossen (s. auch BRD-Verfahren Nr. 354 gegen den beteiligten Marinerichter Lüder).
Lan., Dr. Erich – 8 Jahre Haft / Reha: Verurteilung als »rechtsstaatswidrig« aufgehoben
Gerichtsentscheidungen: LG Halle am 22.2.1949; OLG Halle am 8.8.1949; LG Halle am 22.6.1996 (Reha)

351. Denunziation – Nr. 1489
Die Angeklagte denunzierte im April/Mai 1943 in Halle eine jüdische Frau wegen Verstoßes gegen die Judenverordnungen in der Absicht, deren Mann, von dem die Angeklagte schwanger war, zu heiraten. Nachdem die Jüdin verhaftet worden war, beantragte der Mann die Scheidung und heiratete die Denunziantin. Die Jüdin kam ins KZ Theresienstadt und ist verschollen.
 Jus., Agnes – Freispruch und 3 Jahre Sühnemaßnahmen
Gerichtsentscheidung: LG Halle am 23. 2. 1949

352. Denunziation – Nr. 1488
Der Angeklagte denunzierte in den Jahren zwischen 1933 und 1944 als Angehöriger der SA in Schmölln wiederholt Personen, die sich abfällig über das Nazi-Regime oder Hitler geäußert hatten. Einer der Denunzierten wurde vom Volksgerichtshof zum Tode verurteilt und hingerichtet. Des Weiteren war der Angeklagte tatbeteiligt an der Veranlassung des Boykotts eines jüdischen Geschäfts und dem Eskortieren dreier Frauen auf einem Marsch durch die Stadt bis zum Markt, wo ihnen die Haare abgeschnitten wurden. Die Frauen waren zuvor wegen verbotenen Umgangs mit Ausländern verhaftet worden (s. auch Nr. 1715).
 Tru., Alfred – 9 Jahre Haft
Gerichtsentscheidungen: LG Altenburg am 24. 2. 1949; OLG Gera am 25. 4. 1949; LG Altenburg, Datum unbekannt

353. Denunziation – Nr. 1487
Der Angeklagte denunzierte im November 1939 in Granzin bei Boizenburg einen Landwirt, der sein Bedauern über das Misslingen des Münchner Attentats auf Hitler geäußert hatte. Als der Denunzierte von der Anzeige gegen ihn erfuhr, erhängte er sich, weil er befürchtete, in ein KZ eingewiesen zu werden.
 Rat., Heinrich – 4 Jahre Haft
Gerichtsentscheidungen: LG Schwerin am 1. 3. 1949; LG Schwerin am 5. 7. 1948; OLG Schwerin am 29. 11. 1948

354. Denunziation – Nr. 1486

Die Angeklagten denunzierten im Oktober 1941 in Freyburg zwei deutsche Frauen wegen ihrer Beziehung zu polnischen Kriegsgefangenen. Die Frauen kamen ins KZ Ravensbrück, einer der Kriegsgefangenen wurde 1942 in Freyburg gehängt.

Har., Ernst – 3 Jahre und 6 Monate Haft
Häd., Margarete – Urteil unbekannt

Gerichtsentscheidungen: LG Halle am 1.3.1949; OLG Halle am 22.8.1949; LG Halle am 16.5.1950

355. Kriegsverbrechen – Nr. 1485

Der Angeklagte erschoss 1943 in Tannenkrug einen Kriegsgefangenen, der aus dem Stalag Fünfeichen geflohen war.

Gae., Otto Johann Ernst – Freispruch

Gerichtsentscheidung: LG Schwerin am 2.3.1949

356. Straftaten der Feldgendarmerie – Nr. 1484

Der Angeklagte wurde für schuldig befunden, als Angehöriger der Feldgendarmerie an Verbrechen beteiligt gewesen zu sein.

Müller, Werner – 20 Jahre Haft / Urteil nicht veröffentlicht, da nicht aufgefunden

Gerichtsentscheidung: LG Leipzig am 4.3.1949

357. Gewaltverbrechen in Haftstätten – Nr. 1483

Als Angehörige des Haftstättenpersonals im Gefängnis Plauen waren die Angeklagten in den Jahren 1940 bis 1945 tatbeteiligt an der Schikanierung und Misshandlung von Häftlingen sowie der Verweigerung ärztlicher Hilfe, was in mindestens einem Falle zum Tod eines Häftlings führte.

Bag., Kurt Paul – 2 Jahre und 10 Monate Haft
Büh., Max – 12 Jahre Haft
Pie., Otto Albin – 2 Jahre Haft
Prö., Karl Walter – 4 Jahre Haft

Gerichtsentscheidung: LG Zwickau am 4.3.1949

358. Gewaltverbrechen in Haftstätten – Nr. 1482
Der Angeklagte war Offizier und Abteilungsführer eines Wehrmachtsarbeits- und Strafgefangenenlagers und hat an Schindereien und Misshandlungen von strafgefangenen deutschen Soldaten teilgenommen bzw. diese angeordnet oder geduldet. Als Führer einer Strafkompanie in der Sowjetunion hat er sich an Gerichtsverhandlungen gegen deutsche Soldaten sowie in zwei Fällen an deren Erschießung beteiligt. Eingesetzt war er im Wehrmachtsgefängnis Torgau und im Wehrmachtsstrafgefangenenlager Bitterfeld.
 Böt., Friedrich Paul Richard Arno – 8 Jahre Haft
Gerichtsentscheidung: LG Dresden am 5.3.1949

359. Verbrechen gegen Kriegsende – Nr. 1481
Der Angeklagte war am 17. April 1945 als Angehöriger der Feuerschutzpolizei Magdeburg tatbeteiligt an der Erschießung eines Angehörigen der Feuerschutzpolizei, weil dieser sich geweigert hatte, in den letzten Kriegstagen dem Werwolf beizutreten.
 Schönmeyer, Karl – 25 Jahre Haft
Gerichtsentscheidungen: LG Magdeburg am 7.3.1949; LG Magdeburg am 28.2.1947; OLG Halle am 19.4.1948

360. Denunziation – Nr. 1480
Die Anklage lautete auf Denunziation eines Arbeitskollegen 1944 in Apolda wegen »defaitistischer« und nazifeindlicher Äußerungen. Der Denunzierte wurde vom Volksgerichtshof zum Tode verurteilt und hingerichtet.
 Mu., Alfred – Freispruch
Gerichtsentscheidungen: LG Weimar, Jena, am 9.3.1949; LG Weimar, Jena, am 27.2.1948; OLG Gera am 9.7.1948

361. Andere Verbrechen – Nr. 1479
Als Angehöriger der Gendarmerie war der Angeklagte im Januar 1941 in Groß Mist bei Schönberg beteiligt an der Verhaftung und Vernehmung eines polnischen Fremdarbeiters, der beschuldigt worden war, mit einem zwölfjährigen Mädchen

sexuell verkehrt zu haben. Der Fall wurde der Gestapo gemeldet. Einige Wochen später wurde der Fremdarbeiter in Groß Mist öffentlich gehängt.

Kur., Wilhelm – 1 Jahr und 3 Monate Haft
Gerichtsentscheidungen: LG Schwerin am 10.3.1949; OLG Schwerin am 2.6.1949

362. Denunziation – Nr. 1478
Die Angeklagte führte 1941 in Dessau Beschwerde bei der Gestapo über das Verhalten einer jüdischen Nachbarin. Diese wurde zuerst von der Gestapo verwarnt, kurz darauf jedoch »nach dem Osten« deportiert, wo sie umgekommen sein soll.

Kra., Else, geb. Deu. – 1 Jahr und 3 Monate Haft
Gerichtsentscheidung: LG Dessau am 11.3.1949

363. Denunziation – Nr. 1477
Die Angeklagten erstatteten im Februar 1945 Anzeige gegen zwei polnische Zwangsarbeiter der Firma Hoyer & Klemm Gartenbetrieb in Dresden wegen Diebstahls. Die Zwangsarbeiter wurden zum Tode verurteilt und hingerichtet.

Din., Kurt Bruno – 3 Jahre und 6 Monate Haft
Kar., Otto Martin Georg – 2 Jahre und 6 Monate Haft
Gerichtsentscheidungen: LG Dresden am 12.3.1949; OLG Dresden am 5.10.1949; LG Dresden am 9.2.1950

364. Verbrechen gegen Zwangsarbeiter – Nr. 1476
Die Angeklagte hat in den Jahren 1940 bis 1945 in Hohenschönberg in dem von ihr geführten Landwirtschaftsbetrieb ausländische Zwangsarbeiter beschäftigt und schikaniert, von denen einer sich in seiner Kammer erhängte.

Sch., Auguste – 1 Jahr und 6 Monate Haft
Gerichtsentscheidung: LG Schwerin am 12.3.1949

365. Verbrechen gegen Kriegsende – Nr. 1475
Am 17. April 1945 war der Angeklagte in Quedlinburg zugegen bei der Erschießung eines Unterarztes wegen angeblicher

Fahnenflucht (s. auch Nr. 1300 und Nr. 1537 sowie BRD-Verfahren Nr. 434 und Nr. 441).

Jah., Dr. Friedrich – nur Sühnemaßnahmen
Gerichtsentscheidung: LG Magdeburg am 14.3.1949

366. Gewaltverbrechen gegen Zwangsarbeiter und Kriegsgefangene – Nr. 1474

Der Angeklagte wurde beschuldigt, 1943 in Schönfeld/Platow als Angehöriger der Gendarmerie Schönfeld tatbeteiligt an Misshandlungen von Fremdarbeitern und Kriegsgefangenen sowie an der Erschießung eines Polen bei einem Ausbruch mehrerer Polen aus dem Lager Schneidemühl gewesen zu sein.

Mol., Arthur – Freispruch / Urteil nicht aufgefunden
Gerichtsentscheidung: LG Schwerin am 14.3.1949

367. Gewaltverbrechen in Haftstätten – Nr. 1473

Der Angeklagte gehörte als SA-Mitglied 1933 zum Haftstättenpersonal des KZ Königstein-Halbestadt und war tatbeteiligt an Misshandlungen und Folterungen von Häftlingen, zum Teil mit Todesfolge (s. auch Nr. 1411).

Biener, Werner Emil Wilhelm – Todesstrafe / Die Todesstrafe wurde nicht vollstreckt. Biener wurde 1955 amnestiert und aus der Haft entlassen.
Gerichtsentscheidungen: LG Dresden am 19.3.1949; LG Dresden am 10.5.1948; OLG Dresden am 14.9.1948; OLG Dresden am 3.10.1949

368. Denunziation – Nr. 1472

Die Angeklagten denunzierten im September 1943 in Potsdam eine Bekannte, die Hitler beschimpft hatte. Die Denunzierte wurde vom Volksgerichtshof zum Tode verurteilt und hingerichtet.

Nen., Wilma, geb. Roh. – 6 Jahre Haft
Gru., Luise – 2 Jahre Haft
Gerichtsentscheidung: LG Potsdam am 23.3.1949

369. Denunziation – Nr. 1471

Das Verfahren betraf die 1943 in Frankfurt am Main erfolgte Denunziation des kaufmännischen Direktors der Schleifmittelwerke Herbert Lindner durch deren Betriebsleiter, der sich alle politischen Äußerungen des Denunzierten notiert hatte. Einen Tag vor der Hauptverhandlung vor dem Volksgerichtshof erhängte sich der Denunzierte.

Rup., Erhard – 4 Jahre Haft

Gerichtsentscheidung: LG Weimar, Jena, am 23. 3. 1949

370. Denunziation, Verbrechen bei der Errichtung der faschistischen Diktatur, Andere Verbrechen – Nr. 1470

Die Angeklagte Al. denunzierte im Juni 1940 in Frohburg das Ehepaar Ruc. und den Antifaschisten Kirsten wegen Abhörens ausländischer Sender bei der Polizei. Die Denunzierten wurden zu Zuchthausstrafen verurteilt. Kirsten kam nach Strafverbüßung ins KZ Sachsenhausen, wo er am 27. Juli 1942 starb. Der Angeklagte Hem. war als Gendarmerieangehöriger in Frohburg bereits seit 1930 an Verfolgungsmaßnahmen gegen Nazigegner beteiligt. 1948 flüchtete er nach Unterbrechung der Untersuchungshaft in die BRD.

Al., Alma Auguste, geb. Rüm. – 1 Jahr und 6 Monate Haft

Hem., Albert – 1 Jahr Haft / Abwesenheitsverfahren gem. § 276 ff StPO

Gerichtsentscheidung: LG Leipzig am 1. 4. 1949

371. Denunziation – Nr. 1469

Die Angeklagte denunzierte 1936 in Leipzig einen Arbeitskollegen wegen abfälliger Äußerungen über Hitler und das Nazi-Regime. Der Denunzierte wurde vom Sondergericht zu acht Monaten Gefängnis verurteilt und kam nach der Strafverbüßung für ein Jahr in ein Konzentrationslager. 1944 denunzierte sie eine Krankenschwester, die offen ihre Gegnerschaft zum Nazi-Regime und zum Krieg bekundete. Die Krankenschwester wurde wegen Wehrkraftzersetzung und Feindbegünstigung vom Volksgerichtshof zum Tode verurteilt und hingerichtet (s. auch Nr. 1372).

M., Ilse Johanna Sophie – 12 Jahre Haft / Reha: Vermögenseinziehung als »rechtsstaatswidrig« aufgehoben

Gerichtsentscheidungen: LG Leipzig am 6. 4. 1949; LG Leipzig am 25. 11. 1946; OLG Dresden am 20. 6. 1947; LG Leipzig am 8. 10. 1947; OLG Dresden am 16. 7. 1948; LG Leipzig am 28. 4. 1995 (Reha)

372. Verbrechen gegen Zwangsarbeiter – Nr. 1468

Der Angeklagte wurde beschuldigt, in Greifswald an Misshandlungen und Beschießungen ausländischer Zwangsarbeiter beteiligt gewesen zu sein und einer Gebärenden ärztliche Hilfe versagt zu haben, sodass ihr Kind tot zur Welt kam.

Ste., Willi Karl Theodor – 5 Jahre Haft / Urteil nicht aufgefunden

Gerichtsentscheidung: LG Schwerin am 6. 4. 1949

373. Gewaltverbrechen in Haftstätten – Nr. 1467

Der Angeklagte wurde 1943 als sogenannter »Volksdeutscher« in Jugoslawien zur SS-Division »Prinz Eugen« eingezogen, kam zunächst als Wachposten ins KZ Neuengamme und ab März 1944 zum KZ Alderney, wo er tatbeteiligt war an der Misshandlung von Häftlingen und dem Beschießen von flüchtenden Häftlingen während des Evakuierungsmarsches.

Bik., Peter – 5 Jahre Haft

Gerichtsentscheidung: LG Halle am 8. 4. 1949

374. Denunziation – Nr. 1466

Die Anklage lautete auf die 1938 in Wismar erfolgte Denunziation eines »Bibelforschers« wegen antifaschistischer Äußerungen. Der Denunzierte wurde zu einer Gefängnisstrafe verurteilt und später im KZ Neuengamme hingerichtet.

Brü., Johann – Freispruch / Urteil nicht aufgefunden

Gerichtsentscheidung: LG Schwerin am 9. 4. 1949

375. Justizverbrechen – Nr. 1465

Der Angeklagte war als Beisitzer im 1. Strafsenat des Oberlandesgerichts Breslau unter anderem beteiligt an der Verhandlung gegen 109 KPD-Mitglieder wegen Vorbereitung zum Hochverrat, Waffenbesitzes, illegaler Tätigkeit für die KPD. 87 Angeklagte wurden zu – zum Teil langjährigen – Zuchthausstrafen verurteilt. Mehrere sind nach der Strafverbüßung in ein Konzentrationslager überstellt worden und dort umgekommen.

Nischelsky, Ernst – 2 Jahre und 6 Monate Haft
Gerichtsentscheidungen: LG Halle am 12.4.1949; OLG Halle am 15.8.1949; OG am 13.6.1950

376. Verbrechen bei der Errichtung der faschistischen Diktatur, KZ-Verbrechen – Nr. 1464

Der Angeklagte war seit 1932 als SS-Mitglied in Meißen mehrfach an Ausschreitungen gegen Antifaschisten und deren Misshandlung sowie an Zerstörungen während der sogenannten »Reichskristallnacht« 1938 tatbeteiligt. Ab 1939 war er als Kompanieführer in den KZ Flossenbürg und Gusen und ab 1. März 1943 im KZ Auschwitz im Außenlager Kobier, zuletzt als SS-Hauptsturmführer eingesetzt. Er war an Verbrechen gegen KZ-Häftlinge beteiligt.

Heimann, Karl Josef Albert – 20 Jahre Haft
Gerichtsentscheidung: LG Dresden am 13.4.1949

377. Denunziation – Nr. 1463

Der Verdacht einer 1938 in Christovsgrund erfolgten Denunziation eines kommunistischen Funktionärs, der daraufhin einige Wochen inhaftiert wurde und 1941 vermutlich an den Folgen der Haft verstarb, wurde im Prozess nicht bewiesen.

Ric., Kurt – Verfahren eingestellt
Gerichtsentscheidung: LG Nordhausen am 13.4.1949

378. Verbrechen bei der Errichtung der faschistischen Diktatur – Nr. 1462

Die Angeklagten beteiligten sich im Juni 1933 als SA-Angehörige in Niemegk und Holzweisig an Verhaftungen von Antifaschisten und Hausdurchsuchungen. Einer der Verhafteten verstarb im Oktober 1933 im KZ Lichtenburg.

Kad., Kurt – Freispruch und nur Sühnemaßnahmen
Sch., Arno – Freispruch und 9 Monate Haft
Gerichtsentscheidung: LG Halle am 22. 4. 1949

379. Denunziation – Nr. 1461

Der Angeklagte denunzierte 1942 einen Wachmann der Luftmunitionsanstalt Crawinkel wegen »defaitistischer« Äußerungen, der daraufhin zu einer Freiheitsstrafe verurteilt wurde. Nach der Strafverbüßung wurde er ins KZ Buchenwald deportiert, wo er starb (s. auch Nr. 1425).

Dör., Kurt – Freispruch und Verfahren eingestellt
Cot., Karl – 2 Jahre und 6 Monate Haft
Gerichtsentscheidung: LG Gotha am 27. 4. 1949

380. Denunziation – Nr. 1460

Der Angeklagte denunzierte im Juni 1941 in Hüttenrode einen Arbeitskollegen, der sich über den Krieg gegen die Sowjetunion abfällig geäußert hatte. Der Denunzierte kam in ein Arbeitslager, wo er starb.

Di., Wilhelm – 3 Jahre und 5 Monate Haft
Gerichtsentscheidung: LG Magdeburg am 3. 5. 1949

381. Denunziation – Nr. 1459

Anlässlich einer Diebstahlsanzeige denunzierte die Angeklagte 1944 in Eilenburg den damals tatverdächtigen Lebensgefährten ihrer Schwester Albin Held wegen Abhörens ausländischer Sender und antifaschistischer Äußerungen. Held wurde zum Tode verurteilt und am 15. Januar 1945 hingerichtet.

Fuc., Lina, gesch. Ric. – 7 Jahre Haft
Gerichtsentscheidungen: LG Halle am 5. 5. 1949; LG Halle

am 24.4.1947; OLG Halle am 20.11.1947; LG Dessau am 12.4.1948; OLG Halle am 20.9.1948

382. Verbrechen bei der Errichtung der faschistischen Diktatur – Nr. 1458

Als SA-Mitglied beteiligte sich der Angeklagte 1933 in Erfurt an schweren Misshandlungen von Antifaschisten bei deren Vernehmungen im Steigerwald. Außerdem erschlug und erschoss er Häftlinge, die in das provisorische KZ Erfurt-Feldstraße deportiert worden waren.

Sch., Paul – 15 Jahre Haft
Gerichtsentscheidung: LG Erfurt am 9.5.1949

383. Denunziation – Nr. 1457

Der Angeklagte zeigte 1941 in Neusiedlitz einen Mann wegen verbotenen Umgangs mit Ausländern an. Der Denunzierte wurde zu drei Jahren Gefängnis verurteilt und starb in der Haft.

Mar., Georg – 1 Jahr Haft
Gerichtsentscheidungen: LG Schwerin am 13.5.1949; LG Güstrow, Zweigstelle Rostock, am 8.12.1948; OLG Schwerin, unbekannt

384. Kriegsverbrechen – Nr. 1456

Als ehemaliger Angehöriger des Landesschützenbataillons 397 wurde der Angeklagte der Misshandlung eines Kriegsgefangenen, der Erschießung zweier sowjetischer sowie eines flüchtenden englischen Kriegsgefangenen und der Auspeitschung einer sowjetischen Frau beschuldigt.

Ric., Werner Arthur – Freispruch
Gerichtsentscheidungen: LG Dresden am 13.5.1949; OLG Dresden am 19.10.1949

385. Denunziation – Nr. 1455

Die Angeklagten denunzierten im März 1945 in Laußnitz bei Kamenz einen bereits auf ihrem Grundstück eingesperrten

Deserteur wegen Fluchtversuchs. Der Denunzierte wurde von einer SS-Streife abgeholt und einige Tage später erschossen (s. auch Nr. 1402).
    Kun., Reinhold Karl – 3 Jahre Haft
    Kun., Anna Martha, geb. Kir. – 1 Jahr und 3 Monate Haft
Gerichtsentscheidungen: LG Bautzen am 17.5.1949; OLG Dresden am 2.11.1949

386. Kriegsverbrechen – Nr. 1454
Die Angeklagten waren im November 1939 in Hohensalza als Angehörige des Infanterieregiments 385 tatbeteiligt an der Erschießung von 14 durch ein deutsches Kriegsgericht zum Tode verurteilten polnischen Zivilisten, die Volksdeutsche getötet und verwundete deutsche Soldaten misshandelt haben sollten.
    Din., Karl Franz Gustav – Freispruch und 1 Jahr und 9 Monate Haft
    Feu., Paul Max – Freispruch
    Fis., Paul Albin – Freispruch
    Glä., Georg Karl Edgar – Freispruch
    Hau., Alfred Paul – Freispruch
    Kir., Richard Paul – Freispruch
    Leu., Richard – Freispruch und 2 Jahre Haft
    Rud., Johannes Alfred Theodor – Freispruch und Verfahren eingestellt
    Ste., Bernhard Oskar – Freispruch
Gerichtsentscheidungen: LG Dresden am 18.5.1949; OLG Dresden am 30.8.1950; LG Dresden am 30.8.1950; OLG Dresden am 12.9.1951

387. Verbrechen bei der Errichtung der faschistischen Diktatur – Nr. 1453
Der Angeklagte hat in der Silvesternacht 1933 in Stettin als SA-Mitglied den Kommunisten Hans Neumann durch Pistolenschüsse so schwer verletzt, dass dieser nach einigen Tagen starb.
    Hof., Richard – 5 Jahre Haft

Gerichtsentscheidungen: LG Schwerin am 18.5.1949; OLG Schwerin am 25.7.1949

388. Massenvernichtungsverbrechen der Waffen-SS – Nr. 1452
Der Angeklagte kam 1941 als SS-Oberscharführer zur Standortkommandantur in Lublin und wurde der Beteiligung an Gräueltaten gegen die polnische und jüdische Bevölkerung beschuldigt.

    M., Bernhard – 1 Jahr Haft
Gerichtsentscheidung: LG Magdeburg am 18.5.1949

389. Denunziation – Nr. 1451
Im Juni 1940 erstattete der Angeklagte in Wanzleben Anzeige gegen eine deutsche Frau und einen polnischen Zwangsarbeiter, die er beim Geschlechtsverkehr überrascht hatte. Die Frau wurde zu 3 Jahren Zuchthaus verurteilt, der polnische Zwangsarbeiter im Vorwerk Buch bei Wanzleben öffentlich erhängt.

    Lem., Ernst Otto – 20 Jahre Haft
Gerichtsentscheidung: LG Magdeburg am 19.5.1949

390. Denunziation – Nr. 1450
Der Angeklagte denunzierte im Juli 1936 in Großenhain einen Landarbeiter, der Handzettel mit Parolen gegen das Nazi-Regime verteilt hatte. Der Denunzierte wurde verhaftet, ins KZ Sachsenburg eingeliefert und 1937, angeblich bei einem Fluchtversuch, erschossen.

    Bey., Herbert Karl – 1 Jahr Haft / Rehabilitierungsantrag zurückgewiesen
Gerichtsentscheidung: LG Dresden am 20.5.1949; LG Dresden am 17.9.1996 (Reha)

391. Denunziation – Nr. 1449
Der Angeklagte wurde beschuldigt, 1936 in Neu-Gülze einen Zivilisten denunziert zu haben, der gesagt hatte, dass die SA den Reichstag angesteckt habe. Der Denunzierte wurde verhaftet und starb in der Haft.

Wil., Willi – Freispruch
Gerichtsentscheidung: LG Schwerin am 20.5.1949

392. Justizverbrechen – Nr. 1448
Die Angeklagten waren als Richter am Oberlandesgericht Dresden tatbeteiligt an der Verurteilung von Deutschen und Tschechen wegen Vorbereitung zum Hochverrat, Wehrkraftzersetzung, Feindbegünstigung und Abhörens ausländischer Sender. Ein Verurteilter starb im Arbeitserziehungslager Radeberg.

Albert, Dr. Viktor – Freispruch
Müller, Dr. Richard – 1 Jahr und 4 Monate Haft
Zenker, Dr. Curt – nur Sühnemaßnahmen
Gerichtsentscheidung: LG Dresden am 23.5.1949

393. Verbrechen gegen Zwangsarbeiter – Nr. 1447
Der Angeklagte wurde beschuldigt, 1940 in Faulenhorst einen polnischen Zwangsarbeiter, der sich von der Feldarbeit entfernt hatte, misshandelt und eingesperrt zu haben. Der Zwangsarbeiter konnte sich befreien, wurde wieder ergriffen und erschossen.

Baa., Walter – 20 Jahre Haft
Gerichtsentscheidung: LG Magdeburg am 27.5.1949

394. Denunziation – Nr. 1446
Als ehemaliger NSDAP-Ortsgruppenleiter in Bötzow beteiligte sich der Angeklagte 1945 an der Denunziation eines Antifaschisten wegen abfälliger Äußerungen über die deutschen Soldaten in der UdSSR. Der Denunzierte wurde verurteilt und starb in der Haft. Das Verfahren gegen die Anzeigeerstatterin Kus. war abgetrennt und gesondert durchgeführt worden. (s. auch Nr. 1422).

Hor., Paul – Freispruch
Gerichtsentscheidung: LG Potsdam am 2.6.1949

395. Verbrechen gegen KZ-Häftlinge – Nr. 1445

Die Angeklagten haben in den Thüringer Fleischwerken in Apolda verdorbenes Freibankfleisch zu Fleisch und Wurstwaren verarbeitet und lieferten diese an das KZ Buchenwald, wodurch mehrere Häftlinge starben (s. auch Nr. 1508).

Ame., Dr. Heinrich – 4 Jahre Haft / Reha: Vermögenseinziehung als »rechtsstaatswidrig« aufgehoben

Bra., Kurt – 7 Jahre Haft / Rehabilitierungsantrag zurückgewiesen

Hen., Gerhard – 1 Jahr und 9 Monate Haft

Ket., Karl – 1 Jahr und 9 Monate Haft / Reha: Vermögenseinziehung als »rechtsstaatswidrig« aufgehoben

Kin., Otto – Freispruch

Kle., Kurt – 1 Jahr und 9 Monate Haft / Reha: Vermögenseinziehung als »rechtsstaatswidrig« aufgehoben

Lem., Walter – Freispruch

M., Hermann – 3 Jahre Haft

Sch., Kurt – 6 Jahre Haft / Reha: Vermögenseinziehung als »rechtsstaatswidrig« aufgehoben

Vol., Willy – 1 Jahr und 9 Monate Haft / Reha: Vermögenseinziehung als »rechtsstaatswidrig« aufgehoben

Web., Ernst – 2 Jahre Haft

Zöl., Hugo – 1 Jahr und 9 Monate Haft / Reha: Vermögenseinziehung als »rechtsstaatswidrig« aufgehoben

Gerichtsentscheidungen: LG Weimar, Jena, am 3.6.1949; LG Weimar, Jena, am 3.6.1949; OLG Gera am 9.9.1949; LG Erfurt am 6.2.1950; OLG Erfurt am 17.5.1950; LG Meiningen am 27.5.1992 (Reha Scho.); LG Gera am 29.7.1992 (Reha Bra.); LG Gera am 18.1.1993 (Reha Kle.); LG Gera am 2.2.1993 (Reha Zöl.); LG Gera am 2.2.1993 (Reha Ame.); LG Erfurt am 26.7.1994 (Reha Fol.); LG Erfurt am 26.7.1994 (Reha Ket.); LG Gera am 4.7.1997 (Reha Sch.)

396. Denunziation – Nr. 1444

Der Angeklagte leitete 1939 in Burgörner einen irrtümlich an ihn zugestellten und von ihm geöffneten Brief an den Orts-

gruppenleiter der NSDAP weiter. Der Brief enthielt abfällige Äußerungen über das Nazi-Regime. Die Gestapo verhaftete die Briefschreiberin, die zu drei Jahren Zuchthaus verurteilt und nach der Strafverbüßung ins KZ Ravensbrück deportiert wurde, wo sie starb.
Wal., Herbert – 2 Jahre Haft
Gerichtsentscheidung: LG Halle am 7.6.1949

397. Justizverbrechen – Nr. 1443
Als Oberfeldwebel und Beisitzer des Kriegsgerichts der 1. Panzerdivision war der Angeklagte beteiligt an der Verhängung eines Todesurteils wegen Fahnenflucht gegen zwei ohne Papiere aufgegriffene Männer und hatte die Kommandoführung bei deren anschließender Erschießung inne.
Noa., Arno – Freispruch
Gerichtsentscheidung: LG Erfurt am 8.6.1949

398. Denunziation – Nr. 1442
Im März 1944 denunzierte der Angeklagte in Potsdam einen Matrosen, der beim Friseurbesuch geäußert hatte, der U-Boot-kommandant Prien sei in einem Konzentrationslager umgekommen. Nachdem der Friseur dem SA-Führer Prinz August Wilhelm von Preußen diese Äußerung weitergegeben hatte, wurde der Matrose verhaftet und zu einer Freiheitsstrafe verurteilt, die er in einem Strafgefangenenlager im Emsland verbüßte. Kurz nach Kriegsende starb er an den Folgen der Haft.
Sch., Georg – 1 Jahr Haft
Gerichtsentscheidungen: LG Potsdam am 8.6.1949; LG Potsdam am 6.5.1947; OLG Potsdam am 26.10.1948; OLG Potsdam am 30.12.1949

399. Denunziation, Kriegsverbrechen – Nr. 1441
Der Angeklagte soll 1943 als Hilfspolizist in Ummendorf die Rettung von vier US-amerikanischen Fliegern verhindert haben, sodass diese in ihrem abgestürzten Flugzeug verbrannten. Er denunzierte einen deutschen Soldaten, der sich an der

versuchten Rettung der US-amerikanischen Flieger beteiligt hatte. 1944 nahm er einen polnischen Zwangsarbeiter fest, der anschließend gehängt wurde.

Ben., Wilhelm – Freispruch und Verfahren eingestellt
Gerichtsentscheidung: LG Magdeburg am 9.6.1949

400. Kriegsverbrechen – Nr. 1440
Der Angeklagte hat 1944 in Holzendorf an der Tötung eines US-amerikanischen Kriegsgefangenen mitgewirkt.

W., Erich – 8 Jahre Haft / Urteil nicht aufgefunden
Gerichtsentscheidung: LG Schwerin am 9.6.1949

401. Massenvernichtungsverbrechen in Konzentrationslagern – Nr. 1439
Der Angeklagte kam nach Verbüßung einer 1935 wegen Verstoßes gegen das Heimtückegesetz verhängten Strafe als politischer Häftling ins KZ Sachsenhausen, wo er als Blockältester eingesetzt wurde. Etwa Mitte Mai 1940 kam er ins KZ Auschwitz, wo er Blockältester in Block 11 wurde. Er war in Sachsenhausen und Auschwitz an der Schikanierung und Misshandlung von Häftlingen, zum Teil mit Todesfolge, tatbeteiligt.

Hackert, Wilhelm – 15 Jahre Haft
Gerichtsentscheidung: LG Schwerin am 9.6.1949

402. Verbrechen gegen Kriegsende – Nr. 1438
Der Angeklagte wurde im September 1944 zur Waffen-SS eingezogen und war im April 1944 bei der Gruppe »Godesberg« in Altmannsdorf zur Bewachung eines fahnenflüchtigen deutschen Soldaten eingesetzt, der sein eigenes Grab schaufeln musste und anschließend erschossen wurde.

Kri., Werner Alfred – 2 Jahre Haft
Gerichtsentscheidung: LG Chemnitz am 9.6.1949

403. Verbrechen gegen Kriegsende – Nr. 1437
Der Angeklagte beteiligte sich im Februar 1945 als Angehöriger des Volkssturms in Kladow an der Festnahme ausländischer

Zwangsarbeiter und des Antifaschisten Paul Str., der ebenso wie ein aufgegriffener ukrainischer Zwangsarbeiter in Kladow erschossen wurde.

Rös., Walter – 4 Jahre Haft

Gerichtsentscheidungen: LG Schwerin am 10.6.1949; OLG Schwerin am 19.9.1949

404. Denunziation – Nr. 1436

Die Angeklagten denunzierten 1940 in Heteborn bei Aschersleben eine deutsche Frau und einen polnischen Zwangsarbeiter wegen ihrer intimen Beziehung. Die Frau wurde zu zwei Jahren Zuchthaus verurteilt, der Zwangsarbeiter wurde hingerichtet.

Kru., Otto – 1 Jahr und 6 Monate Haft

Sch., Friedrich Karl – 3 Jahre Haft

Gerichtsentscheidung: LG Magdeburg am 10.6.1949

405. Denunziation – Nr. 1435

Die Angeklagten waren 1943 in Neu-Karstädt tatbeteiligt an der Denunziation eines Viehhändlers wegen »defaitistischer« und antifaschistischer Äußerungen. Der Denunzierte wurde vom Volksgerichtshof zum Tode verurteilt und hingerichtet.

Beh., Willi – 2 Jahre und 2 Monate Haft

Men., Anna, geb. Kos. – Verfahren vorläufig eingestellt

Pri., Karl – 9 Monate Haft

Gerichtsentscheidungen: LG Schwerin am 11.6.1949; LG Schwerin am 19.2.1948; OLG Schwerin am 9.8.1948; OLG Schwerin am 7.3.1949

406. Denunziation – Nr. 1434

Die Angeklagte denunzierte als DAF-Sozialwalterin in Friedeberg im Verlauf einer Bahnfahrt nach Woldenberg (Schlesien) einen Mitreisenden aufgrund »defaitistischer« und antifaschistischer Äußerungen. Der Denunzierte wurde am 8. Oktober 1943 zum Tode verurteilt und hingerichtet.

Sch., Charlotte, geb. Kum. – 5 Jahre Haft

Gerichtsentscheidungen: LG Schwerin am 13.6.1949; LG Schwerin am 24.5.1948; OLG Schwerin am 18.10.1948; OLG Schwerin am 7.3.1949

407. Verbrechen gegen Kriegsende – Nr. 1433

Die Angeklagten beteiligten sich im April 1945 in Pockau und Görstdorf an einer Suchaktion von Häftlingen, die aus einem Transportzug entflohen waren. Drei der Häftlinge wurden verhaftet und am nächsten Tag erschossen.

    Bra., Paul Martin – 1 Jahr Haft
    Fie., Max Gerhard – 2 Jahre Haft
    Fra., Karl Ernst – 1 Jahr Haft
    Ric., Arthur Edmund – 5 Jahre Haft / Reha: Verurteilung als »rechtsstaatswidrig« aufgehoben

Gerichtsentscheidungen: LG Chemnitz am 13.6.1949; OLG Dresden am 10.10.1949; LG Chemnitz am 17.3.1993 (Reha Ric.)

408. Massenvernichtungsverbrechen in Konzentrationslagern – Nr. 1432

Dem Angeklagten wurde in diesem »Tschenstochauer Prozess« zur Last gelegt: Erschießung und Misshandlung jüdischer Zwangsarbeiter der HASAG in den ZAL Tschenstochau, Kamienna, Schlieben und Kielce. Außerdem seine Teilnahme an Selektionen arbeitsunfähiger Zwangsarbeiter und die Durchführung eines Evakuierungstransports, bei dem zahlreiche Häftlinge infolge der menschenunwürdigen Bedingungen starben (s. auch Nr. 1369 und Nr. 1511 sowie BRD-Verfahren Nr. 186, Nr. 275 und Nr. 654).

    Bro., Willi Alfred Rudolf – 2 Jahre und 6 Monate Haft
    Döring, Georg Oswald – Todesstrafe
    Fei., Gustav Hermann – 10 Jahre Haft
    Günther, Heinz Alfred Werner – lebenslange Haft
    Lac., Hermann Robert – 20 Jahre Haft
    Lamkewitz, Viktor Leo Thomas – lebenslange Haft
    Linzner, Walter Kurt – Todesstrafe
    Mär., Gustav – 10 Jahre Haft

Mic., Karl Ernst – 2 Jahre Haft
M., Richard Karl – Verfahren eingestellt
Nic., Johannes Franz – 10 Jahre Haft
Por., Friedrich Albin Helmut – 1 Jahr und 6 Monate Haft
Pra., Walther Siegfried – 12 Jahre Haft
Röt., Frieda Alwine Maria – 8 Jahre Haft
Sch., Gerhard Johannes Louis – Freispruch
Schi., Heinrich Ernst – 12 Jahre Haft
Schu., Ernst Willy – 3 Jahre und 6 Monate Haft
Spalteholz, Horst Erhard Waldemar Ernst – Todesstrafe
Sta., Gottfried – 11 Jahre Haft
Wal., Gustav Hermann Karl – 3 Jahre und 6 Monate Haft
Wittig, Felix Kurt – Todesstrafe
Gerichtsentscheidungen: LG Leipzig am 17. 6. 1949; LG Leipzig am 29. 7. 1949; OLG Dresden am 24. 5. 1950

409. Denunziation – Nr. 1431
Der Angeklagte denunzierte 1943 in Erbach einen Mann, der sich wiederholt abfällig über das Nazi-Regime geäußert hatte. Der Denunzierte wurde vom Sondergericht Berlin zu einer Zuchthausstrafe verurteilt und starb in der Haft.
Dit., Otto – 1 Jahr und 3 Monate Haft
Gerichtsentscheidung: LG Dessau am 17. 6. 1949

410. Gewaltverbrechen in Haftstätten – Nr. 1430
Die Angeklagten beteiligten sich als SA-Angehörige zwischen 1933 und 1934 im KZ Hohnstein an Folterungen und Misshandlungen von vorwiegend sozialdemokratischen und kommunistischen sowie jüdischen Häftlingen, in zirka vierzig Fällen mit Todesfolge (s. auch Nr. 1268, Nr. 1358, Nr. 1411, Nr. 1795 und Nr. 2076).
Arl., Paul Hermann – 8 Jahre Haft
Bec., Max Walter – 4 Jahre Haft

Ber., Herbert – 8 Jahre Haft
Ebe., Gerhard Otto – 1 Jahr Haft
Fig., Alfred Karl Johannes – 20 Jahre Haft
Fra., Helmut Walter Hans – 8 Jahre Haft
Kru., Willi Max – 10 Jahre Haft
Küc., Curt Wilhelm – 20 Jahre Haft
Kut., Hans Martin – 8 Jahre Haft
Lan., Georg Hans Herbert – 8 Jahre Haft
Lie., Heinrich Ernst – 4 Jahre Haft
Lin., Kurt August – 12 Jahre Haft
Mar., Georg Friedrich – 20 Jahre Haft
Noa., Werner Rudolf – 10 Jahre Haft
Pin., Johannes Kurt Fritz – 6 Jahre Haft – Reha: Verurteilung als »rechtsstaatswidrig« aufgehoben
Rie., Johannes Gustav – 10 Jahre Haft / Rehabilitierungsantrag zurückgewiesen
Sch., Gerhard Franz – 6 Jahre Haft
Ste., Alfred Arthur – 15 Jahre Haft
Ste., Walter Alexander – 8 Jahre Haft
Tro., Horst Alexander – 6 Jahre Haft
Win., Horst – 12 Jahre Haft

Gerichtsentscheidungen: LG Dresden am 17.6.1949; LG Dresden am 4.3.1992 (Reha Rie.); LG Dresden am 23.9.1996 (Reha Pin.)

411. Gewaltverbrechen in Haftstätten – Nr. 1429

Der seit 1945 flüchtige Angeklagte war 1933 als Polizeikommissar Lagerführer des KZ Voigtsberg und dort an schweren Misshandlungen von Häftlingen, unter anderem zur Erlangung von Geständnissen, beteiligt. Die Misshandlungen erfolgten zum Teil auch in Anwesenheit des Gauleiters Jordan. Ein Häftling starb infolge der Misshandlungen.

Greim, Otto – 15 Jahre Haft (Abwesenheitsverfahren gem. § 276 ff StGB)

Gerichtsentscheidung: LG Zwickau 21.6.1949

412. Verbrechen gegen Kriegsende – Nr. 1428
Dem Angeklagten wurde zur Last gelegt, am 13. April 1945 in Caaschwitz zwei während eines Evakuierungsmarsches entflohene Häftlinge aus dem KZ Buchenwald an eine Kampftruppe ausgeliefert zu haben, die sie erschoss.

    Ros., Oswald – 12 Jahre Haft / Reha: Vermögenseinziehung als »rechtsstaatswidrig« aufgehoben

Gerichtsentscheidungen: LG Gera am 21. 6. 1949; OLG Gera am 4. 11. 1949; LG Gera am 9. 1. 1950; OLG Erfurt am 27. 3. 1950; LG Gera am 16. 2. 1993 (Reha)

413. Denunziation, Kriegsverbrechen – Nr. 1427
Zwischen 1942 und 1943 waren die Angeklagten in Bülow / Waren tatbeteiligt an der Denunziation eines serbischen Kriegsgefangenen, der bei der Getreideernte ein Hufeisen in eine Korngarbe gesteckt haben sollte. Der Serbe wurde zunächst strafversetzt, später jedoch zum Tode verurteilt und erschossen.

    Bre., Hermann – 1 Jahr und 2 Monate Haft
    Bri., Paul – 1 Jahr und 2 Monate Haft

Gerichtsentscheidungen: LG Schwerin am 4. 6. 1949; LG Schwerin am 24. 11. 1948; OLG Schwerin am 13. 4. 1949

414. Denunziation, Verbrechen gegen Kriegsende – Nr. 1426
Die Angeklagten beteiligten sich im April 1945 in Berlin an der Denunziation eines Mannes, der kurz vor Kriegsende die im Luftschutzkeller anwesenden Bewohner des Hauses Schönhauser Allee 59b aufgefordert hatte, keinen sinnlosen Widerstand zu leisten und sich beim Eintreffen der sowjetischen Truppen sofort zu ergeben. Der Denunzierte wurde zwei Tage später auf Veranlassung des Ortsgruppenleiters erschossen (s. auch Nr. 1181).

    Bie., Emmy, geb. Rin. – Verfahren eingestellt
    Fri., Hans – 15 Jahre Haft
    Jos., Else, geb. Pre. – 6 Monate Haft
    Kap., Hedwig – 1 Jahr und 6 Monate Haft
    Kap., Maria, geb. Kal. – Verfahren eingestellt
    Kem., Gertrud, geb. Sch. – Verfahren eingestellt

Gerichtsentscheidungen: LG Berlin am 28.6.1949; KG am 21.2.1950; LG Berlin am 25.7.1950 25.7.1950

415. Denunziation – Nr. 1425
Der Angeklagte meldete zwischen 1942 und 1944 zwei Arbeiter der Luftmunitionsanstalt Crawinkel wegen »defaitistischer« Äußerungen bzw. wegen Abhörens des Moskauer Senders und der Verbreitung dieser Nachrichten unter den Fremdarbeitern. Beide Denunzierten wurden zu Freiheitsstrafen verurteilt, einer wurde nach Strafverbüßung ins KZ Buchenwald deportiert, wo er starb (s. auch Nr. 1461).

Gas., Paul – Freispruch und nur Sühnemaßnahmen
Gerichtsentscheidung: LG Gotha am 28.6.1949

416. Denunziation – Nr. 1424
Der Angeklagten wurde zur Last gelegt, am 21. Juli 1944 in Eberswalde den Apothekenangestellten Neue denunziert zu haben. Dieser hatte nach dem Hitler-Attentat geäußert: »Na, und lebt das Schwein noch? – Schade!« Der Denunzierte wurde vom Volksgerichtshof zum Tode verurteilt und hingerichtet.

Sch., Erika – Freispruch
Gerichtsentscheidung: LG Eberswalde am 1.6.1949

417. Denunziation – Nr. 1423
Die Angeklagte hat 1943 in Quedlinburg einen Mann aufgrund abfälliger Äußerungen über Hitler und den Nazi-Staat bei der Ortsgruppe der NSDAP und später beim Volksgerichtshof belastet. Der Denunzierte wurde wegen »Wehrkraftzersetzung« zum Tode verurteilt und hingerichtet.

Kon., Melanie, geb. Beh. – 5 Jahre Haft
Gerichtsentscheidung: LG Magdeburg am 4.7.1949

418. Denunziation – Nr. 1422
Die Angeklagte denunzierte zwischen 1941 und 1943 in Bötzow bei Berlin einen Mann, der sich abfällig über die deutschen Soldaten in der Sowjetunion geäußert hatte. Der Denunzierte

wurde zu einer Gefängnisstrafe verurteilt und verstarb während der Haft.

Kus., Anna, geb. Bir. – 1 Jahr Haft
Gerichtsentscheidung: LG Potsdam am 6.7.1949

419. Verbrechen gegen Kriegsende – Nr. 1421

Die Angeklagten beteiligten sich im April 1945 als Angehörige der Gendarmerie bzw. des Volkssturms in Steinbach an einer mehrtägigen Suchaktion nach Häftlingen, die während eines Tiefffliegerangriffs aus einem Eisenbahntransport vom KZ Buchenwald nach Komotau in die Wälder bei Reitzenhain geflüchtet waren. Am ersten Tag wurden über einhundert Häftlinge ergriffen und nach Reitzenhain getrieben. An den folgenden Tagen wurden weitere Häftlinge ergriffen und zur Gestapo in Annaberg gebracht. Etwa fünfundzwanzig entkräftete Häftlinge erschoss die SS.

Ber., Walter Emil – 1 Jahr Haft
Brä., Paul Felix – 5 Jahre Haft
Eba., Kurt Louis – 10 Monate Haft
En., Max Otto – 15 Jahre Haft
Fra., Arno Bruno – 6 Monate Haft
Haa., Arno Richard – 9 Monate Haft
Kle., Richard Ernst – 2 Jahre Haft
Kre., Otto Hans – 1 Jahr Haft
Ruc., Hans Walter – 1 Jahr und 6 Monate Haft
Sch., Max Louis – 6 Monate Haft
Gerichtsentscheidung: LG Chemnitz 8.7.1949

420. Denunziation – Nr. 1420

Der Angeklagte meldete 1943 bei einer Parteikonferenz der NSDAP, dass ein Jude aus Teutschenthal den »Judenstern« nicht trug. Der Denunzierte wurde von der Gestapo vorgeladen und in das KZ Theresienstadt deportiert. Seitdem ist er verschollen.

Bey., Albert – 9 Monate Haft
Gerichtsentscheidung: LG Halle am 13.7.1949

421. Denunziation – Nr. 1419

1943 denunzierte der Angeklagte in Pirna-Copitz einen Arbeitskollegen, der das Winterhilfswerk kritisiert hatte. Der Denunzierte wurde vom Sondergericht Dresden zu sechs Monaten Gefängnis verurteilt und nach Strafverbüßung ins KZ Sachsenhausen deportiert, wo er starb (s. auch Nr. 1809).

Roc., Ewald Max – 2 Jahre Haft

Gerichtsentscheidung: LG Dresden am 13.7.1949

422. Denunziation – Nr. 1418

Der Angeklagte denunzierte einen wegen Wehrkraftzersetzung verurteilten Häftling, der aus der Haft geflohen und in Berlin untergetaucht war. Der Denunzierte wurde erneut verhaftet und zum Tode verurteilt. Das Urteil wurde infolge des Kriegsendes nicht vollstreckt.

Wil., Otto Hermann Julius – 1 Jahr und 6 Monate Haft / Urteil nicht veröffentlicht, da nicht aufgefunden

Gerichtsentscheidung: LG Berlin am 14.7.1949

423. Denunziation – Nr. 1417

Der Angeklagte denunzierte 1935 in Meerane einen Juden, der gesagt hatte, er gehe »Rasse schänden«. Der Denunzierte wurde in »Schutzhaft« genommen und in das KZ Sachsenburg deportiert. Kurz darauf starb er.

Thu., Paul Albert – 1 Jahr Haft

Gerichtsentscheidung: LG Chemnitz am 15.7.1949; OLG Dresden am 22.10.1949

424. Denunziation – Nr. 1416

1943 denunzierte die Angeklagte in Werdau einen Mann, der eine Bekannte aufgefordert hatte, das Hitlerbild in ihrer Wohnung abzuhängen, weil Hitler ein Mörder sei. Der Denunzierte wurde vom Oberlandesgericht Dresden zu sieben Jahren Zuchthaus verurteilt und starb während der Strafhaft (s. auch Nr. 1796).

Oeh., Johanna Anna – 1 Jahr und 6 Monate Haft
Gerichtsentscheidungen: LG Zwickau am 18.7.1949; OLG Dresden am 12.10.1949

425. Denunziation – Nr. 1415
Die Angeklagten denunzierten im August 1944 einen Betriebskollegen wegen »defaitistischer« Äußerungen und abfälliger Bemerkungen über die Nazi-Regierung. Der Denunzierte wurde deswegen schwer misshandelt und im Februar 1945 zum Tode verurteilt. Infolge der bedingungslosen Kapitulation der Wehrmacht wurde das Urteil nicht vollstreckt.

Raa., Franz Otto – 1 Jahr Haft
Sch., Martha Lina, geb. Nag. – 2 Jahre und 6 Monate Haft
Spa., Martin – 4 Jahre Haft

Gerichtsentscheidungen: LG Leipzig am 20.7.1949; LG Leipzig am 10.12.1947; OLG Dresden am 27.4.1948

426. Denunziation, Verbrechen in Haftstätten – Nr. 1414
Der seit 1943 als Lagerführer des Zwangsarbeitslagers Rehwiese in Harthau tätige Uhl. und der Wachmann aus dem Gerätebau Harthau M. denunzierten 1944 den stellvertretenden Lagerleiter Ebe., der eine ukrainische Fremdarbeiterin zu sich ins Zimmer geholt hatte. Der Denunzierte kam im Juli 1944 in Gestapohaft und einige Monate später ins KZ Dachau, wo er starb. Des Weiteren wurden ihnen Bespitzelungen, Drangsalierungen und Misshandlungen von Zwangsarbeitern angelastet.

M., Friedrich Hermann Max – 1 Jahr und 1 Monat Haft
Uhl., Hermann Emil – 2 Jahre Haft

Gerichtsentscheidung: LG Chemnitz am 21.7.1949

427. Denunziation – Nr. 1413
Die Angeklagten denunzierten 1944 in Taucha einen Soldaten, der sich während seines Heimaturlaubs gegenüber ehemaligen Arbeitskameraden abfällig über die deutsche Wehrmacht

geäußert hatte. Der Denunzierte wurde verhaftet und vor ein Kriegsgericht gestellt; seitdem wird er vermisst.
    Hem., Georg Max – 3 Jahre Haft
    Sch., Gerhard – 3 Jahre Haft
Gerichtsentscheidung: LG Leipzig am 21.7.1949

428. Denunziation – Nr. 1412
Der Angeklagte wurde beschuldigt, in den Jahren zwischen 1932 und 1945 als Politischer Leiter der NSDAP an der Schikanierung und Terrorisierung der Bevölkerung von Milbitz, an der Misshandlung eines polnischen Zwangsarbeiters und an der Denunziation von Otto Langguth wegen antifaschistischer Äußerungen beteiligt gewesen zu sein. Der Denunzierte wurde 1943 vom Volksgerichtshof zum Tode verurteilt und hingerichtet (s. auch Nr. 1239 und Nr. 1643).
    Hil., Wilhelm – 8 Jahre Haft
Gerichtsentscheidung: LG Rudolstadt am 26.7.1949; LG Rudolstadt am 11.11.1948; OLG Gera am 21.3.1949

429. Gewaltverbrechen in Haftstätten – Nr. 1411
Die Angeklagten beteiligten sich als SA-Mitglieder zwischen 1933 und 1934 im KZ Hohnstein an Folterungen und Misshandlungen vorwiegend sozialdemokratischer, kommunistischer sowie jüdischer Häftlinge – in circa 40 Fällen mit Todesfolge. Mehrere Häftlinge wurden infolge der Folter »wahnsinnig« (s. auch Nr. 1268, Nr. 1358, Nr. 1430, Nr. 1473, Nr. 1795 und Nr. 2076).
    Ber., Fritz Walter – 15 Jahre Haft
    Be., Heinrich Walter – 7 Jahre Haft / Rehabilitierungsantrag zurückgewiesen
    Dan., Alfred Gustav – 12 Jahre Haft
    Grü., Karl Arno – 3 Jahre Haft
    Haa., Gottfried – 3 Jahre Haft
    Häh., Johannes Max – 3 Jahre Haft
    Hil., Herbert Fritz – 5 Jahre Haft / Reha: Verurteilung als »rechtsstaatswidrig« aufgehoben

Hir., Horst Karl August – 4 Jahre Haft / Rehabilitierungsantrag zurückgewiesen
Kli., Johannes Paul Herbert – 4 Jahre Haft
Kno., Ernst Erich – 9 Jahre Haft
Kot., Heinz Johannes – 3 Jahre Haft
Kun., Walter Ernst – 7 Jahre Haft
Mic., Emil Hermann – 10 Jahre Haft
Müh., Gerhard Otto – 10 Jahre Haft / Rehabilitierungsantrag zurückgewiesen
Nau., Walter Karl – 2 Jahre Haft
Nau., Walter Erich – 5 Jahre Haft
Nem., Edwin Wilhelm – Freispruch
Ole., Erich Gotthold – 4 Jahre Haft
Pre., Herbert Richard – 1 Jahr Haft
Röl., Martin Walter – 2 Jahre Haft
Ros., Bernhard Julius – 2 Jahre und 6 Monate Haft / Reha: Verurteilung als »rechtsstaatswidrig« aufgehoben
Sau., Herbert Richard – 4 Jahre Haft / Reha: Vermögenseinziehung als »rechtsstaatswidrig« aufgehoben
Schn., Friedrich Bruno – 4 Jahre Haft
Schö., Horst Werner – 8 Jahre Haft
Schu., Max Erich – 4 Jahre Haft
Sch., Willi Arthur – 3 Jahre Haft
Staak, Karl Robert – lebenslange Haft
Sta., Friedrich – 6 Jahre Haft
Stu., Arno Richard – 2 Jahre Haft
Tho., Paul Max – 2 Jahre und 6 Monate Haft
Wol., Ehrhard Arno – 3 Jahre Haft / Reha: Vermögenseinziehung als »rechtsstaatswidrig« aufgehoben

Gerichtsentscheidungen: LG Dresden am 27.7.1949; LG Dresden am 17.5.1991 (Reha Hil.); LG Dresden am 25.9.1991 (Reha Sau., Wol., Müh., Be., Hir.); LG Dresden am 5.3.1993 (Reha Ros.); LG Dresden am 20.12.1993 (Reha Hil.); LG Dresden am 27.6.1994 (Reha Sau., Wol.); LG Dresden am 12.4.1996 (Reha Hil.)

430. Denunziation, Verbrechen gegen Zwangsarbeiter – Nr. 1410
Der Angeklagte war seit 1941 Lagerleiter des Arbeitslagers der Brotfabrikunion Chemnitz und schikanierte und denunzierte die dort eingesetzten niederländischen Zwangsarbeiter wiederholt. Zwischen 1944 und 1945 lieferte er einen Niederländer bei der Gestapo am Kasberg und einen anderen im Polizeigefängnis ab. Zwei weitere Niederländer kamen ins KZ Flossenbürg und starben dort. Außerdem misshandelte er einen deutschen Lehrling, der nicht mit »Heil Hitler« gegrüßt hatte.

Zac., Walter Otto Edmund – 2 Jahre Haft
Gerichtsentscheidung: LG Chemnitz am 27.7.1949

431. Denunziation – Nr. 1409
Der Angeklagte beteiligte sich 1943 als Wehrmachts-Angehöriger in der Stabskompanie der Wallmeisterschule in Sternberg/Neumark an der Denunziation eines deutschen Soldaten, der ein Spottgedicht auf die Kriegsführung und Politik Hitlers verfasst hatte. Der Denunzierte wurde vom Kriegsgericht zum Tode verurteilt, später zu fünfzehn Jahren Zuchthaus begnadigt. Kurz vor Kriegsende wurde er im Emslandlager Aschendorfermoor bei einer Massenexekution getötet (zu der Erschießung von mehr als hundert Häftlingen im Emslandlager Aschendorfermoor s. auch BRD-Verfahren Nr. 178).

Vog., Erich Albin – 4 Jahre Haft
Gerichtsentscheidung: LG Chemnitz am 28.7.1949

432. Andere Verbrechen – Nr. 1408
1935 war der Angeklagte als Mitglied der SA in Berlin beteiligt an der Festnahme zweier Juden. Der eine wurde kurz darauf in einem Wald tot aufgefunden, von dem anderen fehlt jede Spur.

Kra., Heinz – 2 Jahre und 6 Monate Haft
Gerichtsentscheidungen: LG Berlin am 29.7.1949; KG am 6.1.1950

433. Denunziation – Nr. 1407
Im Februar 1944 denunzierten die Angeklagten in Magdeburg einen Arbeitskollegen wegen »defaitistischer« Äußerungen und abfälliger Bemerkungen über Hitler. Der Denunzierte, der von den Angeklagten auch vor dem Volksgerichtshof schwer belastet wurde, wurde zum Tode verurteilt und hingerichtet.

Ras., Johanna, geb. Sch. – 8 Jahre Haft
Zub., Edith, geb. Man. – 5 Jahre Haft
Gerichtsentscheidung: LG Magdeburg am 2.8.1949; LG Magdeburg am 30.4.1947; OLG Halle am 5.2.1948

434. Kriegsverbrechen, Gewaltverbrechen in Haftstätten – Nr. 1406
Der Angeklagte beteiligte sich als Angehöriger der Feldgendarmerie in der Sowjetunion an Misshandlungen und Erschießungen von Zwangsarbeitern und Kriegsgefangenen. Außerdem misshandelte und tötete er Häftlinge des KZ Dora.

J., Alwin – 6 Jahre Haft / Urteil nicht veröffentlicht, da nicht aufgefunden
Gerichtsentscheidung: LG Dresden am 2.8.1949

435. Denunziation – Nr. 1405
Die Angeklagten denunzierten im August 1941 in Serba eine deutsche Frau, die mit einem polnischen Fremdarbeiter intim verkehrt hatte. Der Frau wurden öffentlich die Haare geschoren. Anschließend wurde sie durchs Dorf geführt. Beide kamen in ein Konzentrationslager, wo sie starben.

Oer., Felix – 1 Jahr und 6 Monate Haft / Reha: Vermögenseinziehung als »rechtsstaatswidrig« aufgehoben
Ope., Elly, geb. Fra. – Freispruch
Gerichtsentscheidung: LG Weimar, Jena, am 3.8.1949; OLG Erfurt am 27.3.1950; LG Gera am 9.10.1950; LG Gera am 22.9.1992 (Reha Oer.)

436. Denunziation, Verbrechen gegen Kriegsende – Nr. 1404
Der Angeklagte, der im Rahmen der Verteidigung von Caaschwitz sein Haus räumen musste, traf am 12. April 1945 in

einem von ihm angelegten Luftschutzbunker etwa zwölf entflohene KZ-Häftlinge an, die er zum Abzug aufforderte. Ein von ihm zur Hilfe gerufener Feldwebel trieb die Häftlinge aus dem Bunker heraus. Als zwei der Häftlinge flüchteten, wurden die übrigen erschossen.

Zeh., Arno – 3 Jahre und 6 Monate Haft
Gerichtsentscheidungen: LG Weimar, Jena, am 3.8.1949; LG Gera am 8.4.1948; OLG Gera am 18.6.1948; LG Erfurt am 2.9.1948; OLG Gera am 29.10.1948; OLG Gera am 7.3.1949

437. Verbrechen bei der Errichtung der faschistischen Diktatur – Nr. 1403

Die Angeklagten waren als Angehörige der SA, der SS bzw. der Polizei am 12. Februar 1933 am sogenannten »Eislebener Blutsonntag« tatbeteiligt. Während eines großen Propagandamarsches der NSDAP stürmten SA- und SS-Angehörige die Arbeiterturnhalle in Eisleben und schossen auf KPD-Mitglieder. Zahlreiche KPD-Mitglieder wurden, vor allem mit Spaten, schwer misshandelt und erlitten erhebliche Verletzungen; drei von ihnen starben. Das Gebäude wurde demoliert.

Ade., Hugo – 1 Jahr Haft
Fuc., Eduard – 6 Jahre Haft
Geh., Gustav – 12 Jahre Haft
Grä., Max – 2 Jahre Haft
Gro., Friedrich – Freispruch und Verfahren eingestellt
Ham., Hugo – 3 Jahre Haft
Har., Karl – 2 Jahre Haft
Hel., Friedrich – 10 Jahre Haft
Heu., Herbert – 1 Jahr Haft
Höp., Hermann – 4 Jahre Haft
Kir., Kurt – 12 Jahre Haft
Kuc., Helmuth – 1 Jahr Haft
Mac., Fritz – 6 Jahre Haft
Mäh., Hermann – 2 Jahre Haft
Mey., Kurt – 1 Jahr und 6 Monate Haft
Mit., Ernst – 10 Jahre Haft

Mül., Franz – 6 Jahre Haft
Plö., Otto – 10 Jahre Haft
Plö., Richard – 12 Jahre Haft
Pos., Franz – 10 Jahre Haft
Pro., Walter – 6 Jahre Haft
Rie., Albert – 10 Jahre Haft
Rit., Karl – 2 Jahre Haft
Rüh., Werner – 2 Jahre Haft
Rup., Alwin – 3 Jahre Haft
Sch., Willi – 1 Jahr Haft
Spe., Karl – 2 Jahre Haft
Sta., Hans – 2 Jahre Haft
Stenzeleit, Kurt – lebenslange Haft
Wen., Otto – 10 Jahre Haft
We., Hermann – Freispruch und Verfahren eingestellt
Wi., Hermann – 12 Jahre Haft
Wie., Willi – 2 Jahre Haft

Gerichtsentscheidungen: LG Halle am 3.8.1949; OLG Halle am 3.11.1950

438. Verbrechen gegen Kriegsende – Nr. 1402

Der Angeklagte beteiligte sich als Angehöriger des Volkssturms im März 1945 in Laußnitz an der Verhinderung des Fluchtversuchs eines in der Gemeindezelle eingesperrten fahnenflüchtigen deutschen Soldaten, der dann von einer SS-Streife übernommen und einige Tage später von einem Standgericht in Königsbrück zum Tode verurteilt und hingerichtet wurde (s. auch Nr. 1455).

Dut., Albert Otto – 4 Jahre und 6 Monate Haft

Gerichtsentscheidungen: LG Bautzen am 5.8.1949; OLG Dresden am 2.11.1949

439. Gewaltverbrechen in Haftstätten – Nr. 1401

Der Angeklagte war ab 1941 als Sanitätswachtmeister der Hilfspolizei in dem der Gestapo unterstellten Arbeitserziehungslager Berlin Wuhlheide tätig. Er wurde aufgrund der Verweigerung der ärztlichen Behandlung misshandelter und kranker Häftlinge sowie wegen der Durchführung von Operationen ohne Betäubung und der Drangsalierung und Misshandlung kranker Häftlinge angeklagt. Zwei der Häftlinge starben.

Man., Theodor Hermann – 10 Jahre Haft
Gerichtsentscheidungen: LG Berlin am 10.8.1949; KG am 7.11.1949

440. Denunziation – Nr. 1400
Der Angeklagte sagte 1944 in Zerbst und Berlin bei der Gestapo und vor dem Volksgerichtshof gegen einen Arbeitskollegen aus, der sich antifaschistisch geäußert hatte. Der Denunzierte wurde wegen Wehrkraftzersetzung zum Tode verurteilt und hingerichtet.

Tim., Kurt – 2 Jahre und 6 Monate Haft
Gerichtsentscheidung: LG Magdeburg am 16.8.1949

441. Denunziation, Verbrechen gegen Kriegsende – Nr. 1399
Die Angeklagte war bei der sogenannten »Kinderlandverschickung« im Rang einer Bannmädelführerin Gebietsärztin für Niederschlesien und denunzierte im Januar 1945 in Breslau den Stabsarzt Dr. Heisig wegen antifaschistischer und »defaitistischer« Äußerungen. Der bei einem Fluchtversuch angeschossene und schwer verletzte Denunzierte wurde zum Tode verurteilt und am nächsten Tag, auf einer Tragbahre angeschnallt, erschossen.

Ger., Dr. med. Waltraud – 7 Jahre Haft
Gerichtsentscheidungen: LG Weimar, Jena, am 17.8.1949; LG Weimar, Jena, am 8.9.1948; OLG Gera am 31.1.1949

442. Denunziation – Nr. 1398
Die Angeklagte denunzierte im April 1940 in Berlin einen Juden, der mit ihrer Tochter ein intimes Verhältnis hatte. Der Denunzierte wurde zu einer Zuchthausstrafe verurteilt und kam im Anschluss an die Strafverbüßung ins KZ Neusustrum, wo er starb.

Gra., Minna Martha Luise, geb. Pur. – 1 Jahr und
6 Monate Haft / Urteil nicht veröffentlicht, da nicht
aufgefunden
Gerichtsentscheidung: LG Berlin am 19. 8. 1949

443. Denunziation – Nr. 1397
1944 denunzierte der Angeklagte in Rauscha / Oberlausitz eine deutsche Frau wegen verbotenen Umgangs mit einem Franzosen. Die Frau wurde von der Gestapo verhaftet; sie soll ins KZ Bergen-Belsen überführt und dort verstorben sein. Der Franzose soll von einem Militärgericht in Breslau abgeurteilt worden sein.
Zie., Franz Otto Paul – 2 Jahre Haft
Gerichtsentscheidung: LG Bautzen am 26. 8. 1948

444. Denunziation – Nr. 1396
Die Angeklagten denunzierten am 21. Juli 1944 in Grieben einen deutschen Soldaten, der das Scheitern des Attentats auf Hitler bedauert hatte. Der Denunzierte wurde durch ein Feldkriegsgericht zum Tode verurteilt und hingerichtet.
Baa., Otto – 3 Jahre Haft
Duh., Ilse, geb. Tim. – 2 Jahre Haft
Gerichtsentscheidungen: LG Magdeburg am 30. 8. 1949; LG Magdeburg am 29. 1. 1947; OLG Halle am 12. 2. 1948

445. Denunziation – Nr. 1395
Die Angeklagte schikanierte in Berlin zwischen 1943 und 1944 ihre jüdischen Mitbewohner und denunzierte diese bei der Gestapo. Einer der angezeigten Juden wurde ins KZ Auschwitz deportiert, wo er starb.
Sch., Grethe, geb. Kle. – 1 Jahr Haft / Urteil nicht veröffentlicht, da nicht aufgefunden
Gerichtsentscheidung: LG Berlin am 30. 8. 1949

446. Verbrechen gegen Zwangsarbeiter – Nr. 1394

Der Angeklagte wurde beschuldigt, zwischen 1943 und 1944 als Kolonnenführer an der Misshandlung der im Stahlwerk Hennigsdorf eingesetzten Kriegsgefangenen und Zwangsarbeiter teilgenommen zu haben. Zwei entkräftete Italiener sollen vom Angeklagten zusammengeschlagen und infolgedessen verstorben sein.

La., Eduard – 2 Jahre Haft

Gerichtsentscheidungen: LG Eberswalde am 30.8.1949; LG Potsdam am 20.5.1948; OLG Potsdam am 28.9.1948; LG Potsdam am 6.1.1949; OLG Potsdam am 17.5.1949

447. Gewaltverbrechen in Haftstätten – Nr. 1393

Als Angehörige des Haftstättenpersonals im Arbeitslager Munzig beteiligten sich die Angeklagten 1945 an der Beschießung der von ihrer Arbeitsstelle flüchtenden Häftlinge. Zwei wurden erschossen, einer angeschossen.

Jun., Wilhelm – 8 Jahre Haft

Paw., Arthur Bruno – 6 Jahre Haft

Gerichtsentscheidung: LG Dresden am 31.8.1949

448. Verbrechen gegen Kriegsende – Nr. 1392

Der Angeklagte nahm als Volkssturm-Angehöriger in Leipzig am 12. April 1945 an der Beschießung einer Menschenmenge teil. Diese hatte sich vor dem Haus des Ortsgruppenleiters, der vor den US-Amerikanern flüchten wollte, versammelt. Zwei Männer wurden dabei getötet und mehrere Personen verletzt.

Kra., Georg – 15 Jahre Haft

Gerichtsentscheidungen: LG Leipzig am 8.9.1949; LG Leipzig am 14.9.1945; OLG Dresden am 3.5.1946; LG Leipzig am 24.2.1947; OLG Dresden am 4.7.1947

449. Denunziation – Nr. 1391

Die Angeklagten wurden beschuldigt, 1942 in Berlin einen Juden denunziert zu haben, weil dieser eine deutsche Nachbarin besucht hatte. Der Jude musste sich in einem Sammellager melden, die Frau wurde zur Volkswohlfahrt (NSV) bestellt. Von beiden fehlt seitdem jede Spur.

Hun., Emma Maria Luise, geb. Bet. – Freispruch
Mat., Rosa Anna, geb. War. – Freispruch
Noa., Minna Emilie, geb. Hen. – Freispruch

Gerichtsentscheidung: LG Berlin am 9.9.1949

450. Denunziation – Nr. 1390
Die Angeklagten denunzierten 1943 in Penig einen Arbeitskollegen, der Nachrichten ausländischer Sender im Betrieb verbreitet hatte. Der Denunzierte, der bereits zwei Jahre in einem Konzentrationslager verbracht hatte, beging nach Einleitung des Verfahrens Selbstmord aus Angst, erneut in ein KZ zu kommen.

Ber., Walter – 2 Jahre und 6 Monate
Sch., Erich Arthur Edwin – 2 Jahre und 6 Monate

Gerichtsentscheidung: LG Chemnitz am 13.9.1949

451. Denunziation – Nr. 1389
Im Oktober 1941 denunzierte die Angeklagte in Nebra eine deutsche Frau wegen verbotenen Umgangs mit einem polnischen Fremdarbeiter. Beide wurden verhaftet. Die Frau verübte in der Gestapohaft Selbstmord; der Fremdarbeiter soll gehängt worden sein.

Rab., Martha, geb. Dre. – 1 Jahr und 6 Monate

Gerichtsentscheidung: LG Halle am 14.9.1949

452. Verbrechen gegen Kriegsende – Nr. 1388
Die Angeklagten waren als Angehörige des Volkssturms bzw. der NSDAP Oberhermsgrün am 15. April 1945 an der Suche nach einem aus der Strafanstalt Plauen entwichenen Gefangenen beteiligt. Nach dessen Ergreifung wurde er hinterrücks erschossen.

Ger., Kurt Fritz – 2 Jahre
Kri., Friedrich Karl – 1 Jahr und 6 Monate
Kür., Fritz – 1 Jahr und 3 Monate

Kür., Fritz August – 2 Jahre
Len., Alfred Franz – 1 Jahr und 2 Monate
Sim., Albin – 1 Jahr und 9 Monate
Sch., Rudolf – Freispruch
Sta., Karl – 2 Jahre
Gerichtsentscheidungen: LG Zwickau am 16.9.1949; OLG Dresden am 25.10.1950

453. Gewaltverbrechen in Haftstätten – Nr. 1387
Der Angeklagte gehörte seit 1940 der Waffen-SS an und kam zunächst als Truppenkoch im KZ Gusen zum Einsatz. Anfang 1941 wurde er als Koch ins KZ Buchenwald versetzt und war dort ab Anfang 1943 Kommandoführer der Häftlingsküche. Er war tatbeteiligt an der Misshandlung entkräfteter Häftlinge des Essenholkommandos, indem er sie unter anderem mit einem Knüppel oder Ochsenziemer verprügelte, einen Hund auf sie hetzte oder sie mit kaltem Wasser übergoss. Des Weiteren misshandelte er Häftlinge des Küchen- und Kartoffelkommandos und meldete diese zur Bestrafung. Außerdem war er an der Verschiebung von Lebensmitteln aus Häftlingsbeständen beteiligt. Die Misshandlung eines achtjährigen ukrainischen Jungen führte zu dessen Tod.
Hübscher, August – Todesstrafe
Gerichtsentscheidung: LG Halle am 19.9.1949; OLG Halle am 14.10.1949

454. Verbrechen gegen Zwangsarbeiter – Nr. 1386
Als Prokurist bei der Firma Reckmann in Cottbus, die auf ihren Baustellen ausländische Zwangsarbeiter, Kriegsgefangene und jüdische Häftlinge beschäftigte, war der Angeklagte für deren Einsatz verantwortlich. Er verschob die Zusatzverpflegung und war an Misshandlungen beteiligt. Ein polnischer Zwangsarbeiter wurde öffentlich erhängt. Des Weiteren denunzierte er einen deutschen »Halbjuden« wegen eines Verhältnisses mit einer »arischen« Frau. Der Denunzierte kam ins KZ Buchenwald; von ihm fehlt jede Spur.

Sup., Georg – 7 Jahre Haft
Gerichtsentscheidungen: LG Cottbus am 19. 9. 1949; OLG Potsdam am 30. 1. 1950

455. Denunziation – Nr. 1385
Der Angeklagte beschäftigte in seinem Landwirtschaftsbetrieb in Sayda polnische Zwangsarbeiter, die er misshandelte. Ein von ihm angezeigter Pole kam ins KZ und dort zu Tode.

Gri., Friedrich Gottfried – 1 Jahr Haft
Gerichtsentscheidungen: LG Dresden am 21. 9. 1949; LG Dresden am 9. 6. 1948; OLG Dresden am 16. 11. 1948

456. Kriegsverbrechen – Nr. 1384
Der Angeklagte war im April 1945 in Berbersdorf/Döbeln beteiligt am Beschießen eines notgelandeten US-amerikanischen Fliegers, der an den Folgen der Schussverletzung verstarb.

Voi., Rudolf Robert Fritz– 6 Jahre Haft / Urteil nicht veröffentlicht, da nicht aufgefunden
Gerichtsentscheidung: LG Leipzig am 22. 9. 1949

457. Denunziation – Nr. 1383
Die Angeklagten waren von 1939 bis 1940 als NSDAP-Blockleiter in Krummenhennersdorf und in Colmnitz tatbeteiligt an der Denunziation eines ambulanten Händlers, der sich antifaschistisch geäußert hatte. Der Denunzierte wurde zu einer Gefängnisstrafe verurteilt. Kurz vor dem Strafende wurde von dem Blockleiter in Colmnitz eine Beurteilung angefertigt, in der von einer Entlassung abgeraten wurde. Daraufhin kam der Denunzierte nach der Strafverbüßung in ein KZ und dort zu Tode (s. auch Nr. 1791).

Hau., Willy Kurt – 2 Jahre / Reha: Strafe ermäßigt auf 1 Jahr, Vermögenseinziehung als »rechtsstaatswidrig« aufgehoben

M., Armin Helmuth – 4 Jahre
Gerichtsentscheidungen: LG Dresden am 22. 9. 1949; LG Dresden am 22. 4. 1994 (Reha Hau.)

458. Denunziation – Nr. 1382

Die Angeklagte denunzierte 1945 in Bad Berka ihren Ehemann wegen »kommunistischer Hetzreden«, nachdem er die Scheidung der Ehe beantragt hatte. Der Denunzierte wurde am 12. Februar 1945 von der Gestapo verhaftet und am 3. April kurz vor dem Einmarsch der US-Amerikaner erschossen.

Hen., Rosa, geb. Vog. – 6 Jahre

Gerichtsentscheidung: LG Rudolstadt am 23.9.1949

459. Kriegsverbrechen, Gewaltverbrechen in Haftstätten – Nr. 1381

Der Angeklagte wurde am 16. Mai 1942 als sogenannter »Berufsverbrecher« in polizeiliche »Vorbeugehaft« genommen und im Juni 1942 dem KZ Sachsenhausen zugeführt. Dort wurde er Kraftfahrer und beteiligte sich an Misshandlungen von Häftlingen. Im April 1944 meldete er sich freiwillig zur Einheit Dirlewanger, kam als SS-Grenadier nach Usta bei Minsk, wo sich das Hauptquartier der zur Partisanenbekämpfung eingesetzten Truppe befand. Er beteiligte sich am Einsatz zur Niederschlagung des Warschauer Aufstandes und an der Partisanenbekämpfung in der Slowakei und kam nach Ungarn, wo er sich durch Selbstverstümmlung dem weiteren Fronteinsatz entzog.

Aul., Heinz – 5 Jahre Haft

Gerichtsentscheidungen: LG Dresden am 28.9.1949; OLG Dresden am 10.5.1950

460. Denunziation – Nr. 1380

Die Angeklagte denunzierte 1938 in Unterteutschenthal ihren Schwiegersohn wegen »kommunistischer Umtriebe«. Der Denunzierte kam ins KZ Buchenwald, wo er nach amtlicher Mitteilung am 2. Februar 1945 tödlich verunglückt sein soll.

Hel., Marie, geb. Gör. – 1 Jahr Haft

Gerichtsentscheidung: LG Halle am 29.9.1949

461. Massenvernichtungsverbrechen – Nr. 1379

Der Angeklagte wurde beschuldigt, als Angehöriger des Polizeibataillons Berlin Spandau an der Tötung von Juden bei der

Niederwerfung des Aufstandes im Warschauer Ghetto 1943 und an der Misshandlung eines russischen Zwangsarbeiters in Steffenshagen beteiligt gewesen zu sein.

    Ada., Arthur – Freispruch / Urteil nicht veröffentlicht, da nicht aufgefunden

Gerichtsentscheidung: LG Neuruppin, Zweigstelle Brandenburg, am 29. 9. 1949

462.   Denunziation – Nr. 1378

Die Angeklagte meldete im November 1943 einen Zwangsarbeiter des Teppichklopf- und Bürgersteigreinigungsbetriebes Weimar, der wegen Krankheit arbeitsunfähig war. Der Denunzierte wurde zur Gestapo gebracht und ist verschollen. 1945 misshandelte sie eine als Hausgehilfin eingesetzte polnische Zwangsarbeiterin.

    Ren., Lucia Valesca, geb. Wag. – 3 Jahre Haft

Gerichtsentscheidungen: LG Erfurt am 7. 10. 1949; LG Weimar, Jena, am 20. 4. 1949; OLG Gera am 15. 7. 1949

463.   Denunziation – Nr. 1377

Die Angeklagten denunzierten im November 1943 einen Arbeitskollegen des Ferrowerks Mückenberg, der das Misslingen des Hitlerattentats am 8. November 1939 bedauert und »defaitistische« Äußerungen getätigt hatte. Der Denunzierte wurde vom Volksgerichtshof zum Tode verurteilt und hingerichtet (s. auch Nr. 1788).

    Bar., Richard – 1 Jahr und 3 Monate Haft
    Poh., Else – 2 Jahre Haft
    Sch., Max – Freispruch und Verfahren eingestellt

Gerichtsentscheidung: LG Halle am 10. 10. 1949

464.   Denunziation – Nr. 1376

Im Juni 1944 denunzierte der Angeklagte einen jungen Postangestellten der Reichspost Cottbus, der den Hitlergruß verweigert hatte. Der Denunzierte wurde in ein Jugenderziehungslager deportiert. Einige Monate nach Kriegsende verstarb er, völlig entkräftet durch die Unterernährung während seiner Haftzeit.

Rad., Hermann – 3 Jahre Haft

Gerichtsentscheidungen: LG Cottbus am 10.10.1949; OLG Potsdam am 7.3.1950

465. Verbrechen im Strafbataillon 999 – Nr. 1375

Der Angeklagte wurde im Jahre 1935 wegen Vorbereitung eines hochverräterischen Unternehmens vom Kammergericht Berlin zu einer Zuchthausstrafe von zwei Jahren verurteilt und kam im November 1938 ins KZ Sachsenhausen. Von dort wurde er 1943 ins Strafbataillon 999 überführt und in Griechenland in Amalias auf dem Peloponnes zum Streifendienst und zur Partisanenbekämpfung eingesetzt. Ende Mai oder Anfang Juni 1944 war er tatbeteiligt an der Festnahme des zuvor fahnenflüchtig gewordenen und zu den Partisanen übergetretenen Walter Illmer, der anschließend von einem Kriegsgericht zum Tode verurteilt und hingerichtet wurde.

Pul., Walter Georg – Freispruch

Gerichtsentscheidung: LG Berlin am 11.10.1949

466. Denunziation – Nr. 1374

Die Angeklagte denunzierte Ende März in Dörnthal/Freiberg einen deutschen Soldaten, der nach einem Urlaub nicht zu seiner Einheit zurückgekehrt war. Der Denunzierte wurde festgenommen und kam in eine Strafkompanie. Als er kurz danach wieder im Ort erschien, machte sie erneut Mitteilung. Der Soldat wurde am 25. April 1945 verhaftet und am 27. April 1945 in Marienberg von einem Kriegsgericht zum Tode verurteilt. Das Urteil wurde am 28. April 1945 auf dem Friedhof in Marienberg vollstreckt.

Thi., Gertrud Hildegard, geb. Böt. – 6 Jahre Haft /
  Reha: Vermögenseinziehung als»rechtsstaatswidrig«
  aufgehoben

Gerichtsentscheidungen: LG Dresden am 13.10.1949; OLG Dresden am 12.4.1950; LG Dresden am 12.12.1994 (Reha)

467. Kriegsverbrechen – Nr. 1373

Der Angeklagte wurde beschuldigt, am 8. Oktober 1942 als Kommandoführer des Kriegsgefangenenlagers in Eidlitz bei Komotau einen Kriegsgefangenen erschossen zu haben. Er gab die Erschießung des gefangenen Zyprioten zu und berief sich auf Notwehr. Zuvor war der Angeklagte in drei anderen Kriegsgefangenenlagern eingesetzt worden. Seit etwa August 1942 unterstand ihm das Lager Eidlitz mitsamt seinen zweihundert sowjetischen Kriegsgefangenen, die in den Mannesmannröhrenwerken eingesetzt wurden.

Mox., Ernst Friedrich Hans – Freispruch
Gerichtsentscheidung: LG Erfurt am 14.10.1949

468. Denunziation – Nr. 1372

Die Angeklagte denunzierte 1944 in Leipzig eine Krankenschwester, die in offener Weise ihre Gegnerschaft zum Nazi-Regime und zum Krieg kundtat. Die Denunzierte wurde wegen Wehrkraftzersetzung und Feindbegünstigung vom Volksgerichtshof zum Tode verurteilt und hingerichtet (s. auch Nr. 1469).

Bau., Elisabeth Viktoria, geb. Sch. – 3 Jahre / Reha:
   Vermögenseinziehung als »rechtsstaatswidrig«
   aufgehoben
Gerichtsentscheidungen: LG Leipzig am 17.10.1949; LG Leipzig am 19.4.1994 (Reha)

469. Denunziation – Nr. 1371

Als Eigentümer einer Mühle und Landwirtschaft in Lößnitz erstattete der Angeklagte 1942 Anzeige gegen einen bei ihm beschäftigten polnischen Zwangsarbeiter, der seinen Arbeitsplatz verlassen hatte und den Tod einiger Tiere des Angeklagten verursacht haben sollte. Der Zwangsarbeiter wurde vom Sondergericht Leipzig zum Tode verurteilt und hingerichtet. 1944 meldete der Angeklagte eine »Ostarbeiterin« wegen Arbeitsverweigerung, die daraufhin verhaftet und der Gestapo übergeben wurde. Ihr weiteres Schicksal ist unbekannt. 1947 hat er in einer Gaststätte mehrmals mit »Heil Hitler« gegrüßt und wurde dafür ebenfalls verurteilt.

M., Walter Georg – 3 Jahre und 6 Monate / Rehabilitierungsantrag zurückgewiesen

Gerichtsentscheidungen: LG Zwickau am 17.10.1949; LG Chemnitz am 1.7.1992 (Reha)

470. Kriegsverbrechen – Nr. 1370

Die Angeklagten beteiligten sich am 17. April 1945 an der Erschießung eines in der Nähe des Rittergutes Reinhardtsgrimma notgelandeten US-amerikanischen Piloten. Der Angeklagte Kir. war dafür zunächst zu zehn Jahren Zuchthaus und in einem zweiten Falle in Anbetracht erzielter Kriegsgewinne zu zwei Jahren Gefängnis verurteilt worden. Aus beiden Einzelstrafen wurde eine Gesamtstrafe von elf Jahren Zuchthaus gebildet.

Kir., Walter Georg – Freispruch und 2 Jahre Haft / Reha: Verurteilung als »rechtsstaatswidrig« aufgehoben

Kop., Bernhard – 9 Jahre Haft

Gerichtsentscheidungen: LG Dresden am 18.10.1949; LG Dresden am 3.9.1948; OLG Dresden am 27.4.1949; OLG Dresden am 7.3.1951; OLG Dresden am 21.3.1951; LG Dresden am 4.2.1993 (Reha Kir.)

471. Gewaltverbrechen in Haftstätten, Massenvernichtungsverbrechen in Lagern – Nr. 1369

Der Angeklagte beteiligte sich 1943 im Zwangsarbeitslager der HASAG in Tschenstochau an der Misshandlung von Häftlingen und bei der Selektion von alten und kranken jüdischen Häftlingen, die später erschossen wurden (s. auch Nr. 1432, Nr. 1511 sowie BRD-Verfahren Nr. 654).

Wun., Albert Ernst Paul – 10 Jahre

Gerichtsentscheidung: LG Leipzig am 20.10.1949

472. Denunziation – Nr. 1368
Den Angeklagten wurde zur Last gelegt, im März 1944 in Clementschleuse / Landsberg einen mit einer »Arierin« verheirateten Juden nach persönlichen Streitereien denunziert zu haben und für dessen Deportation ins KZ Auschwitz verantwortlich zu sein.
  Bo., Willi – Freispruch
  Dun., Minna, geb. Drä. – Freispruch
Gerichtsentscheidung: LG Schwerin am 21.10.1949

473. Verbrechen gegen Kriegsende – Nr. 1367
Der Angeklagte Al. wurde am 15. April 1945 als Hilfspolizist eingezogen und war am 16. April in Güsten mit anderen Hilfspolizisten an der Erschießung eines Polen tatbeteiligt, der in Verdacht stand, von einem zurückgelassenen Wehrmachtlastzug einen Sack Mehl entwendet zu haben. Der Angeklagte Sch. will dabei nur Schaulustiger gewesen sein.
  Al., Kurt – 10 Jahre Haft
  Sch., Richard – Freispruch und Verfahren eingestellt
Gerichtsentscheidung: LG Magdeburg am 22.10.1949

474. Denunziation – Nr. 1366
Der Angeklagte war 1941 als Soldat beim Landesschützenbataillon in Zwickau zur Bewachung von russischen Kriegsgefangenen auf einer Baustelle der Straßenbahn eingesetzt. Dort nahm er einen Mann fest, der den Kriegsgefangenen ein Stück Brot gegeben hatte, und lieferte ihn der Gestapo aus. Der Verhaftete kam in Untersuchungshaft und hat sich am 22. Oktober 1941 angeblich selbst mit einem Brotmesser die Kehle durchschnitten.
  Kau., Alwin Karl Eduard – 2 Jahre und 6 Monate Haft
Gerichtsentscheidung: LG Dresden am 22.10.1949

475. Denunziation – Nr. 1365
Im September 1941 beschimpfte und denunzierte die Angeklagte in Halle einen jüdischen Kaufmann, der keinen »Judenstern«

trug. Der Denunzierte wurde inhaftiert und ins KZ Theresienstadt überführt, wo er im April 1944 verstarb.

Knö., Anna, geb. Kar. – 6 Monate Haft
Gerichtsentscheidung: LG Halle am 24.10.1949

476. Denunziation – Nr. 1364
Der Angeklagte denunzierte 1943 in Berlin ein Ehepaar, das sich abfällig über das Nazi-Regime geäußert hatte. Das Ehepaar wurde zu mehrjährigen Freiheitsstrafen verurteilt. Der Mann wurde kurz vor dem Zusammenbruch im Zuchthaus Sonnenburg ermordet (s. auch BRD-Verfahren Nr. 758).

Thi., Erich Hermann Fritz – 5 Jahre Haft
Gerichtsentscheidung: LG Berlin am 25.10.1949

477. Denunziation – Nr. 1363
Die Angeklagten beteiligten sich 1941 in Leipzig an der Anzeige eines »halbjüdischen« Hausbesitzers, weil dieser die Nazis und die Wehrmacht beschimpft hatte. Der Denunzierte wurde zu einer Gefängnisstrafe verurteilt, kam nach der Strafverbüßung ins KZ Auschwitz und dort zu Tode.

Bar., Dr. Julius Kurt – nur Sühnemaßnahmen
Ebe., Richard Kurt Alfred – 6 Monate Haft
Mat., Karl Heinrich – Freispruch
Gerichtsentscheidung: LG Leipzig am 25.10.1949

478. Denunziation – Nr. 1362
1943 beteiligten sich die Angeklagten in Märkischheide an der Denunziation einer Bekannten wegen antifaschistischer und »defaitistischer« Äußerungen. Die Denunzierte wurde vom Volksgerichtshof zum Tode verurteilt und hingerichtet.

Fro., Marta, geb. Jan. – Verfahren eingestellt
Kle., Joseph – 6 Jahre
Kle., Hildegard, geb. Kla. – 2 Jahre Haft
Kre., Hildegard, geb. Sch. – 6 Monate Haft und Freispruch
Sch., Anna – 6 Monate Haft und Freispruch

Gerichtsentscheidungen: LG Cottbus am 7.11.1949; OLG Potsdam am 7.3.1950; LG Cottbus am 26.6.1950

479. Denunziation – Nr. 1361

Die Angeklagten beteiligten sich 1943 in Zeitz an der Denunziation eines Arbeitskollegen, der sich wiederholt abfällig über das Nazi-Regime geäußert und antifaschistische Briefe seines an der Front befindlichen Sohnes vorgelesen hatte. Der Denunzierte, den beide Angeklagte auch beim Volksgerichtshof schwer belasteten, wurde zum Tode verurteilt und hingerichtet.

Erd., Franz – 4 Jahre Haft
Str., Margarete – 7 Jahre Haft
Gerichtsentscheidungen: LG Halle am 11.11.1949; LG Halle am 27.5.1947; OLG Halle am 4.3.1948; OLG Halle am 10.1.1949; OLG Halle am 21.8.1950

480. Denunziation – Nr. 1360

Im Rahmen eines heftigen Streits über den Erbhof denunzierten die Angeklagten im November 1942 in Großkromsdorf den Vater des Angeklagten Vol. wegen Beschimpfung von Hitler, Sauckel und des Nazi-Regimes sowie wegen »Sabotage«. Der Denunzierte kam ins KZ Buchenwald, wo er starb.

Hol., Helene – 2 Jahre Haft
Vol., Curt – 7 Jahre Haft
Gerichtsentscheidungen: LG Erfurt am 18.11.1949; LG Weimar, Jena, am 24.11.1948; OLG Gera am 27.5.1949; OLG Erfurt am 5.6.1950

481. Denunziation – Nr. 1359

Die Angeklagte denunzierte im August 1943 in Gräfenwarth/Schleiz einen Obergefreiten, der in einem Laden die NSDAP beschimpft und darüber hinaus geäußert hatte: »Gott gebe, dass Deutschland untergehe!« Der Denunzierte wurde vom Kriegsgericht Leipzig zum Tode verurteilt, soll aber nicht hingerichtet worden, sondern zu einer Bewährungseinheit gekommen sein.

Köh., Martha, geb. Zim. – 2 Jahre und 6 Monate Haft / Reha: Vermögenseinziehung als »rechtsstaatswidrig« aufgehoben
Gerichtsentscheidungen: LG Rudolstadt am 18.11.1949; LG Gera am 18.12.1948; OLG Gera am 18.2.1949; OLG Erfurt am 31.7.1950; LG Meiningen am 11.5.1993 (Reha)

482. Gewaltverbrechen in Haftstätten – Nr. 1358
Die Angeklagten gehörten 1933 zum Haftstättenpersonal des KZ Hohnstein und beteiligten sich an Folterungen und Misshandlungen vorwiegend sozialdemokratischer und kommunistischer sowie jüdischer Häftlinge, in circa 40 Fällen mit Todesfolge. Mehrere Häftlinge wurden aufgrund der Folter »wahnsinnig« (s. auch Nr. 1268; Nr. 1411; Nr. 1430; Nr. 1795 und Nr. 2076).

Bor., Paul Erich – 1 Jahr Haft
Cla., Theo Johannes Helmut – 1 Jahr Haft
Döh., Friedrich Willi – 2 Jahre Haft
Gei., Kurt Walter – 5 Jahre Haft
Grö., Willi Rudolf – 1 Jahr Haft
Hän., Karl Ernst – 7 Jahre Haft
Hip., Karl Herbert – 7 Jahre Haft
Hoh., Anton Helmut – 6 Jahre Haft
Jan., Friedrich Ernst – 2 Jahre Haft
Jed., Max Oswald – 1 Jahr Haft
Kia., Max Paul – 4 Jahre Haft
Kle., Wilhelm Friedrich – 2 Jahre Haft
Leh., Rudolf Hans – 7 Jahre Haft
Lie., Martin Erich – 2 Jahre Haft
Lor., Ewald Erich – 5 Jahre Haft
Lüd., Emil Reinhold Berthold – 2 Jahre und 6 Monate Haft
Man., Hans Hermann Wolfgang – 4 Jahre Haft / Reha: Vermögenseinziehung als »rechtsstaatswidrig« aufgehoben
Mar., Karl Walter – 2 Jahre Haft
Mat., Reinhold Walter – 2 Jahre Haft

Mei., Paul Horst – 4 Jahre Haft
Mey., Paul Alfred – 2 Jahre und 6 Monate Haft
Mor., Max Wilhelm –15 Jahre Haft
Müh., Alfred Rudolf – 2 Jahre und 6 Monate Haft
Ram., Willy Herbert – 3 Jahre Haft / Reha: Vermögenseinziehung als »rechtsstaatswidrig« aufgehoben
Rep., Emil Willi – 4 Jahre Haft
Rie., Ernst Wilhelm Alfred – 4 Jahre Haft
Rit., Karl Erich – 2 Jahre und 6 Monate Haft
Sch., Rudolf Herbert – 2 Jahre Haft
Sikora, Johann Felix – lebenslange Haft
Uhl., Kurt Hans – 1 Jahr Haft
Wal., Willi Hans – 4 Jahre Haft
Weg., Rudolf Ernst Wilhelm – 3 Jahre Haft

Gerichtsentscheidungen: LG Dresden am 18.11.1949; OLG Dresden am 13.7.1950; LG Dresden am 5.1.1951; LG Dresden am 23.1.1995 (Reha Man.); LG Dresden am 20.2.1997 (Reha Ram.)

483. Verbrechen bei der Errichtung der faschistischen Diktatur – Nr. 1357

Der Angeklagte beteiligte sich als SA-Mitglied in der Nacht vor dem Volksentscheid am 9. August 1931 an einer Schlägerei in Schwarzheide-West zwischen dem Reichsbanner und der SA. Zwei Angehörige des Reichsbanners wurden misshandelt, einer erhielt einen Rückensteckschuss, an dem er starb.

Kai., Emil – Freispruch

Gerichtsentscheidung: LG Cottbus am 21.11.1949

484. Verbrechen gegen Kriegsende – Nr. 1356

Der Verfahrensgegenstand betraf die im April 1945 in Leppersdorf erfolgte Erschießung eines Rentners aus Dresden, der – als Leppersdorf vorübergehend von einer polnischen Kampftruppe besetzt wurde – als Dolmetscher fungiert hatte. Ein mit der polnischen Kampfgruppe abgezogener, dann aber wieder nach Leppersdorf zurückgekehrter polnischer Zwangsarbeiter sowie eine Ukrainerin und ihr Kind wurden eingesperrt und am Tag darauf erschossen.

Mag., Erhard Franz – 3 Jahre Haft

Zei., Helmut Willi – Verfahren eingestellt

Gerichtsentscheidungen: LG Cottbus am 21.11.1949; LG Dresden am 15.7.1948; OLG Dresden am 29.6.1949; OLG Dresden am 11.10.1950

485. Denunziation – Nr. 1355

Die Angeklagte denunzierte im April 1944 in Bleicherode ein jüdisches Ehepaar, das sich 1943 durch Flucht der Deportation entzogen hatte. Sie entdeckte den Mann in einem Luftschutzbunker in Ringelhain und machte davon Meldung bei der Polizei. Das Ehepaar wurde, ebenso wie der Bauer, bei dem es Unterschlupf gefunden hatte, in ein Konzentrationslager deportiert. Die Frau und der Bauer kamen dort ums Leben.

Kön., Anna, geb. Wi. – 6 Jahre Haft

Gerichtsentscheidungen: LG Erfurt am 25.11.1949; LG Nordhausen am 27.7.1947; OLG Gera, unbekannt; LG Nordhausen am 9.3.1948; OLG Gera, unbekannt; LG Nordhausen am 8.7.1948; OLG Gera am 11.7.1949

486. Andere Verbrechen – Nr. 1354

Der Angeklagte lernte 1943 als Angehöriger der Kriminalpolizei in Berlin den jüdischen Betriebsleiter der Firma Waxoline KG, Kurt Jacobson, kennen, der unter dem Decknamen Jansen lebte. Die Gestapo durchsuchte am 30. August 1943 dessen Firma und Wohnung und fand zwei Schusswaffen mit Munition. Die Ehefrau wurde festgenommen. Jacobson konnte fliehen, wurde aber kurze Zeit später vom Angeklagten niedergeschossen und ist an den Schussverletzungen gestorben. Ehefau und Sohn befanden sich längere Zeit in Haft.

Noritsch, Kurt – Todesstrafe und 5 Jahre Haft

Gerichtsentscheidungen: LG Berlin am 29.11.1949; KG am 28.2.1950

487. Denunziation – Nr. 1353
Die Angeklagte denunzierte im August 1941 in Wilsdruff/Freital den Pfarrer Richter gegenüber dem NSDAP-Ortsgruppenleiter Gründler, weil er sich angeblich geweigert habe, ihr als Witwe eines Offiziers Trost zu spenden. Ihr Ehemann war Chef einer Pionierkompanie und hatte in Frankreich nach einem Bootsuntergang, bei dem neun Soldaten starben, Selbstmord begangen. Der Pfarrer wurde vom Oberlandesgericht Dresden zu zwei Jahren Zuchthaus verurteilt, war in Plauen inhaftiert und wurde anschließend ins KZ Dachau überführt, wo er starb.

And., Anna Maria, geb. Nic. – 8 Monate Haft
Gerichtsentscheidungen: LG Dresden am 30.11.1949; LG Dresden am 16.6.1948; OLG Dresden am 21.12.1948

488. Gewaltverbrechen in Haftstätten – Nr. 1352
Die Angeklagten beteiligten sich zwischen 1942 und 1945 als Haftstättenpersonal im Feldstraflager III Hyslama in Finnland an der Misshandlung von Wehrmachtsstrafgefangenen, zum Teil mit Todesfolge. Des Weiteren wurden sie wegen Erschießungen von Strafgefangenen bei Fluchtversuchen und »Abspritzen« von kranken Gefangenen im Lazarett angeklagt.

Boh., Fritz – 12 Jahre Haft
Lut., Erich – Freispruch und 2 Jahre Haft
Obst, Robert – lebenslange Haft
Gerichtsentscheidungen: LG Halle am 30.11.1949; LG Halle am 23.12.1949; OLG Halle am 19.5.1950

489. »Euthanasie« – Nr. 1351
Die Angeklagte beteiligte sich als Mitarbeiterin des Pflegepersonals in den Heil- und Pflegeanstalten Grafeneck und Hadamar an der Vergasung von »Geisteskranken«. Diese wurden entkleidet, dem Arzt vorgeführt und zum Vergasungsraum gebracht. Nach Einstellung der Vergasungen 1941 erfolgte die Tötung durch Verabreichung von Überdosen Veronal, Trional und Luminal.

Bel., Emma Berta Hulda – 7 Jahre Haft
Gerichtsentscheidungen: LG Berlin am 2.12.1949; KG am 23.5.1950

490. Gewaltverbrechen in Haftstätten – Nr. 1350

Der Angeklagte war seit 1932 Angehöriger der SS, wurde 1939 nach Danzig-Matzkau eingezogen und gehörte zum SS-Personal in den KZ Flossenbürg, Neuengamme, Ravensbrück und Riga. Zuletzt war er als SS-Oberscharführer Leiter des Nebenlagers Riga-Dortorgau. Er beteiligte sich an schweren Misshandlungen von KZ-Häftlingen, durch die mehrere Häftlinge starben.

Gröschel, Max Ernst – Todesstrafe
Gerichtsentscheidungen: LG Dresden am 5.12.1949; OLG Dresden am 20.9.1950; LG Dresden am 21.12.1950; OLG Dresden am 23.2.1951

491. Kriegsverbrechen – Nr. 1349

Der Angeklagte wurde 1941, unter Beibehaltung seines Dienstgrades Oberfeldwebel, als Obermeister in die Flugzeugreparaturwerkstatt der Siebelwerke in Athen versetzt, in dem circa 600 bis 700 Griechen als Zwangsarbeiter und circa einhundert Deutsche als Aufsichtspersonal beschäftigt waren. Dort beteiligte sich Sickel an der Schikanierung und Misshandlung der Zwangsarbeiter sowie 1944 an der Erschießung von drei griechischen Zivilisten als »Vergeltung« für den Tod eines deutschen Soldaten.

Sickel, Willy – lebenslange Haft
Gerichtsentscheidungen: LG Halle am 6.12.1949; OLG Halle am 14.8.1950

492. Denunziation – Nr. 1348

Der Angeklagte denunzierte 1941 in Berlin einen Juden infolge nachbarschaftlicher Streitigkeiten. Der Denunzierte wurde wegen Kriegswirtschaftsverbrechen zu einer Zuchthausstrafe verurteilt und starb 1943 im KZ Auschwitz.

Hil., Camillo – Freispruch
Gerichtsentscheidung: LG Mühlhausen am 7.12.1949

493. Denunziation – Nr. 1347
Die Angeklagte denunzierte im Januar 1945 in Demmin einen fahnenflüchtigen deutschen Soldaten, der mit ihrer Tochter verlobt war und dieser erzählt hatte, er habe den Engländern Informationen geliefert, die zur Bombardierung des Flugplatzes Tutow geführt hätten. Der Denunzierte soll zum Tode verurteilt worden sein, habe sich aber durch Flucht der Urteilsvollstreckung entziehen können.

Alb., Erna, geb. Ris. – 1 Jahr Haft
Gerichtsentscheidung: LG Schwerin am 8.12.1949

494. Denunziation – Nr. 1346
Die Angeklagten bekundeten im März 1943 in Berlin bei der Gestapo in einer Erklärung, dass zur geschiedenen jüdischen Ehefrau bzw. Mutter keine Beziehungen mehr bestünden. Die Frau wurde daraufhin in ein Konzentrationslager deportiert und ist seitdem verschollen.

Lup., Franz – 7 Jahre Haft
Lup., Ruth – 5 Jahre Haft
Gerichtsentscheidung: LG Cottbus am 12.12.1949

495. »Euthanasie« – Nr. 1345
Der Angeklagte war im Rahmen der »Euthanasie«-Aktion in den Heil- und Pflegeanstalten Sonnenstein, Leipzig, Hochweitzschen und Bernburg tatbeteiligt an der Vergasung von »Geisteskranken« sowie von Juden im KZ Treblinka.

Sch., Fritz Erich – 9 Jahre Haft / Urteil nicht veröffentlicht, da nicht aufgefunden
Gerichtsentscheidungen: LG Dresden am 14.12.1949; LG Cottbus am 20.9.1948; OLG Potsdam am 15.2.1949; OLG Potsdam am 9.5.1950

496. Verbrechen gegen Kriegsende – Nr. 1344

Die Angeklagten waren im April 1945 als Angehörige der Polizei bzw. des Volkssturmes in Ermsleben an Misshandlungen und Erschießungen von Häftlingen beteiligt, die nach einem Evakuierungstransport zurückgeblieben waren. Außerdem erschossen sie einen Mann, der kurz zuvor aus der Haft entlassen worden war.

Bec., Otto – 2 Jahre und 6 Monate Haft
Kno., Walter – 10 Jahre Haft
Mei., Fritz – 8 Jahre Haft

Gerichtsentscheidungen: LG Halle am 15.12.1949; OLG Halle am 9.5.1950

497. Gewaltverbrechen in Haftstätten, Massenvernichtungsverbrechen – Nr. 1343

Zwischen 1942 und 1943 beteiligte sich der Angeklagte – Werkmeister in einer Schneidersammelstelle in Bendsburg – an der Misshandlung von jüdischen Arbeitern der Firma Alfred Rossner in Bendzin (Bendsburg). Außerdem ordnete er bei einer Räumungsaktion am 1. August 1943 Strafschichten sowie die Auslieferung von Juden an die SS zur Deportation ins KZ Auschwitz an.

Krü., Johannes Julius August – Freispruch

Gerichtsentscheidung: LG Berlin am 16.12.1949

498. Verbrechen gegen Kriegsende – Nr. 1342

Der Angeklagte war vom 21. bis 23. April 1945 als Angehöriger der 1. Panzerjagdkompanie »Schwalbe« tatbeteiligt an der Erschießung des Bürgermeisters der Stadt Stollberg, der eine weiße Fahne gehisst und Kontakt zu den US-amerikanischen Truppen aufgenommen hatte. Teilgenommen hat Sch. auch an der Aktion »Waldschlösschen Neuoelsnitz«, bei der Zivilisten und Kriegsgefangene erschossen wurden (s. auch BRD-Verfahren Nr. 408).

Sch., Heinz Arno – 10 Jahre Haft und Freispruch

Gerichtsentscheidung: LG Chemnitz am 20.12.1949

499. Denunziation – Nr. 1341
Die Angeklagten haben im Januar 1940 in Halle einen Juden aufgegriffen und denunziert, weil dieser eine »arische« Frau besucht hatte. Der Denunzierte wurde wegen »Rassenschande« verurteilt und ins KZ Sachsenhausen deportiert, wo er starb. Die Frau kam für ein Jahr ins KZ Ravensbrück.
    Sch., Walter – 3 Jahre Haft
    Hem., Liesbeth – Freispruch
Gerichtsentscheidung: LG Halle am 21. 12 1949

500. Verbrechen bei der Errichtung der faschistischen Diktatur – Nr. 1340
Die Angeklagten haben als SA-Mitglieder seit Juni 1932 in Limbach an Überfällen auf Antifaschisten und nach dem 30. Januar 1933 an deren Verfolgung, Verhaftung, Misshandlung und Ermordung teilgenommen (s. auch Nr. 1522 und Nr. 2083).
    Dit., Paul Werner – 1 Jahr Haft
    Spö., Mathias – 12 Jahre Haft
Gerichtsentscheidung: LG Chemnitz am 29. 12. 1949

501. Gewaltverbrechen in Haftstätten – Nr. 1339
Beide Angeklagten kamen 1938 als sogenannte »Asoziale« ins KZ Buchenwald. Sie waren angeklagt wegen Misshandlungen von Häftlingen, in einem Fall mit Todesfolge. Pötschke, ein Bordellbetreiber aus Halle, wurde 1939 Blockältester im Block 25 und 1942 aus dem KZ entlassen. Sch. wurde im Mai 1939 aus dem KZ entlassen und verbüßte anschließend eine Gefängnisstrafe von neun Monaten wegen Zuhälterei.
    Pötschke, Paul – lebenslange Haft
    Sch., Kurt – Freispruch
Gerichtsentscheidungen: LG Halle am 2. 1. 1950; OLG Halle am 14. 6. 1950

502. Verbrechen gegen Zwangsarbeiter – Nr. 1338
Dem Angeklagten wurde zur Last gelegt, gemeinsam mit dem ehemaligen Gutsbesitzer Hecht in Sanzkow in den Jahren 1943

und 1944 ausländische Zwangsarbeiter misshandelt und einen Polen verfolgt zu haben, der aus Verzweiflung in die Tollense sprang und darin ertrank.

Rem., Ernst – Freispruch
Gerichtsentscheidung: LG Schwerin am 5.1.1950

503. Gestapo-Verbrechen – Nr. 1337

Der Angeklagte Burbach war seit 1919 bei der Polizei und seit 1935 bei der Gestapo in Weimar beschäftigt, wo er als Kriminalobersekretär und SS-Sturmscharführer unter anderem Leiter der Karteistelle und Exekutivbeamter war. Er war angeklagt, im Spätsommer 1943 an der Hinrichtung eines polnischen Zwangsarbeiters und am 2. April 1945 an der Ermordung von 149 Häftlingen im Webicht bei Weimar beteiligt gewesen zu sein.

Burbach, Erich – 2 Jahre Haft
Gerichtsentscheidung: LG Erfurt am 7.1.1950

504. Gewaltverbrechen in Haftstätten – Nr. 1336

Der Angeklagte wurde als Angehöriger des Haftstättenpersonals im Wehrmachtsgefängnis Torgau verurteilt wegen Schikanierung und Misshandlung von Häftlingen sowie wegen Beteiligung an der Erschießung zweier Häftlinge.

Ull., Willi – 8 Jahre Haft / Urteil nicht aufgefunden
Gerichtsentscheidungen: LG Halle am 14.1.1950; OLG Halle am 17.5.1950

505. Denunziation – Nr. 1335

Die Angeklagten beteiligten sich 1936 an der Denunziation eines Abteilungsleiters der Firma Schriftguss AG in Dresden, der die Verheimlichung von Bleivorräten vor der Metallüberwachungsstelle angeprangert und abfällige Äußerungen über das Winterhilfswerk getätigt hatte. Der Denunzierte beging nach seinem Verhör durch die Betriebsleitung Selbstmord.

Eck., Felix Friedrich Paul – Freispruch
Höl., Rudolf Max – 1 Jahr und 3 Monate Haft

Gerichtsentscheidungen: LG Dresden am 17.1.1950; OLG Dresden am 20.9.1950; LG Dresden am 29.12.1950; OLG Dresden am 18.5.1951

506. Gewaltverbrechen in Haftstätten – Nr. 1334
Der Angeklagte war von 1942 bis 1945 Mitglied der SS-Totenkopfstandarte und wurde beschuldigt, sich in den KZ Neuengamme, Braunschweig und Misburg bei Hannover an der Bewachung und Erschießung von vier KZ-Häftlingen wegen »Arbeitsverweigerung« beteiligt zu haben.
Reg., Konrad – Freispruch
Gerichtsentscheidung: LG Magdeburg am 19.1.1950

507. Denunziation – Nr. 1333
Der Angeklagte zeigte 1944 und im Januar 1945 in Quednau/Königsberg als stellvertretender Ortsgruppenleiter zwei Personen wegen antifaschistischer Äußerungen bei der Gestapo an. Die Denunzierten verstarben während der Haft bzw. im KZ. Weiterhin wurde dem Angeklagten die Misshandlung eines Zivilisten vorgeworfen, der sich geweigert hatte, Panzergräben auszuheben.
Ale., Emil – 4 Jahre Haft
Gerichtsentscheidungen: LG Schwerin am 19.1.1950; LG Schwerin am 19.5.1948; OLG Schwerin am 15.11.1948; LG Schwerin am 27.1.1949; OLG Schwerin am 23.5.1949

508. Denunziation – Nr. 1332
1944 denunzierten die Angeklagten in Auerswalde einen Arbeitskollegen, der sich gegen den Krieg ausgesprochen hatte. Der Denunzierte wurde vom Sondergericht Dresden zu zweieinhalb Jahren Zuchthaus verurteilt; er ist nicht zurückgekehrt.
Arn., Arno Albin – 2 Jahre und 6 Monate Haft
Sic., Marie, geb. Fre. – 1 Jahr Haft
Gerichtsentscheidungen: LG Chemnitz am 24.1.1950; OLG Dresden am 6.12.1950

509. Denunziation – Nr. 1331

Der Angeklagte beteiligte sich 1942 in der Metallgießerei Thomas in Dresden an der Denunziation eines deutschen Arbeiters, der einen Wachmann wegen der schlechten Behandlung sowjetischer Zwangsarbeiter zur Rede gestellt hatte. Der Denunzierte wurde verhaftet, kam ins KZ Sachsenhausen und ist seitdem verschollen. 1944 meldete der Angeklagte als Werkschutzleiter der Geblerwerke Dresden-Radebeul einen zuvor Misshandelten der Gestapo, der daraufhin ins KZ Dachau deportiert wurde und dort starb. Da der Angeklagte nach einer richterlichen Vernehmung im März 1946 in den Westen geflüchtet war, erging das Urteil in Abwesenheit (s. auch Nr. 1287 und Nr. 1693).

Gäb., Erich Bernhard – 5 Jahre Haft
Gerichtsentscheidung: LG Dresden am 27.1.1950

510. Denunziation – Nr. 1330

Der Angeklagte war als Betriebsleiter der Lederfirma F.G. Sohre, Zweigwerk Freital, u.a. tatbeteiligt an der Denunziation von drei in diesem Betrieb eingesetzten tschechischen Zwangsarbeitern. Die Denunzierten wurden in das KZ Buchenwald überführt. Einer kam im dortigen Steinbruch zu Tode, einer ist seitdem verschollen. Der Dritte verstarb im September 1946 an den Folgen der KZ-Haft (s. auch Nr. 1571).

Arn., Karl Emil Hans Werner – 2 Jahre und 6 Monate Haft / Abwesenheitsverfahren, da flüchtig
Gerichtsentscheidung: LG Dresden am 1.2.1950

511. Denunziation – Nr. 1329

Der Angeklagte erstattete am 5. November 1944 beim NSDAP-Ortsgruppenleiter in Falkenstein Anzeige gegen einen Rentner, weil dieser ihn unter anderem als »Parteilumpen« bezeichnet hatte. Der Denunzierte wurde der Plauener Gestapo zugeführt. Seine Ehefrau erhielt am 1. März 1945 vom Vorstand der U-Haftanstalt Dresden die Nachricht, dass ihr Mann verstorben sei.

Pfa., Kurt Erich – 1 Jahr und 2 Monate Haft / Abwesenheitsverfahren, da flüchtig
Gerichtsentscheidung: LG Zwickau am 7.2.1950

512. Gewaltverbrechen in Haftstätten, Gestapo-Verbrechen – Nr. 1328
Der Angeklagte beteiligte sich seit 1936 als Mitarbeiter der Gestapo und als Kriminalsekretär in Frankfurt am Main an der Bekämpfung von Gegnern des Nazi-Regimes sowie an der Verfolgung von »Bibelforschern« und Geistlichen der katholischen und evangelischen Kirche durch Bedrohung, Misshandlung und Einweisung in Konzentrationslager, zum Teil mit Todesfolge. Er hat maßgeblich an der Deportation der Frankfurter Juden mitgewirkt und im September/Oktober 1939 an einer Aktion des Einsatzkommandos II in Polen teilgenommen.
Thorn, Rudolf – 11 Jahre Haft
Gerichtsentscheidungen: LG Meiningen am 11.2.1950; LG Weimar, Jena, am 2.3.1949; OLG Gera am 10.6.1949

513. Gewaltverbrechen in Haftstätten – Nr. 1327
Die Angeklagten waren zwischen 1941 und 1945 als Angehörige der Bewachungsmannschaft und als Vorarbeiter bzw. Kapos im Arbeitserziehungslager Süplingen tatbeteiligt an Schikanierungen und schweren Misshandlungen von Häftlingen, an der Erschießung eines entkräfteten Häftlings, der angeblich flüchten wollte, sowie von zwei weiteren Häftlingen wegen »Arbeitsverweigerung« bzw. »Bedrohung des Wachpersonals«. Des Weiteren war die tödliche Misshandlung eines Angehörigen der Volksgruppe der Sinti und Roma, eines arbeitsunfähigen Kranken sowie eines nach der Flucht wiedergriffenen Häftlings Anklagegegenstand.
E., Otto – 18 Jahre Haft
Fli., Wilhelm – 12 Jahre Haft
Fre., Ernst – Freispruch und Verfahren eingestellt
Fre., Roman – 1 Jahr und 3 Monate Haft
Küs., Walter – 15 Jahre Haft

Lei., Kurt – 3 Jahre Haft

Rus., Hermann – Freispruch und Verfahren eingestellt

Gerichtsentscheidungen: LG Magdeburg am 18. 2. 1950; OLG Halle am 16. 3. 1951; LG Magdeburg am 25. 3. 1952

514. Denunziation – Nr. 1326

Der Angeklagte denunzierte 1944 in Berlin seinen Schwager wegen Abhörens von Schweizer Rundfunksendern. Der Denunzierte beging in der Untersuchungshaft Selbstmord.

Ste., Franz – 1 Jahr und 3 Monate Haft

Gerichtsentscheidung: LG Bautzen am 18. 2. 1950

515. Denunziation – Nr. 1325

Als Ortsgruppenleiter einer der beiden Ortsgruppen und Gemeindeverordneter der Stadt Oberfrohna denunzierte der Angeklagte im Dezember 1939 einen Arbeiter, der geäußert hatte, dass der Anschlag auf Hitler im Münchner Bürgerbräukeller von Himmler selbst inszeniert worden sei. Der Denunzierte wurde in ein Konzentrationslager deportiert und ist seit Anfang 1945 verschollen (s. auch Nr. 1547).

Ste., Gerhard Ernst Emil – 1 Jahr Haft

Gerichtsentscheidung: LG Chemnitz am 6. 3. 1950

516. Denunziation – Nr. 1324

Der Angeklagten wurde ihre 1938 bis 1939 erfolgte Trennung vom jüdischen Ehemann angelastet. Sie hatte eine Ehescheidungsklage eingereicht, nachdem ihr Ehemann ins KZ Buchenwald deportiert worden war, wo er auch verstarb.

Hah., Ella, geb. Pet. – Freispruch

Gerichtsentscheidungen: LG Gera am 8. 3. 1950; LG Erfurt am 12. 7. 1948; OLG Gera am 1. 10. 1948; LG Weimar, Jena, am 29. 12. 1948; OLG Gera am 29. 4. 1949

517. Gewaltverbrechen in Haftstätten, Verbrechen gegen Kriegsende – Nr. 1323

Der Angeklagte war SA-Sturmführer und seit 1936 als Haus- und Botenmeister der Gestapostelle in Weimar tätig. 1942 hat er an der Verfolgung eines aus dem Gestapo-Gefängnis geflüchteten Häftlings teilgenommen. Eine Tatbeteiligung an der Erschießung der Häftlinge des Gestapogefängnisses im Webicht im April 1945 konnte ihm nicht nachgewiesen werden, auch nicht die Teilnahme beim Abtransport der Häftlinge.

Bessler, Walter – 1 Jahr und 9 Monate Haft
Gerichtsentscheidung: LG Mühlhausen am 9.3.1950

518. Denunziation – Nr. 1322

1940 denunzierten die Angeklagten in Dresden eine Arbeitskollegin, die sich abfällig über die SS geäußert hatte. Die Denunzierte wurde vom Sondergericht Dresden zu einer Zuchthausstrafe verurteilt, kam anschließend in eine »Irrenanstalt« und verstarb dort.

Kay., Rosa Ella, geb. Fry., verw. Zie. – 2 Jahre und 3 Monate Haft
Zsc., Arthur Alfred – Freispruch
Gerichtsentscheidung: LG Dresden am 13.3.1950

519. Verbrechen gegen Zwangsarbeiter – Nr. 1321

Die Angeklagten betrieben in Reinsdorf/Döbeln einen Bauernhof und bekamen während des Krieges verschiedene ausländische Zwangsarbeiter zugewiesen. Im September 1941 wurde ein aus Serbien stammender Zwangsarbeiter von ihnen misshandelt. Ein polnischer Zwangsarbeiter, der im Hause der Angeklagten erkrankte und zusammenbrach, wurde, im Hausflur liegend, ohne jede Hilfe gelassen, bis er nach einem Tag starb.

Mün., Richard Erwin – 2 Jahre und 3 Monate Haft
Mün., Milda Dora, geb. Sei. – 1 Jahr und 10 Monate Haft
Mün., Gottfried Richard – 8 Monate Haft
Gerichtsentscheidungen: LG Dresden am 14.3.1950; OLG Dresden

am 6.9.1950; LG Dresden am 27.4.1951; OLG Dresden am 1.8.1951

520. Verbrechen in Haftstätten – Nr. 1320

Die Angeklagten waren in der Feldstrafgefangenenabteilung III zur Bewachung von Strafhäftlingen eingesetzt. Befehlsgemäß waren sie als Angehörige des für Exekutionen zuständigen Wachzuges an acht bis zehn Exekutionen zum Tode verurteilter deutscher Soldaten beteiligt. Das Gericht ging in diesem Fall davon aus, dass die »Beihilfe« zur Vollstreckung von Todesurteilen nicht als Mord im Sinne des Kontrollratsgesetzes Nr. 10 angesehen werden und Notwehr zugebilligt werden kann.

Bra., Willi – Verfahren eingestellt

Kal., Hans – Verfahren eingestellt

Pau., Bruno – Verfahren eingestellt

Gerichtsentscheidungen: LG Schwerin am 16.3.1950; LG Schwerin am 9.9.1949; OLG Schwerin am 4.11.1949

521. Denunziation – Nr. 1319

Der Angeklagte betrieb seit 1928 in Dresden die Firma Hans Haufe als mechanische Werkstatt für Kraftfahrzeuge. Die Werkstatt wurde während des Krieges zum »Wehrwirtschaftsbetrieb« erklärt und belieferte den Rüstungsbetrieb Hering AG in Nürnberg. Er schikanierte und misshandelte seine Belegschaft und erstattete bei der Gestapo Anzeigen wegen vermeintlicher »Sabotage« und »kommunistischer Umtriebe«. Während die Gestapo die meisten deutschen Denunzierten nur verwarnte, wurden eine deutsche Arbeiterin und drei Zwangsarbeiter verhaftet, von denen einer während der Haft verstorben sein soll.

Haufe, Hugo Hermann Hans – 6 Jahre Haft

Gerichtsentscheidungen: LG Dresden am 3.4.1950; LG Dresden am 11.3.1948; OLG Dresden am 27.7.1949

522. Denunziation – Nr. 1318
Der Angeklagte denunzierte 1944 einen Fremdarbeiter der Firma Weise und Monski in Halle, der geäußert hatte, Deutschland würde den Krieg verlieren. Der Denunzierte wurde verhaftet und soll ins Arbeitserziehungslager Spergau gekommen sein. Seitdem ist er verschollen.

Sta., Kurt – 2 Jahre Haft
Gerichtsentscheidung: LG Halle am 4.4.1950

523. Denunziation – Nr. 1317
Der Angeklagte denunzierte 1934 in Dessau seinen Stiefvater Lohmann, der illegale Arbeit für die SPD geleistet hatte und von der Gestapo bereits gesucht wurde. Der Denunzierte wurde durch ein Sondergericht am 28. Juni 1934 zu zwölf Jahren Zuchthaus verurteilt und starb am 2. April 1936 im Zuchthaus Waldheim.

Pet., Rudolf Christof – 4 Jahre Haft
Gerichtsentscheidung: LG Magdeburg am 17.4.1950

524. »Euthanasie« – Nr. 1316
Die Angeklagten beteiligten sich als Angehörige des Pflegepersonals in der Heil- und Pflegeanstalt Uchtspringe an der Tötung von »Geisteskranken« mittels Luminal oder Morphiuminjektionen (s. auch Nr. 1684).

Ahr., Otto – nur Sühnemaßnahmen
Düm., Elfriede – nur Sühnemaßnahmen
Kön., Alfred – 5 Jahre Haft
Tie., Paula – nur Sühnemaßnahmen
Gerichtsentscheidung: LG Magdeburg am 17.4.1950

525. Gewaltverbrechen in Haftstätten, Verbrechen gegen Kriegsende – Nr. 1315
Die Angeklagten beteiligten sich als Angehörige der SS-Wachmannschaft im Außenlager des KZ Buchenwald in Sonneberg an Misshandlungen und Erschießungen von Häftlingen, unter anderem während des Evakuierungsmarsches vom KZ

Sonneberg nach Prasles in der Tschechoslowakei (s. auch BRD-Verfahren Nr. 281 und Nr. 744).
    Ber., Ernst – 2 Jahre und 6 Monate Haft
    Föl., Ernst – 2 Jahre Haft
Gerichtsentscheidung: LG Mühlhausen am 20. 4. 1950

526. Kriegsverbrechen – Nr. 1314
Der Angeklagte wurde beschuldigt, 1943 in der Sowjetunion als Angehöriger des Artillerieregiments II/94 an der Erschießung eines sowjetischen Gefangenen sowie während des Rückzuges am Niederbrennen von Wohnhäusern und Getreidespeichern beteiligt gewesen zu sein. Es ließ sich nicht feststellen, dass der Gefangene tatsächlich erschossen worden war.
    Ble., Karl-Heinz – Freispruch und Verfahren eingestellt
Gerichtsentscheidung: LG Potsdam am 20. 4. 1950

527. Verbrechen gegen Polen – Nr. 1313
Der Angeklagte war zwischen 1943 und 1944 im Sägewerk der Firma Schlobach in Zscharnewice tätig und beteiligte sich an der Durchsuchung eines Waldstückes nach polnischen Jugendlichen. Mehrere wurden gestellt und misshandelt, einer beim Fluchtversuch erschossen. Nach Aussagen des Angeklagten habe es sich dabei um »Banditen« gehandelt, die ihre eigenen Landsleute beraubt und ausgeplündert hätten. Auf keinen Fall seien es Partisanen gewesen.
    Wir., Willy Heinrich – Freispruch
Gerichtsentscheidung: LG Magdeburg am 27. 4. 1950

**528. Gewaltverbrechen in Haftstätten, Verbrechen gegen
       Kriegsende – Nr. 1312**
Der Angeklagte wurde Ende 1944 von der Flak zur Waffen-SS übernommen und zur Bewachung im KZ Auschwitz eingesetzt. Er wurde beschuldigt, an der Erschießung eines Juden im KZ Auschwitz sowie eines Polen, während eines Bahntransports vom KZ Auschwitz ins KZ Bergen-Belsen, beteiligt gewesen zu sein.

Fei., Walter – Freispruch
Gerichtsentscheidung: LG Magdeburg am 4.5.1950

529. Denunziation – Nr. 1311
Im Oktober 1943 haben die Angeklagten in Arendsee eine Frau denunziert, die geäußert hatte, solange Hitler nicht tot sei, würde es Deutschland nicht besser gehen. Die Frau und ihr Ehemann wurden verhaftet und wegen »Wehrkraftzersetzung« zu Zuchthausstrafen verurteilt. Beide verstarben in Haft.
Bah., Bruno – 4 Jahre Haft
Bah., Emma – Verfahren eingestellt
Gerichtsentscheidungen: LG Neuruppin am 12.5.1950; LG Neuruppin, Zweigstelle Brandenburg, am 1.11.1948; OLG Potsdam am 12.4.1949

530. Kriegsverbrechen – Nr. 1310
Der Angeklagte war 1944 als Leutnant und Kompanieführer der 8. Jägerdivision bei der Niederschlagung des Warschauer Aufstandes eingesetzt.
Sch., Herbert – 3 Jahre Haft
Gerichtsentscheidung: LG Magdeburg am 19.5.1950

531. Denunziation – Nr. 1309
Der Angeklagte war Regierungsrat und fungierte 1941 kommissarisch als Bürgermeister der Stadt Torgau. Er meldete der Gestapo einen »Halbjuden« wegen »Sittlichkeitsverbrechen«, weil dieser mit einer Frau unverheiratet zusammenlebte und in einen Streit mit der Gemeinde Torgau verwickelt war. Der Denunzierte wurde verhaftet und kam über das KZ Sachsenhausen ins KZ Auschwitz, wo er starb.
Fister, Hans – 1 Jahr und 6 Monate Haft
Gerichtsentscheidungen: LG Halle am 19.5.1950; LG Halle am 23.7.1948; OLG Halle am 14.11.1949

532. Denunziation – Nr. 1308

Die Angeklagte denunzierte 1945 in Großschönau/Zittau einen fahnenflüchtigen Soldaten, der von seiner Mutter versteckt gehalten wurde. Er wurde verhaftet, in das Wehrmachtsgefängnis in Dresden eingeliefert und ist seitdem verschollen.

Sei., Anna Pauline, geb. Aug. – 4 Jahre Haft

Gerichtsentscheidung: LG Bautzen am 26.5.1950

533. Denunziation – Nr. 1307

Die Angeklagte, die eine gefeierte Sängerin mit guten Beziehungen zu Führungspersönlichkeiten des Nazi-Regimes war, forderte die Nazi-Behörden auf, einen jüdischen Musikagenten, mit dem ihre Tochter eng befreundet war, in ein Konzentrationslager einzuweisen. Er wurde 1942 verhaftet und kam in ein KZ. Kurz nach seiner Befreiung bei Kriegsende starb er an den Folgen der Haft.

Hyp., Arletta Martha – 4 Jahre Haft

Gerichtsentscheidungen: LG Dresden am 26.5.1950; OLG Dresden am 28.3.1951

534. Denunziation – Nr. 1306

Die Angeklagten denunzierten 1938 in Eisenach eine jüdische Vermieterin, die sich über Hitler und den Hitlergruß abfällig geäußert hatte. Die Denunzierte wurde nach einer misslungenen Flucht nach Holland von niederländischen Grenzbeamten nach Deutschland zurückgeschickt und in das KZ Ravensbrück deportiert, wo sie 1942 starb.

Sül., Herbert – 1 Jahr und 6 Monate Haft

Zöl., Marta, gesch. Loh., geb. Reu. – 1 Jahr und 3 Monate Haft

Gerichtsentscheidungen: LG Meiningen am 27.5.1950; OLG Erfurt am 31.7.1950

535. Denunziation – Nr. 1305

1941 denunzierte die Angeklagte in Halle ihren Ehemann wegen antifaschistischer Äußerungen und Abhörens von »Feind-

sendern«. *Der Denunzierte wurde in »Schutzhaft« genommen und kam im KZ Dachau zu Tode.*

Blö., Frieda – 2 Jahre Haft
Gerichtsentscheidung: LG Halle am 2.6.1950

536. Verbrechen gegen Kriegsende – Nr. 1304
Dem Angeklagten wurde zur Last gelegt, als Hauptwachtmeister der Polizei in Oebisfelde Zwangsarbeiter bei Vernehmungen misshandelt und zwei polnische Zwangsarbeiter erschossen zu haben – einen in Wolmirshorst wegen Fluchtversuch und einen am 14. April 1945 kurz vor dem Einmarsch der US-Amerikaner, als dieser auf dem Bahnhof Oebisfelde plünderte.

Bur., Hermann – 12 Jahre Haft
Gerichtsentscheidung: LG Magdeburg am 2.6.1950

537. Verbrechen gegen Kriegsende – Nr. 1303
Der Angeklagte kam als versprengter Feldwebel am 14. April 1945 zu einer Artillerie-Einheit nach Modelwitz / Altenburg und beteiligte sich an der Erschießung eines Polen, der bei der vorübergehenden Besetzung von Prisselberg durch eine US-amerikanische Kampfgruppe deutsche Offiziere, die sich dort versteckt hatten, den Amerikanern gemeldet haben soll.

Rös., Adolf-Heinrich Wilhelm Max – 4 Jahre Haft
Gerichtsentscheidung: LG Gera am 5.6.1950

538. Denunziation – Nr. 1302
Die Angeklagten denunzierten im August 1944 den Werkschutzleiter der Faserstoff AG in Fürstenberg, der geäußert hatte, die wegen ihrer Beteiligung am Attentat vom 20. Juli 1944 zum Tode verurteilten Offiziere hätten nicht gehängt werden dürfen. Der Denunzierte wurde vom Volksgerichtshof zum Tode verurteilt. Das Urteil wurde infolge des Zusammenbruchs des Nazi-Regimes nicht vollstreckt.

Dra., Ida Karoline Marie, geb. Ma. – Freispruch
Haa., Richard – Verfahren eingestellt
Gerichtsentscheidung: LG Schwerin am 7.6.1950

539. Verbrechen gegen Zwangsarbeiter – Nr. 1301
Der Angeklagte wurde beschuldigt, 1942 in Rombin für die Erschießung von drei jüdischen Zwangsarbeitern verantwortlich zu sein, die auf seinem Gut gearbeitet hatten.

Wit., Rudolf – 4 Jahre Haft / Urteil nicht aufgefunden
Gerichtsentscheidung: LG Leipzig am 8.6.1950

540. Verbrechen gegen Kriegsende – Nr. 1300
Der Angeklagte wurde beschuldigt, als Kreisamtsleiter der NSDAP Quedlinburg gemeinschaftlich mit anderen am 17. April 1945 im Wald bei Mägdesprung/Harz an der Erschießung des Unterarztes Dr. med. dent. Schäder wegen dessen Fahnenflucht beteiligt gewesen zu sein (s. auch Nr. 1475 und Nr. 1537 sowie BRD-Verfahren Nr. 434 und Nr. 441).

Dümche, Richard – 7 Jahre Haft
Gerichtsentscheidung: LG Magdeburg am 19.6.1950

541. Kriegsverbrechen – Nr. 1299
Der Angeklagte wurde im Oktober 1944 mit knapp 17 Jahren zu einer Infanterie-Einheit der Wehrmacht in die Gegend von Thorn einberufen. Er war Ende Dezember 1944 an der Festnahme zweier Polen beteiligt, die sich der Stellung des Angeklagten genähert und auf Zuruf die Flucht ergriffen hatten. Einer der Polen wurde erschossen.

Röh., Heinrich – 2 Jahre und 6 Monate Haft / Rehabilitierungsantrag zurückgewiesen
Gerichtsentscheidungen: LG Magdeburg am 21.6.1950; LG Gera am 10.9.1993 (Reha)

542. Kriegsverbrechen, Verbrechen gegen Kriegsende – Nr. 1298
Der Angeklagte beteiligte sich als NSDAP-Kreisleiter in Arnstadt an den Ausschreitungen gegen Juden während und nach der sogenannten »Kristallnacht« 1938 sowie an mehreren Hinrichtungen von polnischen Zwangsarbeitern. Des Weiteren wurde ihm unter anderem zur Last gelegt: Bedrohung und Denunziation politischer Gegner, Veranlassung der

Zurschaustellung deutscher Frauen wegen verbotenen Umgangs mit Ausländern, Aufforderung zum Erschlagen notgelandeter alliierter Flieger sowie die Erschießung mehrerer Kommunisten und Sozialisten gegen Kriegsende.

Mütze, Wilhelm – lebenslange Haft
Gerichtsentscheidung: LG Erfurt am 27.6.1950

543. Denunziation – Nr. 1297
Zwischen den Jahren 1933 und 1936 beteiligte sich der Angeklagte als V-Mann der Gestapo in Berlin am Aufspüren und Ausliefern von Antifaschisten, die zu langjährigen Zuchthausstrafen verurteilt wurden. Einer der Ausgelieferten konnte aus der Haft entfliehen und nach Spanien entkommen. Dort wurde er von deutschen Agenten aufgespürt, festgenommen und nach Deutschland überführt, wo er 1940 in einem Strafprozess, in dem der Angeklagte als Belastungszeuge auftrat, zum Tode verurteilt und hingerichtet wurde.

Preuß, Werner Arthur Hermann – 15 Jahre Haft / Urteil nicht aufgefunden
Gerichtsentscheidung: LG Erfurt am 30.6.1950

544. Verbrechen gegen Kriegsende – Nr. 1296
Der Angeklagte war seit September 1942 als Polizeioberwachtmeister im 9. Polizeirevier in Magdeburg tätig und beteiligte sich am 12. April 1945 an einer »Sonderaktion« gegen Plünderer, deren sofortige Erschießung vom Polizeipräsidenten angeordnet worden war. Als Streifenführer erschoss er einen von ihm als Plünderer angesehenen Zivilisten. Das Gericht folgte seiner Einlassung, dass er sich zumindest in einer Nötigungslage befunden habe.

Her., Wilhelm – Verfahren eingestellt
Gerichtsentscheidungen: LG Magdeburg am 1.7.1950; LG Magdeburg am 18.7.1946; OLG Halle am 24.6.1948

545. Denunziation – Nr. 1295

Der Angeklagte Küh. war NSDAP-Ortsgruppenleiter in Kurtschau und mit Eck. tatbeteiligt an der Denunziation von Hans Heider, der jungen Leuten, deren Einziehung zur Wehrmacht bevorstand, geraten hatte, sobald sie an der Front wären, überzulaufen. Heider wurde zum Tode verurteilt und hingerichtet (s. auch Nr. 1754).

Eck., Alfred – 4 Jahre Haft / Reha: Vermögenseinziehung als »rechtsstaatswidrig« aufgehoben

Küh., Otto – 4 Jahre und 9 Monate Haft

Gerichtsentscheidungen: LG Gera am 5.7.1950; LG Gera am 29.3.1949; OG am 4.4.1950; LG Meiningen am 13.3.1993 (Reha Eck.)

546. Denunziation – Nr. 1294

Der Angeklagte hat nach seiner Festnahme im Juni 1944 mit der Gestapo zusammengearbeitet und bei der Ausspähung des Aufenthaltsortes des gesuchten ehemaligen SPD-Reichstagsabgeordneten Paul Voigt geholfen. Voigt und mehrere Personen, die ihm halfen sich zu verstecken, wurden verhaftet. Ein Helfer und Voigt verstarben in der Haft, angeblich durch Selbstmord. Die übrigen wurden zu längeren Zuchthausstrafen verurteilt.

Ger., Otto – 5 Jahre Haft / Rehabilitierungsantrag zurückgewiesen

Gerichtsentscheidungen: LG Meiningen am 15.7.1950; OLG Erfurt am 22.9.1950; LG Meiningen am 2.7.1997 (Reha)

547. Verbrechen bei der Errichtung der faschistischen Diktatur – Nr. 1293

Die Angeklagten beteiligten sich als Mitglieder der SA Berlin-Köpenick an Verhaftungen, schweren Misshandlungen und Tötungen von SPD- und KPD-Mitgliedern sowie von weiteren Gegnern des Nazi-Regimes während und nach der sogenannten »Köpenicker Blutwoche«. Die Leichen mehrerer Ermordeter wurden in Säcke genäht und in der Dahme versenkt (s. auch Nr. 1201, Nr. 1524, Nr. 1570 und Nr. 2084).

Bachnick, Karl – lebenslang und 5 Jahre Haft
Bauer, Werner – lebenslang und 5 Jahre Haft
Beyer, Wilhelm – Todesstrafe und 5 Jahre Haft
Blu., Ernst – Verfahren eingestellt
Brockmann, Wilhelm – Todesstrafe und 5 Jahre Haft
Bus., Otto – 30 Jahre Haft
Demuth, Bruno – Todesstrafe und 5 Jahre Haft
Demuth, Erich – lebenslang und 5 Jahre Haft
Dynow, Erich – lebenslang und 5 Jahre Haft
Els., Egon – 23 Jahre Haft und Verfahren eingestellt
Erpel, Gustav – Todesstrafe und 5 Jahre Haft / Rehabilitierungsantrag zurückgewiesen
Gre., Kurt – 15 Jahre Haft
Hag., Bruno – 18 Jahre Haft
Haller, Erich – Todesstrafe und 5 Jahre Haft
Has., Artur – 18 Jahre Haft
Heinz, Reinhold – Todesstrafe und 5 Jahre Haft
Hel., Kurt – 30 Jahre Haft
Hen., Herbert – 6 Jahre Haft
Hep., Otto – 15 Jahre Haft
Hoh., Georg – 15 Jahre Haft
Jochem, Walter – Todesstrafe und 5 Jahre Haft
Ker., Otto – 13 Jahre Haft
Kog., Fritz – 13 Jahre Haft
Kraushaar, Max – lebenslang und 5 Jahre Haft
Kuh., Robert – 18 Jahre Haft
Ku., Erich – 30 Jahre Haft
Lan., Reinhold – 18 Jahre Haft
Ler., Alfred – 18 Jahre Haft
Letz, Fritz – Todesstrafe und 5 Jahre Haft
Liebenhagen, Fritz – Todesstrafe und 5 Jahre Haft
Lob., Otto – 18 Jahre Haft
Maeder, Hans-Georg – Todesstrafe und 5 Jahre Haft
Mah., Walter – 13 Jahre Haft
Mau, Werner – lebenslang und 5 Jahre Haft
Paul, Erwin – lebenslang und 5 Jahre Haft

Pie., Max – 6 Jahre Haft
Plönzke, Friedrich – Todesstrafe und 5 Jahre Haft
Raa., Erwin – 30 Jahre Haft
Rön., Fritz – 23 Jahre Haft
Rot., Eitel-Fritz – 6 Jahre Haft
Rothkegel, Werner – lebenslang und 5 Jahre Haft
Sal., Otto – 30 Jahre Haft
Scharsich, Herbert – Todesstrafe und 5 Jahre Haft
Scherer, Paul – lebenslang und 5 Jahre Haft
Schü., Otto – 6 Jahre Haft
Sch., Gerhard – 18 Jahre Haft
Semrau, Paul – lebenslang und 5 Jahre Haft
Si., Heinz – 30 Jahre Haft
Skibba, Richard – lebenslang und 5 Jahre Haft
Stä., Hugo – 18 Jahre Haft
Steinke, Willi – Todesstrafe und 5 Jahre Haft
Sti., Rudolf – 13 Jahre Haft
Thermann, Paul – Todesstrafe und 5 Jahre Haft
Tschierley, Ernst – Todesstrafe und 5 Jahre Haft
Wagner, Rudi – lebenslang und 5 Jahre Haft
Wal., Erich – 13 Jahre Haft
Walter, Karl – lebenslang und 5 Jahre Haft
Gerichtsentscheidungen: LG Berlin am 19.7.1950; LG Berlin am 15.11.1996 (Reha Erpel)

548. Denunziation, Verbrechen gegen Kriegsende – Nr. 1292
Beiden Angeklagten wurde vorgeworfen, am 1. Mai 1945 in Ganzig/Oschatz zur Ermordung der ukrainischen Zwangsarbeiterin Alexa Kristitsch beigetragen zu haben. Zwangsarbeiter, die das Ende des Nazi-Regimes und den 1. Mai feiern wollten, wurden von einer in der Gaststätte des Angeklagten Mer. einquartierten Wehrmachtseinheit überrascht und festgenommen. Zehn Zwangsarbeiter wurden erschossen, darunter die Ukrainerin, die bei der Angeklagten Kir. gearbeitet hatte und von ihr der Wehrmachtseinheit gemeldet worden war. Mer. soll bei den Misshandlungen in der Gaststätte und der Erschießung

der Ukrainerin zugegen gewesen sein, was nicht bewiesen werden konnte.

Kir., Martha Anna, geb. Scha. – 5 Jahre Haft
Mer., Karl Robert – Freispruch
Gerichtsentscheidung: LG Leipzig am 20.7.1950

549. Denunziation, Verbrechen gegen Kriegsende – Nr. 1291
Die Angeklagten denunzierten im April 1945 in Kleinnaundorf/ Freital zwei Männer wegen Abhörens ausländischer Sender sowie Abhaltens kommunistischer Versammlungen. Daraufhin drangen Angehörige der Wehrmacht in das Haus der Denunzierten ein, wobei eine Hausangestellte erschossen, ein Vierzehnjähriger angeschossen und die Denunzierten festgenommen wurden.

Bai., Hertha Klara, geb. Kun. – 1 Jahr und 3 Monate Haft
Kun., Klara, geb. Kub. – 2 Jahre Haft
Gerichtsentscheidung: LG Dresden am 28.7.1950

550. Denunziation – Nr. 1290
Der Angeklagte wurde beschuldigt, 1934 in Berlin einen Antifaschisten denunziert zu haben, der den Angeklagten wegen Diebstahls angezeigt hatte. Der Denunzierte wurde verhaftet und so schwer misshandelt, dass er sich das Leben nahm.

Sch., Wilhelm Karl – Freispruch / Urteil nicht aufgefunden
Gerichtsentscheidung: LG Berlin am 1.8.1950

551. Denunziation – Nr. 1289
Im Landwirtschaftsbetrieb des Angeklagten in Dannefeld/ Klötze waren zwischen 1939 und 1945 ausländische Zwangsarbeiter eingesetzt. Im Rahmen von deren polizeilicher Überwachung meldete der Angeklagte 1942 einen Polen, der ein Verhältnis mit einem deutschen Mädchen hatte. Der Pole wurde öffentlich erhängt, das Mädchen kam in eine Erziehungsanstalt.

Lüd., Georg – 1 Jahr und 9 Monate Haft
Gerichtsentscheidungen: LG Magdeburg am 3.8.1950; OLG Halle am 24.11.1950

552. Verbrechen gegen Juden – Nr. 1288
Der Angeklagte wurde beschuldigt, 1938 an der Organisation der sogenannten »Kristallnacht« und an der Erhängung von zwanzig Polen im Jahre 1940 beteiligt gewesen zu sein (Tatort nicht ausgewiesen).

    Büc., Werner – 10 Jahre Haft / Urteil nicht aufgefunden
Gerichtsentscheidung: LG Meiningen am 9.8.1950

553. Denunziation – Nr. 1287
Zwischen 1941 und 1945 meldete der Angeklagte als Betriebsleiter wiederholt ausländische Zwangsarbeiter der Metallgießerei Thomas in Dresden der Gestapo, die daraufhin in Straf- oder Konzentrationslager kamen. Ein Zwangsarbeiter verstarb im KZ Dachau. Auch duldete der Angeklagte Misshandlungen der Zwangsarbeiter und meldete einen deutschen Arbeiter wegen »Sabotage« (s. auch Nr. 1331).

    Tho., Curt Felix Walter – 1 Jahr und 8 Monate Haft
Gerichtsentscheidungen: LG Dresden am 17.8.1950; OLG Dresden am 7.2.1951

554. Verbrechen gegen Kriegsende, Denunziation – Nr. 1286
Als Polizeiwachtmeister beteiligte sich der Angeklagte zwischen 1941 und 1945 in Arnstadt und Langewiesen an der Verhaftung deutscher Frauen wegen verbotenen Umgangs mit Ausländern. Eine der Frauen starb in einem Konzentrationslager. Ein gegen Kriegsende geflohener KZ-Häftling wurde am 9. April 1945 in Langewiesen auf Vorschlag und unter Beteiligung des Angeklagten von einem SS-Mann erschossen.

    Kur., Rudolf – 5 Jahre Haft
Gerichtsentscheidung: LG Erfurt am 18.8.1950

555. Verbrechen bei der Errichtung der faschistischen Diktatur, Andere Verbrechen – Nr. 1285

Dem Angeklagten wurde zur Last gelegt, als Obertruppführer des SA-Sturmes 43/46 in Teutschenthal zwischen 1932 und 1936 wiederholt an Überfällen und Misshandlungen politischer Gegner, in einem Falle mit Todesfolge, führend beteiligt gewesen zu sein.

Wac., Fritz – 6 Jahre und 6 Monate

Gerichtsentscheidungen: LG Halle am 18. 8. 1950; LG Halle am 21. 6. 1948; OLG Halle am 23. 5. 1949

556. Verbrechen gegen Kriegsende – Nr. 1284

Dem Angeklagten wurde zur Last gelegt, am 5. April 1945 in Kerpsleben als Hauptmann und Führer einer Volkssturmkompanie für die Erschießung eines Landwirts verantwortlich zu sein, der sich unter Berufung auf ein ärztliches Attest geweigert hatte, im Volkssturm zu dienen.

Sch., Edwin – Freispruch

Gerichtsentscheidungen: LG Erfurt am 25. 8. 1950; LG Erfurt am 3. 1. 1950; OLG Erfurt am 27. 3. 1950

557. Denunziation – Nr. 1283

Die Angeklagte denunzierte 1944 in Waldenburg einen Soldaten, der sich abfällig über die faschistische Staatsführung und die Errichtung der Konzentrationslager geäußert hatte. Der Soldat wurde zum Tode verurteilt, konnte sich aber der Vollstreckung des Urteils durch Flucht entziehen.

Her., Anne Auguste Wilhelmine, geb. Bei. – 3 Jahre und 3 Monate Haft

Gerichtsentscheidung: LG Chemnitz am 1. 9. 1950

558. Kriegsverbrechen – Nr. 1282

Der Angeklagte wurde beschuldigt, an der Erschießung von zwei sowjetischen Kriegsgefangenen und einem italienischen Zwangsarbeiter beteiligt gewesen zu sein (Tatort und Tatzeit nicht ausgewiesen).

S., Julius – 15 Jahre Haft / Urteil nicht aufgefunden
Gerichtsentscheidung: LG Dresden am 7.9.1950

559. Verbrechen gegen Kriegsende – Nr. 1281
Der Angeklagte hat am 20. März 1945 als Wachtmeister der Ortspolizei in Hettstedt einen desertierten deutschen Soldaten erschossen, der sich der Festnahme durch Flucht entziehen wollte.

Vol., Wilhelm – 6 Jahre Haft
Gerichtsentscheidung: LG Halle am 22.9.1950

560. Denunziation, Verbrechen gegen Kriegsende – Nr. 1280
Am 1. Mai 1945 beteiligten sich die Angeklagten als Angehörige des Volkssturms in Berlin-Prenzlauer Berg an der Denunziation und anschließenden Verhaftung von zwei desertierten Soldaten sowie der Wohnungsinhaberin, die ihnen Unterkunft gewährt hatte. Die drei Verhafteten wurden von einem Standgericht zum Tode verurteilt und auf dem Senefelderplatz erschossen.

Niemeyer, Max – Todesstrafe und 10 Jahre Haft
Züh., Walter Robert – 2 Jahre Haft
Gerichtsentscheidungen: LG Berlin am 26.9.1950; KG am 24.4.1951

561. Denunziation – Nr. 1279
Im Oktober 1944 denunzierte der Angeklagte einen Mann, der in einem Potsdamer Kino die dort gezeigte Ansprache von Goebbels abfällig kommentiert hatte. Der Denunzierte wurde verhaftet und verstarb nach Kriegsende an den Folgen der Haft.

Rüt., Harry – 3 Jahre Haft
Gerichtsentscheidungen: LG Potsdam am 28.9.1950; OLG Potsdam am 29.12.1950

562. Denunziation – Nr. 1278
Dem Angeklagte wurde zur Last gelegt, 1944 in Büsow/Anklam die antifaschistischen Äußerungen eines Mannes bei der

Polizei gemeldet und später bei der Gestapo bestätigt zu haben. Der Denunzierte wurde verhaftet und verstarb im März 1945 im Zuchthaus Bützow-Dreibergen.

Jac., Fritz – Verfahren eingestellt
Gerichtsentscheidung: LG Schwerin am 4.10.1950

563. Denunziation – Nr. 1277
Der Angeklagte kam aufgrund krimineller Delikte im Juni 1943 in das Strafbataillon 999 und mit diesem 1944 in Griechenland auf der Insel Leros zum Einsatz. Dort denunzierte er einen Angehörigen des Strafbataillons, der sich wiederholt abfällig über das Nazi-Regime äußerte, ein Gewehr versteckt hielt und Fluchtpläne gehegt haben soll. Der Denunzierte wurde zum Tode verurteilt und erschossen.

Sch., Willy Oskar Paul – 15 Jahre Haft
Gerichtsentscheidungen: LG Zwickau am 17.10.1950; OLG Dresden am 6.3.1951

564. Denunziation – Nr. 1276
Die Angeklagte wurde beschuldigt, im Mai 1942 in Gnoien einen von der Polizei seit Jahren vergeblich gesuchten desertierten deutschen Soldaten denunziert zu haben. Der gesuchte Soldat war zuvor von einer Bekannten der Angeklagten gesehen worden. Der Denunzierte wurde verhaftet und zehn Monate später erschossen.

Sch., Hella, geb. Gös. – Verfahren eingestellt
Gerichtsentscheidung: LG Schwerin am 18.10.1950

565. »Euthanasie« – Nr. 1275
Dem Angeklagten wurde zur Last gelegt, zwischen 1940 und 1945 als Leiter der Heil- und Pflegeanstalt Rostock-Gehlsheim am »Euthanasieprogramm« durch Ausfüllen von Meldebögen und Verlegungen von »Geisteskranken« in Zwischenanstalten sowie in die Tötungsanstalt Sachsenberg mitgewirkt zu haben. Seine Aussage, die Verlegung habe aus einem Raummangel resultiert, konnte ihm nicht widerlegt werden.

Braun, Prof. Dr. med. Ernst – Freispruch
Gerichtsentscheidung: LG Schwerin am 23.10.1950

566. Denunziation, Verbrechen gegen Kriegsende – Nr. 1274

Der Angeklagte unterstütze am 20. April 1945 in Sallgast eine SS- oder Wehrmachtsstreife bei der Suche nach einem Angehörigen einer Widerstandsgruppe in der Firma Fimag. Der bereits am 6. Februar 1945 von der Gestapo verhaftete Mann war kurz vor Kriegsende entlassen worden und in seinen Heimatort zurückgekehrt. Nachdem er erneut mit Hilfe des Angeklagten gefunden wurde, erschoss man ihn vor seiner Wohnung.

Kra., Karl – 10 Jahre Haft
Gerichtsentscheidung: LG Cottbus am 23.10.1950

567. Justizverbrechen – Nr. 1273

Der Angeklagte war von 1933 bis 1945 als Beisitzer und zeitweilig als Vorsitzender des Strafsenats des Oberlandesgerichtes Dresden an Hoch- und Landesverratsverfahren gegen Deutsche und Tschechen sowie an anderen Strafprozessen gegen Nazi-Gegner beteiligt. In mindestens zwei Fällen wurden Todesurteile verhängt (s. auch Nr. 1592).

Burkhardt, Dr. Walther – 3 Jahre Haft
Gerichtsentscheidung: LG Dresden am 27.10.1950

568. Denunziation – Nr. 1272

Der Angeklagte beteiligte sich zwischen 1941 und 1944 in Berlin-Tempelhof an der Schikanierung von ausländischen und jüdischen Zwangsarbeitern. Nach Anzeige eines jüdischen Zwangsarbeiters wurde dieser verhaftet und in ein KZ deportiert, wo er verstarb.

Pen., Gustav Wilhelm – 1 Jahr Haft
Gerichtsentscheidung: LG Berlin am 31.10.1950

569. Denunziation – Nr. 1271

Der Ehemann der Angeklagten, ein polnischer Jude, wurde 1938 aus Deutschland ausgewiesen und ließ sich mit der

Angeklagten und ihren Kindern in Belgien nieder. Im Januar 1944 erstattete die Angeklagte bei der Gestapo in Brüssel Anzeige gegen ihren Ehemann wegen Misshandlung und Beleidigung. Der Mann wurde festgenommen und in ein Lager gebracht; seitdem fehlt von ihm jede Spur.

Rot., Marie, geb. Kom. – Freispruch
Gerichtsentscheidung: LG Berlin am 3.11.1950

570. Denunziation – Nr. 1270
Die Angeklagte denunzierte im August 1943 in Eberswalde einen Mann, der eine Nachbarin als »Nazikanaille« beschimpft und bedroht hatte. Der Denunzierte wurde verhaftet, kam in ein KZ und verstarb dort nach wenigen Wochen (s. auch Nr. 1242).

Grä., Martha, geb. M. – 5 Jahre Haft
Gerichtsentscheidungen: LG Potsdam am 8.11.1950; LG Eberswalde am 14.7.1950; OLG Potsdam am 29.8.1950; OLG Potsdam am 7.8.1951

571. Denunziation – Nr. 1269
Die Angeklagte denunzierte im Oktober 1944 in Berlin zwei Jüdinnen, die sich unter falschem Namen verborgen hielten und unter anderem von der Angeklagten gestohlene Lebensmittelkarten kauften. Als die Angeklagte nach einer Diebstahlsanzeige der Schiebergeschäfte mit Juden verdächtigt wurde, spielte sie die beiden Frauen in die Hände der Polizei. Eine Jüdin kam im KZ Theresienstadt zu Tode.

Ric., Emma Ursula Luise, geb. Kre. – 6 Jahre Haft / Urteil nicht aufgefunden
Gerichtsentscheidungen: LG Berlin am 10.11.1950; KG, unbekannt

572. Gewaltverbrechen in Haftstätten – Nr. 1268
Der Angeklagte beteiligte sich von 1933 bis 1934 als Angehöriger des Haftstättenpersonals im KZ Hohnstein an der Misshandlung von Häftlingen mit Todesfolge (s. auch Nr. 1358, Nr. 1411, Nr. 1430, Nr. 1795 und Nr. 2076).

Lie., Siegfried Erich – 10 Jahre Haft / Urteil nicht aufgefunden
Gerichtsentscheidung: LG Dresden am 10.11.1950

573. Verbrechen gegen Kriegsende – Nr. 1267

Die drei Angeklagten stellten am 25. April 1945 in Berlin einen tschechischen Juden in seiner Wohnung. Der als Spion Verdächtigte wurde zur Panzersperre am S-Bahnhof Prenzlauer Allee gebracht und erschossen.

Fri., Alfons – 15 Jahre Haft
Gol., Georg – 3 Jahre Haft
Klu., Walter – Freispruch

Gerichtsentscheidungen: LG Berlin am 24.11.1950; LG Berlin am 21.10.1949; KG am 28.3.1950

574. Denunziation – Nr. 1266

Der angeklagte Betriebsleiter einer Schlosserei in Dresden denunzierte zwischen 1944 und 1945 mehrere im Betrieb beschäftigte ausländische Zwangsarbeiter bei der Gestapo. Einer der Denunzierten kam in der Haft um.

Gro., Hans Udo – 4 Jahre Haft / Reha: Vermögenseinziehung als »rechtsstaatswidrig« aufgehoben.

Gerichtsentscheidungen: LG Dresden am 28.11.1950; LG Dresden am 28.12.1948; OLG Dresden am 21.12.1949; OLG Dresden am 8.3.1951; LG Dresden am 23.6.1993 (Reha)

575. Gewaltverbrechen in Haftstätten – Nr. 1265

Der Angeklagte befand sich zwischen Juni 1933 und 1936 als vorbestrafter »Krimineller« in der Strafanstalt Ichtershausen/Thüringen. Dort wurde er als Kalfaktor im Zellenhaus K1 eingesetzt und war tatbeteiligt an der Schikanierung, Erpressung und Misshandlung von Häftlingen. Einer der Häftlinge beging aus Verzweiflung Selbstmord.

Orl., Albin Richard – 6 Jahre Haft
Gerichtsentscheidung: LG Zwickau am 15.12.1950

576. Verbrechen gegen Kriegsende – Nr. 1264

Als Gendarmerie-Oberwachtmeister beteiligte sich der Angeklagte 1945 in Groß-Lüber an der Festnahme eines bereits zuvor vom Angeklagten verhafteten, dann aber entflohenen fahnenflüchtigen deutschen Soldaten. Dieser soll von einem Kriegsgericht zum Tode verurteilt worden, aber aus dem nach einem Bombenangriff zerstörten Potsdamer Wehrmachtsgefängnis entkommen sein.

Kub., Walter – Freispruch

Gerichtsentscheidungen: LG Potsdam am 22.12.1950; LG Neuruppin, Zweigstelle Brandenburg, am 17.10.1949; OLG Potsdam am 22.8.1950

577. Denunziation – Nr. 1263

1943 denunzierte die Angeklagte in Miersdorf eine Frau, bei der sie als Hauswartin tätig war, wegen ihrer Gegnerschaft zum Nazi-Regime. Die Denunzierte wurde vom Volksgerichtshof zum Tode verurteilt und hingerichtet (s. auch Nr. 1165).

Wol., Anna – 15 Jahre Haft

Gerichtsentscheidung: LG Potsdam am 5.1.1951

578. Denunziation – Nr. 1262

Der Angeklagte Ne. war als Block- und Zellenleiter der NSDAP in Berlin seit 1933 an der Überwachung von Juden beteiligt und hat 1938 an der Zerstörung eines jüdischen Geschäftes während der sogenannten »Kristallnacht« mitgewirkt. Ihm wurde weiter zur Last gelegt, für die Deportation einer jüdischen Frau nach Riga verantwortlich zu sein, die dort umkam, sowie einen Mann denunziert zu haben, der sich abfällig über Mussolini und das Nazi-Regime geäußert hatte und in der Untersuchungshaft verstarb. Die mitangeklagte Ehefrau soll an der Denunziation beteiligt gewesen sein.

Ne., Karl – 3 Jahre Haft

Ne., Martha, geb. Grü. – Freispruch

Gerichtsentscheidung: LG Berlin am 5.1.1951

579. Verbrechen gegen Kriegsende – Nr. 1261

Der Angeklagte hat am 6. April 1945 in Breitenstein als Förster zwei entflohene KZ-Häftlinge, die in einem Stall übernachtet hatten, verfolgt und beschossen, wobei einer der Häftlinge getötet wurde. Die mitangeklagte Ehefrau hat ihm die Tatwaffe gereicht.

Lat., Marianne – 1 Jahr und 6 Monate Haft

Lat., Richard – 8 Jahre Haft

Gerichtsentscheidung: LG Halle am 6.1.1951

580. Denunziation, Verbrechen gegen Zwangsarbeiter – Nr. 1260

Der Angeklagte Schiller war 1939 bei der Feldgendarmerie in Radom/Polen eingesetzt, kam 1940 nach Ebersbach und war zuletzt als Gendarmeriemeister in Neusalza-Spremberg gemeinsam mit dem Angeklagten Mei. tätig. Im April 1945 meldete der Angeklagte Wau. einen polnischen Zwangsarbeiter, mit dem er Streit gehabt hatte und der ihn dabei bedroht haben sollte. Im Auftrage der Gestapo wurde der Pole von der örtlichen Gendarmerie erschossen.

Mei., Hugo Erich Erhard – 4 Jahre Haft

Schiller, Johannes Richard – Todesstrafe

Wau., Max Alfred – 2 Jahre und 6 Monate Haft

Gerichtsentscheidungen: LG Bautzen am 8.1.1951; OLG Dresden am 6.6.1951; OG am 20.6.1952; LG Dresden am 25.9.1952

581. Verbrechen bei der Errichtung der faschistischen Diktatur – Nr. 1259

Der Angeklagte nahm 1933 als SA-Mitglied in Berlin-Wedding an der Verhaftung politischer Gegner teil, die schwer misshandelt wurden. Dabei kam einer zu Tode.

Pie., Kurt – 10 Jahre Haft

Gerichtsentscheidung: LG Berlin am 9.1.1951

582. Denunziation – Nr. 1258

Die Angeklagten denunzierten im November 1942 in Torgau vier Arbeitskollegen, die ausländische Sender abgehört und über dort gemeldete Verluste der deutschen Wehrmacht an der Ostfront im Betrieb berichtet hatten. Die Denunzierten wurden verhaftet und zu Zuchthausstrafen verurteilt. Einer der Denunzierten verstarb in der Haft, ein anderer kam ins KZ und ins Strafbataillon 999.

Gre., Max – 3 Jahre Haft
Her., Martin – 7 Jahre Haft
Gerichtsentscheidung: LG Halle am 10.1.1951

583. Denunziation – Nr. 1257
Der Angeklagte denunzierte 1942 in Zeddenbach einen bei ihm in der Mühle beschäftigten polnischen Zwangsarbeiter wegen der Fertigung antifaschistischer Inschriften, Ungehorsams und der unerlaubten Beziehung zu einer deutschen Hausangestellten. Die Frau wurde zu einer Freiheitsstrafe verurteilt, der Zwangsarbeiter öffentlich gehängt.

Lüd., Gustav – 10 Jahre Haft
Gerichtsentscheidung: LG Halle am 17.1.1951

584. Verbrechen gegen Kriegsende – Nr. 1256
Nachdem kurz vor Kriegsende aus zwei Gefangenenlagern circa 1500 Häftlinge ohne Verpflegung entlassen worden waren, sollten Volkssturmstreifen den Ort Griebo vor Übergriffen der Entlassenen zu schützen. Als Volkssturmmann hat der Angeklagte auf zwei Flüchtige geschossen und dabei einen erschossen.

Sch., Richard – 12 Jahre Haft
Gerichtsentscheidungen: LG Halle am 19.1.1951; LG Magdeburg am 23.3.1949; OLG Halle am 19.7.1950; OLG Halle am 25.6.1951

585. Kriegsverbrechen, Verbrechen gegen Kriegsende – Nr. 1255
Die Angeklagten, ehemalige Angehörige der Panzergrenadierdivision »Hermann Göring«, hatten sich im Verlauf der Kämpfe um Bautzen von ihrer Truppe abgesetzt und erschossen im April 1945 im Schlosspark von Schmochtitz einen

dort im hilflosen Zustand liegenden verwundeten polnischen Soldaten.

Hes., Rudolf Artur – 5 Jahre Haft
Rosenkranz, Erich Karl-Heinz – lebenslange Haft
Zie., Manfred Heinrich – 15 Jahre Haft
Gerichtsentscheidungen: LG Bautzen am 20.1.1951; OLG Dresden am 29.8.1951

586. Massenvernichtungsverbrechen gegen Juden – Nr. 1254
Als Angehöriger der Schutzpolizei meldete sich der Angeklagte 1937 zum Dienst bei der Gestapo und war im Folgenden als stellvertretender Leiter des »Judenreferat« der Bresslauer Gestapo an der Deportation von insgesamt 8120 Juden aus Breslau und Umgebung nach Auschwitz, Theresienstadt, Izbica und Riga in 14 Teiltransporten beteiligt. Darüber hinaus misshandelte er Juden beim Abtransport und bei Vernehmungen. Auch an Verhaftungen von Antifaschisten und Einweisungen ursprünglich vom Gericht freigesprochener Personen in KZ war er beteiligt (s. auch Nr. 1008).

Müller, Hans – lebenslange Haft
Gerichtsentscheidung: LG Meiningen am 31.1.1951

Bei diesem Verfahren handelt es sich um das erste statistisch wegen Nazi-Tötungsverbrechen erfasste DDR-Verfahren, das nach Bearbeitung durch das MfS zur Anklage kam.

587. Gewaltverbrechen in Haftstätten – Nr. 1253
Der Angeklagte kam 1944 von der Luftwaffe zur SS-Wachmannschaft des KZ Buchenwald und wurde danach beim Außenkommando des KZ Laura im Oertelsbruch bei Lehesten eingesetzt. Dort war er an der Misshandlung und anschließenden Beschießung eines französischen Häftlings beteiligt, der kurz darauf seinen Schussverletzungen erlag.

Pök., Ewald – 18 Jahre Haft / Abwesenheitsurteil, da
    der Angeklagte flüchtig war
Gerichtsentscheidung: LG Rudolstadt am 2.2.1951

588. Denunziation – Nr. 1252
Die Angeklagte denunzierte zwischen 1944 und 1945 in Velsdorf ihren fahnenflüchtigen Ehemann, indem sie nach Aufforderung durch die Polizei mitteilte, dass dieser sich in Berlin aufhielt. Er wurde kurz darauf verhaftet, zum Tode verurteilt und hingerichtet.

Bal., Emma, geb. Uhl. – 2 Jahre Haft

Gerichtsentscheidungen: LG Magdeburg am 9. 2. 1951; LG Magdeburg am 10. 8. 1949; OLG Halle am 14. 11. 1949

589. Verbrechen in Haftstätten – Nr. 1251
Der Angeklagte war seit 1942 als Oberfeldwebel in der Kriegsmarinestrafeinheit »Sonderabteilung Hela« eingesetzt und ist an der Vollstreckung von Todesurteilen gegen deutsche Soldaten, die wegen Befehlsverweigerung oder Fahnenflucht verurteilt worden waren, tatbeteiligt gewesen, indem er sogenannte Kontrollschüsse auf die Exekutierten abgab.

Her., Alfred – 2 Jahre Haft

Gerichtsentscheidung: LG Schwerin am 22. 2. 1951

590. Verbrechen bei der Errichtung der faschistischen Diktatur – Nr. 1250
Die Angeklagten beteiligten sich 1933 als Mitglieder der SA Berlin-Brandenburg an der Verschleppung von politischen Gegnern in die SA-Zentrale in der Berliner Hedemannstraße, wo diese unter Leitung des Angeklagten Bergmann vernommen und schwer misshandelt wurden. Mehrere Vernommene fanden dabei den Tod, andere begingen Selbstmord.

Bergmann, Julius Ludwig Hermann Georg – Todesstrafe und 5 Jahre Haft

Bie., Fritz – 10 Jahre Haft

Gerichtsentscheidungen: LG Berlin am 23. 2. 1951; KG am 28. 8. 1951

591. Denunziation, Verbrechen gegen Zwangsarbeiter – Nr. 1249

Der Angeklagte beteiligte sich von 1943 bis 1945 als Inspektor des Gutes Ferdinandshof bei Neulietzegöricke an der Misshandlung und Denunziation von Zwangsarbeitern. Einer der Denunzierten verstarb an den Folgen der nach seiner Verhaftung erfolgten Misshandlung.

Ben., Georg – 6 Jahre Haft / Rehabilitierungsantrag zurückgewiesen

Gerichtsentscheidungen: LG Eberswalde am 2.3.1951; OLG Potsdam am 12.12.1951; LG Frankfurt/O am 23.9.1993 (Reha)

592. Denunziation, V-Mann-Tätigkeit für die Gestapo – Nr. 1248

Der Angeklagte war in Hamburg vor 1933 KPD-Mitglied. Er wurde 1934 wegen »Vorbereitung zum Hochverrat« zu 2 Jahren und drei Monaten Gefängnis verurteilt und gehörte seit 1942 in Stettin einer kommunistischen Widerstandsgruppe unter der Leitung von Werner Krause, Max Pless und Walter Empacher an. Er wurde 1944 von der Gestapo verhaftet, als V-Mann angeworben und gegen die Widerstandsbewegung eingesetzt. Die Gestapo konnte mehrere Mitglieder der Gruppe festnehmen und illegale Quartiere ausheben. Am 9. Februar 1945 wurden die Todesurteile gegen fünf Mitglieder der Widerstandsgruppe vollstreckt, zwei weitere Denunzierte sind durch Suizid bzw. auf dem Todesmarsch vom Zuchthaus Gollnow nach Bergen ums Leben gekommen.

Lemm, Walter – Todesstrafe

Gerichtsentscheidungen: LG Eberswalde am 9.3.1951; OLG Potsdam am 24.7.1951

593. Kriegsverbrechen – Nr. 1247

Der Angeklagte war an verschiedenen Gerichten in Mecklenburg teils als Staatsanwalt, teils als Amtsrichter tätig. 1939 wurde er als Oberleutnant Kompanieführer der 4. Kompanie des Landesschützenbataillons 265 und kam am 7. September 1939 nach Bromberg. Dort hatte er Exekutionskommandos für die Massenerschießungen von Polen zu stellen, die im

Zusammenhang mit dem sogenannten »Bromberger Blutsonntag« »Volksdeutsche« erschossen haben sollen. Bis Ende Oktober 1939 hat der Angeklagte in kurzen Abständen mehrere solche Kommandos zusammengestellt. Wieviele Polen erschossen wurden, konnte das Gericht nicht feststellen. Zwei Mittäter aus der Einheit des Angeklagten verbüßten in Polen wegen Teilnahme an den Erschießungen langjährige Freiheitsstrafen.

Koopmann, Paul – 15 Jahre Haft

Gerichtsentscheidung: LG Schwerin am 19.3.1951

594. Denunziation – Nr. 1246

Die Angeklagte hat sich im Januar 1945 in Berlin mehrfach mit dem aus der Gestapohaft geflohenen Krieger getroffen, mit dem sie mehrere Jahre zusammengelebt hatte. Sie denunzierte ihn bei der Gestapo. Bei einem für den 28. Januar 1945 verabredeten Treffen wurde Krieger in der Winsstraße von der Gestapo erschossen.

Zei., Frieda Martha Lina, geb. Ni. – Freispruch

Gerichtsentscheidung: LG Berlin am 21.3.1951

595. Verbrechen bei der Errichtung der faschistischen Diktatur, Gewaltverbrechen in Haftstätten – Nr. 1245

Beide Angeklagten beteiligten sich ab 1932 als Angehörige der SS bzw. SA in Dresden an Überfällen auf politische Gegner und deren Misshandlung, unter anderem 1933 beim Überfall auf den Redakteur der Dresdner Volkszeitung Max Sachs, der im KZ Sachsenburg an den Folgen der Misshandlung verstorben ist. Schmidt war während des Krieges als SS-Mann im KZ Auschwitz eingesetzt und als Verwalter der Bekleidungskammer an Misshandlungen von Häftlingen mit Todesfolge sowie beim Transport von jüdischen Häftlingen zur Vergasung beteiligt.

Schmidt, Walter Georg – lebenslange Haft

Swa., Karl Peter – 2 Jahre Haft

Gerichtsentscheidungen: LG Dresden am 22.3.1951; OLG Dresden am 19.6.1951

596. Gewaltverbrechen in Haftstätten – Nr. 1244

Beide Angeklagten wurden 1941 bzw. 1942 als Ausbildungs- und Bewachungspersonal zu dem auf der Halbinsel Hela befindlichen Marinestraflager kommandiert und waren dort an der Schikanierung und Misshandlung von verurteilten Marineangehörigen beteiligt. Des Weiteren sollen sie an der Erschießung von Verurteilten teilgenommen haben.

Mic., Gerhard Paul Hermann – 4 Jahre Haft

Sch., Friedrich Wilhelm – 2 Jahre und 6 Monate Haft

Gerichtsentscheidungen: LG Berlin am 27.3.1951; KG am 21.9.1951

597. Denunziation – Nr. 1243

Dem Angeklagten wurde zur Last gelegt, im Mai 1943 als Angehöriger des Infanterie-Ersatz- und Ausbildungsbataillons 71 in Erfurt einen Obergefreiten denunziert zu haben, der im Frühjahr 1944 von einem Sonderstandgericht zum Tode verurteilt und in Berlin-Moabit hingerichtet wurde.

Di., Rudolf – 2 Jahre und 9 Monate Haft

Gerichtsentscheidungen: LG Meiningen am 4.4.1951; OLG Erfurt am 6.7.1951

598. Denunziation – Nr. 1242

Die Angeklagte denunzierte im Juli 1943 in Eberswalde einen Mann, der eine Nachbarin als »Nazikanaille« beschimpft und bedroht hatte. Der Denunzierte wurde verurteilt, kam in ein Konzentrationslager und starb dort nach wenigen Wochen (s. auch Nr. 1270).

Sen., Helene, verw. Wil., geb. Ble. – 2 Jahre Haft

Gerichtsentscheidung: LG Eberswalde am 10.4.1951

599. Gewaltverbrechen in Haftstätten – Nr. 1241

Der Angeklagte war 1939 angeblich wegen »eines Zusammenstoßes mit seinem Luftschutzwart« von der Polizei festgenommen und ins KZ Sachsenhausen deportiert worden. Nach zwei Monaten meldete er sich freiwillig zum Aufbau des KZ

Neuengamme, in dem er 1941 Kapo für die Kartoffelschälküche wurde. 1943 kam er in das KZ Bostel bei Wilhelmshaven. In Neuengamme war er als berüchtigter »brutaler Schläger« tatbeteiligt an der Misshandlung von kranken und arbeitsuntauglichen Häftlingen (»Muselmänner«), in einigen Fällen mit tödlichem Ausgang. Beteiligt war er weiterhin an der Erhängung eines lettischen Häftlingsarztes, der gegen die Zustände im KZ Bostel protestiert hatte.

Nitz, Emil – Todesstrafe

Gerichtsentscheidungen: LG Berlin am 10. 4. 1951; KG am 11. 9. 1951

600. Denunziation – Nr. 1240

Den Angeklagten wurde zur Last gelegt, 1943 in Alt-Jessnitz eine Frau denunziert zu haben, die gesagt hatte, Hitler sei schuld am Krieg und habe diesen auch gewollt. Sie machten weitergehende, belastende Aussagen als Zeugen vor dem Volksgerichtshof. Die Denunzierte wurde zum Tode verurteilt und hingerichtet.

Fri., Otto – Verfahren vorläufig eingestellt (Die Verfahrenseinstellung erfolgte, weil Fri. zwischenzeitlich nach Westdeutschland »verzogen« war)

Ger., Anna, geb. Kub. – 2 Jahre Haft

Gerichtsentscheidungen: LG Halle am 11. 4. 1951; LG Halle am 17. 12. 1948; OLG Halle am 5. 12. 1949; OLG Halle am 9. 1. 1950

601. Denunziation, Andere Verbrechen – Nr. 1239

Der Angeklagte war Ortsgruppenleiter und Kreisabschnittsleiter in Rottenbach. 1942 nahm er als Amtsträger der NSDAP an einer Exekution von elf polnischen Häftlingen aus dem KZ Buchenwald teil, die in Bechstedt öffentlich gehängt wurden. Am 18. Oktober 1943 zeigte er das ehemalige SPD-Mitglied Otto Langguth bei der Gestapo in Weimar an. Der Denunzierte wurde zu einer Freiheitsstrafe verurteilt. Einige Monate nach Verbüßung dieser Strafe wurde er im Rahmen der nach dem Attentat vom 20. Juli 1944 durchgeführten »Aktion Gitter«

(auch als »Aktion Gewitter« bezeichnet) auf Anregung des Angeklagten erneut verhaftet. Langguth wurde vom Volksgerichtshof zum Tode verurteilt und hingerichtet (s. auch Nr. 1412 und Nr. 1643).

Förster, Friedrich Wilhelm – 12 Jahre Haft (Abwesenheitsverfahren, da nach Göttingen »verzogen«)
Gerichtsentscheidung: LG Rudolstadt am 12.4.1951

602. Verbrechen bei der Errichtung der faschistischen Diktatur – Nr. 1238

Der Angeklagte beteiligte sich am 15. Januar 1933 in Pressen als SA-Mitglied am Rande einer NSDAP-Werbeveranstaltung an der Misshandlung eines mit dem Kommunismus sympathisierenden Mannes, der kurz darauf seinen erlittenen Verletzungen erlag.

Si., Franz – 3 Jahre Haft
Gerichtsentscheidung: LG Halle am 13.4.1951

603. Denunziation – Nr. 1237

Als Betriebsleiter der Wagenachsenfabrik Großenhain veranlasste der Angeklagte in den Jahren 1943 bis 1945 die Verhaftung ausländischer Zwangsarbeiter. Mehrere kamen in das Arbeits- und Erziehungslager Radeberg, einige sind nicht zurückgekehrt. Deutsche Arbeiter, die sich für eine bessere Behandlung der Ausländer einsetzten, wurden bedroht und angezeigt.

Grü., Friedrich Otto – 1 Jahr und 3 Monate Haft
Gerichtsentscheidungen: LG Dresden am 23.4.1951; LG Dresden am 20.11.1948; OLG Dresden am 17.11.1949; OLG Dresden am 1.8.1951

604. Gewaltverbrechen in Haftstätten – Nr. 1236

Nach einer Kriegsverwundung wurde der Angeklagte 1943 als SS-Untersturmführer Fachschaftsleiter beim SS-Wirtschafts- und Verwaltungshauptamt in Berlin und kam im Herbst 1943 als Fachführer und technischer Bauleiter zum Bauvorhaben in

Niedersachswerfen (KZ Dora) und KZ Berga/Elster, wo Produktionsstätten für Flugzeugmotoren und V-Waffen errichtet wurden. Die Lebens- und Arbeitsbedingungen in den Stollen des KZ Dora und in KZ Berga/Elster hatten den Tod von Hunderten eingesetzter Häftlinge zur Folge.

Hack, Willy – Todesstrafe

Gerichtsentscheidungen: LG Zwickau am 23.4.1951; LG Zwickau am 27.8.1948; OLG Dresden, unbekannt; LG Zwickau am 3.10.1949; OLG Dresden am 19.4.1950; OLG Dresden am 12.9.1951

605. Kriegsverbrechen – Nr. 1235

Der Angeklagte war als SS-Hauptscharführer des SD unter anderem als Leiter des V-Mann-Apparates des SD in Rennes zur Bekämpfung französischer Widerstandskämpfer eingesetzt und dort mit der Aufstellung von Listen von Geiseln und anderen zur Tötung vorgesehenen Personen befasst. Grimm befehligte außerdem eine SD-Sondereinheit von französischen Kollaborateuren namens »Bezen Perrot«, die als Sabotage - und Guerillaeinheit im bereits von den Alliierten befreiten Frankreich wirkte.

Grimm, Hans Ernst August Gustav – 4 Jahre Haft /
   Urteil nicht aufgefunden

Gerichtsentscheidung: LG Leipzig am 26.10.1951

606. Denunziation – Nr. 1234

Der Angeklagte denunzierte 1943 in Berlin als Angehöriger der Luftwaffe einen Zivilisten wegen antifaschistischer Äußerungen. Dieser wurde daraufhin zum Tode verurteilt, aber nicht hingerichtet, weil er auf Helgoland überraschend von den Engländern befreit wurde.

Mok., Bruno – 2 Jahre und 9 Monate Haft / Reha:
   Vermögenseinziehung als »rechtsstaatswidrig«
   aufgehoben

Gerichtsentscheidungen: LG Potsdam am 26.4.1951; LG Potsdam am 22.9.1950; OLG Potsdam am 20.10.1951; OLG Potsdam am 29.1.1952; LG Potsdam am 6.8.1997 (Reha); OLG Brandenburg am 4.6.1998 (Reha)

607. Denunziation, V-Mann-Tätigkeit für die Gestapo – Nr. 1233

Der Angeklagte gehörte seit 1932 der KPD an und verwaltete Waffen und Munition einer illegalen KPD-Gruppe in Berlin-Kreuzberg. Im Oktober 1933 lieferte er die Waffen dem Stahlhelm aus. Nach seiner Verhaftung wurde er für die Gestapo tätig und verriet über hundert Personen, darunter mehr als zwanzig Mitglieder einer Widerstandsgruppe der KPD. Mehrere Denunzierte kamen zu Tode, andere wurden zu hohen Freiheitsstrafen verurteilt.

Böhm, Paul – Todesstrafe

Gerichtsentscheidungen: LG Eberswalde am 27.4.1951; OLG Potsdam am 30.1.1951

Böhm befand sich 1951 in Untersuchungshaft des MfS und war im Zusammenhang mit einem anderen Strafverfahren im Haftkrankenhaus Berlin-Buch untergebracht.

608. Verbrechen gegen Kriegsende – Nr. 1232

Der Angeklagte leitete am 20. April 1945 in Seelitz bei Mügeln als Leutnant der Wehrmacht die Erschießung von drei Polen, die geplündert haben sollten.

Han., Herbert Gustav – 15 Jahre Haft

Gerichtsentscheidung: LG Leipzig am 30.4.1951

609. Denunziation – Nr. 1231

Die Angeklagten denunzierten im Juli 1944 in Berlin eine Arbeitskollegin, die das Misslingen des Attentats auf Hitler am 20. Juli 1944 bedauert hatte. Die Denunzierte wurde vom Volksgerichtshof zum Tode verurteilt und hingerichtet.

Gie., Werner – Freispruch

Uss., Max – Verfahren vorläufig eingestellt

Uss., Elisabeth, geb. Gie. – Verfahren vorläufig eingestellt

Gerichtsentscheidungen: LG Potsdam am 15.5.1951; LG Potsdam am 26.1.1949; OLG Potsdam am 30.8.1949

610. Denunziation, V-Mann-Tätigkeit für die Gestapo – Nr. 1230
Der Angeklagte hat nach 1933 aktiv in der Widerstandsbewegung gearbeitet und wurde 1934 wegen Vorbereitung zum Hochverrat zu zwei Jahren Gefängnis verurteilt. Nach der Haftentlassung wurde er in Berlin in die Widerstandsgruppe Eichhorn eingeführt. Nachdem im Januar 1940 die Köpenicker Widerstandsgruppe Seibt verhaftet worden war, wurde der Angeklagte festgenommen und als V-Mann angeworben. Er hat in der Folgezeit bekannte Widerstandskämpfer ausgeliefert. Zwei jüdische Widerstandskämpferinnen kamen ins KZ Ravensbrück und sind nicht zurückgekehrt.

Wagenknecht, Helmuth – 6 Jahre Haft
Gerichtsentscheidung: LG Berlin am 18.5.1951

611. Verbrechen gegen Zwangsarbeiter – Nr. 1229
Der Angeklagte war SS-Sturmbannführer und seit 1940 bei Daimler-Benz in Genshagen als Werkschutzleiter und gleichzeitig Abwehrbeauftragter des SD eingesetzt. Er war tatbeteiligt an der Misshandlung, Einsperrung und Übergabe von Zwangsarbeitern, politischen Häftlingen und deutschen Arbeitern an die Gestapo. Seine verspäteten Alarmierungen bei Luftangriffen führten am 6. August 1944 zum Tod von 113 Arbeitern und zu 387 Schwerverletzten.

Knoll, William Bruno – 8 Jahre Haft
Gerichtsentscheidungen: LG Potsdam am 22.5.1951; LG Potsdam am 22.9.1950; OLG Potsdam am 27.2.1951; OLG Potsdam am 12.1.1951

612. Kriegsverbrechen – Nr. 1228
Der Angeklagte gehörte 1942 einem Festungsbataillon in Finnland an. Er erschoss einen zur Zwangsarbeit eingesetzten sowjetischen Kriegsgefangenen, nachdem dieser vergeblich versucht hatte, dem Angeklagten seine Pistole zu entreißen.

Bad., Herbert Paul Oswald – 7 Jahre Haft
Gerichtsentscheidung: LG Chemnitz am 25.5.1951

613. Gewaltverbrechen in Haftstätten – Nr. 1227

Der Angeklagte beteiligte sich zwischen 1943 und 1944 als Häftlingsfunktionär (Lagerältester) in dem auf dem zerstörten Gelände des Warschauer Ghettos errichteten KZ an Misshandlungen, Ausraubungen und Tötungen von Häftlingen. Er nahm an der Selektion jüdischer Häftlinge teil und beteiligte sich am Aufspüren von Juden, welche die Zerschlagung des Ghettoaufstandes in Verstecken überlebt hatten.

Wawrzyniak, Walter – lebenslange Haft

Gerichtsentscheidungen: LG Leipzig am 1.6.1951; LG Leipzig am 28.4.1950; OLG Dresden am 2.8.1950

614. Kriegsverbrechen – Nr. 1226

Der Angeklagte beteiligte sich im November 1943 in Katerini als Angehöriger der Luftwaffe an der Erschießung von zwanzig griechischen Partisanen als »Vergeltung« für einen Überfall auf einen LKW der Wehrmacht, bei dem zwei deutsche Soldaten erschossen wurden.

Fra., Emil Karl Gottfried Heinrich – 7 Jahre Haft /
Urteil nicht aufgefunden

Gerichtsentscheidung: LG Berlin am 11.6.1951

615. Massenvernichtungsverbrechen – Nr. 1225

Der Angeklagte war von 1941 bis 1942 als Amtskommissar in Zelów bei der Erhängung von Juden in Bełchatów und Zelów zugegen. Außerdem war er für die Organisation der Deportation der in Zelów lebenden Juden ins Ghetto Lodz verantwortlich.

Berger, Johannes Eugen Robert – 12 Jahre Haft

Gerichtsentscheidungen: LG Leipzig am 11.6.1951; LG Leipzig am 10.11.1947; OLG Dresden am 6.4.1948; OLG Dresden am 8.6.1948; LG Leipzig am 17.11.1949; OLG Dresden am 14.2.1951

616. Kriegsverbrechen, Massenvernichtungsverbrechen gegen Juden – Nr. 1224

Als Hauptwachtmeister der Gendarmerie in Przemyslany/Galizien beteiligte sich der Angeklagte von 1941 bis 1944 an der Zwangsrekrutierung polnischer Zivilisten zur Arbeit in Deutschland sowie am Zusammentreiben von circa 500 Juden in Przemyslany, die anschließend erschossen wurden.

Säm., Bruno – 8 Jahre Haft
Gerichtsentscheidung: LG Dessau am 13.6.1951

617. Verbrechen gegen Kriegsende – Nr. 1223

Als Volkssturm-Angehöriger beteiligte sich der Angeklagte im April 1945 in Wörpen an der Festnahme von zwei geflohenen, vollkommen entkräfteten KZ-Häftlingen, die daraufhin von einem Soldaten erschossen wurden.

Sep., Hermann – 5 Jahre Haft
Gerichtsentscheidungen: LG Halle am 14.6.1951; LG Magdeburg am 28.3.1949; OLG Halle am 10.10.1949; LG Halle am 16.8.1950; OG am 21.11.1950; OLG Halle am 23.11.1951

618. Denunziation – Nr. 1222

Uhl. wurde aufgrund seiner 1933 in Dresden erfolgten Denunziation von KPD- und SPD-Mitgliedern angeklagt. Er denunzierte weiterhin einen Juden, um dadurch seine eigene Lage in einem gegen ihn geführten Strafprozess zu verbessern. Einer der Denunzierten wurde von SA-Leuten misshandelt, bei einem weiteren wurde eine Hausdurchsuchung durchgeführt. Über das Schicksal von zwei Denunzierten konnte nichts mehr in Erfahrung gebracht werden.

Uhl., Hermann Walter – 2 Jahre Haft
Gerichtsentscheidungen: LG Dresden am 15.6.1951; LG Dresden am 11.8.1949; OLG Dresden am 14.6.1950; OLG Dresden am 15.11.1951

619. Justizverbrechen – Nr. 1221

Der Angeklagte war als Ministerialdirektor im Reichsjustizministerium unter anderem mit der Bearbeitung von Gnadensachen befasst und galt als mitverantwortlich für die Vollstreckung von verhängten Todes- und Freiheitsstrafen wegen Hoch- und Landesverrats, Wehrkraftzersetzung etc.

Malzan, Dr. Karl – 7 Jahre Haft

Gerichtsentscheidungen: LG Halle am 16.6.1951; LG Magdeburg am 2.11.1948; OLG Halle am 27.6.1949; LG Halle am 31.1.1950; OLG Halle am 6.11.1950

620. Verbrechen gegen Kriegsende – Nr. 1220

Im Februar 1945 beteiligte sich der Angeklagte als Rottwachtmeister der Polizei in Dresden an der Festnahme und Erschießung von drei Ausländern, die wenige Tage nach dem Luftangriff auf Dresden beim Plündern ertappt wurden.

Sch., Franz Harry – 7 Jahre Haft

Gerichtsentscheidungen: LG Dresden am 18.6.1951; LG Dresden am 1.12.1950; OLG Dresden am 11.4.1951

621. Gewaltverbrechen in Haftstätten – Nr. 1219

Der Angeklagte beteiligte sich als vorbestrafter Häftling im KZ Gusen und KZ Auschwitz an schweren Misshandlungen von Häftlingen. Er nötigte diese weiterhin zur Abgabe von Lebensmitteln aus zugesandten Paketen. Missliebige Häftlinge trug er in eine sogenannte Strafliste ein, was in mehreren Fällen zur tödlichen Bestrafung führte.

Zimmermann, Paul Fritz – 25 Jahre Haft

Gerichtsentscheidungen: LG Zwickau am 28.6.1951; OLG Dresden am 12.12.1951

622. Gewaltverbrechen in Haftstätten, Massenvernichtungsverbrechen in Lagern – Nr. 1218

Der Angeklagte beteiligte sich als SS-Mitglied im KZ Auschwitz an der Erschießung einzelner Häftlinge bei Fluchtversuchen und wegen »Kameradendiebstahls«. Er nahm an der Selektion von Häftlingen für die Vergasung und an deren Transport bis zur Gaskammer teil. Beteiligt war er auch an der Massenerschießung von Häftlingen kurz vor der Evakuierung des Lagers.

Fink, Herbert Franz Robert – Todesstrafe (U-Haft seit dem 30. 8. 1950 beim MfS in Bautzen II)
Gerichtsentscheidungen: LG Bautzen am 29. 6. 1951; OLG Dresden am 3. 10. 1951

623.   Gewaltverbrechen in Haftstätten – Nr. 1217
Der Angeklagte beteiligte sich von 1938 bis 1945 als Angehöriger des Haftstättenpersonals im KZ Sachsenhausen und KZ Flossenbürg an der Misshandlung und Tötung zahlreicher Häftlinge.

Schumann, Paul Karl – Todesstrafe / Urteil nicht veröffentlicht, da nicht aufgefunden
Gerichtsentscheidung: LG Eberswalde am 29. 6. 1951
Schumann konnte aus der Haft in den Westen fliehen. An der Fahndung nach ihm waren auch Diensteinheiten des MfS beteiligt. Er wurde in Abwesenheit verurteilt.

624.   Denunziation – Nr. 1216
Der Angeklagte denunzierte im März 1943 in Wolgast zwei ehemalige KPD-Mitglieder wegen abfälliger Äußerungen über das Nazi-Regime sowie wegen Eintretens für den Kommunismus. Die Denunzierten kamen in ein Konzentrationslager und starben dort.

Sch., Willi – 10 Jahre Haft
Gerichtsentscheidungen: LG Greifswald am 29. 6. 1951; OLG Schwerin am 26. 10. 1951

625.   Denunziation, Verbrechen gegen Kriegsende – Nr. 1215
Der Angeklagte wurde der Drangsalierung eines »halbjüdischen« Arbeitskollegen und der Denunziation von Antifaschisten beschuldigt. Er beteiligte sich an der Ergreifung zweier aus einem Evakuierungsmarsch entwichener Häftlinge. Diese wurden der Polizei übergeben und an Ort und Stelle erschossen.

Got., Wenzel – 15 Jahre Haft
Gerichtsentscheidungen: LG Zwickau am 10.7.1951; LG Zwickau am 29.6.1950; OLG Dresden am 20.12.1950

626. Verbrechen bei der Errichtung der faschistischen Diktatur – Nr. 1214

Der Angeklagte war seit dem 6. April 1925 Mitglied der NSDAP und als Landrat und Kreisleiter der NSDAP in Schmalkalden tatbeteiligt an der Verfolgung und Misshandlung politischer Gegner. An der Spitze einer aktiven Schlägerkolonne der SA von Steinbach-Hallenberg inszenierte er bereits vor 1933 Schlägereien und sonstige Provokationen gegen Hitlergegner. 1934 forderte er die »Beiseiteschaffung« des jüdischen Schriftleiters der sozialdemokratischen Zeitung »Volksstimme« in Schmalkalden, Ludwig Pappenheim, der nach Einlieferung ins KZ am 4. April 1934 angeblich »auf der Flucht« erschossen wurde. 1938 war der Angeklagte Initiator der sogenannten »Kristallnacht« in Schmalkalden.

Recknagel, Otto – 15 Jahre Haft
Gerichtsentscheidungen: LG Meiningen am 11.7.1951

627. Denunziation – Nr. 1213

Der Angeklagte unterrichtete 1941 in Berlin die Polizei darüber, dass eine bis dahin behördlich als »Arierin« geführte Frau jüdischer Abstammung sei. Die Frau wurde ins KZ Auschwitz deportiert und ist nicht zurückgekehrt.

Zob., Erich Kurt Willi – 3 Jahre und 6 Monate Haft
Gerichtsentscheidungen: LG Berlin am 16.7.1951; KG am 11.12.1951

628. Andere Verbrechen – Nr. 1212

Der Angeklagte beteiligte sich von 1936 bis 1945 an der Schikanierung und Misshandlung von jüdischen und osteuropäischen Zwangsarbeitern der Firma Schüler Motoren Berlin, was in einem Falle zum Selbstmord eines Zwangsarbeiters führte.

Str., Werner – 5 Jahre Haft

Gerichtsentscheidungen: LG Neuruppin am 16.7.1951; LG Neuruppin am 2.5.1950; OG am 27.4.1951

629. Verbrechen gegen Kriegsende – Nr. 1211

Die Angeklagten wurden beschuldigt, am 4. Mai 1945 in Laboe als Angehörige der Bordflakeinheit des Tankers »Adria« an der Erschießung eines Schiffsingenieurs wegen abfälliger Äußerungen über Hitler und die deutsche Kriegslage beteiligt gewesen zu sein (s. auch BRD-Verfahren Nr. 013).

Fro., Kurt – 12 Jahre – Reha: Verfahren eingestellt

Ha., Alfred Erich – 12 Jahre – Reha: Verfahren eingestellt

Gerichtsentscheidungen: LG Leipzig am 20.7.1951; OLG Dresden am 7.12.1951; LG Leipzig am 29.9.1992 (Reha)

630. Gewaltverbrechen in Haftstätten, Verbrechen gegen Kriegsende – Nr. 1210

Die Angeklagten wurden beschuldigt, als Strafvollzugsbeamte im Zuchthaus Halle Häftlinge misshandelt zu haben und an Erschießungen und Erschlagungen von Häftlingen beteiligt gewesen zu sein.

Rudolph, Otto – lebenslange Haft

Richter, Walter – lebenslange Haft

Gerichtsentscheidungen: LG Halle am 21.7.1951; LG Halle am 14.10.1948; OLG Halle am 9.5.1949; OLG Halle am 3.7.1952

631. Verbrechen gegen Zwangsarbeiter – Nr. 1209

Ein jüdischer Zwangsarbeiter der Firma Pertrix in Berlin, der 1941 versehentlich die Angeklagte mit einem Transportwagen angefahren hatte, wurde von beiden Angeklagten geschlagen, in deren Gegenwart vom Werkschutz schwer misshandelt und kurz darauf von der Gestapo abgeholt. Seitdem fehlt von ihm jedes Lebenszeichen.

Beu., Erna Käthe Herta, geb. Vo. – Verfahren eingestellt

Weg., Christian Friedrich Wilhelm – Freispruch

Gerichtsentscheidung: LG Berlin am 23.7.1951

632. Verbrechen gegen Zwangsarbeiter – Nr. 1208

Der Angeklagte war als Kriminalassistent bei der Gestapo in Suhl im Dezernat Spionageabwehr und Sabotage tätig. Er beteiligte sich unter anderem an der Drangsalierung von jüdischen Zwangsarbeitern der OT in Suhl sowie an der Verhaftung eines »halbjüdischen« Zwangsarbeiters. Der verhaftete Zwangsarbeiter wurde ins KZ Buchenwald überführt und ist im April 1945 bei einem Evakuierungsmarsch nach Dachau zu Tode gekommen (s. auch Nr. 1588).

    Meyer, Hans – 5 Jahre Haft / Abwesenheitsverfahren,
        da in der BRD wohnhaft

Gerichtsentscheidung: LG Meiningen am 25. 7. 1951

633. Verbrechen bei der Errichtung der faschistischen Diktatur – Nr. 1207

Der Angeklagte beteiligte sich im März 1933 als SA-Mitglied in Berlin an der Verhaftung und vierstündigen Misshandlung eines Mannes, der in einer Wirtschaft auf Hitler geschimpft hatte. Der Mann verstarb noch in dem SA-Sturmlokal an den Folgen der Gewalteinwirkung.

    Ne., Erich Walter Karl – 3 Jahre Haft

Gerichtsentscheidung: LG Berlin am 1. 8. 1951

634. Denunziation – Nr. 1206

Die Angeklagten erstatteten im Februar 1945 in Booßen bei der Gendarmerie Anzeige gegen einen polnischen Zwangsarbeiter, der versucht haben soll, die Witwe eines Landwirts zu vergewaltigen. Der Zwangsarbeiter wurde verhaftet und kurz darauf erschossen.

    Gol., Wilhelm – 2 Jahre Haft
    Rad., Johanna, geb. Ker., verw. Gol. – 6 Jahre Haft

Gerichtsentscheidungen: LG Potsdam am 2. 8. 1951; LG Eberswalde am 8. 8. 1950; OLG Potsdam am 7. 11. 1950; OLG Potsdam am 18. 3. 1952

635. Denunziation – Nr. 1205
Im Rahmen eines Verfahrens wegen antifaschistischer Äußerungen sagte die Angeklagte 1943 in Dresden und Berlin bei der Gestapo und vor Gericht gegen ihre Mieterin Scholz aus. Ihre Belastungen trugen dazu bei, dass der Volksgerichtshof die Todesstrafe verhängte, die am 16. Dezember 1943 vollstreckt wurde.

Wen., Antonie Johanna Ernstine, geb. Sta. – 5 Jahre Haft
Gerichtsentscheidungen: LG Chemnitz am 17.8.1951; LG Dresden am 23.2.1950; OLG Dresden am 6.9.1950; LG Dresden am 17.1.1951; OLG Dresden am 2.5.1951; OLG Dresden am 12.12.1951

636. Gewaltverbrechen in Haftstätten – Nr. 1204
Der Angeklagte wurde als Wehrmachts-Angehöriger nach Genesung von einer Verwundung in das KZ Buchenwald versetzt. Er war als Posten am Haupttor eingesetzt und einem Erschießungskommando zugeteilt, von dem fünf polnische Häftlinge erschossen wurden.

Kör., Otto – 6 Jahre Haft
Gerichtsentscheidung: LG Halle am 21.8.1951

637. Gewaltverbrechen in Haftstätten – Nr. 1203
Der Angeklagte gehörte seit 1932 dem SS-Sturm »Paul Kirchner« an, der sich in Querfurt und Umgebung an Schlägereien gegen Nazi-Gegner beteiligte. Im August 1933 meldete er sich freiwillig als Wachmann im KZ Lichtenburg und war dort an schweren Misshandlungen von Häftlingen sowie an der Erschlagung eines Zivilisten beteiligt, der den von der Außenarbeit ins Lager zurückmarschierenden Häftlingen zugerufen hatte: »Kopf hoch, für euch kommt noch eine bessere Zeit« (s. auch Nr. 1079).

Bork, Wilhelm – lebenslange Haft (in U-Haft seit dem 24.5.1950 in der Strafanstalt II Bautzen)
Gerichtsentscheidungen: LG Bautzen am 23.8.1951; OLG Dresden am 22.11.1951

638. Denunziation, Kriegsverbrechen – Nr. 1202

Als Revierförster in Zinow/Neustrelitz und Hilfspolizist beteiligte sich der Angeklagte 1942 an der Misshandlung eines Polen, der wegen eines Verhältnisses mit einer deutschen Frau zum Tode verurteilt und hingerichtet worden war. Durch Paetow zusammengetriebene polnische Zwangsarbeiter mussten der Hinrichtung beiwohnen. Im Juli 1944 nahm er weiterhin den zum Kreis der »Männer des 20. Juli« gehörenden Graf Lehndorff fest und lieferte ihn der Gestapo aus. Lehndorff hatte ihn zuvor um Unterkunft im Forsthaus gebeten. Er wurde vom Volksgerichtshof zum Tode verurteilt und hingerichtet.

Paetow, Ernst – 15 Jahre Haft

Gerichtsentscheidung: LG Güstrow am 27.8.1951

639. Verbrechen bei der Errichtung der faschistischen Diktatur – Nr. 1201

Als SA-Mitglieder in Berlin-Köpenick waren die Angeklagten 1933 an Verhaftungen, Misshandlungen und Tötungen von SPD- und KPD-Mitgliedern während der sogenannten »Köpenicker Blutwoche« beteiligt (s. auch Nr. 1293, Nr. 1524, Nr. 1570 und Nr. 2084).

Her., Josef – 10 Jahre Haft

Het., Richard – 10 Jahre Haft

Kirstein, Fritz Friedrich – lebenslange Haft

Rad., Richard Franz Max – 8 Jahre Haft

Pur., Fritz Karl Robert – 6 Jahre Haft

Gerichtsentscheidungen: LG Berlin am 3.9.1951; KG am 22.4.1952

640. »Euthanasie« – Nr. 1200

Als Chefarzt der Landesheil- und Pflegeanstalt Hildburghausen beteiligte sich der Angeklagte am »Euthanasie-Programm« durch Verlegungen von »Geisteskranken« in Lager, in denen die meisten starben. Kurz vor dem Einmarsch US-amerikanischer Truppen übergab er zwei »Sicherungsverwahrte« einem Wehrmachtskommando, das die beiden unweit der Anstalt erschoss.

Schottky, Dr. Johannes – 2 Jahre und 9 Monate Haft / Abwesenheitsurteil, da flüchtig
Gerichtsentscheidungen: LG Meiningen am 19. 9. 1951; OLG Erfurt am 8. 4. 1952

641. Denunziation – Nr. 1199
Im August 1944 denunzierten die Angeklagten in Lindenberg einen jungen Deutschen und einen Polen. Der Deutsche wurde vor ein Kriegsgericht gestellt und in eine Strafkompanie versetzt. Er ist nicht zurückgekehrt.

Sch., Anna – 2 Jahre Haft
Les., Anni – 2 Jahre Haft
Gerichtsentscheidung: LG Eberswalde am 21. 9. 1951

642. Kriegsverbrechen und Spionage nach 1945 – Nr. 1198
Der zuletzt in Peine bei Hannover wohnhaft gewesene BRD-Bürger befand sich seit dem 11. November 1950 in Untersuchungshaft des MfS. Er war im September 1941 bei Demjansk / UdSSR als Angehöriger der Waffen-SS in der Division »Totenkopf« tatbeteiligt an der Schaffung eines Schussfeldes durch Niederbrennen von Häusern, wobei geplündert und Bewohner erschossen wurden. Er gehörte einem Erschießungskommando an, von dem fünf Juden exekutiert wurden. 1944 war er Ordonnanzoffizier im SS-Bataillon »Götz von Berlichingen«. Im November 1950 kam er mit einem Spionageauftrag des US-amerikanischen Geheimdienstes CIC in die DDR. Wegen seiner Kriegsverbrechen wurde er zu 13 Jahren Zuchthaus und wegen seiner Spionagetätigkeit zu 7 Jahren Haft verurteilt.

Schridde, Heinz – 13 Jahre Haft
Gerichtsentscheidung: LG Greifswald am 25. 9. 1951

643. Denunziation – Nr. 1197
Die Angeklagte beteiligte sich im September 1943 an der Denunziation und Verhaftung eines jüdischen Ehepaars, das in Bestensee untergetaucht war.

Dit., Hedwig Margarete Emilie, geb. Rö. – 3 Jahre Haft

Gerichtsentscheidungen: LG Potsdam am 27.9.1951; OLG Potsdam am 5.2.1952

644. Andere Verbrechen – Nr. 1196
Die Angeklagte wurde beschuldigt, 1942 an der Verhaftung eines jüdischen Mannes, mit dem sie lange zusammengelebt hatte, beteiligt gewesen zu sein, weil sie diesen nicht vor der Festnahme durch die Gestapo gewarnt hatte. Er kam ins KZ Majdanek und ist dort ermordet worden.

Bri., Elise Maria Louise, geb. Wil. – Freispruch

Gerichtsentscheidung: LG Berlin am 28.9.1951

645. Denunziation – Nr. 1195
Die Angeklagte denunzierte im September/Oktober 1944 in der Domäne Neubeesen bei Halle ihre Schwägerin wegen einer Beziehung zu einem polnischen Zwangsarbeiter. Die Denunzierte beging einen Selbstmordversuch, wurde nach ihrer Genesung verhaftet und in das Erziehungslager Halle-Diemitz eingewiesen. Der Zwangsarbeiter wurde der Gestapo übergeben; sein Verbleib ist unbekannt.

Kob., Elise – 3 Jahre Haft

Gerichtsentscheidungen: LG Halle am 29.9.1951; OLG Halle am 14.1.1952

646. Denunziation – Nr. 1194
Die Angeklagte wurde beschuldigt, 1941 in Liegnitz die Witwe eines Juden denunziert zu haben, die zum jüdischen Glauben übergetreten war und jüdische Bürger unterstützte sowie abfällige Äußerungen über das Nazi-Regime und Lebensmittelschiebungen getätigt haben soll. Die Denunzierte wurde zu einer Gefängnisstrafe verurteilt und kurze Zeit nach Verbüßung dieser Strafe ins KZ Auschwitz deportiert, wo sie starb.

Pat., Else Marta Magda, geb. Tei., gesch. Wei. – Freispruch

Gerichtsentscheidung: LG Berlin am 19.1.1951

647. Denunziation – Nr. 1193
Der Angeklagte denunzierte 1940 in Bleddin eine Frau, die ihn abgewiesen hatte und ein Verhältnis mit einem polnischen Kriegsgefangenen unterhielt. Die Frau wurde zu vier Jahren Zuchthaus verurteilt, der Kriegsgefangene öffentlich gehängt.

Brü., Paul – 8 Jahre Haft

Gerichtsentscheidungen: LG Halle am 29. 1. 1951; LG Halle am 31. 8. 1949; OG am 15. 9. 1950; LG Halle am 1. 11. 1950; OLG Halle am 1. 6. 1951

648. Kriegsverbrechen – Nr. 1192
Als Hauptfeldwebel einer nicht näher bezeichneten Wehrmachtseinheit beteiligte sich der Angeklagte im Februar 1943 im Raum Schachty in der Sowjetunion an Verhaftungen, Misshandlungen und Erschießungen sowjetischer Jugendlicher, die aus Wehrmachtsfahrzeugen Lebensmittel und Zigaretten entwendet hatten.

Til., Paul – 6 Jahre Haft

Gerichtsentscheidungen: LG Eberswalde am 30. 10. 1951; OLG Potsdam am 8. 4. 1952

649. Denunziation, Andere Verbrechen – Nr. 1191
Die Angeklagten beteiligten sich zwischen 1941 und 1945 an Misshandlungen und Bedrohungen von Zwangsarbeitern des Holzverarbeitungsbetriebes in Schmalkalden sowie an der Deportation einer Zwangsarbeiterin und eines »Halbjuden« ins KZ, aus dem sie nicht zurückgekehrt sind.

Kön., Gerhard – 2 Jahre Haft
Vol., Artur – 1 Jahr Haft

Gerichtsentscheidung: LG Meiningen am 7. 11. 1951

650. Denunziation – Nr. 1190
1943 war der Angeklagte in Halle an der Denunziation eines Arbeitskollegen wegen antifaschistischer Äußerungen beteiligt. Dieser wurde vom Volksgerichtshof zum Tode verurteilt und hingerichtet (s. auch Nr. 1739).

Müh., Werner – 2 Jahre und 6 Monate Haft
Gerichtsentscheidung: LG Halle am 9.11.1951

651. Denunziation, V-Mann-Tätigkeit für die Gestapo – Nr. 1189

Der jüdische Angeklagte, der in einer »Mischehe« lebte, wurde im Rahmen der sogenannten »Fabrik-Aktion« am 27. Februar 1943 verhaftet und erklärte am 8. März gegenüber der Gestapo seine Bereitschaft zur Mitwirkung bei der Fahndung nach untergetauchten Berliner Juden. Als sogenannter »Judengreifer« führte er mindestens 15 Juden der Gestapo zu.

Cohn, Robert Bruno August – 3 Jahre Haft
Gerichtsentscheidungen: LG Berlin am 28.11.1951; KG am 17.6.1952

652. Gewaltverbrechen in Haftstätten – Nr. 1188

1942 war die Angeklagte von der Gestapo verhaftet und ins KZ Ravensbrück eingeliefert worden, weil sie sich mit ausländischen Zivilarbeitern »eingelassen« hatte. Gegen Ende 1944 wurde sie für den Dienst in der Lagerpolizei ausgewählt, beteiligte sich an der Misshandlung von Häftlingen und hat mitgeholfen, die im Lager geborenen jüdischen Kinder von ihren Müttern zu trennen und zu ertränken.

Müller, Hildegard – 10 Jahre Haft
Gerichtsentscheidung: LG Magdeburg am 3.12.1951

653. Kriegsverbrechen, Verbrechen gegen Kriegsende – Nr. 1187

Der Angeklagte gehörte seit 1942 der Feldgendarmerie an und war in der Ukraine / Krim tatbeteiligt an Misshandlungen und Tötungen von Partisanen und Zivilisten sowie Vergewaltigungen sowjetischer Frauen. Am 8. Mai 1945 war er bei der Erschießung eines kurz vor Kriegsende desertierten deutschen Soldaten beteiligt.

Böh., Johannes – 1 Jahr und 8 Monate Haft
Gerichtsentscheidung: LG Meiningen am 5.12.1951

654. Kriegsverbrechen – Nr. 1186
Dem Angeklagten war aufgrund eigener Aussagen vorgeworfen worden, dass er im Sommer 1941 in Paris als Offizier der Wehrmacht die Erschießung einer französischen Widerstandskämpferin durchführen ließ. Erst in der Hauptverhandlung stellte sich heraus, dass er zur Tatzeit 16 Jahre alt war und für das angebliche Tatgeschehen nicht in Frage kommen konnte. Offensichtlich hatte er nach seiner Festnahme im März 1949 wegen Verdachts auf Wirtschaftsverbrechen bewusst falsche Aussagen gemacht. Er betrieb als BRD-Bürger Interzonengeschäfte mit Glaserzeugnissen aus der DDR und war Teilhaber an einer Werkzeughandelsfirma in Schmalkalden.
    Böc., Hans – Freispruch
Gerichtsentscheidung: LG Berlin am 11.12.1951

655. Denunziation – Nr. 1185
Der Angeklagte fertigte 1943 als Leutnant einer Flakeinheit in Gahlen/Dinslaken einen Tatbericht über »defaitistische« Äußerungen eines Soldaten. Dieser wurde daraufhin verhaftet und erhängte sich im Gefängnis Essen.
    Pap., Karl Josef – 2 Jahre Haft (U-Haft seit 23.10.1950)
Gerichtsentscheidung: LG Magdeburg am 13.12.1951

656. »Euthanasie« – Nr. 1184
Als Leiter eines in der Heil- und Pflegeanstalt Hadamar mit technischen und Sicherheitsaufgaben betrauten Sonderkommandos hat der Angeklagte bei der Tötung von »Geisteskranken« mitgewirkt.
    Bünger, Walter Emil Reinhold – 10 Jahre Haft / Urteil nicht aufgefunden
Gerichtsentscheidung: LG Berlin am 4.1.1952

657. Denunziation – Nr. 1183
Die Angeklagten denunzierten im Dezember 1942 in Berlin-Weißensee eine Frau, die aus einem Außenkommando des KZ Sachsenhausen geflohen war und bei der Mutter einer

Mitgefangenen Unterschlupf gesucht hatte. Die Denunzierte wurde verhaftet und soll kurz darauf »auf der Flucht« erschossen worden sein.

Sch., Fritz Paul Ferdinand – 4 Jahre Haft

Sch., Helene Ida, geb. M. – 1 Jahr und 6 Monate Haft

Gerichtsentscheidungen: LG Berlin am 23.1.1952; KG am 4.4.1952

658. Gewaltverbrechen in Haftstätten, Verbrechen gegen Kriegsende – Nr. 1182

Der Angeklagte war SS-Obersturmführer und seit 1938 Bürgermeister in Römhild. Er beteiligte sich an Misshandlungen polnischer Zwangsarbeiter, an der öffentlichen Erhängung von 20 Polen in Poppenhausen, an der Misshandlung und versuchten Erschießung eines Mannes, der kurz vor dem Einmarsch der US-Amerikaner eine weiße Fahne gehisst hatte, sowie bei Kriegsende an der Tötung von 70 marschunfähigen Häftlingen, die in einer anschließend zugesprengten Sandhöhle eingesperrt worden waren. Angelastet wurde ihm des Weiteren die Anforderung von KZ-Häftlingen für das Basaltwerk der Stadt, die in dem dazu errichteten Arbeitserziehungslager Römhild, auf dessen Führung der Angeklagte massgeblichen Einfluss hatte, untergebracht wurden.

Schmidt, Alfred – lebenslange Haft / in Abwesenheit verurteilt

Gerichtsentscheidungen: LG Meiningen am 23.1.1952

Den ostdeutschen Auslieferungsanträgen wurde nicht stattgegeben; ein westdeutsches Strafverfahren gegen Schmidt konnte nicht ermittelt werden. Er soll am 1. Juli 1957 in Coburg verstorben sein.

659. Verbrechen gegen Kriegsende – Nr. 1181

Der Angeklagte beteiligte sich im April 1945 in Berlin als Zellenleiter der NSDAP an der Erschießung eines Zivilisten, der, weil er kurz vor Kriegsende die im Luftschutzkeller anwesenden Bewohner des Hauses Schönhauser Allee 59b aufgefordert hatte,

keinen sinnlosen Widerstand zu leisten und sich beim Eintreffen der sowjetischen Truppen sofort zu ergeben, denunziert und verhaftet worden war (s. auch Nr. 1426).
	Thi., Heinz Felix Willy Gustav – 2 Jahre Haft
Gerichtsentscheidungen: LG Berlin am 25.1.1952; KG am 26.8.1952

660. Denunziation – Nr. 1180
Die Angeklagte wurde beschuldigt, zwischen 1942 und 1943 unter Mithilfe weiterer Familienangehöriger ihren Ehemann tätlich angegriffen und seine Verhaftung wegen antifaschistischer Äußerungen herbeigeführt zu haben. Der Denunzierte wurde verhaftet und kam ins KZ Buchenwald, wo er starb. Die Angeklagte war nach 1945 als ODF anerkannt worden und bezog eine ODF-Rente.
	Fro., Anna, geb. Kel. – Freispruch
Gerichtsentscheidung: LG Magdeburg – 25.1.1952

661. Denunziation – Nr. 1179
Der Angeklagte war in Gardelegen SA-Sturmführer und denunzierte 1939 eine Frau, die sich in einem Streitgespräch abfällig über den Nazi-Staat geäußert hatte. Die Denunzierte wurde zu einer Gefängnisstrafe verurteilt und starb kurz nach ihrer Haftentlassung. Der Angeklagte wohnte nach 1945 in Wolfenbüttel.
	Bor., Willi – 3 Jahre Haft / Abwesenheitsverfahren
Gerichtsentscheidung: LG Magdeburg am 29.1.1952

662. Denunziation, V-Mann-Tätigkeit für die Gestapo – Nr. 1178
Der Angeklagte wurde nach mehrfacher Verurteilung wegen illegaler Arbeit von der Gestapo als V-Mann angeworben und zur Bekämpfung von antifaschistischem Widerstand in den Betrieb Pokorny und Wittekind in Frankfurt am Main eingeschleust. Er verriet eine dort tätige Widerstandsgruppe, aus der ein Mitglied zum Tode verurteilt und hingerichtet wurde. Zwei Mitglieder verstarben in der Haft, während die übrigen hohe Zuchthausstrafen verbüßten.

Ziebarth, Franz – 10 Jahre Haft
Gerichtsentscheidung: LG Magdeburg am 12.2.1952

663. Kriegsverbrechen – Nr. 1177
Die Angeklagten waren als Angehörige der 13. Kompanie des Infanterieregimentes 185 ab Juni 1941 im Krieg gegen die UdSSR eingesetzt und haben an Erschießungen von Partisanen und Kriegsgefangenen sowie an Misshandlungen und Vergewaltigungen sowjetischer Frauen teilgenommen. Alle drei befanden sich in Untersuchungshaft des MfS in Gera.
 Sand, Heinz – lebenslange Haft
 Sch., Karl-Heinz – 8 Jahre Haft
 Stö., Werner – 1 Jahr Haft
Gerichtsentscheidungen: LG Gera am 18.2.1952; BG Gera am 24.11.1952; OG am 23.6.1953; BG Gera am 5.8.1953

664. »Euthanasie« – Nr. 1176
Der Angeklagte von Hegener war als höherer Beamter in der Kanzlei des Führers und stellvertretender Geschäftsführer des Reichsausschusses zur wissenschaftlichen Erforschung erb- und anlagebedingter Leiden an der Organisation und Durchführung der »Euthanasie-Aktion« beteiligt. Der Angeklagte Stephan hat als Kraftfahrer der »Gemeinnützigen Krankentransportgesellschaft« am Transport von circa 8000 »Geisteskranken« zum Zuchthaus Brandenburg bzw. zu Heil- und Pflegeanstalten mitgewirkt, wo die Kranken vergast wurden (s. auch Nr. 1551 und Nr. 1664).
 von Hegener, Richard – lebenslange Haft
 Stephan, Walter – 10 Jahre Haft
Gerichtsentscheidung: LG Magdeburg am 20.2.1952

665. Denunziation – Nr. 1175
Im November 1943 erstattete der Angeklagte in Berlin Anzeige gegen einen staatenlosen Mann, der sich als Spion ausgegeben hatte, sowie gegen die Tante des Angeklagten, in deren Wirtschaft häufig »Feindsender« abgehört wurden. Der Mann

wurde zum Tode verurteilt und hingerichtet, die Lokalinhaberin war bis Kriegsende in Haft.

Jan., Gerhard Richard – 3 Jahre Haft
Gerichtsentscheidung: LG Berlin am 25.2.1952; KG am 19.8.1952

666. Denunziation – Nr. 1174

1943 denunzierte der Angeklagte in Rathenow einen Arbeitskollegen, mit dem er gemeinsam »Auslandssender« gehört, sich dann aber verfeindet hatte. Der Denunzierte wurde zu fünf Jahren Zuchthaus verurteilt und starb in der Haft.

Mop., Josef – 5 Jahre Haft
Gerichtsentscheidungen: LG Potsdam am 26.2.1952; OLG Potsdam am 12.6.1952

667. Kriegsverbrechen – Nr. 1173

Als Angehörige der Polizei-Einsatz-Reservekompanie Halle beteiligten sich die Angeklagten im Juni 1942 an den nach dem Attentat auf Heydrich durchgeführten Vergeltungsmaßnahmen gegen die Zivilbevölkerung in Prag und Kladno. Der Einsatz der Polizeieinheit erfolgte unter anderem auch in Lidice, wo die männlichen Dorfbewohner erschossen und Frauen und Kinder verschleppt wurden. Eine Tatbeteiligung war den Angeklagten allerdings nicht zweifelsfrei nachzuweisen. Bewiesen werden konnte jedoch, dass beide der Begleitmannschaft des Eisenbahntransports der 184 Frauen aus Lidice in das KZ Ravensbrück angehörten.

Ack., Franz – Freispruch
Chr., Willy – 1 Jahr und 6 Monate Haft
Gerichtsentscheidung: LG Halle am 20.3.1952
Das Verfahren 1173 wurde später zu den im Zusammenhang mit der »Heydrichiade« vom MfS bearbeiteten Strafverfahren gegen ehemalige Polizei- und Gestapo-Angehörige (Gottspfennig, Barth, Feustel u.a.) zur Auswertung herangezogen (s. auch Nr. 1045, Nr. 1009, Nr. 1042).

668. Verbrechen gegen Kriegsende – Nr. 1172

Der Angeklagte war ab März 1940 bei der Hilfspolizei, zuletzt Oberwachtmeister, und wurde im Februar 1945 im Raum Forst in eine Gruppe der Feldgendarmerie eingegliedert, die unter anderem nach Plünderern suchte. Bei der Räumung des Geländes östlich der Neiße wurde eine Gruppe von etwa zehn Franzosen angetroffen. Trotz des Befehls, die beiden Anführer der Gruppe zu erschießen, wurden alle Franzosen westwärts geschickt. Als sie dem nicht nachkamen, sondern an die gleiche Stelle zurückkehrten, wurden sie nach kurzer Zeit erneut aufgegriffen und die Anführer nunmehr erschossen.

    Poh., Richard – 8 Jahre Haft

Gerichtsentscheidungen: LG Cottbus am 21.4.1952; LG Cottbus am 23.4.1951; OLG Potsdam am 5.2.1952

669. Verbrechen gegen Kriegsende – Nr. 1171

Der Angeklagte beteiligte sich als Angehöriger des Volkssturms am 15. April 1945 in Höfgen / Grimma an der Auslieferung von drei Volkssturmangehörigen an die SS, von denen zwei erschossen wurden.

    Kah., Karl Gustav – 8 Jahre Haft / Urteil nicht aufgefunden

Gerichtsentscheidung: LG Leipzig am 22.4.1952

670. Verbrechen gegen Kriegsende – Nr. 1170

Der Angeklagte hat Ende April 1945 in Bautzen zwei polnische Kriegsgefangene an eine Wehrmachtseinheit ausgeliefert und einen davon selbst erschossen.

    Sch., Ernst – 15 Jahre Haft (U-Haft seit dem 26.3.1951 in der Strafanstalt II in Bautzen)

Gerichtsentscheidung: LG Bautzen am 25.4.1952

671. Denunziation – Nr. 1169

Die Angeklagten denunzierten im Februar 1940 in Berlin-Hohenschönhausen einen Mann, der sich in einem Lokal in angetrunkenem Zustand, und ermuntert von seinen

Gesprächspartnern, abfällig über das Nazi-Regime und seine Führerschaft geäußert hatte. Der Denunzierte wurde zu einer Freiheitsstrafe verurteilt. Seitdem fehlt von ihm jede Spur.

Sche., Martin Adolf – 2 Jahre Haft

Schn., Werner Kurt – 1 Jahr und 9 Monate Haft

Gerichtsentscheidung: LG Berlin am 5.5.1952

672. Verbrechen bei der Errichtung der faschistischen Diktatur – Nr. 1168

Der Angeklagte wurde beschuldigt, als SA-Angehöriger in Berlin-Charlottenburg 1931 und 1933 am Beschießen einer KPD-Veranstaltung tatbeteiligt gewesen zu sein, wobei ein Teilnehmer an den Schussverletzungen verstarb. Außerdem misshandelte der Angeklagte politische Gegner.

Kunze, Egbert Gustav Erich Wilhelm – lebenslange Haft / Urteil nicht aufgefunden

Gerichtsentscheidung: LG Berlin am 13.5.1952

673. Denunziation – Nr. 1167

Im August 1944 beteiligten sich die Angeklagten an der Denunziation eines Monteurs der Hamel-Werke in Chemnitz wegen »defaitistischer« Äußerungen. Der Denunzierte kam ins KZ Auschwitz. Seitdem fehlt von ihm jede Spur.

Gra., Alfred Walter – 3 Jahre Haft

Ric., Gustav Paul – 5 Jahre Haft

Gerichtsentscheidungen: LG Chemnitz am 13.5.1952; LG Chemnitz am 6.1.1948; LG Chemnitz am 9.8.1951; OLG Dresden, unbekannt, 1951

674. Denunziation – Nr. 1166

Der Angeklagte denunzierte zwei französische Fremdarbeiter der Firma Drehmechanik in Hohen Neuendorf. Die Denunzierten wurden von der Gestapo abgeholt und sind seitdem verschollen. Außerdem bedrohte er eine Kassiererin, die einem »Ostarbeiter« eine Kinokarte verkauft hatte. Der »Ostarbeiter« wurde misshandelt. Lepke war 1946 festgenommen und in

Sachsenhausen interniert worden. Nach der Entlassung aus der Internierung flüchtete er nach Westberlin.

Lepke, Bernhard – 3 Jahre Haft / Abwesenheitsurteil
Gerichtsentscheidung: LG Eberswalde am 20.6.1952

675. Denunziation – Nr. 1165
Die Angeklagte denunzierte 1943 in Miersdorf eine Frau, bei der sie als Hauswartin tätig war, wegen deren Gegnerschaft zum Nazi-Regime. Die Denunzierte wurde vom Volksgerichtshof zum Tode verurteilt und hingerichtet (s. auch Nr. 1263).

Mer., Martha Marie, geb. Bro., verw. Sch. – 5 Jahre Haft
Gerichtsentscheidungen: LG Potsdam am 20.6.1952; OLG Potsdam am 26.8.1952

676. Verbrechen gegen Zwangsarbeiter – Nr. 1164
Die Angeklagten wurden beschuldigt, im Kreis Angermünde von 1941 bis 1944 ausländische Zwangsarbeiter misshandelt und bei der Suche nach entflohenen Zwangsarbeitern zwei Menschen getötet zu haben. Die Schuld konnte nicht zweifelsfrei bewiesen werden.

Wil., Gustav – Freispruch
Wit., Otto – Freispruch
Gerichtsentscheidung: LG Eberswalde am 27.6.1952

677. Kriegsverbrechen, Gestapo-Verbrechen – Nr. 1163
Der Angeklagte gehörte 1933 als Kommissar zu den ersten Gestapo-Mitarbeitern in Berlin und war zuletzt Kriminaldirektor und SS-Sturmbannführer des SD. Er war Leiter der Gestapo in Potsdam und in Belgrad und gehörte 1941 zum »Vorkommando Moskau« mit Sitz in Smolensk-Katyn. Angeklagt wurde er wegen Tatbeteiligung an Ermittlungen gegen SPD-Funktionäre und Verhaftungen von über 300 Mitgliedern der illegalen Organisation »Sozialistische Front«, von denen mehrere zu hohen Freiheitsstrafen verurteilt wurden. In Serbien veranlasste er Verhaftungen von Widerstandskämpfern, Deportationen

zur Zwangsarbeit in Deutschland, Deportationen von Widerstandskämpfern in das KZ Auschwitz und Deportationen von Juden nach Saloniki. Mitgewirkt hat er an der Tötung von insgesamt circa 8000 Juden aus dem Lager Semlin bei Belgrad durch »Gaswagen« (s. auch BRD-Verfahren Nr. 362). Sattler war bereits am 11. August 1947 im Auftrag sowjetischer Organe festgenommen und später in die Untersuchungshaftanstalt des MfS in Berlin-Hohenschönhausen überführt worden. Am 15. Oktober 1972 ist er in Leipzig im Haftkrankenhaus verstorben.

Sattler, Bruno Wilhelm Berthold Martin – lebenslange Haft – Rehabilitierungsantrag zurückgewiesen

Gerichtsentscheidungen: LG Greifswald am 3.7.1952; BG Rostock am 3.12.1952; LG Rostock am 18.1.1998 (Reha)

678. Denunziation, V-Mann-Tätigkeit für die Gestapo – Nr. 1162

Als Spitzel der Gestapo im Polizeibekleidungsamt Berlin und Königsberg, beim Arbeitsdienst und in der Wehrmacht hat der Angeklagte bis zu 200 Personen wegen antifaschistischer Äußerungen, verbotenen Umgangs mit Ausländern und Ähnlichem denunziert. Er beteiligte sich an Misshandlungen und Vergewaltigungen von Zwangsarbeitern. Außerdem hat er Zwangsarbeiter bei Fluchtversuchen und einen 13-jährigen Jungen erschossen, der vor Hunger einen Kürbis gestohlen hatte. Als Werkschutzmann im Munitionslager Metgethen denunzierte er 1944 Zwangsarbeiter und deutsche Arbeiter. Erbe hielt sich nach 1945 in Westdeutschland auf und ist in Westberlin zur Agententätigkeit für den US-amerikanischen Geheimdienst angeworben worden. Im September 1951 wurde er beim Betreten der DDR festgenommen und kam in Untersuchungshaft des MfS.

Erbe, Siegfried – Todesstrafe / Todesurteil wegen Verbrechen gegen die Menschlichkeit vor 1945 und 10 Jahre Zuchthaus wegen Spionage nach 1945

Gerichtsentscheidung: LG Halle am 7.7.1952

679. Verbrechen gegen Zwangsarbeiter – Nr. 1161

Der Angeklagte misshandelte im August 1944 in Märkisch-Buchholz einen italienischen Zwangsarbeiter, der eine deutsche Frau besuchen wollte, so schwer, dass dieser am folgenden Tag verstarb.

Gri., Georg – 6 Jahre Haft

Gerichtsentscheidungen: LG Cottbus am 16.7.1952; BG Cottbus am 25.11.1952

680. Denunziation – Nr. 1160

Die Angeklagten denunzierten 1940 in Calberwisch/Osterburg zwei Frauen wegen Umgangs mit polnischen Kriegsgefangenen. Der Angeklagte Göh. hatte die Frauen wegen eines dahingehenden Verdachts überwachen lassen. Ben. war Bürgermeister und Ortsbauernführer in Calberwisch. Die Kriegsgefangenen wurden im Dorf gehängt, die Frauen kamen ins KZ Ravensbrück. Eine der Frauen ist dort verstorben.

Ben., Johannes – 10 Jahre Haft

Göh., Otto – 12 Jahre Haft / Reha: Verurteilung als »rechtsstaatswidrig« aufgehoben

Phi., Karl – 3 Jahre Haft

Wei., Annemarie, geb. Bae. – Freispruch

Gerichtsentscheidungen: LG Magdeburg am 16.7.1952; BG Magdeburg am 15.5.1953; LG Halle am 25.11.1992 (Reha Göh.)

681. Massenvernichtungsverbrechen in Lagern – Nr. 1159

Der Angeklagte beteiligte sich als Mitglied der faschistischen Schutzpolizei in Łódź am Transport von circa 30 000 jüdischen Menschen aus dem Ghetto Łódź ins KZ Chelmno. Er wirkte bei der Verladung der Häftlinge in LKW mit, in denen sie durch Zufuhr von Auspuffgasen getötet wurden. Nach Abkommandierung im Februar 1942 von Łódź nach Posen wurde er 1943 nach Jugoslawien zur Partisanenbekämpfung »abgestellt«. Diese Täterschaft aus der Zeit vor 1945, wurde 1950 im Zuge der Ermittlungen und Untersuchungen des MfS im Zusammenhang mit einer Sabotagehandlung gegen die Landwirtschaft in der DDR bekannt. Hierfür wurde er gemäß SMAD-Befehl 160 mit verurteilt.

Elie., Karl – 14 Jahre und 6 Monate Haft
Gerichtsentscheidungen: LG Güstrow am 22.7.1952; LG Greifswald am 23.5.1951; OG am 14.3.1952

682. Denunziation – Nr. 1158
Die Angeklagte hat ihren Ehemann, der Alkoholiker war und sie zur Prostitution zwang, 1938 in Freest bei Wolgast wegen antifaschistischer Äußerungen angezeigt. Er kam ins KZ Sachsenhausen, wo er starb.

Hüb., Anna, geb. Pas. – 6 Monate Haft
Gerichtsentscheidung: LG Greifswald am 11.8.1952

683. Verbrechen gegen Kriegsende – Nr. 1157
Die Angeklagten waren am 13. April 1945 als Angehörige des Volkssturms in Magdeburg eingesetzt, um Häftlinge aus dem KZ Ravensbrück, die während eines Evakuierungsmarsches im Stadion »Neue Welt« am Stadtrand von Magdeburg untergebracht waren, über die Elbe zu bringen. Als das Stadion unter Artilleriebeschuss kam, liefen die Häftlinge deckungssuchend auseinander und wurden daraufhin von der Wachmannschaft und vom örtlichen Volkssturm beschossen, wobei zahlreiche Häftlinge starben.

Häg., Günter – Freispruch
Kes., Robert – Freispruch
Sto., Otto – Freispruch
Gerichtsentscheidungen: LG Magdeburg am 27.8.1952; LG Magdeburg am 22.2.1951; OLG Halle am 4.1.1952
Die vom Landgericht in Magdeburg am 21.2.1951 verhängten Haftstrafen (Kes. zu lebenslangem Zuchthaus, Häg. zu acht Jahren Gefängnis und Sto. zu zehn Jahren Zuchthaus) wurden mit dem Urteil vom 27.8.1952 aufgehoben.

684. Verbrechen gegen Kriegsende – Nr. 1156

Der Angeklagte hat als Mitglied der SS-Panzergrenadierdivision »Nibelungen« im März 1945 in Rosenheim/Bayern bei einer Auffangeinheit im rückwärtigen Frontgebiet an der Erschießung von 16 deutschen desertierten Soldaten teilgenommen.

M., Hans Günter – 6 Jahre Haft

Gerichtsentscheidungen: BG Potsdam am 16.9.1952; OG am 25.11.1952

685. Kriegsverbrechen – Nr. 1155

Der Angeklagte hat im Oktober 1941 als Angehöriger des Baubataillons 257 bei Leningrad auf Befehl eines Feldwebels der Feldgendarmerie die Erschießung eines sowjetischen Kriegsgefangenen wegen angeblichen Diebstahls eines Pullovers ausgeführt.

Kla., Ernst – 3 Jahre Haft

Gerichtsentscheidung: BG Halle am 10.10.1952

686. Denunziation – Nr. 1154

1944 denunzierte die Angeklagte in Krebsow/Greifswald einen nach einem Nachtquartier suchenden fahnenflüchtigen deutschen Soldaten beim Blockleiter der NSDAP. Der Denunzierte wurde vom Sondergericht Rostock zum Tode verurteilt, jedoch vor der Urteilsvollstreckung von sowjetischen Truppen befreit.

Ewe., Käthe, geb. Kru. – 6 Monate Haft

Gerichtsentscheidung: BG Rostock am 25.10.1952

687. Verbrechen bei der Errichtung der faschistischen Diktatur, Kriegsverbrechen – Nr. 1153

Die Angeklagten gehörten bereits vor 1933 dem berüchtigten SS-Sturm 46 in Zittau an und beteiligten sich an Verhaftungen, schweren Misshandlungen und Tötungen politischer Gegner bei Vernehmungen im SS-Wachlokal »Sächsischer Hof« in Zittau. Der Angeklagte Söhnel kam im Juli/August 1944 als Leutnant und Zugführer einer Polizeieinheit zum Kriegseinsatz nach Mährisch-Ostrau / ČSR und im Dezember 1944 mit seiner Einheit nach Dorschkowa zum »Partisaneneinsatz«.

    Hanisch, Kurt Erich – Todesstrafe / Urteil in Abwesenheit, da flüchtig – in Westberlin wohnhaft
    Prodehl, Hans – lebenslange Haft / Urteil in Abwesenheit – in Bergisch-Gladbach wohnhaft
    Söhnel, Kurt Willi – 25 Jahre Haft
    Tap., Otto Ernst – 2 Jahre Haft
    Zsc., Kurt Oskar – 15 Jahre Haft
    Zurek, Robert – 20 Jahre Haft / Urteil in Abwesenheit, da flüchtig

Gerichtsentscheidung: BG Dresden am 7.11.1952

688.   Denunziation, V-Mann-Tätigkeit für die Gestapo – Nr. 1152

Dem Angeklagten wurde vorgeworfen, nach seiner zweiten Verhaftung 1935 wegen illegaler Tätigkeit für die KPD der Gestapo in Leipzig Hinweise zur Aufdeckung von Widerstandsgruppen gegeben und später auch als V-Mann für die Gestapo gearbeitet zu haben. Nach Verbüßung einer am 27. Januar 1937 vom I. Strafsenat des Volksgerichtshofs verhängten mehrjährigen Zuchthausstrafe wurde er von der Gestapo in die Leipziger Widerstandsgruppe um Kresse eingeschleust. Mehrere Mitglieder dieser Gruppe wurden 1944 verhaftet. Die Antifaschisten Kresse und Schwarz wurden zum Tode verurteilt, Küstner nach seiner Inhaftnahme am 12. April 1945 ermordet.

    Plesse, Karl – 10 Jahre Haft / Reha: Freispruch

Gerichtsentscheidungen: BG Cottbus am 5.12.1952; OG am 31.12.1952; BG Frankfurt/O am 16.7.1992 (Reha/Kassation)

Im Kassationsverfahren 1992 wurde die Aufhebung des Urteils und die Freisprechung unter anderem damit begründet, dass »sich der Vorwurf des Verrats von Mitgliedern einer Widerstandsgruppe und der Tätigkeit als V-Mann auf einen Zeitraum« beziehe, »in dem das Gesetz Nr. 10 des Kontrollrates noch nicht erlassen war« und damit »die Voraussetzungen für eine Verurteilung« nach KG10 nicht bestanden hätten.

689. Denunziation – Nr. 1151

Der Angeklagte denunzierte im Mai 1943 eine unangemeldet in Berlin lebende Jüdin. Diese wurde ins KZ Theresienstadt verbracht. Einige Zeit nach ihrer Befreiung starb sie an den Folgen der KZ-Haft.

Hof., Max Karl Willi – 4 Jahre Haft

Gerichtsentscheidungen: BG Potsdam am 8.12.1952; LG Potsdam am 25.4.1952; OLG Potsdam am 5.8.1952

690. Denunziation – Nr. 1150

Nachdem auf Anordnung des Ortsgruppenleiters in Berlin-Rahnsdorf die Brotrationen gekürzt wurden und der Brotverkauf nur noch an NSDAP-Mitglieder erfolgen sollte, drangen Frauen in die Bäckerei ein. Die Angeklagte notierte am 6. April 1945 in Berlin-Rahnsdorf die Namen der Frauen und übergab die Namensliste der Gestapo. Daraufhin wurden mehrere Personen verhaftet und von einem Standgericht verurteilt. Zwei zum Tode Verurteilte wurden am nächsten Tag hingerichtet, die übrigen Ende April von sowjetischen Truppen befreit.

Sch., Martha Erna Wally, geb. Kra. – 6 Jahre Haft

Gerichtsentscheidungen: Stadtgericht Berlin am 5.1.1953; LG Berlin am 16.4.1952; KG am 29.8.1952; KG am 30.1.1953

691. Massenvernichtungsverbrechen – Nr. 1149

Der Angeklagte wurde beschuldigt, im August 1943 als Mitglied des Polizeibataillons in Lwiw (Lemberg) an der Absicherung einer Massenerschießung von circa 800 Juden beteiligt gewesen zu sein.

Lan., Otto – 15 Jahre Haft / Urteil nicht aufgefunden

Gerichtsentscheidungen: BG Cottbus am 16.1.1953; BG Cottbus am 5.11.1952; OG am 9.12.1952

692. Kriegsverbrechen – Nr. 1148

Als Angehöriger der Division »Brandenburg« war der Angeklagte ab 1944 zur Partisanenbekämpfung in Italien eingesetzt. Dort hat er unter anderem im Juli/August 1944 im Raum

Abacia und Montenero an der Deportation von Einwohnern zweier Dörfer und Übergabe eines Teiles der Deportierten an italienisch-faschistische Einheiten teilgenommen. Er meldete sich freiwillig zur Erschießung von acht Deportierten und beteiligte sich an Misshandlungen und Plünderungen.

Ehm., Hermann – 8 Jahre Haft

Gerichtsentscheidung: BG Chemnitz am 23.1.1953

693. Verbrechen gegen Kriegsende – Nr. 1147

Die Angeklagten beteiligten sich im Februar 1945 in Knippelsdorf/Herzberg als Angehörige der Landwacht an der Verfolgung und Ergreifung aus einem Gefangenentransport entflohener Häftlinge.

Bes., Edmund – 10 Jahre Haft

Gab., Ernst – 10 Jahre Haft

Hertel, Otto – lebenslange Haft / Rehabilitierungsantrag zurückgewiesen

Lie., Paul – lebenslange Haft / Reha: Strafe ermäßigt auf 15 Jahre

Sch., Friedrich – 12 Jahre Haft

Ter., Ewald – 12 Jahre Haft / Reha: Strafe ermäßigt auf 10 Jahre

Gerichtsentscheidungen: BG Cottbus am 6.2.1953; BG Cottbus am 6.12.1952; OG am 6.1.1953; LG Frankfurt/O am 28.5.1998 (Reha Hertel, Lie., Ter.)

694. Kriegsverbrechen – Nr. 1146

Der Angeklagte gehörte einem Landesschützenbataillon an, das im Mittelabschnitt der Ostfront eingesetzt war. Zwischen 1942 und 1943 wurden durch diese Einheit sowjetische Bürger durch Erhängen völkerrechtswidrig ermordet. Einigen Bekundungen zufolge hat der Angeklagte 1943 in Oreschowsk/Witebsk an der Erhängung eines Zivilisten mitgewirkt.

Köc., Richard – 15 Jahre Haft

Gerichtsentscheidungen: BG Gera am 20.3.1953; OG am 20.4.1953; BG Gera am 27.5.1953

695. Verbrechen gegen Kriegsende – Nr. 1145
KZ-Häftlinge, die im April 1945 einen von Tieffliegern angegriffenen Transportzug verlassen hatten, wurden von Einwohnern des Dorfes Roxförde (darunter die drei Angeklagten) gejagt, ergriffen und der Wehrmacht übergeben, die die Häftlinge erschoss.

    Gro., Emil – 4 Jahre Haft
    Gro., Erna, geb. Ker. – 2 Jahre Haft
    Lüb., Gustav – 5 Jahre Haft
Gerichtsentscheidung: BG Magdeburg am 13.4.1953

696. Denunziation – Nr. 1144
Die Angeklagten beteiligten sich im Februar 1945 in Steinbrücken an der Ergreifung und Auslieferung zweier Häftlinge, die aus dem KZ Dora geflohen waren.

    Ren., Robert – 7 Jahre Haft
    Wer., Helmut – 7 Jahre Haft
    Wi., Bruno – 8 Jahre Haft / Reha: Freispruch
    Wi., Walter – 6 Jahre Haft / Reha: Freispruch
    Wil., August – 7 Jahre Haft
Gerichtsentscheidungen: BG Erfurt am 22.4.1953; OG am 10.6.1953; OG am 4.8.1953; LG Gera am 13.10.1992 (Reha Wi., Bruno und Wi., Walter)

697. Kriegsverbrechen – Nr. 1143
Der Angeklagte war 1942 als Unteroffizier einer nicht näher bezeichneten Wehrmachtseinheit in der Nähe von Orel/UdSSR eingesetzt und hat dort zwei gefangengenommene sowjetische Partisanen, die er in das rückwärtige Frontgebiet bringen sollte, mit 16 Schuss aus seiner Maschinenpistole getötet.

Des Weiteren wurde er angeklagt wegen nach 1945 begangener Wühl- und Zersetzungstätigkeit gegen die DDR und die Sowjetunion. Wegen der Straftat vor 1945 wurde er zu zwölf Jahren und wegen der nach 1945 begangenen zu sechs Jahren verurteilt. Daraus ist eine Gesamtstrafe von 15 Jahren gebildet worden.

Schünemann, Walter – 12 Jahre Haft (U-Haft seit dem
19.1.1953 beim MfS in der UHA II Chemnitz)
Gerichtsentscheidung: BG Chemnitz am 23.4.1953

698. Denunziation – Nr. 1142
Der Angeklagte war Großbauer in Seifersdorf/Gera und beschäftigte Kriegsgefangene und Zwangsarbeiter. Unter anderem erstattete er Anzeige gegen einen Polen, der seine Arbeitsstelle verlassen hatte. Er kam in ein Zwangsarbeitslager, wo er nach kurzer Zeit starb.
Des Weiteren wurde Mat. für nach 1945 begangene Straftaten verurteilt, weil er RIAS-Nachrichten verbreitete.
Mat., Willy – 8 Jahre Haft
Gerichtsentscheidung: BG Gera am 29.4.1953

699. Denunziation – Nr. 1141
Wegen antifaschistischer Tätigkeit wurde der Angeklagte 1936 verhaftet und kam in die KZ Sachsenburg, Sachsenhausen und von Anfang 1937 bis April 1939 nach Buchenwald. In der Folgezeit wurde er Mitglied der Wehrmacht. Während eines Urlaubs in Leipzig nahm er Kontakt zu dem bekannten Antifaschisten Arthur Hoffmann auf, den er bereits aus dem KZ Buchenwald kannte. Ob diese Kontaktaufnahme zu Hoffmann im Auftrage der Gestapo erfolgte, konnte nicht bewiesen werden. Zuvor war Schmidt von der Gestapo mehrfach vernommen worden und hatte Angaben über Verbindungen zu Leipziger Antifaschisten gemacht. Daraufhin ist er im Auftrag der Gestapo aus Leitmeritz nach Leipzig versetzt worden, wo er über Arthur Hoffmann Anschluß an die antifaschistische Widerstandsgruppe um Georg Schumann fand. Schmidt hat der Gestapo unter anderem ein Geheimversteck im Schreibtisch von Arthur Hoffmann sowie ein Versteck für Flugblätter verraten und selbst versucht, in der Wohnung von Hoffmann Waffen und Munition zu verstecken. Der Gestapo gelang es, im Juli 1944 insgesamt 59 Angehörige der Leipziger Widerstandsorganisation festzunehmen. Nachdem auch Schmidt am 22. Juli 1944 festgenommen

worden war, versuchte er, andere Inhaftierte zu Geständnissen zu überreden. Arthur Hoffmann, Georg Schwarz, William Zipperer, Karl Jungbluth und Alfred Frank wurden im November 1944 vom 2. Senat des Volksgerichtshofes in Dresden zum Tode verurteilt und im Januar 1945 in Dresden hingerichtet.

Schmidt, Werner – 10 Jahre Haft (U-Haft seit dem 2.7.1952 beim MfS)

Gerichtsentscheidungen: BG Leipzig am 9.5.1953; OG der DDR am 6.6.1953

700. Kriegsverbrechen – Nr. 1140

Als Wehrmachtsoffizier war der Angeklagte zunächst Führer einer Nachschubkolonne des 172. Regimentes der 75. Infanteriedivision, später Chef der Stabskompanie des 172. Infanterieregiments und zeitweilig Ortskommandant von Petrowka / Ukraine. Er war verantwortlich für die Beschlagnahme der Getreidevorräte und den Einsatz der Zivilbevölkerung beim Ausheben von Stellungsgräben. Im Februar 1943 wurden zwei gefangengenommene sowjetische Soldaten auf seinen Befehl erschossen, und im Herbst 1943 erschoss er sowjetische Kriegsgefangene.

Walk, Johannes Ernst Wilhelm – Todesstrafe (U-Haft seit dem 5.8.1951 in der Haftanstalt Eberswalde)

Gerichtsentscheidungen: BG Frankfurt/O am 20.5.1953; BG Frankfurt/O am 2.12.1952; OG am 27.2.1953

701. Gewaltverbrechen in Haftstätten – Nr. 1139

Die Angeklagte beteiligte sich als Gestapo-Angehörige zunächst in Königsberg an der Bearbeitung von Vorgängen, die sich gegen politische Gegner des Nazi-Regimes richteten, und kam 1941 auf eigenen Wunsch im KZ Ravensbrück in der politischen Abteilung des Erkennungsdienstes zum Einsatz. In ihrer Dienststellung als Kommissarin hatte sie die Aufsicht über die politischen Häftlinge und überwachte die Arbeitskommandos. Sie misshandelte dabei wiederholt Häftlinge.

Nach 1945 hat sie sich selbst als KZ-Häftling ausgegeben und durch Fragebogenfälschung zeitweilig die Mitgliedschaft in der SED sowie eine Rente als Opfer des Faschismus erschlichen. Anfang 1950 geriet sie wegen des Verdachts auf Spionagetätigkeit für den amerikanischen Geheimdienst in das Blickfeld des MfS. Im Zuge der operativen Aufklärung und Untersuchungstätigkeit wurde ihre Vergangenheit bekannt.

Dorn, Erna geb. Kaminski, alias Brüser, alias Scheffler, alias Gewald – 15 Jahre Haft (U-Haft seit dem 28.11.1951 beim MfS in Halle)

Gerichtsentscheidungen: BG Halle am 21.5.1953; BG Halle 22.6.1953 (Todesstrafe)

Im Zusammenhang mit dem 17. Juni 1953 war sie aus dem Strafvollzug freigekommen und maßgeblich an den »Ereignissen« in Halle beteiligt. Nach ihrer Wiederergreifung wurde sie vom BG Halle am 22. Juni 1953 zum Tode verurteilt. Das Urteil wurde vollstreckt.

702. Denunziation – Nr. 1138

Die Angeklagte denunzierte 1944 in Luckau einen polnischen Zwangsarbeiter, der bei einer deutschen Frau verkehrte. Die Denunzierten wurden verhaftet und der Zwangsarbeiter beim Verhör schwer misshandelt. Sein weiterer Verbleib ist unbekannt. Die Frau wurde nach neun Wochen Haft entlassen.

Frö., Paul – 4 Jahre Haft

Gerichtsentscheidungen: BG Cottbus am 2.6.1953; OG am 18.6.1953

703. Verbrechen gegen Zwangsarbeiter – Nr. 1137

Zwischen 1942 und 1943 waren in dem von beiden Angeklagten geführten Land- und Gastwirtschaftsbetrieb in Komptendorf/Cottbus mehrere polnische Zwangsarbeiter und Kriegsgefangene beschäftigt. Diese wurden misshandelt und mangelhaft ernährt, sodass einer von ihnen Selbstmord beging.

Frö., Anna Margarete, geb. Sch. – 5 Jahre Haft / Reha: Vermögenseinziehung als »rechtsstaatswidrig« aufgehoben

Sch., Anna, geb. Koc. – 6 Jahre und 6 Monate Haft /
Reha: Vermögenseinziehung als »rechtsstaatswidrig« aufgehoben
Gerichtsentscheidungen: BG Cottbus am 24.6.1953; OG am 15.7.1953; LG Cottbus am 3.12.1991 (Reha); LG Frankfurt/O am 8.11.1993 (Reha)

704. Kriegsverbrechen – Nr. 1136

Der Angeklagte wurde 1939 zu einer nicht näher bezeichneten Reserve-Polizei-Einheit einberufen und kam unter anderem in Tarnow/Polen und später beim Gendarmerieeinsatzkommando »Stalino« in der Sowjetunion zum Einsatz. Er beteiligte sich an Häftlingstransporten in die KZ Auschwitz, Sachsenhausen und Ravensbrück sowie an der Erschießung von mindestens 110 polnischen und sowjetischen Bürgern bei vier Erschießungsaktionen in Tarnow, Rowenki, Stalino und Krasnylutsch, indem er die Opfer bewachte, die Erschießungsstelle absicherte oder sich als Schütze betätigte. Teilgenommen hat er auch am Niederbrennen einer Mühle und Raub einer Viehherde. Im Urteil ist als Strafmilderungsgrund ausgewiesen, dass der Angeklagte sich 1952 »aus Reue über seine verbrecherische Handlungsweise« den Sicherheitsorganen selbst gestellt hatte.

Götsch, Bruno – 12 Jahre Haft (U-Haft seit dem 9.9.1952 beim MfS)
Gerichtsentscheidung: BG Halle am 2.7.1953

705. Kriegsverbrechen, Massenvernichtungsverbrechen – Nr. 1135

Der Angeklagte gehörte seit 1936 der Schutzpolizei in Halle an und beteiligte sich nach dem 1. September 1939 im sogenannten »auswärtigen Einsatz« an der Vertreibung von Polen aus dem Warthegau, der Bewachung des Warschauer Ghettos, der Erschießung von Partisanen nach Gefangennahme, der Selektion und Erschießung von Juden in Geschiow, der Erschießung von Geiseln und Häftlingen und der Mitwirkung am Raub jüdischen Eigentums in Dombrowa.

Becker, Harry – 15 Jahre Haft
Gerichtsentscheidung: BG Halle am 7.8.1953

706. Kriegsverbrechen – Nr. 1134
Der Angeklagte beteiligte sich am 5. September 1939 in Polen als Unteroffizier einer Wehrmachtseinheit an der Erschießung eines alten Mannes und einer alten Frau, die sich in einem Haus befanden, in dem der Angeklagte Quartier machen wollte.

Sch., Werner Rudolf Albert – 10 Jahre Haft
Gerichtsentscheidung: BG Potsdam am 20.8.1953

707. Denunziation – Nr. 1133
In diesem Verfahren gegen den ehemaligen Kreisfachschaftswalter der Malerinnung in Halle, der durch das Kreisgericht Saalkreis in Halle mit Wirkung vom 31. Dezember 1951 für tot erklärt worden war, wurde lediglich über die Einziehung seines Vermögens entschieden. Dabei wurde davon ausgegangen, dass er mit seinem Malerbetrieb umfassende wehrwirtschaftlich wichtige Aufträge in den Heeresnachrichten-Kasernen in Halle ausgeführt und dadurch eine »Bereicherung durch aktive Unterstützung des Nazi-Regimes« erzielt hatte. Außerdem soll er Arbeitern mit Anzeigen bei der Gestapo gedroht und einen Arbeiter wegen ungenügender Arbeitsleistung angezeigt haben, der in ein Arbeitslager kam und kurz nach seiner Entlassung starb.

Ric., Heinrich – nur Vermögenseinziehung als Sühnemaßnahme / Reha: Vermögenseinziehung als »rechtsstaatswidrig« aufgehoben
Gerichtsentscheidungen: BG Halle am 28.8.1953; LG Halle am 2.1.1995 (Reha)

708. Verbrechen bei der Errichtung der faschistischen Diktatur, Kriegsverbrechen – Nr. 1132
Der Angeklagte war als Angehöriger der Polizei in Wismar bereits seit 1932 zum Schutz von Nazi-Veranstaltungen eingesetzt und an Gewalttätigkeiten gegen antifaschistische

Demonstranten beteiligt. 1939 kam er mit dem Polizeibataillon 22 in Thorn zum Einsatz und war dort als Revierleutnant und Kompanieführer der 2. Kompanie dieses Bataillons unter anderem zur Bewachung von jüdischen und polnischen Häftlingen im berüchtigten Fort 7 sowie zur Unterstützung der Gestapo bei Razzien und Verhaftungen eingesetzt. Seine Polizeieinheit beteiligte sich an der Erschießung von Häftlingen und Geiseln im Fort 7.

 Thiel, Paul – 2 Jahre Haft (U-Haft seit dem 28.8.1952 beim MfS)
Gerichtsentscheidung: BG Schwerin am 28.8.1953

709. Justizverbrechen – Nr. 1131
Die Angeklagten waren zwischen März und April 1945 Angehörige des Fliegenden Standgerichts des Auffangstabes der VII. Armee. Aufgabe des »Auffangstabes« war es, in den letzten Kriegswochen von der Feldgendarmerie festgenommene versprengte oder geflohene Soldaten Fronteinheiten zuzuführen oder einem angeschlossenen »fliegenden Standgericht« zu übergeben. Das Standgericht verhängte unter dem Vorsitz des Angeklagten Bähr mindestens 56 Todesurteile, die vom Angeklagten Helm als Leiter des Auffangsstabes und Gerichtsherr bestätigt und sodann vollstreckt wurden (s. auch BRD-Verfahren Nr. 332).

 Bähr, Bruno Otto Johannes – lebenslange Haft
 Helm, Erwin – lebenslange Haft
Gerichtsentscheidung: Stadtgericht Berlin am 11.9.1953 (Urteil nicht aufgefunden)

710. Kriegsverbrechen, Gewaltverbrechen in Haftstätten – Nr. 1130
Als Wehrmachtsangehöriger eines Infanterie-Regiments der 12. Division beteiligte sich der Angeklagte 1941 an der Erschießung zweier mit Karabinern bewaffneter Zivilisten im Raum Rowno/UdSSR. Anfang 1944 wurde er nach zweimaliger Verwundung in die Waffen-SS übernommen und kam in den KZ Auschwitz, Monowitz und Sachsenhausen, zuletzt als

SS-Unterscharführer, zum Einsatz. Dort beteiligte er sich unter anderem an der Erschießung eines aus dem Eisenbahnwerk Kattowitz flüchtenden französischen Häftlings, an der Bewachung von Häftlingstransporten und an der Erschießung zweier Häftlinge in der Genickschussanlage des KZ Sachsenhausen. Im Juli 1953 bedrohte und verleumdete er im Kreis Gadebusch örtliche Funktionsträger und wurde deshalb nach Artikel 6 der Verfassung der DDR verurteilt.

Kähler, Willy – 11 Jahre Haft (+ 5 Jahre für Straftaten nach 1945 = Gesamtstrafe 15 Jahre / U-Haft beim MfS seit dem 14.7.1953)

Gerichtsentscheidung: BG Schwerin am 4.12.1953

711. Denunziation – Nr. 1129

Die Angeklagte veranlasste zwischen 1941 und 1942 als Hauseigentümerin in Berlin die Deportation eines jüdischen Ehepaars und einer jüdischen Frau, die im gleichen Haus wie die Angeklagte ihre Wohnung hatten. Die Angeklagte nahm deren zurückgebliebenes Eigentum in Besitz und zog in die Wohnung des Ehepaars. Die Deportierten kehrten nach dem Krieg nicht zurück.

Des Weiteren wurde die Angeklagte abgeurteilt für nach 1945 begangene Straftaten wegen »wirtschaftsgefährdender Zurückhaltung von Rohstoffen«.

Not., Marie Elisabeth, geb. Lut. – 11 Jahre Haft (Gesamtstrafe von 12 Jahren Zuchthaus und Vermögenseinziehung / U-Haft seit dem 22.10.1953) – Rehabilitierungsantrag zurückgewiesen

Gerichtsentscheidungen: Stadtgericht Berlin am 15.1.1954; KG Berlin am 12.2.1954; LG Berlin am 24.7.1997 (Reha)

712. Verbrechen bei der Errichtung der faschistischen Diktatur – Nr. 1128

Der Angeklagte beteiligte sich als Polizeihauptwachtmeister in Förderstedt im Juni 1932 in Staßfurt am Beschießen einer Menschenmenge, die an der Beisetzung eines getöteten

KPD-Mitgliedes teilgenommen hatte, wobei sieben Personen verletzt und drei getötet wurden. In der Folgezeit beschimpfte, schikanierte und misshandelte er Kommunisten und Sozialdemokraten.

Finkeisen, Ernst – 10 Jahre Haft (U-Haft seit dem 24.12.1953)
Gerichtsentscheidung: BG Magdeburg am 24.3.1954

713. Kriegsverbrechen – Nr. 1127
Der Angeklagte meldete sich Anfang 1940 freiwillig zur Waffen-SS und wurde in der SS-Totenkopfstandarte in Oranienburg ausgebildet. Ab Anfang 1942 war er in Polen beim Polizeiposten in Gorenice und Olkusz eingesetzt und beteiligte sich an Misshandlungen von Zivilisten. Er wirkte an der Deportation von Polen zur Zwangsarbeit in Deutschland und der Misshandlung und Erschießung dreier Einwohner des Dorfes Osiece mit.

Sporys, Johann – 12 Jahre Haft (U-Haft beim MfS in der UHA II Karl-Marx-Stadt seit dem 24.4.1953)
Gerichtsentscheidung: BG Karl-Marx-Stadt am 30.3.1954

714. Kriegsverbrechen – Nr. 1126
Als Angehöriger der Wehrmacht beteiligte sich der Angeklagte 1942 in den russischen Waldai-Höhen freiwillig an der Erschießung dreier Zivilisten nach einem Partisanenangriff, bei dem zwei deutsche Soldaten getötet worden waren.

Kös., Alfred – 5 Jahre Haft (U-Haft seit dem 15.2.1954)
Gerichtsentscheidungen: BG Rostock am 9.4.1954; OG am 29.4.1954

715. Kriegsverbrechen – Nr. 1125
Die Angeklagten wurden nach 1939 im Wathegau in der Ortschaft Teichdorf auf Bauernhöfen (120 bzw. 80 Hektar) angesiedelt, nachdem die polnischen Eigentümer »umgesiedelt« worden waren. Als Bürgermeister (Al.) bzw. Angehöriger der Polizei in Teichdorf beteiligten sie sich an Misshandlungen und Schikanierungen polnischer Zivilisten und an der Erschießung

eines wegen »Wirtschaftsvergehen« gesuchten Polen, der sich in einem Kornfeld versteckt hatte.

Al., Michael – 10 Jahre Haft (U-Haft seit dem 13.3.1954)

Kno., Otto – 5 Jahre Haft (U-Haft seit dem 29.3.1954)

Gerichtsentscheidung: BG Rostock am 14.5.1954

716. Selbstschutz-Verbrechen – Nr. 1124

Die Angeklagten gehörten bereits vor dem 1. September 1939 in Polen dem sogenannten Selbstschutz in Lomianki an und beteiligten sich an Misshandlungen und Verschleppungen von Polen. Unter anderem haben sie 12–14 Polen festgenommen und an die Gestapo übergeben. Die meisten dieser Verhafteten sollen im KZ Auschwitz umgekommen sein. Beteiligt waren die Angeklagten auch an der Zusammentreibung und Zwangsverschickung von Polen zur Arbeit nach Deutschland. Ne. wurde des Weiteren wegen der 1944 in Lomianki begangenen tödlichen Misshandlung eines des Diebstahls einer Schnur verdächtigen Polen angeklagt.

Kozanowski, Heinrich – 10 Jahre Haft (U-Haft seit dem 3.4.1954)

Neumann, Erich – 15 Jahre Haft (U-Haft seit dem 4.3.1954) / Reha: Verurteilung als »rechtsstaatswidrig« aufgehoben

Gerichtsentscheidungen: BG Neubrandenburg am 21.5.1954; OG am 9.6.1954; LG Neubrandenburg am 31.1.1994 (Reha)

717. Kriegsverbrechen – Nr. 1123

Der Angeklagte beteiligte sich von 1941 bis 1942 in der Ukraine als Oberfeldwebel im Infanterieregiment 202 an der Erschießung und Erhängung von insgesamt zehn Zivilisten, die Partisanentätigkeit, Sabotage oder Spionage betrieben haben sollen.

Massmann, Albrecht – lebenslange Haft (U-Haft seit dem 14.1.54)

Gerichtsentscheidungen: BG Schwerin am 24.5.1954; OG am 8.6.1954

718. Kriegsverbrechen – Nr. 1122

Als Angehöriger einer Kraftfahrzeuginstandsetzungskompanie beteiligte sich der Angeklagte im November 1941 im Raum Wjasma an der Erschießung eines bei einer Requirierungsfahrt aufgegriffenen Zivilisten, der Uniformteile der Roten Armee trug.

1945 trat der Angeklagte der KPD bei und war bis zu seiner Inhaftierung Mitglied der SED.

    Poh., Heinz Erich – 6 Jahre Haft (U-Haft seit dem
        18. 2. 1954 beim MfS im Leipzig)

Gerichtsentscheidung: BG Leipzig am 6. 7. 1954

719. Selbstschutz-Verbrechen – Nr. 1121

Die Brüder Wolff gehörten dem Selbstschutz in Rehwalde an und beteiligten sich ab 1939 an Beraubungen und Vertreibungen polnischer Bauern sowie an Inhaftierungen und Misshandlungen von polnischen Juden und Zivilisten, die in Konzentrationslager deportiert oder zur Erschießung an SS- und Polizeikommandos ausgeliefert wurden. Nach 1945 haben sie gemeinsam mit sieben anderen dem VE-Gut Polsen einen wirtschaftlichen Schaden von 1,5 Millionen Mark zugefügt.

    Wolff, Oskar – lebenslange Haft (U-Haft seit dem
        10. 2. 1954 beim MfS in Berlin-Hohenschönhausen,
        Strafhaft bis zum 16. 10. 1974) / Reha: Verurteilung
        als »rechtsstaatswidrig« aufgehoben
    Wolff, Wilhelm – Todesstrafe (U-Haft seit dem
        13. 1. 1954 beim MfS)

Gerichtsentscheidungen: BG Frankfurt/O am 10. 7. 1954; OG am 16. 11. 1954; OG am 7. 12. 1954; LG Frankfurt/O am 20. 8. 1998 (Reha Oskar Wolff: Als Begründung für die Aufhebung der Urteile wird unter anderem angegeben: »Die Verurteilung diente offensichtlich der politischen Verfolgung«, und es habe sich um einen »politisch motivierten Schauprozess« gehandelt, was sich auch aus einem Bericht an den Hohen Kommissar der UdSSR ergebe).

720. Gewaltverbrechen in Haftstätten – Nr. 1120
Die Angeklagte war seit dem Frühjahr 1943 als SS-Aufseherin im KZ Ravensbrück und den Außenlagern Neu Rohlau, Oederan und Teplitz-Schönau eingesetzt und an der Misshandlung und Tötung von Häftlingen beteiligt.

    Jankowsky, Christel – Todesstrafe (U-Haft seit dem 23. 2.1954 beim MfS in Gera)

Gerichtsentscheidung: BG Gera am 14.7.1954

721. Denunziation, Verbrechen gegen Zwangsarbeiter – Nr. 1119
Als Hofmeister auf dem Gut in Osterweddingen, wo während des Krieges Zwangsarbeiter eingesetzt waren, beteiligte sich der Angeklagte an der Misshandlung eines Polen, der sich gegen die Misshandlung zur Wehr setzte und am 27. November 1942 im Park von Osterweddingen in Anwesenheit des Angeklagten öffentlich gehängt wurde.

    M., Karl – 8 Jahre Haft (U-Haft seit dem 9.5.1954) / Reha: Urteil aufgehoben und aufgrund der als Körperverletzung qualifizierten Tat Strafe auf 1 Jahr ermäßigt)

Gerichtsentscheidungen: BG Magdeburg am 28.8.1954; OG am 16.9.1954; BG Halle am 27.7.1992 (Reha – Kassationsentscheidung)

722. Verbrechen gegen Kriegsende – Nr. 1118
Als Angehöriger des Volkssturms in Wolfen beteiligte sich der Angeklagte am 14. April 1945 an der Erschießung von zwei aus einem Konzentrationslager geflohenen Häftlingen.

    Nau., Herbert – 1 Jahr und 6 Monate Haft (Abwesenheitsurteil, da flüchtig und in Krefeld wohnhaft)

Gerichtsentscheidungen: BG Halle am 3.9.1954; LG Merseburg am 4.7.1947; OLG Halle am 5.4.1948

723. Verbrechen gegen Kriegsende – Nr. 1117
Der Angeklagte wurde ab September 1944 als Tausendschaftsführer zur Bewachung von Zwangsarbeitern beim Bau von

Befestigungsanlagen in Polen und in Kehrum am Niederrhein eingesetzt. Er leitete im Januar 1945 einen Transport von arbeitsunfähigen Zwangsarbeitern, die ins KZ Buchenwald deportiert wurden, und war im April als Volkssturmangehöriger in Caaschwitz an der Erschießung von insgesamt drei entflohenen KZ-Häftlingen beteiligt (s. auch Nr. 1404 und Nr. 1428).

Pfützner, Kurt – lebenslange Haft (U-Haft seit dem 7.7.1954 beim MfS in Gera)

Gerichtsentscheidungen: BG Gera am 12.10.1954; OG am 27.10.1954

724. Verbrechen gegen Kriegsende, Andere Verbrechen – Nr. 1116

Der Angeklagte war SS-Oberscharführer, hielt sich zwischen 1944 und 1945 in Teschendorf auf und beteiligte sich an der Misshandlung eines französischen Kriegsgefangenen und eines polnischen Zwangsarbeiters sowie an der versuchten Erschießung eines Volkssturmmannes, der wenige Tage vor Kriegsende den Ort Teschendorf nicht mehr verteidigen wollte.

Nach 1945 ist er in Teschendorf wiederholt mit faschistischer Propaganda auffällig geworden und soll beabsichtigt haben, eine »Edelweiß«-Widerstandsgruppe aufzubauen.

Hag., Bernhard – 4 Jahre Haft (U-Haft seit dem 31.10.1954)

Gerichtsentscheidungen: BG Potsdam am 17.12.1954; OG am 10.1.1955

725. Denunziation, Verbrechen gegen Zwangsarbeiter – Nr. 1115

Die beiden Angeklagten gehörten dem SA-Sturm in Prettin an und waren als Hilfspolizisten unter anderem zur Überwachung von ausländischen Zwangsarbeitern eingesetzt. Sie nahmen an der Verhaftung und Misshandlung eines bei einer deutschen Frau angetroffenen polnischen Zwangsarbeiters teil. Der Zwangsarbeiter wurde öffentlich gehängt, die Frau kam ins KZ Ravensbrück.

Däu., Erwin Friedrich – 4 Jahre Haft

Wi., Richard Ernst – 3 Jahre Haft

Gerichtsentscheidungen: BG Cottbus am 23.12.1954; OG am 17.1.1955
Beiden Angeklagten wurde die Untersuchungshaft seit dem 4.8.1954 angerechnet.

726. Kriegsverbrechen – Nr. 1114

Der Angeklagte war seit 1933 SS-Mitglied und wurde 1939 als Offizier zur faschistischen Wehrmacht einberufen. Während des Einsatzes im Raum Leningrad beteiligte er sich an der Anordnung der Exekution sowjetischer Kriegsgefangener und erschoss einen verwundeten Kriegsgefangenen. Weiter war er am Raub von Vieh und Lebensmitteln beim Rückzug aus der Sowjetunion beteiligt.

1950 wurde er in Westberlin von der Organisation Gehlen für eine Agententätigkeit gegen die DDR angeworben, erhielt den Decknamen »Heinzmann« und bekam den Auftrag, in Leipzig ein Bataillon einer sogenannten »Nationalen Befreiungsarmee« aufzubauen. Wallesch wurde für seine Straftaten vor 1945 zu fünf Jahren und wegen der Agententätigkeit nach 1945 zu zwölf Jahren Zuchthaus verurteilt. Daraus wurde eine Gesamtstrafe von 15 Jahren gebildet.

Wallesch, Kurt-Heinz – 5 Jahre Haft (U-Haft beim MfS seit dem 15.7.1954) / Reha: Strafe reduziert auf 3 Jahre

Gerichtsentscheidungen: BG Rostock am 11.1.1955; LG Rostock am 30.11.1995 (Reha)

727. Kriegsverbrechen – Nr. 1113

Der Angeklagte beteiligte sich als Stabsgefreiter der Flakeinheit 802 zwischen 1943 und 1944 in der Sowjetunion bei Gomel, Brjansk, Minsk und Orel gemeinsam mit SS-Einheiten an der Partisanenbekämpfung, dabei vor allem am Niederbrennen von Dörfern, der Vertreibung der Bevölkerung, Raub von Vieh und Lebensmitteln sowie an der Erschießung von insgesamt circa 25 Frauen, Kindern und Greisen sowie eines Mannes, der beim Verlassen eines geräumten Dorfes entdeckt wurde.

1954 hat Getter gemeinsam mit vier weiteren Männern den Bürgermeister der Gemeinde Müsselmow überfallen und diesen sowie dessen Ehefrau und Tochter brutal zusammengeschlagen.

Getter, Gerhard – lebenslange Haft / Reha: nur die Verurteilung wegen nach 1945 begangener Straftaten ist als »rechtsstaatswidrig« aufgehoben

Gerichtsentscheidungen: BG Schwerin am 12.1.1955; OG am 3.2.1955; LG Schwerin am 29.9.1994 (Reha)

728. Kriegsverbrechen – Nr. 1112

Der Angeklagte war seit 1939 zunächst beim Landesschützenbataillon 650 zur Bewachung von Polen und Juden im Zwangsarbeiterlager Tschenstochau und danach als Feldwebel bei der Feldgendarmerie eingesetzt. Er beteiligte sich an der Erschießung von circa 30 französischen Juden und Widerstandskämpfern, die in einem Lager bei Bordeaux inhaftiert worden waren. Des Weiteren wurde er angeklagt wegen nach 1945 im VEB Braunkohlenwerk Profen begangener »Wühltätigkeit und Boykotthetze«. Es wurde eine Gesamtstrafe von acht Jahren Zuchthaus gebildet.

Sch., Karl – 6 Jahre Haft (in U-Haft seit dem 1.11.1954)
Gerichtsentscheidung: BG Halle am 13.1.1955

729. Gewaltverbrechen in Haftstätten, Verbrechen gegen Kriegsende – Nr. 1111

Anfang 1944 wurde Klier als Wehrmachtsangehöriger zum KZ Mauthausen kommandiert und im Oktober 1944 als SS-Oberscharführer in die SS-Wachmannschaft übernommen. Als Postenführer bzw. Kommandoleiter in den KZ Mauthausen, Leitmeritz und Flossenbürg überwachte er Häftlinge und war unter anderem Leiter eines Marschblockes von 1000 Häftlingen während des Evakuierungsmarsches vom KZ Flossenbürg ins KZ Dachau, wobei 100 bis 200 Häftlinge erschossen wurden. Unter Verschweigen seiner SS-Zugehörigkeit wurde er nach 1945 Mitglied der SED und 1952 bei der Volkspolizei eingestellt.

Klier, Hellmut – lebenslange Haft (U-Haft seit 1954 in der U-Haftanstalt II in Karl-Marx-Stadt)
Gerichtsentscheidungen: BG Karl-Marx-Stadt am 14.1.1955; OG am 10.2.1955

730. Kriegsverbrechen – Nr. 1110
Der Angeklagte wirkte am 26. Dezember 1942 im Kriegsgefangenenlager Großzössen an der Ermittlung und dem Verhör eines sowjetischen Kriegsgefangenen mit, der Kaninchen gestohlen haben sollte und der, als er sich taub stellte, erschossen wurde.
Sla., Helmut Paul – 1 Jahr und 6 Monate Haft (U-Haft seit dem 28.11.1954)
Gerichtsentscheidung: BG Leipzig am 31.1.1955

731. Gewaltverbrechen in Haftstätten, Kriegsverbrechen – Nr. 1109
Der Angeklagte wurde 1940 als Sanitäter in die Waffen-SS übernommen und war zuletzt SS-Unterscharführer. Sein Einsatz erfolgte in den KZ Dachau, Sachsenhausen und Gusen. Er beteiligte sich an Misshandlungen von Häftlingen, zum Teil mit tödlichem Ausgang, sowie an medizinischen Versuchen an Häftlingen im KZ Sachsenhausen und KZ Dachau und der Tötung von kranken Häftlingen mittels Injektionen. Teilgenommen hat er auch an der Erschießung von sowjetischen Kriegsgefangenen.
Theiner, Karl Helmuth – Todesstrafe (U-Haft beim MfS in Berlin seit dem 12.3.1954)
Gerichtsentscheidung: Stadtgericht Berlin am 4.2.1955

732. Kriegsverbrechen, Verbrechen gegen Kriegsende – Nr. 1108
Der Angeklagte wurde nach Wehrmachtsstraftaten im Oktober 1944 zum Bewährungsbataillon 500 in Olmütz versetzt und dort einem Exekutionskommando zugeordnet, von dem an manchen Tagen vier bis fünf Erschießungen durchgeführt wurden. Ihm selbst wurde neben der Mitwirkung an Erschießungen von fahnenflüchtigen deutschen Soldaten auch die eines

Reichsbahnbeamten sowie von mindestens 26 tschechischen Widerstandskämpfern nachgewiesen.
Im Sommer 1950 setzte er sich nach Westberlin ab, wo er mit einem Agenten eines westlichen Geheimdienstes (vermutlich Organisation Gehlen) namens Friedrich in Verbindung gebracht wurde und Spionageaufträge gegen die DDR und sowjetische Armee-Einheiten bekam und ausführte.

Priemer, Lothar – Todesstrafe (und 8 Jahre Haft für
 die Straftaten nach 1945)
Gerichtsentscheidungen: BG Cottbus am 23.3.1955; OG am 29.4.1955

733. Verbrechen gegen Kriegsende – Nr. 1107

Am 9. April 1945 beteiligte sich der Angeklagte bei der Gendarmerie in Semmenstedt bei Braunschweig an der Jagd auf aus einem Häftlingstransport entwichene KZ-Häftlinge. Der Angeklagte veranlasste die Durchsuchung der Bauernhöfe. Ein Teil der wiederergriffenen Häftlinge wurde dem Transport nachgesandt, drei später aufgespürte Häftlinge wurden erschossen.

Lepach, Friedrich Robert Max – Todesstrafe (in U-
 Haft beim MfS seit dem 15.2.1955)
Gerichtsentscheidungen: BG Potsdam am 20.4.1955; OG am 13.5.1955

734. Kriegsverbrechen – Nr. 1106

Nach seiner Meldung zur Polizei 1940 wurde der Angeklagte zur Gendarmerie in Gallwiese bei Vilun/Polen abkommandiert und war als Gendarmerieoberwachtmeister gemeinsam mit einem Dolmetscher beauftragt, Polen aus ihren Wohnungen zu holen und dem Arbeitsamt Vilun zur Zwangsverschleppung nach Deutschland zuzuführen. Er meldete sich freiwillig zur Exekution von vier Polen in Helldorf und zur Erschießung einer Mutter mit ihrem Sohn in Falkenhof.

Lin., Erwin Ernst – 15 Jahre Haft (in U-Haft seit dem
 19.8.1954)
Gerichtsentscheidung: Stadtgericht Berlin am 21.4.1955

735. Massenvernichtungsverbrechen – Nr. 1105
Als Angehöriger des Artillerieregiments 328 beteiligte sich der Angeklagte im Februar 1943 an der Erschießung von circa 50 Juden in einem Steinbruch bei Lublin.

 Ove., Herbert Willy – 5 Jahre Haft (seit dem 19. 8. 1954 beim MfS in U-Haft in der UHA II in Karl-Marx-Stadt – die Untersuchungshaft wurde ab dem 17. 1. 1955 angerechnet)

Gerichtsentscheidung: BG Karl-Marx-Stadt am 27. 4. 1955

736. Denunziation – Nr. 1104
Nach seiner Verhaftung als KPD-Mitglied im Mai 1933 verriet der Angeklagte der Gestapo die Namen von KPD-Funktionären und zahlreiche Einzelheiten über die illegale KPD-Arbeit in Hamburg und Dänemark sowie über die »Wollweber-Organisation«. Dadurch wurden Widerstandsgruppen in Hamburg zerschlagen und zahlreiche KPD-Mitglieder festgenommen. Im Prozess gegen den Leiter des Rotfrontkämpferbundes Fiete Schulze, der zum Tode verurteilt wurde, trat er als Belastungszeuge auf.

Nach 1945 lebte Fellenberg in Leipzig, gab sich als antifaschistischer Widerstandskämpfer aus und war bis zu seiner Enttarnung Funktionär der SED.

 Fellenberg, Friedrich – 15 Jahre Haft (U-Haft beim MfS seit dem 12. 3. 1954)

Gerichtsentscheidungen: BG Halle am 29. 4. 1955; OG am 17. 5. 1955

737. Andere Massenvernichtungsverbrechen, Kriegsverbrechen – Nr. 1103
Der Angeklagte war seit 1940 als Angehöriger einer Landesschützeneinheit zur Bewachung von Kriegsgefangenen eingesetzt. 1942 wurde er zur Feldgendarmerie abkommandiert und hat in Antwerpen bei der Deportation belgischer Juden und am Beschießen eines festgenommenen Zivilisten bei dessen Fluchtversuch mitgewirkt.

Hil., Hermann – 4 Jahre Haft (U-Haft seit dem
4.3.1955)
Gerichtsentscheidung: BG Halle am 15.6.1955

738. Denunziation – Nr. 1102

Der Angeklagte denunzierte 1941 in Mildenitz/Strasburg eine deutsche Frau, die von einem polnischen Kriegsgefangenen schwanger war. Die Frau kam ins KZ Ravensbrück, der Kriegsgefangene soll erschossen worden sein.

1955 wurde der Angeklagte als Vorsitzender der LPG Hans Beimler in Mildenitz zusammen mit einem weiteren Angeklagten für die Verendung von 31 Rindern verantwortlich gemacht. Im Rahmen der dazu eröffneten Ermittlungen wurde die 1941 erfolgte Denunziation bekannt.

Ben., Otto – 5 Jahre Haft (U-Haft seit dem 19.4.1955,
vom MfS in die UHA Neustrelitz übernommen)
Gerichtsentscheidung: BG Neubrandenburg am 22.8.1955

739. Kriegsverbrechen, Denunziation – Nr. 1101

Der Angeklagte wurde aus der Wehrmacht zum SD übernommen und kam im Auftrag des RSHA als verantwortlicher Leiter zur Partisanenbekämpfung zuerst im Mittelabschnitt bei Kiew und später im Nordabschnitt zum Einsatz. Ihm oblag die Aufgabe, Befehle an die einzelnen Kommandostellen seines Abschnittes weiterzuleiten. Zwischen 1942 und 1944 war er als Oberleutnant im Raum Kiew an 15 Massenerschießungen mit circa 700 Opfern beteiligt. Im Sommer 1944 wurde er Abwehroffizier in Rüstungsbetrieben und hat an Bespitzelungen und Verhaftungen von Arbeitern in einem Flugzeugwerk in Augsburg und auf einer Werft in Hamburg teilgenommen. Mehrere Verhaftete wurden zum Tode verurteilt, andere kamen ins Emslandlager.

Nach 1945 wurde er als BRD-Bürger vom ehemaligen SS-Sturmbannführer Müller alias Gärtner zur Agententätigkeit für die Organisation Gehlen angeworben und kam im September 1953 mit Spionageauftrag in die DDR.

Körber, Manfred – 15 Jahre Haft (U-Haft seit dem
5.5.1955)
Gerichtsentscheidung: BG Erfurt am 14.9.1955

740. Andere Verbrechen – Nr. 1100
Der Angeklagte war als Gestapo-Beamter seit März 1939 bei der Stapo-Leitstelle Prag zur Bekämpfung des tschechischen Widerstandes eingesetzt. Er beteiligte sich an Vernehmungen und Misshandlungen von Häftlingen. Im Verlaufe dreier Aktionen wurden mehrere Widerstandsgruppen ausgehoben und über 150 Personen verhaftet, von denen vier zum Tode und zahlreiche andere zu Freiheitsstrafen verurteilt worden sind.
Bauer war nach 1953 hauptamtlich bei der Bundesabwehrstelle in Goslar tätig und hat DDR-Bürger zur Spionage angeworben. Er wurde als BRD-Bürger auf dem Territorium der DDR auf frischer Tat ertappt und festgenommen.

Bauer, Friedrich-Karl – lebenslange Haft (U-Haft beim MfS)

Gerichtsentscheidungen: BG Rostock am 15.9.1955; OG am 4.11.1955

741. Gewaltverbrechen in Haftstätten – Nr. 1099
Die Angeklagte wurde am 15. April 1943 als SS-Aufseherin im KZ Ravensbrück eingestellt und beteiligte sich dort an schweren Misshandlungen von Häftlingen und ihren Kindern, in mehreren Fällen mit tödlichem Ausgang, durch Schlagen, Treten, Übergießen mit eiskaltem Wasser und Zerfleischen durch einen auf die Häftlinge gehetzten Hund. Ab Anfang 1944 war sie im KZ-Nebenlager in Genthin tätig.

Bergmann, Erika – lebenslange Haft (U-Haft beim MfS seit dem 23.6.1955 in Neustrelitz)

Gerichtsentscheidung: BG Neubrandenburg am 12.11.1955

742. Verbrechen gegen Kriegsende – Nr. 1098
Der Angeklagte war von 1943 bis 1945 im KZ Sachsenhausen inhaftiert und wurde bei der Evakuierung des Lagers gegen

Kriegsende gemeinsam mit anderen Häftlingen in SS-Uniform gekleidet, mit Karabiner und Munition ausgerüstet und als Wachmann eines Marschblocks von 300 bis 500 Häftlingen eingesetzt. Unterwegs verließ er den Evakuierungszug. Als am 30. April 1945 in der Nähe von Herzsprung vier polnische Häftlinge in einer Scheune entdeckt wurden, beteiligte er sich an ihrer Erschießung.

> Wehren, Willi – Todesstrafe (U-Haft beim MfS seit dem 28.6.1955 / laut Gnadenentscheidung des Präsidenten der DDR vom 12.07.1956 wurde die Todesstrafe in eine lebenslange Freiheitsstrafe umgewandelt, und am 19.8.1975 ist er aus der Haft in die BRD entlassen worden) / Rehabilitierungsantrag zurückgewiesen

Gerichtsentscheidungen: BG Potsdam am 10.12.1955; OG am 13.1.1956; LG Potsdam am 12.6.1993 (Reha)

743. Denunziation, V-Mann-Tätigkeit für die Gestapo – Nr. 1097

Der Angeklagte wurde nach seiner Festnahme im Mai 1933 als Funktionär der illegalen RGO und KPD zur Spitzeltätigkeit für die Gestapo angeworben. Nach seiner Freilassung nahm er auftragsgemäß Kontakte zu illegalen Widerstandsgruppen unter anderem in Halle, Lübeck und Frankfurt am Main auf und trug dazu bei, dass Antifaschisten verhaftet, zu langjährigem Freiheitsentzug und in einigen Fällen zum Tode verurteilt wurden.

> Steike, Herbert – 15 Jahre Haft (U-Haft beim MfS seit dem 8.11.1953, auf die Haftstrafe ab dem 5.4.1954 angerechnet)

Gerichtsentscheidung: BG Rostock am 5.4.1956

744. Verbrechen bei der Errichtung der faschistischen Diktatur, Gewaltverbrechen in Haftstätten – Nr. 1096

Der Angeklagte beteiligte sich 1933 als SA-Mitglied an Misshandlungen von Häftlingen im KZ Börnicke, in einem Falle mit Todesfolge, sowie an der tödlichen Misshandlung eines politischen Gegners in Tietzow.

Bäk., Richard Franz Ernst – 7 Jahre Haft (U-Haft beim
MfS seit dem 9.4.1957)
Gerichtsentscheidungen: BG Potsdam am 29.7.1957; OG am
16.8.1957

745. Verbrechen gegen Zwangsarbeiter – Nr. 1095
*Der Angeklagte gehörte seit 1933 der NSDAP und der SS an.
1938 beteiligte er sich in Fürstenwalde bei Ausschreitungen gegen die jüdische Bevölkerung. 1939 wurde er für sechs Wochen
im KZ Mauthausen zur Bewachung von politischen Häftlingen
eingesetzt und kam anschließend als Oberwachtmeister zum
Betriebsschutz der Rüstungsfirma Pintsch in Fürstenwalde, wo
er sich an Misshandlungen ausländischer Zwangsarbeiter und
im April 1945 an der Erschießung von drei sowjetischen Zwangsarbeitern beteiligte, die ein Schaf gestohlen haben sollen.*

Klotzbücher, Friedrich – lebenslange Haft
Gerichtsentscheidung: BG Frankfurt/O am 5.9.1958

746. Verbrechen gegen Zwangsarbeiter – Nr. 1094
*Die Angeklagten beteiligten sich als Angehörige des Reichsbahnwerkschutzes im RAW Chemnitz zwischen 1944 und 1945
an der Verfolgung von Zwangsarbeitern, die Diebstähle verübt
haben sollen. Zwei Zwangsarbeiter wurden der Gestapo übergeben und kamen ins KZ. Auf einen weiteren Zwangsarbeiter
wurde mehrmals geschossen.*

Kön., Johann – 5 Jahre Haft (U-Haft seit dem
21.8.1958 in der UHA I in Karl-Marx-Stadt)
Win., Johannes Richard – 3 Jahre Haft (U-Haft seit
dem 25.8.1958 in der UHA I in Karl-Marx-Stadt)
Gerichtsentscheidungen: BG Karl-Marx-Stadt am 22.1.1959; OG
am 21.5.1959; OG am 21.5.1959

747. Kriegsverbrechen, Andere Massenvernichtungsverbrechen – Nr. 1093
*Der Angeklagte wurde 1941 zum Landesschützenbataillon 821
eingezogen und in Rowno zur Bewachung von sowjetischen*

Kriegsgefangenen und des Bahnhofs eingesetzt. Er meldete sich freiwillig zur Erschießung von Juden, die aus Rowno und Umgebung zusammengetrieben worden waren und sich in einem Lager befanden. Tatbeteiligt war er an der Erschießung von 200 bis 300 jüdischen Menschen. Eigenhändig tötete er 30 bis 40 Personen und beschoss eine mit sowjetischen Kriegsgefangenen überfüllte Baracke mit einem Maschinengewehr.
Weiter wurde er wegen eines vollendeten und wegen eines versuchten Giftmordes in den Jahren 1953 und 1955 verurteilt. Das Verfahren wurde als »Rügener Giftmordprozess« bekannt.

Bergemann, Friedrich Hermann Otto – Todesstrafe
(U-Haft bei der Kriminalpolizei seit dem 10.4.1958
in der UHA Potsdam, Mitwirkung seitens des MfS)
Gerichtsentscheidungen: BG Potsdam am 11.6.1959; OG am 6.8.1959

748. Kriegsverbrechen – Nr. 1092
Der Angeklagte wurde 1940 zum zweiten Königsberger Polizeiregiment eingezogen und kam mit dieser Einheit ab 1941 in der Ukraine zur Partisanenbekämpfung zum Einsatz. Er hat unter anderem bei Vergeltungsmaßnahmen gegen eine Ortschaft, aus der ein Angehöriger des Polizeiregiments nicht zurückgekehrt war, eine Frau erschossen. Der Ort wurde anschließend niedergebrannt, wobei das Kleinkind der Frau und deren Leiche verbrannten.

Ruc., Ernst – 5 Jahre Haft (U-Haft seit dem 5.12.1958)
Gerichtsentscheidung: BG Halle am 29.9.1959

749. Kriegsverbrechen, Verbrechen gegen Kriegsende – Nr. 1091
Der Angeklagte war zwischen 1941 und 1943 in Großbrüchter/Sondershausen als Hilfspolizist eingesetzt. Er zeigte drei Polen wegen Brandstiftung an, obwohl er wusste, dass sie dafür die Todesstrafe erhalten würden. Im April 1945 beteiligte er sich an der Erschießung von zwei serbischen Kriegsgefangenen, die sich beim Einmarsch der US-amerikanischen Truppen diesen angeschlossen hatten. Als die US-Amerikaner

sich vorübergehend zurückziehen mussten, wurde der eine Kriegsgefangene durch eine vom Angeklagten alarmierte Wehrmachtseinheit erschossen, der andere wurde vom Angeklagten ergriffen und mittels Kopfschuss getötet.
Nach 1945 war Lier im Besitz von zwei Waffen, die er während der Ereignisse am 17. Juni 1953 schussbereit hielt. Der Angeklagte wurde wegen Mordes sowie für nach 1945 begangene Straftaten, wegen unbefugten Waffenbesitzes und wegen staatsgefährdender Hetze und Propaganda verurteilt.

Lier, Edwin – lebenslange Haft (U-Haft seit dem
 8.5.1959 in der UHA des MfS in Erfurt)
Gerichtsentscheidungen: BG Erfurt am 7.11.1959; OG am 30.11.1959

750. Gewaltverbrechen in Haftstätten – Nr. 1090

Der Angeklagte wurde 1940 Kraftfahrer des Kommandanten des »Umwandererlagers« in Thorn und war dort an der Erfassung der Transporte sowie an Misshandlungen, Folterungen und der Aushungerung von Polen, in zwei Fällen mit Todesfolge, beteiligt. Von Herbst 1941 bis Sommer 1943 war er in Schytomyr (Shitomir)/Ukraine beim SS- und Polizeiführer zur Bekämpfung von Partisanen und Widerstandskämpfern eingesetzt und beteiligte sich an der Misshandlung sowie Erschießung von zwei Juden. Im Februar 1945 wirkte er am Erhängen mehrerer vom Volksgerichtshof zum Tode verurteilter KPD-Mitglieder durch Absicherung der Hinrichtungsstätte in Stettin mit.

Hertle, Adam – 12 Jahre Haft (U-Haft seit dem
 11.11.1958)
Gerichtsentscheidungen: BG Rostock am 7.12.1959; OG am 29.1.1960

751. Justizverbrechen – Nr. 1089

Der Angeklagte war während seiner Referendar- und Assessorzeit an verschiedenen Gerichten in Schlesien, seit Juli 1941 als Staatsanwalt am Sondergericht Bielitz und ab März 1944 beim Generalstaatsanwalt in Kattowitz in der für politische Verfahren zuständigen Abteilung II tätig. In der Zeit von 1941 bis Januar 1945 beantragte er in zwanzig Fällen die Todesstrafe gegen Personen, die nur wegen geringfügiger Eigentumsdelikte oder Wirtschaftsstraftaten vor Gericht angeklagt wurden. Nach 1945 gelang es Pchalek durch Verschweigen seiner Vergangenheit im Justizapparat Thüringens eingestellt zu werden. Er wurde Oberstaatsanwalt und Lehrstuhlinhaber der Juristischen Fakultät der Universität Jena. Seine Strafe verbüßte er bis zum 1. Juli 1962.

Pchalek, Gerhard – 4 Jahre Haft / Rehabilitierungsantrag zurückgewiesen

Gerichtsentscheidungen: BG Gera am 8. 4. 1960; LG Meiningen am 25. 6. 1993 (Reha)

752. Kriegsverbrechen – Nr. 1088

Der Angeklagte war Angehöriger des Sicherungsbataillons 335 und zwischen 1941 und 1942 zur Partisanenbekämpfung im Raum Orscha und Katyn eingesetzt. Tatbeteiligt war er an der Erschießung eines während einer Partisanenbekämpfungsaktion festgenommen Ortsbürgermeisters sowie – bei einer weiteren Aktion – an der Erschießung von insgesamt sechs Einwohnern eines Dorfes, aus dem ein Aufklärungstrupp des Sicherungsbataillons von Partisanen angegriffen worden war und dabei schwere Verluste erlitten hatte. Er nahm an mindestens fünf Einsätzen von Jagdkommandos teil. Weiterhin wurde er wegen nach 1945 begangener Wirtschaftsverbrechen verurteilt.

Puls, Oskar – lebenslange Haft / Reha: nur die Verurteilung wegen nach 1945 begangener Straftaten ist als »rechtsstaatswidrig« aufgehoben

Gerichtsentscheidungen: BG Schwerin am 29. 4. 1960; LG Schwerin am 6. 6. 1995

753. Kriegsverbrechen, Massenvernichtungsverbrechen – Nr. 1087
Der in einem Abwesenheitsverfahren Angeklagte war Reichsleiter des »Bundes Deutscher Osten«. Die Anklage lautete unter anderem auf Unterstützung der deutschen Aggressionspolitik gegen Polen, die baltischen Staaten und die UdSSR; Beteiligung als Leiter des Bataillons Nachtigall an der im Juli 1941 in Lwiw (Lemberg) und anderen Orten Ostgaliziens begangenen Misshandlungen, Verhaftungen und Tötungen von Juden, kommunistischen Funktionären und Zivilisten. Weiterhin »warb« er sowjetische Kriegsgefangene zum Kampf gegen die UdSSR an und tötete »angeworbene« Kriegsgefangene, die sich als untauglich herausstellten oder den Kampf gegen das eigene Volk verweigerten. Er war Leiter der »fremdvölkischen« Einheit Bergmann, die Misshandlungen, Einzel- und Massenerschießungen verübte, unter anderem von Insassen des Gefängnisses Pjatigorsk und marschunfähigen Kriegsgefangenen. Außerdem beteiligte er sich an der Vernichtung von Ortschaften während des Rückzuges aus dem Kaukasus.

Oberländer, Theodor Erich Ernst Emil Otto – lebenslange Haft / Reha: Verurteilung als »rechtsstaatswidrig« aufgehoben

Gerichtsentscheidungen: OG am 29.4.1960; LG Berlin am 24.11.1993 (Reha)

Oberländer wohnte zur Zeit des Prozesses in Bonn und war langjähriger CDU-Bundestagsabgeordneter sowie von 1953 bis 1960 Vertriebenenminister der BRD. Die Verurteilung Oberländers wurde von der Strafkammer 52 des LG Berlin am 24.11.1993 als »rechtsstaatswidrig« qualifiziert und »aufgehoben, weil die Hauptverhandlung gesetzwidrig in Abwesenheit des Betroffenen durchgeführt wurde«. Damit wurde Oberländer rehabilitiert, ohne dass zur Straftat und zum Schuldspruch Stellung genommen worden wäre.

754. Kriegsverbrechen – Nr. 1086
Die Angeklagten beteiligten sich als Angehörige des polizeilichen Bahnschutzes zwischen 1940 und 1944 auf den Bahnhöfen

Warschau-West, Warschau-Ost, Warschau-Praga, Tlutzsch, Persenskowska und Lemberg an Verhaftungen, Misshandlungen und Erschießungen einer Vielzahl »diebstahlsverdächtiger« sowie solcher Personen, die sich auf dem Bahngelände unbefugt aufhielten oder sich dort verdächtig benahmen.

Hellmann, Emil – Todesstrafe

Ludwig, Georg – Todesstrafe

Obenaus, Kurt Theodor – Todesstrafe

Voigt, Rudolf – Todesstrafe

Gerichtsentscheidungen: BG Karl-Marx-Stadt am 7.7.1960; OG am 18.8.1960

755. Kriegsverbrechen – Nr. 1085

Der Angeklagte war Wehrmachts-Angehöriger, wurde 1942 als Ausbilder und Unteroffizier zum Strafbataillon 999 versetzt und war in der Folgezeit an der Exekution eines fahnenflüchtigen deutschen Soldaten auf dem Truppenübungsplatz Heuberg tatbeteiligt. Während des Einsatzes in Griechenland zur Partisanenbekämpfung hat er 1944 an der »Auskämmung« von Ortschaften, Durchsuchungen von Häusern und Terrorisierung der griechischen Zivilbevölkerung teilgenommen. Als in einer »durchkämmten« Ortschaft Frauen und Kinder verängstigt am Straßenrand standen und eine Frau ihm ein weinendes drei- bis vierjähriges Kind entgegenhielt, schleuderte er dieses gegen eine zwei Meter entfernte Hauswand. Tatbeteiligt war er weiterhin an der Erschießung eines zum griechischen Widerstand übergelaufenen Angehörigen des Strafbataillons 999 sowie eines jungen Griechen, der während der Sperrzeit auf der Straße angetroffen worden war.

Grimmer, Arthur Adolf – lebenslange Haft (U-Haft
    seit 1960 beim MfS in Leipzig)

Gerichtsentscheidungen: BG Leipzig am 5.9.1960; OG am 27.9.1960

756. Denunziation, Andere Verbrechen – Nr. 1084

Der Angeklagte gehörte seit 1924 der Schutzpolizei an und war als Revierleutnant unter anderem in Wurzen eingesetzt und auch für den SD tätig. 1942 leitete er eine gegen zwei Einwohner Wurzens gerichtete Anzeige an die Gestapo in Leipzig weiter, die die beiden beschuldigte, sich kommunistisch betätigt und »defaitistisch« geäußert zu haben. Später machte er als Zeuge belastende Aussagen vor dem Volksgerichtshof zum Nachteil der Denunzierten, die daraufhin am 25. Oktober 1943 wegen Wehrkraftzersetzung, Feindbegünstigung und Vorbereitung zum Hochverrat zum Tode verurteilt und hingerichtet wurden.

Ger., Richard – 3 Jahre Haft (U-Haft seit dem 3.6.1960 beim MfS in Leipzig)

Gerichtsentscheidung: BG Leipzig am 30.11.1960

757. Andere Massenvernichtungsverbrechen – Nr. 1083

Der Angeklagte war nach Ermittlungen des MfS gegen ihn und einen weiteren Angeklagten wegen nach 1945 begangenen Verstoßes gegen die Wirtschaftsstrafverordnung und versuchter Republikflucht inhaftiert worden. Im Ergebnis der Untersuchungen zu diesem Ermittlungsverfahren wurde er überführt, als Unterscharführer der Waffen-SS in der SS-Division »Florian Geyer« und Führer eines »Vernichtungstrupps« an der Liquidierung des Warschauer Ghettos 1943 beteiligt gewesen zu sein. Auch beim »Ausräuchern« sogenannter Bunkerverstecke mit Gas war er beteiligt.

Mielke, Hugo – lebenslange Haft (U-Haft seit dem 5.6.1960 in der UHA des MfS in Erfurt) / Reha: Verurteilung wegen nach 1945 begangener Straftaten als »rechtsstaatswidrig« aufgehoben

Gerichtsentscheidungen: BG Erfurt am 20.12.1960; LG Erfurt am 23.6.1993 (Reha)

758. Kriegsverbrechen, Massenvernichtungsverbrechen durch Einsatzgruppen – Nr. 1082

Der Angeklagte beteiligte sich als Angehöriger des Einsatz- bzw. Sonderkommandos 4b der Sicherheitspolizei und des SD (SK 4b) in der Zeit zwischen Juli 1941 und August 1942 an der Erschießung und Vergasung mittels Gaswagen von circa 3 000 Menschen in Barwenkowa, Gorlowka, Kirowograd, Kramatorsk, Poltawa, Slawjansk, Tarnopol und weiteren Orten in der Ukraine. Unter den Opfern waren Insassen der Heil- und Pflegeanstalt in Poltawa, jüdische Männer, Frauen und Kinder, Partisanen sowie Funktionäre und Mitglieder der kommunistischen Partei. Nachgewiesen wurden ihm auch die Tötung von circa 130 Personen sowie Misshandlungen von Häftlingen bei Vernehmungen.

Goercke, Kurt Otto – Todesstrafe (U-Haft seit dem 22.2.1960 beim MfS in der UHA der BV Neubrandenburg in Neustrelitz)

Gerichtsentscheidungen: BG Neubrandenburg am 22.2.1961; OG am 25.4.1961

759. Kriegsverbrechen – Nr. 1081

Der Angeklagte war mit der dritten Kompanie des 141. Baubataillons im September und Oktober 1941 in Wyriza im Raum Leningrad zum Straßenbau und zur Beaufsichtigung von Zwangsarbeitern eingesetzt. Er beteiligte sich an Misshandlungen der eingesetzten Männer und Frauen, in einem Falle mit Todesfolge.

Sa., Martin – 4 Jahre und 6 Monate Haft (U-Haft seit dem 4.8.1960 beim MfS in der UHA der BV Erfurt)

Gerichtsentscheidungen: BG Erfurt am 12.4.1961; OG am 2.6.1961

760. Justizverbrechen – Nr. 1080

Der Angeklagte kam im Zuge der Umsiedlung der in Estland lebenden Deutschen (»Heim ins Reich«) 1939 nach Posen, wurde dort zunächst beim Amtsgericht eingestellt, schließlich zum Landgerichtsrat ernannt und als ständiger Beisitzer erst in die Strafkammer des Landgerichts und ab Februar 1942 auch in die Sondergerichte I, II und III übernommen. Als Richter am Sondergericht Posen hat er an 58 Strafverfahren mitgewirkt, in denen 69 Polen und zwei Deutsche, zum überwiegenden Teil aufgrund der »Polenstrafrechts-VO« vom 4. Dezember 1941 und wegen geringfügiger Delikte, zum Tode verurteilt und hingerichtet wurden.

Breyer, Johannes Hugo Otto – 8 Jahre Haft (U-Haft seit dem 10.8.1960 beim MfS in der UHA in Schwerin)
Gerichtsentscheidungen: BG Schwerin am 14.4.1961; OG am 23.6.1961

761. Kriegsverbrechen, Gewaltverbrechen in Haftstätten – Nr. 1079
Der Angeklagte war als SS-Hauptscharführer in den KZ Lichtenburg und Buchenwald sowie zuletzt bei der 20. SS-Grenadierdivision der Waffen-SS eingesetzt. Ihm wurde eine Tatbeteiligung bei Misshandlungen von Häftlingen im KZ Lichtenburg (1935 bis 1937) und KZ Buchenwald (1937 bis 1943), teilweise mit Todesfolge, nachgewiesen. Außerdem wirkte er an der Erschlagung eines Zivilisten mit, der von der Außenarbeit ins KZ Lichtenburg zurückmarschierenden Häftlingen zugerufen hatte: »Kopf hoch, für euch kommt noch eine bessere Zeit« (s. auch Nr. 1203). Er beteiligte sich an der Erschießung von Häftlingen im KZ Buchenwald, darunter 700 bis 1000 sowjetische Kriegsgefangene mittels der Genickschussanlage des KZ, nahm am sogenannten »Partisaneneinsatz« in Estland (1943 bis 1945) teil und beteiligte sich an der Ergreifung und Misshandlung von »partisanenverdächtigen« Personen sowie von Einwohnern niedergebrannter Ortschaften, die anschließend von Erschießungskommandos getötet wurden.

Schäfer, Wilhelm – Todesstrafe (U-Haft seit dem 20.12.1960 beim MfS in der UHA Berlin-Hohenschönhausen)
Gerichtsentscheidung: OG am 20.5.1961

762. Kriegsverbrechen – Nr. 1078

Der Angeklagte kam ab August 1941 in der zweiten Kompanie der Aufklärungsabteilung der SS-Division »Totenkopf« zum Einsatz an der Ostfront im Raum von Demjansk. Er beteiligte sich an der Erhängung dreier von der Feldgendarmerie festgenommener Zivilisten, an der Erschießung von sechs Zivilisten, nachdem ein SS-Mann erschossen aufgefunden worden war, und an der Erschießung von verwundeten und entkräfteten Kriegsgefangenen, die während eines Gefangenentransportes von Demjansk nach Staraja-Russa das Marschtempo nicht einhalten konnten.

 Eg., Hugo Willi Friedrich Karl – 5 Jahre Haft (U-Haft seit dem 20.12.1960 beim MfS in der UHA der BV Schwerin)

Gerichtsentscheidung: BG Schwerin am 16.6.1961

763. Verbrechen gegen Kriegsende – Nr. 1077

In Ausführung eines gegen Ende des Krieges gefassten Beschlusses der Angeklagten und ihrer Ehefrauen, beim Zusammenbruch gemeinsam den Freitod zu wählen, ermordeten die Angeklagten zwei Tage nach dem Einmarsch der Roten Armee am 6. Mai 1945 ihre Ehefrauen und vier Kinder, begingen dann jedoch selbst keinen Suizid, sondern verbreiteten das Gerücht, ihre Angehörigen wären von sowjetischen Soldaten umgebracht worden.

 Bründel, Martin Friedrich Heinrich Wilhelm – Todesstrafe

 Kunst, Christian Ludwig Karl Friedrich – Todesstrafe

Gerichtsentscheidungen: BG Schwerin am 17.1.1962; OG am 12.2.1962

764. Kriegsverbrechen, Andere Massenvernichtungsverbrechen – Nr. 1076

Der Angeklagte gehörte seit 1923 der Schutzpolizei an und wurde 1941 als Leutnant der Gendarmerie nach Warschau versetzt. Sein Einsatz erfolgte in dem an das KZ Treblinka angrenzenden Postenbereich Małkinia Górna, wo er unter anderem an Misshandlungen von Zivilisten bei Razzien und Vernehmungen sowie von zur Zwangsarbeit eingesetzten jüdischen Häftlingen tatbeteiligt war. Weiterhin lieferte er Zivilisten, auch bei geringfügigen Eigentumsdelikten, an die Gestapo aus, welche die Häftlinge zum Teil an Ort und Stelle erschoss. Er erschoss Juden, die aus dem Transport zum nahegelegenen Vernichtungslager Treblinka geflohen oder außerhalb des Gemeindebezirks angetroffen worden waren. Außerdem erschoss er einen Polen, der der Brandstiftung verdächtigt wurde, und sonderte polnische Männer für den Arbeitseinsatz in Deutschland aus.

Liesigk, Paul – lebenslange Haft (U-Haft seit dem 21.7.1961 beim MfS in der UHA in Halle.)
Gerichtsentscheidung: BG Halle am 9.3.1962

765. Gewaltverbrechen in Haftstätten – Nr. 1075
Der Angeklagte wurde 1940 SS-Mitglied und 1942 bei der Gestapo in Lissa als Kraftfahrer und Dolmetscher eingestellt. Er beteiligte sich an Misshandlungen von polnischen Häftlingen bei Vernehmungen sowie an der Erhängung von drei Juden im ZAL Görchen (1943) und zwei Juden im ZAL Lissa (1944).

Dam., Heinz – 4 Jahre Haft
Gerichtsentscheidung: BG Halle am 10.5.1962

766. Kriegsverbrechen, Massenvernichtungsverbrechen – Nr. 1074
Alle drei Angeklagten waren 1939 in Leipzig dem Polizeibataillon 44 zugeordnet und kamen mit diesem im September 1939 in Łódź für »Sicherungsaufgaben« und »Judenevakuierungen« zum Einsatz. Sie waren am 12. und 24. November 1939 an der Erschießung von insgesamt 77 Polen und Juden in zwei Aktionen auf einem Schießstand tatbeteiligt. Fra. war zuletzt Revier-Oberwachtmeister und gehörte zeitweilig einer Feldgendarmerie-Einheit der Waffen-SS an. Mas. kam als Revier-Oberwachtmeister und Zugführer nach Jugoslawien und Norwegen, wo er unter anderem zur Bewachung eines KZ

eingesetzt war. Pil. war zuletzt ebenfalls Revier-Oberwachtmeister und in einer Polizeipanzerkompanie 1943 in der Sowjetunion gegen Partisanen eingesetzt.

    Fra., Rudi – 5 Jahre Haft (U-Haft seit dem 10. 4. 1962 beim MfS in Leipzig)

    Mas., Ernst – 5 Jahre Haft (U-Haft seit dem 16. 9. 1961 beim MfS in Leipzig)

    Pil., Erich – 5 Jahre Haft (U-Haft seit dem 10. 4. 1962 beim MfS in Leipzig)

Gerichtsentscheidungen: BG Leipzig am 14. 8. 1962; OG am 17. 10. 1962

767. Massenvernichtungsverbrechen, Gewaltverbrechen in Haftstätten – Nr. 1073

Das Ehepaar Petri war ab 1941 zur Verwaltung des von der SS requirierten Gutes Grzenda bei Lwiw (Lemberg) eingesetzt und an Verbrechen gegen Zwangsarbeiter, Juden und Ukrainer beteiligt. Horst Petri wurde unter anderem zur Last gelegt: Misshandlung von zahlreichen auf dem Gut beschäftigten Personen, zum Teil mit unheilbaren gesundheitlichen Schäden; Beteiligung an Treibjagden auf aus Deportationstransporten geflüchtete Juden und Erschießung aufgegriffener Juden; Teilnahme an der Erschießung der jüdischen Bevölkerung eines Nachbarortes des Gutes; Deportation der jüdischen Zwangsarbeiter des Gutes ins KZ; Mitwirkung an der Erschießung von 15 ukrainischen Bauern, die Partisanen mit Lebensmitteln versorgt haben sollen. Erna Petri wurde nachgewiesen: Beteiligung an Treibjagden auf geflüchtete Juden; Erschießung von ergriffenen oder im Freien angetroffenen jüdischen Männern und Kindern; Misshandlung auf dem Gut beschäftigter Mädchen; Überstellung ukrainischer Arbeiterinnen in ein KZ.

    Petri, Erna, geb. Kürbs – lebenslange Haft

    Petri, Horst – Todesstrafe

Gerichtsentscheidungen: BG Erfurt am 15. 9. 1962; OG am 12. 10. 1962

768. Kriegsverbrechen, Andere Massenvernichtungsverbrechen – Nr. 1072

Der Angeklagte war 1941 Angehöriger der in Belarus zu »Sicherungsaufgaben« gegen Partisanen eingesetzten 339. Infanteriedivision. Im November 1941 beteiligte er sich im Rahmen eines Exekutionskommandos an der Erschießung von circa 300 Juden in Osopowitschi sowie an der Erschießung eines Partisanen und einer »partisanenverdächtigen« jüdischen Frau. Er hat zugegeben, eigenhändig elf Menschen erschossen zu haben.

Haak, Werner Kurt – 5 Jahre Haft (U-Haft seit dem 15.6.1962 beim MfS in der UHA Erfurt

Gerichtsentscheidung: BG Erfurt am 13.12.1962

769. Kriegsverbrechen, Verbrechen gegen Kriegsende – Nr. 1071

Alle Angeklagten waren als Angehörige der Feldgendarmerie Abt.b (mot.) 88 im April 1945 in Uhyst/Hoyerswerda und Wuischke/Bautzen tatbeteiligt an Erschießungen von polnischen und sowjetischen Kriegsgefangenen aufgrund eines gegen Kriegsende ergangenen allgemeinen Erschießungsbefehls des Kommandeurs des Panzerkorps »Großdeutschland« sowie an der Erschießung von Zwangsarbeitern im Mai 1945 in Česká Lípa (Böhmisch-Leipa). Im Sommer 1961 sind in den Ortschaften Uhyst und Wuischke Massengräber entdeckt worden. Im Ergebnis der daraufhin eingeleiteten Ermittlungen konnten die Angeklagten als Täter ermittelt, festgenommen und in die UHA der MfS-BV Cottbus eingeliefert werden.

Meisinger, Emanuel – 7 Jahre Haft (U-Haft seit dem 23.9.1961)

Rast, Walter – 5 Jahre Haft (U-Haft seit dem 10.9.1961)

Röber, Helmut – 12 Jahre Haft (U-Haft seit dem 29.9.1961)

Rosenthal, Karl – 10 Jahre Haft (U-Haft seit dem 30.9.1961)

Schäfer, Walter – lebenslange Haft (U-Haft seit dem 6.10.1961)

Wild, Herbert – 12 Jahre Haft (U-Haft seit dem
 4.10.1961)
Gerichtsentscheidungen: BG Cottbus am 28.1.1963; OG am 19.4.1963

770. Gewaltverbrechen in Haftstätten – Nr. 1070
Tatbeteiligt war der Angeklagte an Schikanierungen, Antreibungen und brutalen Misshandlungen von Häftlingen im Steinbruch des KZ Flossenbürg. Mehrere Häftlinge liefen aus Verzweiflung in die SS-Postenkette, um erschossen zu werden. Der Angeklagte leistete Beihilfe zur Tötung eines sowjetischen Offiziers, der, nachdem man ihn erhängt hatte, noch Lebenszeichen von sich gab und eine tödliche Evipan-Injektion erhielt. Des Weiteren beteiligte er sich an der Misshandlung eines Häftlings, der sich aus Verzweiflung beide Beine von einer Lore hatte abfahren lassen und dann wegen »Selbstverstümmelung« bestraft wurde. Weiterhin misshandelte der Angeklagte Häftlinge und wies sie zurück, wenn diese das Krankenrevier aufsuchten.

Lell, Max – 8 Jahre Haft (U-Haft seit dem 26.6.1961 in
 der UHA der BV des MfS in Gera)
Gerichtsentscheidungen: BG Gera am 11.2.1963; OG am 16.3.1963

771. Massenvernichtungsverbrechen – Nr. 1069
Der Angeklagte war 1942 als Oberwachtmeister bei einer Kfz-Instandsetzungsstaffel im Nebelwerferregiment 52 im Gebiet nördlich des Kaukasus eingesetzt. Dort beteiligte er sich im Juli 1942 an der Erschießung von 60 bis 70 jüdischen Personen, deren Anwesenheit in Balabanowka vom Ortsbürgermeister gemeldet worden war. Wie viele Menschen vom Angeklagten selbst erschossen wurden, ließ sich nicht genau feststellen. Er hat durch Kopf- und Genickschüsse und einige Opfer mit »Fangschüssen« getötet, als sie verletzt im Graben lagen. Als Beweismittel lag im Prozess das Urteil eines Feldkriegsgerichtes vom 29. September 1942 vor, mit dem der Führer der Staffel zu zwei Jahren Gefängnis verurteilt worden war.

Dietze, Helmut Fritz – lebenslange Haft
Gerichtsentscheidung: BG Dresden am 27.3.1963

772. Schreibtischverbrechen – Nr. 1068
Der Angeklagte hat als leitender Beamter in der Zivilverwaltung des Reichsinnenministeriums bei der Gestaltung, dem Erlass und der Auslegung von Gesetzen, Verordnungen und anderen Verwaltungs- und Rechtsvorschriften aktiv mitgewirkt, die die normative Grundlage bei der Entrechtung, Ausraubung und Deportation der Juden bildeten. Des Weiteren wurden ihm Bemühungen um die »Germanisierung« der von Deutschland besetzten Gebiete durch entsprechende Gestaltung des Staatsangehörigkeitsrechts nachgewiesen.

Globke, Hans Josef Maria – lebenslange Haft
Gerichtsentscheidung: OG am 23.7.1963
(Das Urteil gegen Globke wurde in der BRD für nichtig erklärt, weil es in Abwesenheit erging. Bei den Reha-Fällen ist diese Entscheidung allerdings nicht ausgewiesen.)

773. Verbrechen gegen Kriegsende – Nr. 1067
Der Angeklagte war seit 1932 NSDAP- und seit 1934 SA-Mitglied und wurde im April 1945 als SA-Obertruppführer in Frankenhain/Arnstadt als Volkssturmführer eingesetzt. Er beteiligte sich an der Jagd auf entflohene KZ-Häftlinge, die sich in Frankenhain in Scheunen versteckt hatten. Er wurde für schuldig befunden, gemeinsam mit einem weiteren SA-Mann fünf KZ-Häftlinge aus eigener Initiative zu einem im Wald von Frankenhain gelegenen Teich gebracht und vier mit seiner Pistole selbst erschossen zu haben. Wie die nach 1945 erfolgte Exhumierung ergab, waren vier der Opfer durch Genickschüsse mit einer Pistole und ein Opfer durch mehrfache Karabinerschüsse aus nächster Nähe in den Kopf getötet worden.

Böttger, Paul – lebenslange Haft (U-Haftseit 1963 beim MfS in der UHA Cottbus)
Gerichtsentscheidung: BG Cottbus am 17.8.1963

774. Kriegsverbrechen, Gewaltverbrechen in Haftstätten – Nr. 1066

Der Angeklagte kam als SS-Unterscharführer zur Gestapo in das KZ Sachsenhausen und war ab 1942 Kommandoführer einer SS-Baubrigade. Er beteiligte sich unter anderem an der Erschießung von sowjetischen Kriegsgefangenen in der Genickschussanlage (»Russenaktion«) durch eigenhändige Erschießung von 30 bis 40 Kriegsgefangenen. Mitgewirkt hat er an der Misshandlung von Häftlingen, darunter befand sich auch der österreichische Staatsanwalts Karl Tuppy, der 1935 die Anklage gegen den Mörder des österreichischen Bundeskanzlers Dollfuß vertreten hatte. Tuppy erlag seinen Verletzungen.

Puhr, Roland – Todesstrafe

Gerichtsentscheidungen: BG Neubrandenburg am 16.12.1963; OG am 17.1.1964

775. Kriegsverbrechen – Nr. 1065

Der Angeklagte war als Angehöriger des SS-Polizeiregiments 2 während seines Einsatzes in Weißrussland zwischen 1942 und 1944 an 24 »Partisanenbekämpfungsunternehmen« beteiligt, wobei Partisanen und Zivilisten getötet, Männer und Frauen zur Zwangsarbeit nach Deutschland verschleppt, Vieh weggetrieben und Häuser niedergebrannt wurden. Ihm wurde die eigenhändige Erschießung in 25 Fällen und Teilnahme an der Absicherung einer »Erschießungsaktion« nachgewiesen, bei der 1000 Menschen exekutiert wurden.

Bruhn, Johann – lebenslange Haft (U-Haft seit dem 27.5.1963 beim MfS in Rostock)

Gerichtsentscheidungen: BG Rostock am 7.2.1964; OG am 9.4.1964

776. Massenvernichtungsverbrechen in Lagern, Gewaltverbrechen in Haftstätten – Nr. 1064

Der Angeklagte beteiligte sich als SA-Mitglied im November 1938 in Mühlhausen aktiv an der »Kristallnacht«, meldete sich im Herbst 1940 freiwillig zur Polizei und war Anfang 1941 mit der SS-Polizeidivision in den Niederlanden im Einsatz. Ende

1941 wurde er als SS-Mitglied ins KZ Auschwitz versetzt, wo er an Misshandlungen von Häftlingen, zum Teil mit Todesfolge, Erschießungen von mindestens acht Häftlingen, die außerhalb des Lagers in Arbeitskommandos eingesetzt waren, und der Selektion auf der Ankunftsrampe und anschließenden Überführung der »Ausgesonderten« in die Gaskammer beteiligt war. Außerdem misshandelte und erschoss er Häftlinge, die sich weigerten, die Gaskammer zu betreten, und sonderte Gefangene für medizinische Menschenversuche im Auftrag des SS-Arztes Dr. Mengele aus. Er veranlasste weiterhin die Lebendverbrennung von mindestens zehn Häftlingen, die bei Tauschgeschäften ertappt worden waren, sowie die Selektion von kranken und arbeitsunfähigen weiblichen Häftlingen. Angeklagt wurde er auch für das Erschießen und Erschlagen von zurückbleibenden Häftlingen während eines Evakuierungsmarsches im Januar 1945.

    Anhalt, Hans – lebenslange Haft (U-Haft seit dem 9.11.1962 beim MfS in der UHA Erfurt)

Gerichtsentscheidungen: BG Erfurt am 20.7.1964; OG am 21.8.1964

777. Verbrechen gegen Kriegsende – Nr. 1063

Als Angehöriger der Schutzpolizei beteiligte sich der Angeklagte am 4. Februar 1945 in Schwedt an der Erhängung des Bürgermeisters von Königsberg/Neumark, der die Stadt ohne Räumungsbefehl verließ und deswegen von einem in Schwedt tagenden SS-Standgericht unter Vorsitz des SS-Führers Skorzeny zum Tode verurteilt worden war.

    We., Franz – 6 Jahre Haft (U-Haft seit dem 29.2.1964 beim MfS in Frankfurt/O)

Gerichtsentscheidungen: BG Frankfurt/O am 15.1.1965; OG am 15.2.1965

778. »Selbstschutz«-Verbrechen – Nr. 1062

Der Angeklagte beteiligte sich seit September 1939 als Leiter des örtlichen »Volksdeutschen Selbstschutz« in Klamry/Polen an der Drangsalierung, Verhaftung, Misshandlung, Erschießung und Deportation polnischer Männer und Frauen und hat zwei Menschen getötet.

Papke, Wilhelm – lebenslange Haft (U-Haft seit dem 11. 2.1964 beim MfS in der UHA der BV Neubrandenburg) / Reha – zurückgewiesen
Gerichtsentscheidungen: BG Neubrandenburg am 30. 4.1965; LG Neubrandenburg am 7.6.2002 (Reha)

779. »Euthanasie« – Nr. 1061

Der als Arzt tätig gewesene Angeklagte hat maßgeblich am »Euthanasieprogramm« mitgewirkt. Er begutachtete circa 6000 von den Heil- und Pflegeanstalten eingereichte Meldebögen sowie circa 25000 Patienten in den HuPA in Sachsen, Sachsen-Anhalt, Württemberg, Lippe-Detmold, Thüringen, Schlesien und Altmark. Teilgenommen hat er an Vergasungen in den HuPA Bernburg und Sonnenstein sowie an der Selektion »geisteskranker« und »schwachsinniger« Häftlinge des KZ Sachsenhausen (»Aktion 14f13«). Weiterhin hat er an zahlreichen Menschen Sterilisationen vorgenommen und wurde in den Jahren 1944 und 1945 im Zuchthaus Brandenburg-Görden bei der Vollstreckung von Todesurteilen des Volksgerichtshofes an antifaschistischen Widerstandskämpfern als Arzt hinzugezogen.

Hebold, Dr. Otto – lebenslange Haft (U-Haft seit dem 23.3.1964 in Cottbus und Berlin-Hohenschönhausen)
Gerichtsentscheidung: BG Cottbus am 12.7.1965

780. Massenvernichtungsverbrechen in Lagern – Nr. 1060

Als SS-Arzt war Fischer im KZ Auschwitz an der Tötung Zehntausender Häftlinge verschiedener Nationalitäten beteiligt, indem er Selektionen auf der Rampe, im Häftlingskrankenbau, auf dem Appellplatz, in den Unterkünften sowie bei den Arbeitskommandos durchführte und die Vergasung der Selektierten beaufsichtigte. Weiter hat er Genehmigungen für den Vollzug der Prügelstrafe in 71 Fällen erteilt.

Fischer, Dr. med. Horst Paul Sylvester – Todesstrafe (U-Haft seit dem 11.6.1965 in Berlin-Hohenschönhausen und Frankfurt/O)
Gerichtsentscheidung: OG am 25.3.1966

781. Kriegsverbrechen, Gewaltverbrechen in Haftstätten – Nr. 1059
1939 wurde der Angeklagte nach freiwilliger Meldung zur Waffen-SS nach Oranienburg eingezogen und dem SS-Personal des KZ Sachsenhausen zugeordnet. Er hat an Erschießungen von 2000 sowjetischen Kriegsgefangenen und von sechs englischen Fliegeroffizieren in der Genickschussanlage des KZ mitgewirkt. Außerdem war er an Erschießungen von zur Exekution ins KZ deportierten Widerstandskämpfern sowie an der Hinrichtung einzelner Häftlinge durch Erschießen und Erhängen beteiligt.

Zöllner, Arnold – lebenslange Haft (U-Haft seit dem 13.1.1964 in der UHA Rostock)
Gerichtsentscheidungen: BG Rostock am 3.6.1966; OG am 2.9.1966

782. Kriegsverbrechen, – Nr. 1058
Als Angehöriger der Gendarmerie war der Angeklagte unter anderem in Sucholowa, Gruszczyce, Nowy Dwor in Polen an Einzel- und Gruppenerschießung von Zivilisten, Häftlingen, Geiseln und Juden beteiligt. Er hat an der Deportation von Juden und Polen durch Begleitung und bewaffnete Absicherung eines Transportes aus Nowy Dwor ins Ghetto Grodno mitgewirkt und war bei vier Transporten polnischer Bürger zur Zwangsarbeit sowie an der Misshandlung bei Vernehmungen und Deportationen beteiligt.

Habl, Franz Alois – lebenslange Haft (U-Haft seit dem 21.8.1964 in der UHA des MfS Schwerin)
Gerichtsentscheidungen: BG Schwerin am 17.6.1966; OG am 11.8.1966

783. Gewaltverbrechen in Haftstätten – Nr. 1057

Der Angeklagte war als Lungenfacharzt und Internist SS-Arzt im SS-Lazarett Hohenlychen. Er führte medizinische »Experimente« im KZ Neuengamme an mindestens 52 Häftlingen, darunter 20 Kindern, durch. Die Infizierung mit Tuberkulosebazillen führte zum Tode mehrerer Häftlinge. Andere wurden exekutiert und anschließend seziert. Die zu den »Experimenten« herangezogenen Kinder und deren Betreuer sind im April 1945 von der SS in Hamburg in der Schule am Bullenhuser Damm getötet worden.

Heißmeyer, Dr. med. Kurt – lebenslange Haft (U-Haft seit dem 13.12.1963 in Magdeburg)

Gerichtsentscheidung: BG Magdeburg am 30.6.1966

Die Ermordung der »Kinder vom Bullenhuser Damm« steht im Zusammenhang mit dem BRD-Verfahren gegen das SS-Mitglied Arnold Strippel.

784. Verbrechen im Zusammenhang mit Umsiedlungen – Nr. 1056

Der Angeklagte beteiligte sich in einer Umsiedlungskommission an der Zusammenstellung von Transporten von Ortseinwohnern, die in deutschbesetzten Gebieten angesiedelt werden sollten, und an Deportationen von Polen zur Zwangsarbeit nach Deutschland. Der Verfahrensgegenstand betraf weiterhin seine Inbesitznahme einer Landwirtschaft nach Vertreibung des polnischen Eigentümers sowie die Drangsalierung und wiederholte Misshandlung von Polen, in einem Fall mit Todesfolge.
Im Jahre 1963 war der Angeklagte wegen staatsgefährdender Hetze und wegen Inzest zu fünf Jahren und sechs Monaten Haft verurteilt worden.

Sch., Franz – 7 Jahre Haft (U-Haft beim MfS in Potsdam während des Strafvollzugs)

Da die 1963 verhängte Strafe zum Zeitpunkt der Untersuchungen zu den Straftaten vor 1945 noch nicht vollständig verbüßt war, wurde auf eine Gesamtstrafe von elf Jahren erkannt.

Gerichtsentscheidungen: BG Potsdam 29.7.1966; OG der DDR 12.8.1966

785. Gewaltverbrechen in Haftstätten – Nr. 1055
Die drei Angeklagten beteiligten sich als SS-Aufseherinnen im KZ Ravensbrück und dessen Nebenlagern in Neubrandenburg, Barth und Genthin zwischen 1943 und 1945 an Misshandlungen von Häftlingen, zum Teil mit Todesfolge. Sie haben an der Tötung von Häftlingen durch Meldungen zur Bestrafung sowie durch Veranlassungen und Begleitungen von Transporten und durch Selektionen arbeitsunfähiger Häftlinge mitgewirkt.

Jürß, Ulla Erna Frieda – lebenslange Haft (U-Haft seit dem 29.4.1965 in der UHA des MfSRostock) / Rehabilitierungsantrag zurückgewiesen

Göritz, Ilse – lebenslange Haft (U-Haft seit dem 8.1.1964 in der UHA des MfS Rostock)

Wötzel, Frida – lebenslange Haft (U-Haft seit dem 14.1.1964 in der UHA des MfS Rostock)

Gerichtsentscheidungen: BG Rostock am 8.8.1966; OG am 4.11.1966; LG Rostock am 22.6.1998

786. »Selbstschutz«-Verbrechen – Nr. 1054
Der Angeklagte war zwischen 1939 und 1941 als SS-Rottenführer und Leiter der SS-Gruppe in Ostrow Swiecki in Polen zugleich auch Leiter des »Volksdeutschen Selbstschutz« und beteiligte sich an Verhaftungen polnischer Männer, von denen neun kurz darauf erschossen wurden. Außerdem nahm er an Misshandlungen und Deportationen von Polen zur Zwangsarbeit nach Deutschland teil.

Beh., Herbert Hermann – 10 Jahre Haft (U-Haft seit dem 10.7.1965 in der UHA des MfS Schwerin)

Gerichtsentscheidungen: BG Schwerin am 13.12.1966; OG am 12.1.1967

787. »Selbstschutz«-Verbrechen – Nr. 1053
Als Angehöriger des »Volksdeutschen Selbstschutz« in Janowiec / Polen beteiligte sich der Angeklagte zwischen 1939 und 1940 in Janowiec und Umgebung an der Verhaftung und Misshandlung sowie am Erschießen und Erschlagen von insgesamt

53 Polen. Ihm wurde die eigenhändige Tötung von 15 Menschen nachgewiesen.

Koerth, Ernst – lebenslange Haft (U-Haft seit dem 6. 8. 1964 in Halle)

Gerichtsentscheidung: BG Halle am 16. 1. 1967

788. Kriegsverbrechen, Massenvernichtungsverbrechen in Lagern – Nr. 1052

Der Angeklagte gehörte seit 1931 der NSDAP und SS an, wurde 1939 zur Waffen-SS eingezogen und zur Wachmannschaft des KZ Sachsenhausen versetzt. Dort beteiligte er sich an Misshandlungen von Häftlingen, zum Teil mit Todesfolge, und an Erschießungen sowjetischer Kriegsgefangener in der Genickschussanlage (»Russenaktion«), indem er den Transport zur Erschießungsstelle in mindestens zehn Fällen sicherte. Weiterhin hat er an der Vergasung von mindestens 400 jüdischen, kranken und arbeitsunfähigen Häftlingen Anfang 1945 mitgewirkt. Beteiligt war er auch an der Selektion der im April 1945 aus dem KZ Dora-Nordhausen eingetroffenen Häftlinge und an der Erschießung eines Häftlings, der, obwohl noch lebend, in die Leichenhalle gebracht worden war.

Brekenfelder, Paul Wilhelm Rudolf – lebenslange Haft (U-Haft seit dem 2. 8. 1962 in Rostock) / Rehabilitierungsantrag zurückgewiesen

Gerichtsentscheidungen: BG Rostock am 28. 6. 1968; OG am 6. 9. 1968; LG Rostock am 7. 5. 1998 (Reha)

789. Kriegsverbrechen, Andere Massenvernichtungsverbrechen – Nr. 1051

Der Angeklagte war 1939 Angehöriger des »Volksdeutschen Selbstschutz«, wurde im Januar 1941 zum SD nach Krakau einberufen und bei der Gestapo als Dolmetscher eingesetzt. In Mielec, Stalowa Wola und Rzeszow war er an Geiselerschießungen, an Deportationen und Selektionen von Juden, an Einzel- und Massenerschießungen, an Verhaftungen, Misshandlungen und Aussageerpressungen beteiligt. Insgesamt wurden unter seiner Mitwirkung mindestens 1145 Juden, 89 Geiseln und drei polnische Zivilisten ermordet, 85 Zivilisten bei Vernehmungen misshandelt und mindestens 7100 Juden selektiert. 106 Opfer tötete er eigenhändig (s. auch Nr. 1044 und BRD-Verfahren Nr. 655).

Zimmermann, Rudolf – lebenslange Haft (U-Haft seit dem 14.10.1966 beim MfS in Berlin-Hohenschönhausen)

Gerichtsentscheidung: Stadtgericht Berlin am 26.7.1968

790. Massenvernichtungsverbrechen in Haftstätten – Nr. 1050

Der Angeklagte meldete sich 1939 freiwillig zur Polizei und wurde nach seiner Ausbildung an der Grenzpolizeischule Pretzsch als Gestapo-Mitarbeiter in der Gestapohaftanstalt »Kleine Festung« in Theresienstadt eingesetzt. Dort beteiligte er sich an Folterungen und Misshandlungen von Häftlingen, zum Teil mit Todesfolge, an der Tötung von über 300 Häftlingen durch Erschlagen, Tottreten, Steinigen und Ertränken und an der Erschießung von mindestens 183 Menschen in über 25 Erschießungsaktionen (s. auch BRD-Verfahren Nr. 919).

Wachholz, Kurt Willi – Todesstrafe (U-Haft seit dem 19.2.1968 beim MfS in der UHA Berlin-Hohenschönhausen)

Gerichtsentscheidungen: Stadtgericht Berlin am 13.12.1968; OG am 24.1.1969

791. Kriegsverbrechen, Massenvernichtungsverbrechen durch Einsatzgruppen, Massenvernichtungsverbrechen – Nr. 1049

Der Angeklagte trat 1934 der »Sudetendeutschen Heimatfront« bei, war Angehöriger des »Freiwilligen Selbstschutzes« und gehörte seit 1938 dem SS-Sturm Friedland der SS-Standarte 100 Reichenberg an. Am 5. Dezember 1939 kam er als Gestapo-Angehöriger zur Grenzpolizeischule Pretzsch und von dort zum Einsatzkommando 8. Nachgewiesen wurde ihm die Teilnahme an zwei Massenerschießungen im Raum Baranowicze im Juli/August 1941, Verhaftungen und Misshandlungen von Polen und deren Überführung ins Warschauer Pawiak-Gefängnis, seine Mitwirkung an der Deportation Warschauer Juden, die Erschießung einzelner Juden während Kontrollgängen im Warschauer Ghetto, seine Teilnahme an mehreren Massentötungen durch Erhängen und Erschießen vor und während der Liquidierung des Warschauer Ghettos.

>Blösche, Josef – Todesstrafe (U-Haft seit dem 11. 1. 1967 beim MfS in der UHA Berlin-Hohenschönhausen und in Erfurt)

Gerichtsentscheidungen: BG Erfurt am 30. 4. 1969; OG am 13. 6. 1969

792. »Selbstschutz«-Verbrechen – Nr. 1048

Der Angeklagte beteiligte sich als Angehöriger des »Volksdeutschen Selbstschutz« in Radzyń-Wieś / Polen an Verhaftungen, Misshandlungen, Deportationen und Erschießungen polnischer Zivilisten und war als Treuhänder beschlagnahmter polnischer Höfe eingesetzt.

>Werner, Erwin Max – 15 Jahre Haft (U-Haft seit dem 18. 10. 1968 beim MfS in der UHA Schwerin)

Gerichtsentscheidungen: BG Schwerin am 13. 4. 1970; OG am 15. 5. 1970

793. Andere Verbrechen – Nr. 1047

Die Angeklagten waren von 1939 bis 1940 im »Selbstschutz« Kulmisch Damerau und Gzin / Polen an Verhaftungen, Misshandlungen und Erschießungen polnischer Zivilisten, die zum Teil anschließend von der SS erschossen wurden, tatbeteiligt. Auch an Deportationen von Frauen und Kindern in das »Generalgouvernement« bzw. zur Zwangsarbeit nach Deutschland wirkten sie mit.

>Kuckuk, Max Emil – 15 Jahre Haft (U-Haft seit dem 23. 2. 1970 beim MfS in Erfurt) / Rehabilitierungsantrag zurückgewiesen

>Weckmüller, Paul – lebenslange Haft (U-Haft seit dem 2. 3. 1970 beim MfS in Erfurt)

Wegner, Wilhelm Bruno Andreas – 15 Jahre Haft (U-Haft seit dem 2.3.1970 beim MfS in Erfurt)
Gerichtsentscheidungen: BG Erfurt am 18.12.1970; OG am 17.2.1971; LG Erfurt am 29.1.1991 (Kuckuk); LG Gera am 18.6.1992 (Kuckuk)

794. Andere Massenvernichtungsverbrechen, Kriegsverbrechen – Nr. 1046

Seit Juni 1941 gehörte der Angeklagte als SS-Oberscharführer zum in Liepāja stationierten Teilkommando des Einsatzkommandos 2 der Einsatzgruppe A, aus dem die »Dienststelle des Kommandeurs der Sicherheitspolizei und des Sicherheitsdienstes Lettland – Außenstelle Libau« gebildet wurde. Dort beteiligte er sich an der Zusammentreibung und Inhaftierung von mindestens 3 000 Juden sowie an Erschießungen von insgesamt 6 329 meist jüdischen Personen. Während seiner Einsatzzeit von August 1941 bis September 1943 wurde fast die gesamte jüdische Bevölkerung Liepājas getötet.

Baumgartner, Hans – Todesstrafe (U-Haft seit dem 15.10.1969 beim MfS in der UHA Berlin-Hohenschönhausen)
Gerichtsentscheidungen: Stadtgericht Berlin am 18.3.1971; OG am 7.5.1971

795. Kriegsverbrechen – Nr. 1045

Der Angeklagte wurde im März 1942 Bataillonskommandeur des Polizeibataillons Kolín. Nach dem Attentat auf Heydrich am 4. Juni 1942 verantwortete er die Bildung von Exekutionskommandos. Ihm wurde die Mitschuld an der Tötung von 178 Opfern nachgewiesen. Über sämtliche in Pardubice durchgeführte Exekutionen vom 3. Juni bis 9. Juli 1942 wurde ihm schriftlich Bericht erstattet. Anfang 1943 wurde er zum Major befördert, im Februar 1943 als Abteilungsleiter für Organisation und Ausbildung zum Befehlshaber der Ordnungspolizei nach Prag und Anfang 1944 nach Oslo versetzt (s. auch Nr. 1009; Nr. 1042).

Ende 1949 war ein Ermittlungsverfahren beim U-Organ 201 in Schwerin eingeleitet worden, das eine Straftatbeteiligung nicht nachweisen konnte. Beweismittel über seine Mitwirkung an den Erschießungen sind dem Generalstaatsanwalt der DDR aus der ČSSR erst 1970 übergeben worden.

    Gottspfennig, Fritz – 12 Jahre Haft (U-Haft seit dem 8.9.1970 beim MfS in der UHA Berlin-Hohenschönhausen und in Schwerin) / Rehabilitierungsantrag zurückgewiesen

Gerichtsentscheidungen: BG Schwerin am 31.3.1971; OG am 19.5.1971; LG Schwerin am 9.7.1992 (Reha); OLG Rostock am 3.8.1993 (Reha)

796. Kriegsverbrechen, Massenvernichtungsverbrechen durch Einsatzgruppen – Nr. 1044

Der Angeklagte war als SS-Mitglied beim Einsatzkommando 8 der Sicherheitspolizei und des SD in Polen und in Belarus eingesetzt und tatbeteiligt an Erschießungen von Juden des Ghettos Mahiljou (Mogilew) sowie aus dem Raum Belynitschi / Golowtschin, an der Vergasung von 600 »Geisteskranken« der Heil- und Pflegeanstalt Mogilew im Oktober 1941 und der Tötung weiterer 200 »Geisteskranker« dieser Anstalt im Januar 1942. Mitgewirkt hat er an Erschießungen von Insassen des Zwangsarbeitslagers und des Gefängnisses in Mahiljou, an einer Erschießung als Vergeltung für einen Partisanenangriff auf eine Polizeieinheit sowie an der Vernichtung von »Partisanendörfern«, der Tötung der dort ansässigen Bevölkerung und an der Erschießung und Erhängung von Geiseln und von »partisanenverdächtigen« Personen.

    Frentzel, Georg – lebenslange Haft (U-Haft seit dem 8.8.1969 beim MfS in der UHA Karl-Marx-Stadt

Gerichtsentscheidung: BG Karl-Marx-Stadt am 2.12.1971

797. Kriegsverbrechen, Massenvernichtungsverbrechen durch Einsatzgruppen – Nr. 1043

Der Angeklagte gehörte seit 1934 zur »Leibstandarte SS Adolf Hitler« und wurde 1938 in die Gestapo übernommen. Ende August 1939 kam er mit dem Einsatzkommando I/1 nach Polen. Er beteiligte sich an der Vertreibung polnischer Juden, an der Festnahme, Misshandlung und Deportation von Mitgliedern der polnischen Intelligenz in Przemyśl und an Misshandlungen von Häftlingen bei Vernehmungen. Weiterhin erschoss er mindestens zehn Unteroffiziere der ehemaligen polnischen Armee, nahm an der Deportation von mindestens 200 Juden in Vernichtungslager teil und tötete mindestens 1160 Juden in fünf Erschießungsaktionen im Raum Przemyśl und Dobromil. In Krakau verhängte er »Schutzhaft« gegen polnische Widerstandskämpfer, in Blachstädt beteiligte er sich an Festnahmen, Folterungen und Erschießungen von polnischen »Partisanenverdächtigen«.

Schwerhoff, Hubert – Todesstrafe (U-Haft seit dem 18.9.1969 in der UHA des MfS in Berlin-Hohenschönhausen)

Gerichtsentscheidungen: Stadtgericht Berlin am 9.5.1972; OG am 19.6.1972

798. Kriegsverbrechen – Nr. 1042

Der Angeklagte wurde am 15. Oktober 1940 zur Staatspolizeileitstelle Prag abgeordnet, wo er als SS-Sturmbannführer mit der Leitung der Gestapo-Außendienststelle Kolín beauftragt wurde. Ab 1944 wurde ihm zusätzlich die Leitung der Gestapo-Außendienststelle Beneschau übertragen und Ende 1944 die Leitung des zur Partisanenbekämpfung gebildeten Sonderkommandos Chrudim. Der Verfahrensgegenstand betraf seine Tatbeteiligung an der Festnahme und Misshandlung von Zivilisten und Widerstandskämpfern, die Einweisung von Verhafteten in Gefängnisse und Konzentrationslager oder deren Erschießung, die Durchführung von Razzien und Verhaftungen sowie mehrere »Erschießungsaktionen« nach dem auf Heydrich verübten

Attentat. Er leitete die »Partisanenbekämpfungsaktionen« der letzten Kriegsmonate, wobei Verdächtige verhaftet, misshandelt und in die »Kleine Festung« in Theresienstadt oder in andere Gefängnisse überstellt wurden. Er erschoss einen verwundeten Partisanenführer und schoss auf eine Menschenmenge, die sich nach Bekanntwerden der deutschen Kapitulation auf dem Marktplatz von Kolín versammelt hatte.

Feustel, Paul Hermann – Todesstrafe (U-Haft seit dem 14.12.1971 in der UHA des MfS in Berlin-Hohenschönhausen)

Gerichtsentscheidungen: Stadtgericht Berlin am 11.12.1972; OG am 26.1.1973

799. Kriegsverbrechen, Andere Massenvernichtungsverbrechen – Nr. 1041

Der Angeklagte war ab 1941 bei den Polizei-Einheiten Gendarmeriezug 7, Gendarmeriebataillon 1 und Gendarmeriezug 62 in Polen und in Belarus im Einsatz. Er wurde verurteilt wegen seiner Mitwirkung beim Zusammentreiben und der Deportation von Juden in Nawahrudak, der Festnahme, Misshandlung, Verschleppung und Erschießung von Zivilisten bei Streifenfahrten und bei »Durchkämmungen« von »partisanenverdächtigen« Gebieten sowie bei »Dorfüberholungen« im Rahmen der »Bandenbekämpfung« im Bezirk Radom. Er beteiligte sich an standrechtlichen Erschießungen von Häftlingen, der Erschießung einer zufällig angetroffenen Gruppe von Sinti, Roma und Juden und an Erschießungen von Dorfbewohnern als Vergeltung für einen in der Nähe erfolgten Partisanenangriff. Dabei verhaftete er auch Zivilisten, die später als Geiseln für nicht auffindbare Familienangehörige erschossen wurden.

Schuster, Albert Hugo – Todesstrafe (U-Haft seit dem 7.12.1970 in der UHA in Karl-Marx-Stadt) / Reha: Strafe reduziert auf lebenslange Freiheitsstrafe

Gerichtsentscheidungen: BG Karl-Marx-Stadt am 9.2.1973; OG am 6.4.1973; LG Chemnitz am 10.10.1994 (Reha)

800. Kriegsverbrechen – Nr. 1040

Der Angeklagte war seit April 1937 als Polizeiwachtmeister in Weimar und Jena zur Bewachung von KZ-Häftlingen aus Buchenwald auf einer Baustelle in Schöndorf eingesetzt. 1942 beteiligte er sich als Angehöriger der Feldgendarmerie 415 an der Liquidierung des Alters- und Invalidenheimes in Krutiza. Die Bewohner wurden vertrieben, erschossen oder verbrannten. Frauen und Kindern aus der Ortschaft Krutiza wurden verjagt und zwei ältere Männer, die verdächtigt wurden, Kundschafter der Partisanen zu sein, erschossen (s. auch Nr. 1033 und Nr. 1028). Sperl schlich sich nach 1945 in die Deutsche Volkspolizei ein. Als Diensthabender eines VP-Kreisamtes manipulierte er ein Fernschreiben, in dem seine Person zur Aufenthaltsermittlung ausgeschrieben worden war, und verhinderte so zunächst seine Enttarnung.

    Sperl, Karl – 12 Jahre Haft (U-Haft seit dem 23.11.1970 beim MfS in der UHA Suhl)

Gerichtsentscheidung: BG Suhl am 21.5.1973

801. Kriegsverbrechen, Gewaltverbrechen in Haftstätten – Nr. 1039

Die Angeklagten meldeten sich 1943 freiwillig zur Gestapo und waren überwiegend im Gestapogefängnis von Stanislau/Ukraine eingesetzt. Sie waren an Erschießungen von Häftlingen durch Zuführung zur Exekutionsstätte sowie an Erschießungen im Rahmen der »Gefängnisräumung« in Stanislau und Drohobytsch kurz vor dem Einmarsch der Roten Armee beteiligt. Zepezauer hat an mindestens 30 Mordaktionen und Zauner als Schließer, Sicherungsposten oder Zutreiber an zwölf Aktionen teilgenommen. Zauner war an der Ermordung von 1200 und Zepezauer von 4650 Opfern beteiligt.

    Zauner, Peter – 10 Jahre Haft (U-Haft seit dem 5.7.1973 beim MfS in der UHA der BV Erfurt),
    Zepezauer, Stefan – 12 Jahre Haft (U-Haft seit dem 6.7.1973 beim MfS in UHA der BV Erfurt)

Gerichtsentscheidung: BG Erfurt am 20.12.1973

802. Kriegsverbrechen, Andere Massenvernichtungsverbrechen – Nr. 1038

Der Angeklagte gehörte seit Juli 1934 zur »SS-Leibstandarte Adolf Hitler« und wurde 1938 Angehöriger der Gestapo in Warschau, Siedlce und Plateców. An Tatbeteiligungen konnten ihm Einzelerschießungen von insgesamt zehn Juden und polnischen Zivilisten, seine Mitwirkung an der Deportation der Juden des Ghettos Sarnaki ins Ghetto Łosice sowie die Misshandlung mehrerer Juden in Sarnaki nachgewiesen werden. Er war weiterhin an zwei Massenerschießungen, bei denen 80 Insassen des Gefängnisses Siedlce bzw. 30 Juden getötet wurden, und an der Deportation einer unbestimmten Anzahl von Juden aus den Ghettos Łosice und Siedlce ins Vernichtungslager Treblinka beteiligt (s. auch Nr. 1035). Langer schlich sich nach 1945 in Mecklenburg in die Deutsche Volkspolizei ein und wurde nach Besuch eines Lehrganges für Volksrichter und Staatsanwälte zum Kreisstaatsanwalt von Schwerin Land, bis er nach Aussagen Josef Blösches enttarnt wurde (s. auch Nr. 1049).

Langer, Edmund – lebenslange Haft (U-Haft seit dem 12.11.1970 beim MfS in der UHA Berlin-Hohenschönhausen)

Gerichtsentscheidungen: BG Potsdam am 28.2.1974; OG am 19.4.1974

803. Massenvernichtungsverbrechen durch Einsatzgruppen – Nr. 1037

Anfang 1939 wurde der Angeklagte Mitarbeiter der Gestapo in Reichenberg und kam 1941 nach Ausbildung an der Grenzpolizeischule Pretzsch zum Sonderkommando 4b der Einsatzgruppe C. Das SK 4b war in der Ukraine eingesetzt und wegen zahlloser Verbrechen bei Massenvernichtungsaktionen in Tarnopol, Proskurow, Winnica, Uman, Krementschuk, Poltawa, Kramatorsk, Artemowsk und Gorlowka bekannt. Dem Angeklagten wurde die Teilnahme an der Erschießung von insgesamt 400 Menschen in Tarnopol sowie von 2000 bis 3000 Männern, Frauen und Kindern in einem stillgelegten Bergwerk

nahe Artemowsk nachgewiesen (s. auch Nr. 1082 sowie BRD-Verfahren Nr. 784).
Blaschke, Adolf – lebenslange Haft (U-Haft seit dem 19.12.1972 beim MfS in der UHA Erfurt)
Gerichtsentscheidung: BG Erfurt am 31.5.1974

804. Kriegsverbrechen, Massenvernichtungsverbrechen – Nr. 1036
Der Angeklagte war ab April 1941 als Adjutant des Polizei-Bataillons 310 im Raum Tschenstochau und später mit dem III. Bataillon des SS-Polizei-Regiments 15 eingesetzt. Nachgewiesen wurde ihm die Teilnahme an zwei »Partisanenbekämpfungsaktionen«, bei denen drei Orte in Belarus (Zablocie, Chmieliszcze und Oltusz Lesnia) niedergebrannt, nahezu sämtliche Einwohner erschossen und Vieh, Getreide und Maschinen abtransportiert wurden. Weiterhin ordnete er die Erschießung eines aufgegriffenen Juden und eines geflohenen sowjetischen Kriegsgefangenen an (s. auch Nr. 1006, Nr. 1007 sowie BRD-Verfahren Nr. 842).
Frohn, Heinrich – lebenslange Haft (U-Haft seit dem 6.12.1972 in der UHA des MfS in Suhl)
Gerichtsentscheidungen: BG Suhl am 15.7.1974; OG am 20.8.1974

805. Kriegsverbrechen, Andere Massenvernichtungsverbrechen – Nr. 1035
Der Angeklagte beteiligte sich als Gestapo-Angehöriger unter anderem bei der Grenzpolizei in Siedlce und Platerów seit 1940 an Verhaftungen und Misshandlungen polnischer Zivilisten, an der Erschießung dreier polnischer Häftlinge »auf der Flucht« sowie an der Erschießung von 80 Insassen des Gefängnisses Siedlce. Außerdem nahm er an Einzelerschießungen von sieben Juden und sowjetischen Kriegsgefangenen teil. Nachgewiesen wurde ihm des Weiteren seine Beteiligung an der Massenerschießung von 100 sowjetischen Kriegsgefangenen, an der Deportation der Juden des Ghettos Sarnaki ins Ghetto Łosice, seine Mitwirkung an der Liquidierung der Ghettos Siedlce und Łosice, deren Einwohner teilweise ins Vernichtungslager

Treblinka deportiert, teils auf dem jüdischen Friedhof von Siedlce erschossen wurden. Er erschoss einen Juden, der sich bei der Räumung des Ghettos versteckt hatte, und war an der Erschießung von 15 Juden des Restghettos Siedlce sowie an der Deportation der Juden des Restghettos Łosice nach Warschau beteiligt (s. auch Nr. 1038).

Richter, Willi – lebenslange Haft (U-Haft seit dem 16. 2. 1973 in der UHA des MfS Berlin-Hohenschönhausen und in der UHA der BV Potsdam)

Gerichtsentscheidung: BG Potsdam am 18. 7. 1974

806. Kriegsverbrechen – Nr. 1034

Als Hauptfeldwebel der Geheimen Feldpolizei-Gruppe 580 beteiligte sich der Angeklagte zwischen 1941 und 1943 in der Sowjetunion an der »Durchkämmung« von Ortschaften und der Festnahme, Inhaftierung und Erschießung »partisanenverdächtiger« Personen. Unter seiner Leitung fanden zehn Erschießungskommandos, bei denen mindestens 113 Personen getötet wurden, sowie 13 »Durchkämmungsaktionen« statt. In 42 Fällen wies er Erschießungskommandos ein und wirkte bei der Erschießung von Insassen des Gefängnisses in Orjol kurz vor dem Einmarsch der Roten Armee mit.

Gorny, Karl – Todesstrafe (U-Haft seit dem 10. 5 1973 in der UHA des MfS Berlin- Hohenschönhausen und in der UHA der BV Erfurt)

Gerichtsentscheidungen: BG Erfurt am 6. 9. 1974; OG am 8. 10. 1974

807. Kriegsverbrechen – Nr. 1033

Als Angehöriger der Feldgendarmerie beteiligte sich der Angeklagte unter anderem im Juni 1942 an der Liquidierung des Alters- und Invalidenheimes in Krutiza, der 113 Menschen zum Opfer fielen. Er wirkte bei der Umstellung des Gebäudes und der Überführung der Opfer zur Erschießungsstelle mit und erschoss eigenhändig zehn Personen, darunter eine Frau und ihr Kleinkind (s. auch Nr. 1028 und Nr. 1040).

Freudenberg, Paul Ewald – lebenslange Haft (U-Haft
seit dem 6.9.1973 in der UHA des MfS in Suhl) /
Rehabilitierungsantrag zurückgewiesen
Gerichtsentscheidungen: BG Suhl am 27.9.1974; OG am 1.11.1974;
BG Meiningen am 28.4.1992 (Reha)

808. Kriegsverbrechen, SD-Verbrechen – Nr. 1032

Als SS-Hauptsturmführer in Posen war der Angeklagte mit dem Aufbau eines weitverzweigten Spitzelnetzes zur Überwachung kriegswichtiger Industrie- und Landwirtschaftsbetriebe und mit der Meldung von Sabotage- und Widerstandsverdacht sowie von Kriegswirtschaftsverbrechen an Kripo und Gestapo befasst. Diese Meldungen hatten Verhaftungen, Verurteilungen, Deportationen in KZ und in einigen Fällen auch den Tod der Betroffenen zur Folge. Timm ließ sich 1945 für tot erklären, beschaffte sich in Westberlin falsche Dokumente auf den Namen Franz Neumann und heiratete seine angebliche Witwe. Er war SED-Mitglied und Lehrer an einer Fachhochschule und lebte bis zu seiner Enttarnung unter dem Namen Neumann.

Timm alias Neumann, Franz –10 Jahre Haft (U-Haft
seit dem 5.12.1972 in der UHA des MfS Rostock)
Gerichtsentscheidung: BG Rostock am 9.12.1974

809. Kriegsverbrechen, Massenvernichtungsverbrechen – Nr. 1031

Der Angeklagte meldete sich 1941 freiwillig zur Dolmetschertätigkeit bei der Gestapo in Stanislau. Er beteiligte sich an der Erstellung von Fahndungskarteien sowie an der Bewachung und Misshandlung von Häftlingen bei Vernehmungen und Folterungen zur Aussageerpressung. Er nahm an Razzien und Festnahmen teil und wirkte an Verhaftungen und Erschießungen im Ghetto sowie bei einer Erschießungsaktion in einem unbekannten Ort nahe Stanislau mit. Auch beteiligte er sich an der Liquidierung des Ghettos Stanislau im Frühjahr 1943.

Ungurean, Eugen – lebenslange Haft (U-Haft seit dem
7.12.1972 in der UHA des MfS in Berlin-Hohenschönhausen und in der UHA der BV Halle)

Gerichtsentscheidungen: BG Halle am 11.12.1974; OG am 18.4.1975

810. Massenvernichtungsverbrechen – Nr. 1030
Der Angeklagte beteiligte sich als Hilfspolizist und SS-Mitglied zwischen 1942 und 1943 an Erschießungen arbeitsunfähiger Juden des Ghettos Lemberg (Lwiw) durch Sicherung des Abtransports zu den Erschießungsstellen. Weiterhin war er zur Bewachung von Marschkolonnen eingesetzt, die vom Ghetto zu den Deportationszügen nach Belzec am Güterbahnhof Lemberg-Podzamcze getrieben wurden, und nahm an der Ghettoliquidierung im Juni 1943 teil. Er war an der Ermordung von 14 500 Personen und an der Deportation von 600 Menschen beteiligt (s. auch Nr. 1027).

    Sterzl, Stefan – 12 Jahre Haft (U-Haft seit dem 30.10.1973 in der UHA des MfS Berlin- Hohenschönhausen)

Gerichtsentscheidungen: Stadtgericht Berlin am 27.5.1975; OG am 1.7.1975

811. Kriegsverbrechen, Massenvernichtungsverbrechen durch Polizeieinheiten – Nr. 1029
Am 1. April 1937 trat Hofmann in den Dienst der Polizei. Angeklagt wurde er wegen der Deportation von Warschauer Juden ins dortige Ghetto, seiner Mitwirkung bei der Abriegelung des Ghettos und bei der Kontrolle der Juden. Er beteiligte sich an der Erschießung – in sieben Einzelaktionen – von mehreren Tausend Juden sowie von Kriegsgefangenen und kommunistischen Funktionären in Podolien/Ukraine. Er wirkte am Umstellen der Ortschaften, der Festnahme, dem Zusammentreiben und Abtransport der Opfer und der Absicherung der Erschießungsstellen mit. Bei zwei Aktionen erschoss er die Opfer eigenhändig (s. auch Nr. 1002, Nr. 1012, Nr. 1017 und Nr. 1920).

    Hofmann, Walter – lebenslange Haft (U-Haft seit dem 12.8.1974 in der UHA des MfS Berlin-Hohenschönhausen und der UHA der BV Halle)

Gerichtsentscheidungen: BG Halle am 29.8.1975; OG am 5.11.1975

812. Kriegsverbrechen – Nr. 1028
Der Angeklagte kam ab 1941 mit dem Feldgendarmerietrupp b 41 in Belarus zum Einsatz. Er beteiligte sich an der Liquidierung des Alters- und Invalidenheimes in Krutiza, der 113 Insassen zum Opfer fielen. Er war eingesetzt zur Absicherung des Gebäudes, zur Bewachung des Transports und der Erschießungsstelle und hat fünf Opfer eigenhändig erschossen. Beteiligt war er auch an der öffentlichen Erhängung zweier Geiseln (s. auch Nr. 1033 und Nr. 1040).

Kramer, Hellmuth Paul – 15 Jahre Haft (U-Haft seit dem 23.10.1974 in der UHA der BV des MfS in Suhl) / Rehabilitierungsantrag zurückgewiesen

Gerichtsentscheidungen: BG Suhl am 12.9.1975; LG Erfurt am 13.04.1994 (Reha)

813. Massenvernichtungsverbrechen – Nr. 1027
Als SS-Mitglied und Hilfspolizist bei der »Volksdeutschen Mittelstelle Lemberg« hat der Angeklagte 1942 an der Deportation von Juden des Ghettos Lemberg durch Sicherung des Abtransports mitgewirkt. Er war zunächst wegen seiner Teilnahme an zwölf Tötungsaktionen mit mindestens 3 400 Opfern verurteilt worden. Vom Obersten Gerichtshof der DDR wurde der Schuldspruch auf Teilnahme an fünf Aktionen mit mindestens 800 ermordeten Menschen abgeändert (s. auch Nr. 1030).

Ilauski, Andreas – 7 Jahre Haft (U-Haft seit dem 16.10.1974 in der UHA des MfS Berlin-Hohenschönhausen)

Gerichtsentscheidungen: Stadtgericht Berlin am 21.10.1975; OG am 30.1.1976

814. Andere Massenvernichtungsverbrechen, Kriegsverbrechen – Nr. 1026

Der Angeklagte beteiligte sich als Angehöriger der Gestapo Stanislau bei einer Vielzahl von Aktionen an der Erschießung von circa 40 000 Juden aus den Ghettos Stanislau und Drohobytsch durch Zusammentreiben der Opfer, Absicherung des Abtransports und der Erschießungsstelle sowie durch eigenhändige Tötung von Opfern in 70 Fällen. Er nahm teil an der Deportation von Stanislauer Juden durch Bewachung der Marschkolonnen, die zum Deportationszug getrieben wurden, wirkte an der Exekution von Gestapo-Häftlingen und bei der Festnahme und Bewachung sowjetischer Zivilisten mit, zum Teil zum Zwecke ihrer Deportation zum Arbeitseinsatz (s. auch Nr. 1031 und Nr. 1039 sowie BRD-Verfahren Nr. 675).

Holzberger, Josef – lebenslange Haft (U-Haft seit dem 30.10.1973 beim MfS in der UHA der BV Erfurt)
Gerichtsentscheidung: BG Erfurt am 30.10.1975

815. Gewaltverbrechen in Haftstätten, Kriegsverbrechen, Andere Massenvernichtungsverbrechen – Nr. 1025

Als Dolmetscher der Geheimen Feldpolizei 721 beteiligte sich der Angeklagte an Vernehmungen und Misshandlungen von Häftlingen. Er nahm an Erschießungen von verhafteten Juden, Zivilisten und Widerstandskämpfern sowie von Kriegsgefangenen des KGL Chorol teil, indem er den Transport und die Erschießungsstelle absicherte. Er selbst erschoss eigenhändig 18 der insgesamt 326 Opfer.

Kostrowski, Arnold – lebenslange Haft (U-Haft seit dem 04.02.1974 beim MfS in der UHA Neustrelitz)
Gerichtsentscheidung: BG Neubrandenburg am 5.11.1975

816. Kriegsverbrechen, Massenvernichtungsverbrechen durch Einsatzgruppen – Nr. 1024

Seit Ende 1938 war der Angeklagte Angehöriger der Gestapo im Sudetengau und kam ab Juni 1941 mit dem Einsatzkommando 10a der Einsatzgruppe D der Sipo und des SD in der Ukraine, in Moldawien und Rumänien zum Einsatz. Der Verfahrensgegenstand betraf seine Tatbeteiligung an einer Vielzahl von Einzelaktionen. Durch Umstellungen von Ortschaften wirkte er an Erschießungen tausender Juden sowie kommunistischer Funktionäre und Zivilisten in der Südukraine mit. Außerdem beteiligte er sich an Festnahmen, dem Zusammentreiben und Abtransport der ansässigen Bevölkerung und sicherte Erschießungsstellen ab. Ihm wurde die eigenhändige Erschießung von mindestens 260 Personen sowie seine Mitwirkung an der Tötung von 214 »geisteskranken« oder körperlich behinderten Kindern des Kinderheimes in Jeisk mittels Gaswagen nachgewiesen.

Kinder, Johannes Ernst – Todesstrafe (U-Haft seit dem 10.10.1974 beim MfS in der UHA der BV Karl-Marx-Stadt)

Gerichtsentscheidungen: BG Karl-Marx-Stadt am 11.6.1976; OG am 23.7.1976

817. Kriegsverbrechen, Massenvernichtungsverbrechen durch Einsatzgruppen – Nr. 1023

Der Angeklagte kam ab Dezember 1941 als Angehöriger des Einsatzkommandos 12 bei der Einsatzgruppe D der Sicherheitspolizei und des SD unter anderem in okkupierten Gebieten der Sowjetunion, in Griechenland (Saloniki) und zuletzt als SS-Oberscharführer zum Einsatz. Nachgewiesen wurden ihm Erschießungen von mehreren Tausend Juden sowie von Widerstandskämpfern, kommunistischen Funktionären und Zivilisten im Kaukasus. Er beteiligte sich an der Umstellung von Ortschaften, der Festnahme, dem Zusammentreiben und Abtransport der Opfer, er sicherte die Erschießungsstellen und erschoss eigenhändig Personen. Er beteiligte sich an der Partisanenbekämpfung in der Ukraine und in Belarus durch Festnahmen, Misshandlungen und Erschießungen von Zivilisten, öffentlichen Erhängungen von Widerstandskämpfern und der Vernichtung von Ortschaften nach der Vertreibung oder Erschießung der Einwohner.

Drabant, Herbert Max – lebenslange Haft (U-Haft seit dem 28.1.1975 in der UHA des MfS Berlin-Hohenschönhausen)
Gerichtsentscheidung: Stadtgericht Berlin am 9.8.1976

818. Kriegsverbrechen, Massenvernichtungsverbrechen durch Einsatzgruppen – Nr. 1022

Der Angeklagte kam im Frühjahr 1940 zur Gruppe 580 der Geheimen Feldpolizei und wurde ab Juni 1941 in den okkupierten Gebieten der Sowjetunion eingesetzt. Die GFP-Gruppe 580 war 1944 zur Niederwerfung des Warschauer Aufstandes im Einsatz. Nachgewiesen wurde dem Angeklagten unter anderem seine Beteiligung an fünf Erschießungsaktionen, darunter die Erschießungen von Häftlingen der Gefängnisse in Orjol und Brjansk kurz vor dem Einmarsch der Roten Armee durch Absicherung des Erschießungsortes sowie die Bewachung oder Erschießung der Opfer (s. auch Nr. 1034 und Nr. 1019).

Kubicek, Otto – 12 Jahre Haft (U-Haft seit dem 27.5.1975 in der UHA des MfS Berlin-Hohenschönhausen und in der UHA der BV Erfurt) / Rehabilitierungsantrag zurückgewiesen
Gerichtsentscheidungen: BG Erfurt am 15.10.1976; OG am 25.11.1976; BG Erfurt am 19.8.1991 (Reha: zur Prüfung einer Kassation an das BG Gera verwiesen. Eine Entscheidung des BG Gera konnte nicht ermittelt werden.)

819. Kriegsverbrechen, Verbrechen der Feldgendarmerie – Nr. 1021

Im Herbst 1942 wurde der Angeklagte dem Feldgendarmerietrupp der 2. Luftwaffenfelddivision zugeteilt, in dem er als Hauptfeldwebel und Stellvertreter des Truppführers sowie als Innendienstleiter zum Stab der Einheit gehörte. Der Einsatz erfolgte unter anderem zur Partisanenbekämpfung im Raum Smolensk-Witebsk. An Tatbeteiligung konnte ihm die »Durchkämmung« von Ortschaften, die Verhaftung, Misshandlung, Aussageerpressung und Erschießung von Männern, Frauen und Kindern, die verdächtigt wurden, Partisanen zu sein oder diese zu unterstützen, nachgewiesen werden. Er beteiligte sich an der Lebendverbrennung von 70 Frauen und Kindern in einer Scheune, an der Erschießung von kranken, verwundeten oder jüdischen Kriegsgefangenen sowie von Offizieren und Politkommissaren. Er sperrte Kriegsgefangene bei strengem Frost in ein Kriegsgefangenen-Auffanglager ohne Unterkunft, Verpflegung oder medizinische Betreuung, wodurch 240 Kriegsgefangene starben. Er beteiligte sich an der Räumung von Orten, bei der arbeitsfähige Männer zur Zwangsarbeit deportiert, »Partisanenverdächtige« erschossen und die übrigen Einwohner vertrieben wurden.

Brand, Willi Friedrich Karl – Todesstrafe (U-Haft seit dem 4.11.1975 in der UHA des MfS Berlin-Hohenschönhausen)

Gerichtsentscheidungen: Stadtgericht Berlin am 28.3.1977; OG am 27.5.1977

820. Kriegsverbrechen, Massenvernichtungsverbrechen durch Polizeieinheiten – Nr. 1020

Die Angeklagten haben als Angehörige des Polizeibataillons 304 zwischen 1940 und 1941 an Massenvernichtungsverbrechen in Polen und in der Ukraine mitgewirkt. Sie waren zur Bewachung des Warschauer Ghettos und zur Deportation von in Warschau lebenden Juden ins Ghetto eingesetzt und wirkten an der Ermordung von circa 13 000 Juden in der Ukraine durch Umstellungen der Ortschaften, Festnahmen, Zusammentreiben und Transport der Juden sowie durch Absicherungen von Erschießungsstellen mit. Weiterhin beteiligten sie sich an Verhaftungen und Deportationen von Zivilisten in Kirowohgrad.

Hinsche, Erich – 13 Jahre Haft (U-Haft seit dem 3.3.1976 beim MfS in Halle)

Huster, Johannes – 15 Jahre Haft (U-Haft seit dem 9.3.1976 beim MfS in Halle)

Gerichtsentscheidungen: BG Halle am 6.5.1977; OG am 14.7.1977

821. Kriegsverbrechen, Verbrechen durch GFP-Einheiten – Nr. 1019

Der Angeklagte wurde im August 1939 zur Gruppe 580 der Geheimen Feldpolizei eingezogen und war mit dieser Einheit unter anderem zur Partisanenbekämpfung in okkupierten Gebieten der Sowjetunion eingesetzt. Nachgewiesen wurde ihm seine Beteiligung an Erschießungen »partisanenverdächtiger« Zivilisten und seine Mitwirkung bei der »Gefängnisräumung« in Orjol und Brjansk kurz vor dem Einmarsch der Roten Armee. Er beteiligte sich am »Durchkämmen« von Ortschaften, wobei »Partisanenverdächtige« verhaftet und einige anschließend erschossen wurden (s. auch Nr. 1022 und Nr. 1034).

Krause, Julius Hans – lebenslange Haft (U-Haft seit
dem 20.7.1976 in der UHA des MfS in Berlin-Hohenschönhausen und in der UHA der BV Leipzig)

Gerichtsentscheidungen: Stadtgericht Berlin am 14.8.1978; OG am 16.10.1978

822. Kriegsverbrechen, Verbrechen durch GFP-Einheiten – Nr. 1018

Seit Februar 1941 gehörte der Angeklagte der Geheimen Feldpolizei-Gruppe 570 beim Stab des AOK 4, zunächst als Dolmetscher und später im Range eines Feldwebels, als Truppführer und Leiter von Außenstellen und Außenkommandos, an und war in okkupierten Territorien der Sowjetunion unter anderem zur Partisanenbekämpfung eingesetzt. Er beteiligte sich an Verhaftungen, Misshandlungen, Aussageerpressungen und Erschießungen von Personen, die im Verdacht standen, Partisanen zu sein oder diese zu unterstützen. Er reichte Vorschläge ein, Häftlinge zu erschießen oder zur Zwangsarbeit nach Deutschland zu deportieren. Er erschoss fünf im Kampf festgenommene Partisanen und beteiligte sich an der Vergasung von Häftlingen mittels Gaswagen (s. auch BRD-Verfahren Nr. 809).

Paland, Herbert Hugo – lebenslange Haft (U-Haft
seit dem 23.6.1977 in der UHA des MfS in Berlin-Hohenschönhausen)

Gerichtsentscheidungen: Stadtgericht Berlin am 14.8.1978; OG am 16.10.1978

823. Kriegsverbrechen, Massenvernichtungsverbrechen durch Polizeieinheiten – Nr. 1017

Die drei Angeklagten waren als Angehörige des Polizeibataillons 304 gemeinsam und arbeitsteilig handelnd an Massenvernichtungsverbrechen beteiligt. Vorgeworfen wurde ihnen unter anderem ihr Einsatz zur Bewachung des Warschauer Ghettos, die Verhaftung dort lebender Juden, die Erschießung von fünf Häftlingen im Rahmen einer »Genickschussausbildung« in Krakau und ihre Mitwirkung an der Erschießung von mindestens 17200 Juden in sieben Erschießungsaktionen. Weiterhin beteiligten sie sich an der Exekution von insgesamt 22 sowjetischen Kriegsgefangenen in drei Erschießungsaktionen, an der Exekution von 20 jüdischen Häftlingen aus dem Gefängnis von Snamenka sowie von 80 bis 100 Geiseln in Kiew. Verantwortlich waren sie für die Verhaftung und Deportation von insgesamt elf kommunistischen Funktionären aus Kirowohgrad und einem unbekannten Ort bei Snamenka. Schumann demonstrierte als Gruppenführer die Verwendung der Genickschussanlage und erschoss 192 Opfer eigenhändig, Melzer erschoss eigenhändig mindestens 100 Menschen, und Miksch hat eigenhändig zwei Personen erschossen und als MG-Schütze die massenhafte Zuführung der Opfer zu Erschießungsstätten gesichert (s. auch Nr. 1002, Nr. 1012, Nr. 1020, Nr. 1029).

> Melzer, Kurt – lebenslange Haft (U-Haft seit dem 15.3.1978 in der UHA des MfS in Berlin- Hohenschönhausen und in der UHA der BV Halle)
>
> Miksch, Rudolf Hermann – 14 Jahre Haft (U-Haft seit dem 2.8.1977 in der UHA des MfS in Berlin-Hohenschönhausen und in der UHA der BV Halle)
>
> Schumann, Arno Ernst – lebenslange Haft (U-Haft seit dem 5.7.1977 in der UHA des MfS in Berlin-Hohenschönhausen und in der UHA der BV Halle) / Rehabilitierungsantrag zurückgewiesen

Gerichtsentscheidungen: BG Halle am 26.10.1978; OG am 15.12.1978; LG Halle am 24.2.1994 (Reha)

824. Kriegsverbrechen, Massenvernichtungsverbrechen durch Polizeieinheiten – Nr. 1016

Als Führer des Gendarmeriezuges 16 beteiligte sich der Angeklagte in der Ukraine und in Belarus an Massenvernichtungsverbrechen und wirkte an der Vernichtung des Ortes Borysowka mit, bei der dessen Einwohner fast ausnahmslos erschossen, ihr Eigentum geraubt und sämtliche Häuser niedergebrannt wurden. Er nahm an der Erschießung von insgesamt 4250 Juden anlässlich der Liquidierung des Ghettos von Kobryn durch Abriegelung der Ortschaft, Verhaftung und Bewachung der Juden sowie deren Abtransport zur Erschießungsstelle teil. Tatbeteiligt war er auch an der Erschießung von zwei Partisanen sowie zwei Frauen, die ohne Ausweis aufgegriffen worden waren.

Junge, Willy – 15 Jahre Haft (U-Haft seit dem
21.11.1977 beim MfS in der UHA der BV Erfurt)
Gerichtsentscheidungen: BG Erfurt am 3.11.1978; OG am 1.12.1978

825. Denunziation, Andere Massenvernichtungsverbrechen durch SS-Polizeieinheiten – Nr. 1015

Der Angeklagte war 1941 Angehöriger des berüchtigten Kommando Arājs in Riga, Offizier der Lettischen Sicherheitspolizei und zuletzt SS-Untersturmführer in der lettischen SS-Legion der Waffen-SS. Angeklagt wurde er wegen Denunziationen lettischer Studenten, die als Mitglieder der KP verhaftet und zum Teil getötet wurden. Beteiligt war er auch an der Verhaftung und Bewachung jüdischer Männer, die in den ersten Julitagen 1941 gezwungen wurden, Kriegsschäden zu beseitigen. Er verhaftete jüdischer Geschäftsinhaber, kommunistische Funktionäre und Aktivisten im Biķernieki-Wald bei Riga, die er teilweise erschoss. Er beteiligte sich an zehn Erschießungsaktionen, bei denen insgesamt 1000 der im Rigaer Gefängnis inhaftierten Juden getötet wurden, durch Absicherung der Transporte zur Erschießungsstelle und als Mitglied mehrerer Erschießungskommandos. Weiterhin beteiligte er sich an der

Liquidierung des Rigaer Ghettos im November/Dezember 1941, bei der 27 500 Juden erschossen wurden, indem er die Opfer zur Erschießungsstelle im Wald von Rumbula überführte. Eigenhändig erschoss er zehn Juden, die während des Marsches vom Ghetto zur Erschießungsstelle zusammengebrochen waren (s. auch BRD-Verfahren Nr. 856).

Steins, Stanislavs alias Alexander Schrams – lebenslange Haft (U-Haft seit dem 23. 9. 1977 beim MfS in der UHA Berlin-Hohenschönhausen und in der UHA der BV Potsdam)

Gerichtsentscheidungen: BG Potsdam am 1. 10. 1979; OG am 7. 12. 1979

826. Kriegsverbrechen, Massenvernichtungsverbrechen, Gestapo-Verbrechen – Nr. 1014

Der Angeklagte wirkte als SS-Hauptscharführer bei der Verfolgung und Festnahme von Mitgliedern der illegalen KPD und RGO in Erfurt und Weimar mit. 1939 kam er als Kriminaloberassistent und SS-Hauptscharführer bei der Gestapo Zichenau-Schröttersburg zum Einsatz. Angeklagt wurde er wegen seiner Beteiligung an der öffentlichen Erhängung von 13 polnischen Zivilisten, der Verfolgung von mindestens 1 863 Polen durch Anlegen von Schutzhaftvorgängen, der Beantragung von Einweisungen in Konzentrations- und Arbeitserziehungslager sowie der Verlängerung der Dauer bereits verfügter »Schutzhaft«. Er wirkte an der Deportation von mindestens 2 400 Juden mit, bedrohte und verhaftete Zivilisten und folterte Häftlinge zur Aussageerpressung.

Helbing, Herbert – 13 Jahre Haft (U-Haft seit dem 27. 02. 1979 beim MfS in der UHA der BV Erfurt)

Gerichtsentscheidungen: BG Erfurt am 30. 5. 1980; OG am 29. 7. 1980

827. Kriegsverbrechen, Massenvernichtungsverbrechen durch Polizeieinheiten – Nr. 1013

Der Angeklagte kam 1939 zum Reserve-Polizei-Bataillon 82, war zeitweilig Adjutant des Bataillonskommandeurs, führte ab Dezember 1940 die 1. Kompanie und 1942 für kurze Zeit vertretungsweise das Bataillon. Zuletzt war er Major und als Stabsoffizier einer Polizeibrigade an der Oderfront im Einsatz. Die gegen ihn erhobenen Tatvorwürfe lauteten: Verhaftung von Mitgliedern der polnischen Intelligenz, Deportation von mindestens 300 Polen zur Zwangsarbeit nach Deutschland, Erschießung von 64 Juden als »Vergeltung« für die Bombardierung eines Flugplatzes durch sowjetische Flugzeuge, Erschießungen von bei »Säuberungs- und Befriedungsaktionen« aufgegriffenen »partisanenverdächtigen« Frauen und Männern sowie von gefangengenommenen Partisanen, Niederbrennen von Dörfern, Wegnahme von Vieh und Lebensmitteln, Vertreibung oder Verhaftung – in einer Vielzahl von Fällen auch Misshandlung und Tötung – der Einwohner im Rahmen der Partisanenbekämpfung in der Sowjetunion.

Piehl, Johannes – lebenslange Haft / Reha: Verurteilung als »teilweise rechtswidrig« qualifiziert, Strafe jedoch unverändert

Gerichtsentscheidungen: BG Neubrandenburg am 26. 6. 1981; BG Neubrandenburg am 31. 8. 1993; OLG Rostock am 17. 2. 1995 (Reha: Der Antrag auf Herabsetzung des Rechtsfolgenausspruchs wurde als unbegründet abgelehnt und entschieden, dass es bei dem Tenor des Urteils des BG Neubrandenburg vom 26.06.1981 bleibt. Die weitere Vollstreckung der lebenslangen Freiheitsstrafe wurde jedoch für erledigt erklärt.)

828. Andere Massenvernichtungsverbrechen durch Polizeieinheiten – Nr. 1012

Der Angeklagte kam ab Mitte Januar 1941 als Gruppenführer im Polizeibataillon 304 in Warschau zum Einsatz. Er war zuletzt Zugwachtmeister und im okkupierten Teil der Sowjetunion eingesetzt. Die gegen ihn erhobenen Tatvorwürfe

lauteten: Beteiligung an der Zusammentreibung der Warschauer Juden ins Ghetto, dessen Abriegelung und Festnahme von 70 Ghettoinsassen, die er der Strafverfolgung zuführte, weiterhin Mitwirkung an der Erschießung von circa 16 000 Juden in fünf Erschießungsaktionen in der Ukraine durch Zusammentreiben der Opfer und Überführung zur Erschießungsstätte sowie durch eigenhändige Erschießung von mindestens 280 Opfern sowie Verhaftung kommunistischer Funktionäre.

Jäger, Karl – lebenslange Haft (U-Haft seit dem 24.11.1980 beim MfS in der UHA Berlin-Hohenschönhausen und in der UHA der BV Halle)
Gerichtsentscheidung: BG Halle am 2.10.1981

829. Justizverbrechen – Nr. 1011
Der Angeklagte war zwischen 1941 und 1945 bei der Oberstaatsanwaltschaft des Landgerichts Graudenz tätig. Er wurde wegen seiner Mitwirkung an Strafverfahren vor dem Sondergericht Graudenz angeklagt, welches Strafbestände wie Abhören »feindlicher Sender«, Verstöße gegen das »Heimtückegesetz«, die »Volksschädlingsverordnung« und die »Kriegswirtschaftsverordnung« verhandelte. 19 Personen wurden zum Tode und 30 zu Freiheitsstrafen verurteilt.

Otte, Rudolf Hermann August – 12 Jahre Haft (U-Haft seit dem 5.8.1980 in der UHA des MfS in Berlin-Hohenschönhausen)
Gerichtsentscheidung: Stadtgericht Berlin am 19.10.1981

830. Justizverbrechen – Nr. 1010
Der Angeklagte wurde 1936 zum Landgerichtsrat ernannt, am 1. September 1936 beim Landgericht Plauen angestellt und war später in Dresden als Gehilfe des Oberreichsanwalts am Volksgerichtshof tätig. Der Verfahrensgegenstand betraf seine Beteiligung an der rassistischen Verfolgung in drei Fällen als Richter am Landgericht Plauen sowie seine Mitwirkung als Untersuchungsrichter oder Anklagevertreter an zahlreichen Hochverratsverfahren vor dem Volksgerichtshof, die in 26 Fällen mit

einem Todesurteil endeten. Am 4. Dezember 1944 wurde er zum Leiter der Vollstreckung von Todesstrafen bestimmt.
    Geißler, Erich Max – 15 Jahre Haft (U-Haft seit dem 3.11.1981 in der UHA des MfS in Berlin-Hohenschönhausen / im Haftkrankenhaus untergebracht)
Gerichtsentscheidung: Stadtgericht Berlin am 5.4.1982

831.   Kriegsverbrechen – Nr. 1009
Der als »Mörder von Oradour« bekannte Polizei- und Waffen-SS-Offizier Barth wurde aufgrund seiner Tatbeteiligung im Juni/Juli 1942 als Angehöriger eines Polizei-Exekutionskommandos, das für die Erschießung von insgesamt 92 Tschechen in Klatovy und Pardubice als »Vergeltung« für das Attentat auf Heydrich verantwortlich war, angeklagt. Außerdem wurde seine Teilnahme als Offizier der Waffen-SS bei der SS-Division »Das Reich« an der Vernichtung des Ortes Oradour sur Glane, wobei 642 Einwohner ermordet wurden, nachgewiesen (s. auch Nr. 1042 und Nr. 1045).
    Barth, Heinz – lebenslange Haft (U-Haft seit dem 14.6.1981 in der UHA des MfS Berlin- Hohenschönhausen)
Gerichtsentscheidungen: Stadtgericht Berlin am 7.6.1983; OG am 10.8.1983; LG Berlin am 16.9.1991

832.   Kriegsverbrechen, Gestapo-Verbrechen – Nr. 1008
Der Angeklagte wurde der Mitwirkung als Sachbearbeiter im Referat IIA bzw. IV1A der Gestapoleitstelle Breslau und der damit verbundenen Verfolgung von mindestens 340 Personen wegen »Wehrkraftzersetzung«, »Rundfunkverbrechen«, »Feindbegünstigung« und »Vorbereitung zum Hochverrat« beschuldigt. Tatbeteiligt war er als Angehöriger eines Einsatzkommandos der Sipo und des SD an der Überprüfung, Selektion und Überstellung von mindestens 400 sowjetischen Kriegsgefangenen aus dem Kriegsgefangenenlager Neuhammer in Ausführung des »Kommissarbefehls« zur Exekution ins KZ Groß-Rosen sowie an der Transportbegleitung ins KZ Auschwitz. Er wirkte

weiterhin an der Deportation von mindestens 1000 Breslauer Juden mit.
Lachmann, Wilhelm August Friedrich – 10 Jahre Haft
Gerichtsentscheidungen: BG Leipzig am 26.8.1983; OG am 4.11.1983

833. Kriegsverbrechen, Massenvernichtungsverbrechen durch Polizeieinheiten – Nr. 1007
Die drei Angehörigen des Polizeibataillons 310 beim SS-Polizeiregiment 15 beteiligten sich in Polen, in der Ukraine und in Belarus an der Ermordung von Zivilisten, KPdSU-Funktionären, Kriegsgefangenen und Juden. Sie wirkten bei der Liquidierung des Ghettos Brest am 15. Oktober 1942 und am Zusammentreiben polnischer Zivilisten, die zur Zwangsarbeit nach Deutschland deportiert wurden, mit. Auch für die Verhaftungen von Widerstandskämpfern waren sie verantwortlich. Böhle war in neun Aktionen an der Ermordung von 467 Menschen durch Massen- und Einzelerschießungen beteiligt, bei denen er selbst zehn Menschen erschoss. Bei der Liquidierung des Brester Ghettos wirkten er und Mettke, an der Tötung von 3000 Juden mit. Mettke war in vier Aktionen an der Ermordung von 128 Menschen durch Massen- und Einzelerschießungen beteiligt, bei denen er selbst acht Opfer getötet hat. Neumann hat in fünf Aktionen an der Ermordung von 257 Menschen durch Massen- und Einzelerschießungen teilgenommen, bei denen er selbst 37 tötete.

Böhle, Josef – lebenslange Haft (seit dem 23.11.1982 in der UHA des MfS in Berlin-Hohenschönhausen und in der UHA der BV Schwerin)

Mettke, Erich – lebenslange Haft (seit dem 16.11.1982 in der UHA des MfS in Berlin- Hohenschönhausen und in der UHA der BV Schwerin)

Neumann, Karl – lebenslange Haft (seit dem 22.7.1981 in der UHA des MfS in Berlin- Hohenschönhausen und in der UHA der BV Schwerin) / Reha – Verurteilung als »teilweise rechtswidrig« qualifiziert, Strafe jedoch unverändert

Gerichtsentscheidungen: BG Schwerin am 4.11.1983; LG Rostock am 3.12.1993 (Reha); OLG Rostock am 23.3.1995 (Reha – Neumann: »Es verbleibt damit bei dem im Urteil des Bezirksgerichts Schwerin vom 4.11.1983 getroffenen Schuld- und Rechtsfolgenausspruch.« Die weitere Vollstreckung der lebenslangen Freiheitsstrafe wurde allerdings für erledigt erklärt. Neumann wurde am 10.12.1993 aus der Haft entlassen.)

834. Kriegsverbrechen, Massenvernichtungsverbrechen durch Polizeieinheiten – Nr. 1006

Der Angeklagte wurde 1940 zum Polizeibataillon 310 übernommen, das zum Polizei-Regiment 15 gehörte und in Belarus und Polen unter anderem zur Partisanenbekämpfung eingesetzt war. Er beteiligte sich an der Erschießung polnischer Geiseln, der Einwohner zweier sowjetischer Dörfer (»Bandenbekämpfung«) sowie der jüdischen Einwohner des Ghettos Brest – bei dessen Liquidierung – als Angehöriger des Erschießungskommandos oder durch Absperrungen von Ortschaften und Absicherungen der Erschießungsstätten bzw. des Abtransports der Opfer (s. auch Nr. 1007).

    Balke, Otto – lebenslange Haft (U-Haft seit dem 20.6.1984 beim MfS in der UHA Berlin-Hohenschönhausen und in der UHA der BV Frankfurt/O)

Gerichtsentscheidung: BG Frankfurt/O am 4.7.1985

835. Kriegsverbrechen, Massenvernichtungsverbrechen durch Polizeieinheiten – Nr. 1005

Die beiden Angeklagten beteiligten sich als Angehörige des Polizeibataillons 41 des SS-Polizei-Regiments 22 an Massenmorden in Polen und Deportationen von Zwangsarbeitern. Täschner befehligte als Stellvertreter des Zugführers Erschießungskommandos, und Brückner war unter seinem Kommando Gruppenführer. Angeklagt wurden sie wegen ihrer Mitwirkung an Erschießungen und Erhängungen polnischer und jüdischer Zivilisten, unter anderem bei der Liquidierung der Ghettos Kraśnik und Warschau und des ZAL Trawniki. Sie bewachten das Ghetto Kutno, waren an der Deportation polnischer Zivilisten beteiligt und erschossen zehn Polen als »Vergeltung« für den Tod eines deutschen Polizisten bei einem »Partisanenbekämpfungseinsatz«. Darüber hinaus beteiligten sie sich an der Erschießung sämtlicher Einwohner und der Niederbrennung eines Dorfes, in dem Gewehrmunition gefunden worden war.

    Brückner, Kurt – lebenslange Haft (U-Haft seit dem 16.4.1985 beim MfS in der UHA Berlin-Hohenschönhausen und in der UHA der BV Karl-Marx-Stadt)

    Täschner, Eberhard – lebenslange Haft (U-Haft seit dem 18.6.1984 beim MfS in der UHA Berlin-Hohenschönhausen und in der UHA der BV Karl-Marx-Stadt) / Rehabilitierungsantrag zurückgewiesen

Gerichtsentscheidungen: BG Karl-Marx-Stadt am 20.3.1986; OG am 10.7.1986; LG Dresden am 25.2.1994 (Reha: Ein von Täschner 1991 gestellter Rehabilitierungsantrag wurde vom LG Dresden als unbegründet zurück gewiesen. Am 1.3.1992 wurde Täschner jedoch im Gnadenwege aus der Strafhaft entlassen.)

836. Kriegsverbrechen – Nr. 1004

Die beiden Angeklagten haben im Oktober und November 1939 in Łódź als Angehörige des Polizeibataillons 41 an der Exekution von insgesamt 107 Polen in drei Erschießungsaktionen sowie an der öffentlichen Erhängung von drei polnischen Männern mitgewirkt. Papsdorf war Zugwachtmeister und Gruppenführer und hat fünf Opfer eigenhändig getötet. Weiße hat als Revieroberwachtmeister und Gruppenführer drei Opfer eigenhändig erschossen (s. auch Nr. 1005).

    Papsdorf, Rudolf Hermann – 15 Jahre Haft (U-Haft seit dem 15.1.1986 beim MfS in Berlin-Hohenschönhausen und in der UHA der BV Karl-Marx-Stadt)

    Weiße, Heinz Max – 15 Jahre Haft (U-Haft seit dem 22.1.1968 beim MfS in Berlin-Hohenschönhausen und in der UHA der BV Karl-Marx-Stadt)

Gerichtsentscheidungen: BG Karl-Marx-Stadt am 14.5.1987; OG am 9.9.1987

837. Gestapo-Verbrechen, Massenvernichtungsverbrechen – Nr. 1003

Schmidt wurde aufgrund seiner Mitwirkung als Leiter des Judenreferats der Gestapoleitstelle Dresden angeklagt. Er war an Verhaftungen, Misshandlungen, Deportationen und Ermordungen von Juden aus Dresden und Umgebung beteiligt, die er nach Theresienstadt oder in das ZAL Dresden-Hellerberg der Zeiss-Ikon-AG und von dort nach etwa einem halben Jahr ins KZ Auschwitz deportieren ließ. Bei Nichtbeachtung von »Judengesetzen und -bestimmungen« veranlasste er Verhaftungen, Misshandlungen und Deportationen der jeweiligen Personen in Konzentrationslager. Gegen Kriegsende oblag ihm die »Werwolf«-Ausbildung von HJ-Mitgliedern im Erzgebirge.

Schmidt, Henry – lebenslange Haft (U-Haft seit dem 9.4.1986 beim MfS in der UHA Berlin-Hohenschönhausen und in der UHA der BV Dresden)

Gerichtsentscheidungen: BG Dresden am 28.9.1987; OG am 22.12.1987

838. Massenvernichtungsverbrechen durch Polizeieinheiten – Nr. 1002

Mit dem Polizeibataillon 304 war der Angeklagte 1941 als Zugführer in der Ukraine (Winnyzja, Hajssyn und Kirowohrad) eingesetzt. Angeklagt wurde er unter anderem wegen seiner Mitwirkung an der Erschießung von mindestens 5300 Juden in drei Erschießungsaktionen durch Zusammentreiben der Opfer, Überführung zu und Absicherung der Erschießungsstellen sowie in einem Falle durch eigenhändige Erschießung.

Pöhlig, Manfred – lebenslange Haft (U-Haft seit dem 4.11.1987 beim MfS in der UHA Berlin-Hohenschönhausen und in der UHA der BV Halle)

Gerichtsentscheidungen: BG Halle am 11.7.1988; OG am 17.10.1988; BG Magdeburg am 3.6.1992 (Reha: Der in der

JVA Bautzen Inhaftierte stellte 1991 einen Kassationsantrag, der vom 7. Strafsenat des BG Magdeburg am 3. Juni 1992 als unbegründet zurückgewiesen wurde.)

839. Massenvernichtungsverbrechen in Lagern – Nr. 1001
Der Angeklagte war zwischen 1942 und 1944 im Zwangsarbeitslager Radom als stellvertretender Wachführer an Misshandlungen und Erschießungen jüdischer Zwangsarbeiter beteiligt, die im Rüstungsbetrieb Steyr-Daimler-Puch-AG in Radom eingesetzt wurden.

Holz, Jakob – 15 Jahre Haft (U-Haft seit dem 17.5.1988 beim MfS in der UHA in Berlin-Hohenschönhausen und in der UHA der BV Rostock)

Gerichtsentscheidungen: BG Rostock am 25.9.1989; OG am 8.1.1990; OG am 4.5.1990 (Reha: Der Kassationsantrag des Generalstaatsanwalts der DDR gegen das Urteil des 5. Strafsenats des OG der DDR vom 8.1.1990 wurde als unbegründet zurückgewiesen.)

Bei dem Strafverfahren gegen Holz handelt es sich um den letzten zur Anklage gebrachten Vorgang der Hauptabteilung Untersuchung des MfS und den letzten in der DDR durchgeführten Prozess gegen einen an Nazi-Kriegsverbrechen und Verbrechen gegen die Menschlichkeit beteiligten Angeklagten.

Gegen Holz war bereits in den 1970er Jahren in der BRD ermittelt worden, ohne dass eine Information an die DDR-Justiz erfolgte. Erst Ende 1987 wurde der Generalstaatsanwalt der DDR über die spätestens 1973 abgeschlossenen Ermittlungen der Staatsanwaltschaft bei dem Landgericht Hamburg offiziell über den dortigen Tatverdacht informiert. Unmittelbar darauf sind im Auftrag des GStA der DDR von der Abteilung 11 der HA IX/11 in Verbindung mit operativen Diensteinheiten des MfS Ermittlungen aufgenommen worden, die zur Bestätigung des Tatverdachtes, zur Einleitung eines staatsanwaltschaftlichen Ermittlungsverfahrens und zur Festnahme führten.

Personenregister

Ack., Franz 363
Ack., Hildegard Klara Franziska 171
Ack., Ida, geb. M. 168
Ada., Arthur 293
Ada., Erich 225
Ade., Hugo 284
Adenauer, Konrad 7, 76
Adl., Max 190
Adrian, Heinz 234
Aeh., Hermann Martin 160
Ahr., Heinrich 150
Ahr., Otto 192
Ahr., Otto 315
Al., Alma Auguste, geb. Rüm. 260
Al., Charlotte 189
Al., Johannes 210 f.
Al., Kurt 297
Al., Marie Auguste, geb. Grä. 236
Al., Michael 382 f.
Alb., Erna, geb. Ris. 305
Alb., Erwin 190
Alb., Marie, geb. Wi. 234
Albert, Viktor 267
Ale., Emil 309
Allertz, Robert 37
Alt., Friedrich 189
Ame., Heinrich 268
And., Anna Maria, geb. Nic. 303
And., Heinrich Adolf Eugen 154
And., Kurt 247 f.
And., Paul 251 f.
Angeler, Katharina Henriette Sophie, geb. Kno. 221
Anger, Erich 219

Anhalt, Hans 410 f.
App., Erwin Richard 178 f.
Arājs, Viktors 71 f. 436 f.
Arl., Paul Hermann 273 f.
Arm., Friedrich 172
Arm., Ignaz 211 f.
Arn., Arno Albin 309
Arn., Karl Emil Hans Werner 310
Aul., Heinz 292

Ba., Emil 93
Baa., Otto 287
Baa., Walter 267
Baa., Willi 170
Bachnick, Karl 322 ff.
Bad., Alfred 198
Bad., Herbert Paul Oswald 345
Bae., Herbert 237
Bag., Kurt Paul 256
Bah., Bruno 317
Bah., Emma 317
Bah., Otto 243
Bahlke, Otto 46
Bähr, Bruno Otto Johannes 380
Bai., Hertha Klara, geb. Kun. 325
Bäk., Richard Franz Ernst 194 f.
Bal., Emma, geb. Uhl. 337
Bal., Ilse Anny, geb. Vol. 231
Balke, Otto 442
Bar., Julius Kurt 298
Bar., Horst 107
Bar., Karl 243

Bar., Richard 293
Bar., Robert 175 f.
Bartell, Alexander 240
Barth, Heinz 51, 58–62, 440
Bat., Max 137 f.
Bau., Anna Lina, geb. Web. 203
Bau., Egon 250
Bau., Elisabeth Viktoria, geb. Sch. 295
Bau., Heinz 173
Bau., Walter 151 f.
Bauer, Erich Albert 168
Bauer, Friedrich-Karl 393
Bauer, Werner 322 ff.
Baumann, Otto Walter 137 f.
Baumgarte, Kurt 54
Baumgartner, Hans 419
Be., Heinrich Walter 280 f.
Bec., Friedrich Otto 220
Bec., Max Walter 273 f.
Bec., Otto 306
Bec., Wilhelm 193 f.
Becher, Albert 177 f.
Becher, Johannes R. 22 f.
Becker, Harry 378 f.
Beh., Alfred 200
Beh., Annemarie, geb. Bün. 149
Beh., Herbert Hermann 415
Beh., Willi 271
Bel., Emma Berta Hulda 303 f.
Bel., Hugo Oskar 156

Bel., Klara Rosa Henriette, geb. Küh. 156
Ben., Friedrich 185
Ben., Georg 338
Ben., Johannes 368
Ben., Marie Elise Erika, geb. Düc. 151
Ben., Otto 392
Ben., Wilhelm 269 f.
Benjamin, Hilde 91
Benjamin, Walter 91
Benser, Günter 25
Ber., Curt Alfred 244
Ber., Ernst 315 f.
Ber., Fritz Walter 280 f.
Ber., Herbert 273 f.
Ber., Walter 289
Ber., Walter Emil 277
Bergemann, Friedrich Hermann Otto 395 f.
Berger, Johannes Eugen Robert 346
Bergmann, Erika 45, 393
Bergmann, Julius Ludwig Hermann Georg 337
Berkholz, Wilhelm 150
Bertling, Carl Anton 139
Bes., Edmund 49, 373
Bessler, Walter 313
Beu., Erna Käthe Herta, geb. Vo. 351
Bey., Albert 277
Bey., Arthur Willy 103
Bey., Herbert Karl 266
Beyer, Wilhelm 322 ff.
Beyerlein, Friedrich 134 f.
Bie., Emmy, geb. Rin. 275 f.
Bie., Erich 185 f.
Bie., Fritz 337
Bie., Reinhard Oskar 215 f.

Biener, Werner Emil Wilhelm 159
Bik., Peter 261
Bil., Johannes Bruno 225 f.
Bir., Karl August Hugo Johann 251
Bir., Kuno 193
Bit., Martha Adele Edith, geb. Kun. 158
Bitterlich, Kurt Herbert 205
Blaschke, Adolf 46, 424 f.
Ble., Hans Heinz Georg 226
Ble., Karl-Heinz 316
Bli., Max Arthur 244
Blö., Frieda 318 f.
Blo., Karl Friedrich 93
Blösche, Gustav 38
Blösche, Josef 2, 36-39, 417 f., 424
Blu., Ernst 322 ff.
Blu., Johann Adolf Ernst 240
Blu., Johanna, geb. Wet. 240
Bo., Willi 297
Böc., Hans 359
Boc., Herbert Albert 244
Boh., Fritz 303
Böh., Johannes 358
Böh., Oswin 197
Böhle, Josef 46, 441 f.
Böhm, Paul 344
Bol., Hans 156
Bon., Max Friedrich 244
Bor., Anneliese, geb. Dre. 250 f.
Bor., Paul Erich 300 f.
Bor., Wilhelm 223 f.
Bor., Willi 361
Bork, Wilhelm 353

Bos., Hans 197
Böt., Friedrich Paul Richard Arno 257
Böt., Hilde, geb. Vi. 221
Böt., Karl 250
Böt., Klara, geb. Esc. 154
Böttger, Paul 46, 409
Bra., Ernst 167
Bra., Hans-Heinrich 150
Bra., Kurt 268
Brä., Paul Felix 277
Bra., Paul Martin 272
Brä., Wilhelm Otto 225
Bra., Willi 314
Brand, Willi Friedrich Karl 46, 432 f.
Brandt, Willy 19
Braun, Ernst 329 f.
Bre., Alfred 223 f.
Bre., Hermann 275
Bre., Werner 237
Brecht, Bertolt 24
Brekenfelder, Paul Wilhelm Rudolf 46, 50, 416
Breyer, Johannes Hugo Otto 74 f., 402 f.
Bri., Elise Maria Louise, geb. Wil. 356
Bri., Paul 275
Bro., Willi Alfred Rudolf 272 f.
Brockmann, Wilhelm 322 ff.
Brü., Johann 261
Bru., Kurt Hermann 174
Brü., Max 163
Brü., Paul 357
Bru., Rudolf Friedrich Heinrich 161
Brückner, Kurt 46, 51, 442 f.
Bruhn, Johann 45, 410
Bründel, Martin Friedrich Heinrich Wilhelm 404

447

Buc., Elsa, geb. Sch. 241
Buc., Hildegard, geb. Thi. 149
Buc., Johannes Erich 163
Büc., Werner 326
Bücking, Walther 219
Büh., Max 256
Bün., Hertha, verw. Rie., geb. Sten. 149
Bünger, Walter Emil Reinhold 359
Bur., Hermann 319
Bur., Kurt Arthur Friedrich 247
Burbach, Erich 308
Burkhardt, Walther 330
Bus., Otto 150
Bus., Otto 322 ff.
Bus., Willi 238 f.
Busse, Horst 44 f.
But., Christa Eva-Maria, geb. Gol. 244 f.
Büt., Wilhelm 251 f.

Chr., Helene Charlotte, geb. Küt. 253
Chr., Willy 363
Churchill, Winston 16, 18
Cla., Theo Johannes Helmut 300 f.
Cohn, Robert Bruno August 358
Conze, Eckart 76
Cot., Karl 263

Dah., Marie, geb. Kru 190 f.
Dahmen, Heinrich Dietrich 165
Dahn, Daniela 55, 90 f.
Dam., Heinz 405
Dan., Alfred Gustav 280
Dan., Karl Fritz Hermann 249

Däu., Erwin Friedrich 386 f.
De Coninck, Alvin 52
de La Rocque, François 99
de Mildt, Dick 11
de Saivre, Roger 99
Dec., Erich Albert 247 f.
Deg., Otto 162
Demuth, Bruno 322 ff.
Demuth, Erich 322 ff.
Det., Willi Karl Heinrich 226 f.
Di., Georg 231 f.
Di., Otto 167 f.
Di., Rudolf 340
Di., Wilhelm 263
Dieckmann, August 59
Dietze, Helmut Fritz 408 f.
Din., Karl Franz Gustav 265
Din., Kurt Bruno 258
Dit., Friedrich Karl 225
Dit., Hanna, geb. Hän. 206
Dit., Hedwig Margarete Emilie, geb. Rö. 355 f.
Dit., Hermann 250
Dit., Lucie, geb. S. 250
Dit., Otto 273
Dit., Paul Werner 307
Do., Paul 183 f.
Dobberke, Walter 94
Döh., Friedrich Willi 300
Dönitz, Karl 52
Dör., Kurt 263
Döring, Georg Oswald 272 f.
Dorn, Erna geb. Kaminski, alias Brüser, alias Scheffler, alias Gewald 376 f.
Dra., Ida Karoline Marie, geb. Ma. 319

Drabant, Herbert Max 46, 431 f.
Dre., Margarete Helene Margarete 144 f.
Dro., Ida Minna Martha, geb. M 224
Duda, Friedrich 107 f.
Duf., Anna Paula, geb. Wäh. 151
Duh., Ilse, geb. Tim. 287
Düm., Elfriede 192
Düm., Elfriede 315
Dümche, Richard 320
Dun., Minna, geb. Drä. 297
Dut., Albert Otto 285
Dynow, Erich 322 ff.

E., Olga 230
E., Otto 311 f.
Eba., Kurt Louis 277
Ebe., Gerhard Otto 273 f.
Ebe., Oskar Karl 215
Ebe., Richard Kurt Alfred 298
Ec., Kurt 233
Eck., Alfred 322
Eck., Arthur Alfred 210
Eck., Felix Friedrich Paul 308
Eckardt, Karl Edwin Hermann 244
Eckhardt, Hermann August Richard 242 f.
Eg., Hugo Willi Friedrich Karl 404
Ehm., Hermann 372
Ehr., Ewald Edmund 215
Ehr., Hellmuth Emil 225
Ehr., Paula, geb. Fis. 201
Eic., Kurt Richard 164
Eic., Richard Herbert 225
Eichmann, Adolf 76
Eichmüller, Andreas 21

Eis., Gottlieb Andreas Hermann 175
Elie., Karl 368 f.
Els., Egon 322 ff.
Empacher, Walter 338
En., Max Otto 277
Eng., Max Richard 164
Engels, Friedrich 13
Engert, Otto 63
Eppenstein, Georg 138
Epping, Ewald 148
Erbe, Siegfried 367
Erd., Franz 299
Erm., Alfred Heinrich 205 f.
Erpel, Gustav 322 ff.
Esp., Erich Arthur Max 247
Ewe., Käthe, geb. Kru. 370

Fal., August 181
Fal., Walther Eduard 159
Fär., Hans 247
Fei., Gustav Hermann 272
Fei., Walter 316 f.
Fel., Michael 192
Felfe, Hermann 171
Fellenberg, Friedrich 391
Feu., Paul Max 265
Feustel, Paul Hermann 65 f., 363, 421 f.
Fic., Hilde, geb. Klo., verw. Sch. 180
Fie., Gerhard Ludwig Helmut 201
Fie., Max Gerhard 272
Fig., Alfred Karl Johannes 273
Fink, Herbert Franz Robert 348 f.
Finkeisen, Ernst 182 f.
Fis., Erhard Hugo 234
Fis., Max Alfred 154
Fis., Paul Albin 265
Fischer, Hans 191
Fischer, Hans 219
Fischer, Horst
Fischer, Horst Paul Sylvester 56 f., 412 f.
Fister, Hans 317
Fit., Johann 251
Fli., Wilhelm 311 f.
Föl., Ernst 315 f.
For., Ernst Karl Otto 236
Förster, Friedrich Wilhelm 342
Förster, Arno 137 f.
Fra., Albert 215 f.
Fra., Anna Helene 182
Fra., Arno Bruno 277
Fra., Bruno Julius 174
Fra., Emil Karl Gottfried Heinrich 346
Fra., Erich Walter Philipp 205 f.
Fra., Helmut Walter Hans 273 f.
Fra., Hermann 227
Fra., Karl Ernst 272
Fra., Kurt 204
Fra., Rudi 405 f.
Fre., Anna 163
Fre., Ernst 311 f.
Fre., Heinrich 185
Fre., Kurt 175
Fre., Roman 311 f.
Frei, Norbert 76
Freisler, Roland 55
Frentzel, Georg 40, 46, 420
Freudenberg, Paul Ewald 45, 51, 426 f.
Fri., Albert 101
Fri., Alfons 332
Fri., Franz Heinrich 174
Fri., Hans 275
Fri., Hildegard Else, geb. Kra. 156
Fri., Lina Klara 171
Fri., Martha Gertrud 171
Fri., Otto 341
Fri., Walter Johannes 204
Frings, Heinrich 148
Frö., Anna Margarete, geb. Sch. 377
Fro., Anna, geb. Kel. 361
Fro., Kurt 351
Fro., Marta, geb. Jan. 298 f.
Fro., Max Emil 233 f.
Frö., Paul 377
Frohn, Heinrich 46, 425
Fuc., Eduard 284 f.
Fuc., Lina, gesch. Ric. 263
Fuc., Wilhelm Fritz 236

G., Luise, geb. Wel. 240
Gäb., Erich Bernhard 310
Gab., Ernst 373
Gäbler, Karl Erhardt 171
Gae., Otto Johann Ernst 256
Gah., Karl 211 f.
Galinski, Heinz 38
Gän., Heinz Siegfried 186
Gär., Albin Richard 225
Gas., Franz 223 f.
Gas., Paul 276
Gauck, Joachim 28
Ge., Felix Karl 210
Ge., Karl Friedrich 247
Geh., Gustav 284
Gei., Kurt Walter 300 f.
Gei., Otto 229
Geiger, Hansjörg 28
Geißler, Erich Max 440
Geo., Martin 245 f.
Ger., Anna, geb. Kub. 341
Ger., Ewald 189

Ger., Fritz Heinrich 163
Ger., Kurt Fritz 289 f.
Ger., Otto 322
Ger., Richard 401
Ger., Waltraud 286
Getter, Gerhard 49, 387
Gie., Martin 250
Gie., Werner 344
Glä., Georg Karl Edgar 265
Gla., Gerhard Willy 225
Gla., Paul Erich 181
Gle., Walter Reinhold Egon Otto 247
Glö., Franz 244
Globke, Hans Josef Maria 75 f., 409
Gne., Bruno Max 153
God., Bruno 109
God., Karl 210
Goercke, Kurt Otto 402
Göh., Otto 368
Gol., Elsa, geb. Sch. 221
Gol., Georg 332
Gol., Ursula 221
Gol., Wilhelm 352
Gön., Karla, geb. Me. 230
Gon., Rudolf 200
Göritz, Ilse 415
Gorny, Karl 426
Got., Paul 175 f.
Got., Wenzel 349 f.
Götsch, Bruno 378
Gottspfennig, Fritz 51, 58, 363, 419 f.
Gra., Alfred Walter 365
Gra., Anna Charlotte 188
Gra., Erich Gustav 247 f.
Grä., Martha, geb. M. 331
Grä., Max 284 f.
Gra., Minna Martha Luise, geb. Pur. 286 f.

Gra., Susanne Sidonie, geb. Zie. 155
Gra., Wilhelm Robert 169
Grab, Ernst 49
Gräfenitz, Karl 150
Granz, Bruno 138
Granz, Herbert 138
Gre., Kurt 322 ff.
Gre., Max 334 f.
Gre., Rudolf 253 f.
Greim, Otto 274
Gri., Friedrich Gottfried 291
Gri., Georg 368
Gri., Heinz Joachim 222
Gri., Karl Fritz 226
Gri., Max Emil 244
Griebel, Willi 182
Griesbach, Walter 64
Grimm, Hans Ernst August Gustav 343
Grimmer, Arthur Adolf 400
Grö., Arno 204
Gro., Emil 374
Gro., Erna, geb. Ker. 374
Gro., Ernst 173
Gro., Friedrich 284 f.
Grö., Gustav Karl 223
Gro., Hans Udo 332
Gro., Max 205
Gro., Richard 238
Grö., Willi Rudolf 300 f.
Gröschel, Max Ernst 304
Grü., Friedrich Otto 342
Grü., Hertha, geb. Jah. 188
Grü., Karl Arno 280 f.
Gru., Luise 259
Grü., Martha, geb. Pop. 199
Güc., Fritz Emil 179
Gud., Johann 167 f.
Gul. Heinrich 195 f.

Gün., Georg 181
Gün., Herbert 225 f.
Gün., Max Paul Heinrich 193
Gün., Richard Arthur 165
Günther, Heinz Alfred Werner 272

Ha., Alfred Erich 351
Haa., Arno Richard 277
Haa., Bruno Johannes 204
Haa., Gottfried 280 f.
Haa., Richard 319
Haak, Werner Kurt 407
Habl, Franz Alois 413
Hac., Käthe 208
Hack, Willy 342
Hackert, Wilhelm 270
Häd., Margarete 256
Hag., Bernhard 205
Hag., Bernhard 386
Hag., Bruno 322 ff.
Häg., Günter 369
Hah., Ella, geb. Pet. 312
Hah., Georg Friedrich 164 f.
Hah., Hans Eduard 209
Häh., Johannes Max 280 f.
Hahn, Hermann 140 f.
Hahn, Ludwig 38 f.
Haller, Erich 322 ff.
Ham., Alwin Otto Karl 224
Ham., Hugo 284 f.
Han., Herbert Gustav 344
Hän., Karl Ernst 300 f.
Hanisch, Kurt Erich 370 f.
Har., Ernst 256
Har., Guido Arno 225 f.
Har., Heinrich 154
Har., Karl 284 f.

Här., Otto Max 244
Härtel, Erich 219
Has., Artur 322 ff.
Has., Gertrud, geb. Sch. 217
Häser, Adolf 229
Hau., Alfred Paul 265
Hau., Hildegard Marie, geb. Sem. 244 f.
Hau., Jakob 236
Hau., Otto Helmut 161
Hau., Walter Rudolf 225 f.
Hau., Willy Karl 176
Hau., Willy Kurt 291
Hau., Willy Kurt 162
Haufe, Hugo Hermann Hans 314
Hay., Werner 187
Hayes, Peter 76,
He., Siegfried 227 f.
Heb., Arthur Paul 166
Hebold, Otto 86 f., 412
Hei., Karl 214
Hei., Paul 204 f.
Hei., Paul Alfred 244
Heimann, Karl Josef Albert 262
Heinicke, Friedrich 122
Heinicker, Karl Johann Ernst 132 f.
Heinz, Reinhold 322 ff.
Heise, Wolfgang 23
Heißmeyer, Kurt 87 f., 414
Hel., Friedrich 284 f.
Hel., Kurt 322 ff.
Hel., Marie, geb. Gör. 292
Helbing, Herbert 46, 437
Hellmann, Emil 399 f.
Helm, Erwin 380
Hem., Albert 260
Hem., Georg Max 279 f.
Hem., Liesbeth 307

Hem., Max 233
Hempel, Wilhelm 179
Hen., Gerhard 268
Hen., Hans 149 f.
Hen., Herbert 322 ff.
Hen., Johannes Heinrich 202
Hen., Kurt Arno 199
Hen., Rosa, geb. Vog. 292
Hep., Otto 322 ff.
Her., Alfred 337
Her., Anne Auguste Wilhelmine, geb. Bei. 327
Her., Eduard Robert 171
Her., Helmut Ottfried 152
Her., Josef 354
Her., Martin 334 f.
Her., Paul 251 f.
Her., Wilhelm 321
Hertel, Andreas 224 f.
Hertel, Otto 49, 373
Hertle, Adam 397
Hes., Rudolf Artur 335 f.
Het., Richard 354
Het., Wilhelm 251 f.
Heu., Herbert 284 f.
Heuchert, Georg 245 f.
Heuschneider, Anton 244
Hey., August 239
Hey., Erwin 245 f.
Hey., Richard 204
Heydrich, Reinhard 58, 62, 66, 99 f., 118, 363, 419, 421, 440,
Heyns, Harald 42, 66-69
Hil., Camillo 304 f.
Hil., Herbert Fritz 280
Hil., Hermann 391 f.
Hil., Max Fritz 157
Hil., Wilhelm 280

Hildebrandt, Friedrich 95
Hinsche, Erich 433
Hip., Karl Herbert 300 f.
Hir., Horst Karl August 280 f.
Hitler, Adolf 8, 53 f., 55, 148, 153, 156 f., 161, 163, 184, 188 f., 206, 208, 210, 215, 217, 230 f., 234 f., 238, 282 f., 254 f., 259 f., 276, 278, 287, 293, 299, 312, 317 f., 341, 344, 351 f.,
Hoe., Johann Conrad 222
Hof., Heinrich 245
Hof., Max Karl Willi 372
Hof., Paul Friedrich Oskar 239
Hof., Richard 265
Hof., Richard Gerhard 207
Hof., Siegfried 152
Hoffmann, Arthur 375 f.
Hofmann, Walter
Hofmann, Walter 46, 428 f.
Hofmann, Willi 125
Hoh., Anton Helmut 300
Hoh., Georg 322 ff.
Hol., Helene 299
Hol., Maria Erika 239
Höl., Marianne Johanna, geb. Gro. 156
Höl., Rudolf Max 308 f.
Holz, Jakob 29, 45 f., 445
Holzberger, Josef 46, 430
Hön., Kurt 217
Höp., Hermann 284 f.
Hor., Friedrich Karl Rudolf 160
Hor., Paul 267
Hos., Robert 175

451

Hothorn, Alfred 69
Hoy., Walter Rudolf Magnus 102
Hüb., Anna, geb. Pas. 369
Hübscher, August 290
Hun., Emma Maria Luise, geb. Bet. 289
Huster, Johannes 422
Hut., Karoline Wilhelmine Charlotte, geb. Sch. 223
Hyp., Arletta Martha 318

Ilauski, Andreas 429

J., Alwin 283
Jab., Ilse, geb. Urb., gesch. Sch. 195
Jac., Frieda, geb. Möl. 203 f.
Jac., Fritz 328 f.
Jäger, Karl 438 f.
Jah., Friedrich 258 f.
Jah., Johannes 208
Jak., Käthe Martha 115
Jam., Hermann 250
Jan., Friedrich Ernst 300
Jan., Gerhard Richard 362 f.
Jän., Paul Julius 209
Jankowsky, Christel 385
Jed., Max Oswald 300
Jedzink, Hermann 112
Jen., Erna Martha, geb. Str. 166
Jen., Hermann Fritz 204
Jes., Auguste Bertha 93
Jochem, Walter 322 ff.
Jos., Else, geb. Pre. 275 f.
Jun., Liesbeth Johanna, geb. Pös. 157
Jun., Paul 228

Jun., Wilhelm 288
Jungbluth, Karl 376
Junge, Willy 46, 436
Jür., Karl 150
Jürß, Ulla Erna Frieda 46, 50, 415
Jus., Agnes 255

K., Kurt 205
Kad., Karl Otto 204 f.
Kad., Kurt 263
Kah., Karl Gustav 364
Kah., Rudolf 209
Kähler, Willy 380 f.
Kai., Emil 301
Kai., Paula, gesch. Gle., geb. Sch. 182
Kal., Emil 247
Kal., Georg 125 f.
Kal., Hans 314
Kammer, Otto 131
Kämpfe, Helmut 59,
Kamphausen, Elisabeth Wilhelmine 150
Kan., Frieda, geb. Nit. 213
Kap., Hedwig 275 f.
Kap., Maria, geb. Kal. 275 f.
Kar., Otto Martin Georg 258
Kar., Wilhelm 149 f.
Kau., Alwin Karl Eduard 397
Kaul, Friedrich-Karl 76
Kay., Rosa Ella, geb. Fry., verw. Zie. 313
Keh., Karl 201
Kei., Otto Robert 216
Kem., Gertrud, geb. Sch. 275 f.
Ker., Otto 322 ff.
Kes., Robert 369
Ket., Karl 268
Keu., Hermann 248
Kia., Max Paul 300 f.

Kin., Otto 268
Kinder, Johannes Ernst 40, 430 f.
Kir., Caroline, geb. Sch. 153
Kir., Emil Friedrich 180
Kir., Franz 235
Kir., Herbert Fritz 109 f.
Kir., Kurt 284 f.
Kir., Martha Anna, geb. Scha. 324 f.
Kir., Richard Paul 265
Kir., Walter Georg 296
Kirstein, Fritz Friedrich 354
Kla., Ernst 370
Klarsfeld, Beate 45
Klarsfeld, Serge 61
Klaustermeyer, Heinrich 38
Kle., Hildegard, geb. Kla. 298 f.
Kle., Joseph 298 f.
Kle., Kurt 268
Kle., Richard Ernst 277
Kle., Wilhelm Friedrich 300 f.
Kleine, Johannes 148
Kli., Johannes Paul Herbert 280 f.
Klier, Franz 162
Klier, Hellmut 57, 388 f.
Klitzke, Wilhelm Friedrich 104 f.
Klo., Carl Gustav Wilhelm 207
Klo., Hans 228
Klo., Kurt Fritz 152
Klöden, Erich Max 158 f.
Klotzbücher, Friedrich 395
Klu., Walter 332
Kme., Johann 242
Knö., Anna, geb. Kar. 298
Kno., Ernst Erich 281

Kno., Otto 382 f.
Kno., Walter 306
Knö., Walter Herbert 247
Knöffler, Herbert Willi 130
Knoll, William Bruno 345
Knu., Frieda, geb. Maa. 190 f.
Kob., Elise 356
Koc., Herbert 247 f.
Köc., Richard 373
Koch, Friedrich Willy 160
Koerth, Ernst 415 f.
Kog., Fritz 323
Köh., Franz 220
Köh., Karl Friedrich Otto 151
Köh., Margarete, geb. Löh. 160
Köh., Martha, geb. Zim. 299 f.
Köh., Martin Arthur 247 f.
Koh., Reinhold 187
Köhler, Arthur Reinhard 246
Kol., Arthur Franz 225
Kön., Alfred 315
Kön., Anna, geb. Wi. 302
Kön., Gerhard 357
Kön., Johann 395
Kon., Melanie, geb. Beh. 276
Koopmann, Paul 338 f.
Kop., Bernhard 296
Koplowitz, Heinrich 94
Kör., Otto 353
Kör., Otto August 188
Körber, Manfred 392 f.
Kös., Alfred 382
Kös., Wilhelm 149 f.

Kostrowski, Arnold 46, 430
Kot., Heinz Johannes 280 f.
Kot., Johanna, geb. Kir. 187 f.
Köt., Josef Adolf 202
Köt., Rosa Frieda, geb. Sch. 202
Kozanowski, Heinrich 49, 383
Kra., Else, geb. Deu. 258
Kra., Frieda Emilie Auguste, geb. Tem. 160 f.
Kra., Georg 288
Kra., Heinz 282
Kra., Karl 330
Kra., Ludwig 220
Kramer, Hellmuth Paul 49, 429
Kraner, Ernst Reinhardt 246
Krause, Julius Hans 46, 434
Krause, Werner 338
Kraushaar, Max 322 ff.
Kre., Herbert Johannes 244
Kre., Hildegard, geb. Sch. 298 f.
Kre., Irmgard, geb. Por. 164
Kre., Minna, geb. Nia. 209
Kre., Otto Hans 277
Krebs, Felix Willy 247 f.
Kresse, Kurt 63, 371
Kri., Friedrich Karl 289 f.
Kri., Werner Alfred 270
Kro., Friedrich Ernst 247 f.
Kro., Max Friedrich 225 f.

Krü., Johannes Julius August 306
Kru., Otto 271
Kru., Paul 193
Krü., Walter Bruno 227
Krü., Walter Gustav 247 f.
Krü., Wilhelm 162
Kru., Willi Max 273 f.
Krüger, Harald Rudolf Wilhelm 121
Ku., Erich 322 ff.
Kub., Walter 333
Kubicek, Otto 51, 432
Küc., Curt Wilhelm 273 f.
Kuc., Helmuth 284 f.
Kuckuk, Max Emil 50, 418 f.
Küh., Ernst 232
Küh., Franz 251 f.
Kuh., Gustav Ernst 247 f.
Küh., Hermann 253
Küh., Johannes 235
Küh., Otto 322
Kuh., Robert 322 ff.
Kukies, Erich 143 f.
Kum., Arno Friedrich 226 f.
Kun., Anna Martha, geb. Kir. 264 f.
Kun., Else Marie, geb. Klu. 152
Kun., Ferdinand 200
Kun., Hans 111 f.
Kun., Klara, geb. Kub. 325
Kun., Reinhold Karl 264 f.
Kun., Roland Wolfgang Dietrich 152
Kun., Siegfried Erich 152
Kun., Walter Ernst 280 f.

453

Kun., Wilhelm 204f.
Kunst, Christian Ludwig Karl Friedrich 404
Kunze, Egbert Gustav Erich Wilhelm 365
Kür., Fritz 289f.
Kür., Fritz August 289f.
Kur., Otto Paul 150f.
Kur., Rudolf 326
Kur., Wilhelm 257f.
Kus., Anna, geb. Bir. 267, 276f.
Kus., Herbert Wilhelm 252
Küs., Walter 311f.
Kut., Hans Martin 273f.
Kutzner, Helmuth Otto Wilhelm 133

La., Eduard 288
Lac., Hermann Robert 272f.
Lachmann, Wilhelm August Friedrich 46, 440f.
Lah., Max 204f.
Läm., Ernst Albin 218
Lamkewitz, Viktor Leo Thomas 272f.
Lan., Erich 254
Lan., Erich 253f.
Lan., Ernst Walter 202
Lan., Georg Hans Herbert 273f.
Lan., Günther Rudolf 171
Lan., Maria, geb. Gie. 166
Lan., Otto 372
Lan., Paul Georg 180f.
Lan., Reinhold 322ff.
Langer, Edmund 41, 424
Langguth, Otto 280, 341f.
Lat., Marianne 334
Lat., Richard 334

Lau., Anna Olga, geb. Hen. 199
Lau., Paul Louis 240
Le., August Oskar 227
Leh., Rudolf Hans 300f.
Lehndorff-Steinort, Heinrich Ahasverus 354
Lehne, Walter 99f.
Lehnigk-Emden, Wolfgang 53
Lei., Gustav Adolf 247f.
Lei., Kurt 311f.
Leide, Henry 28, 68
Lell, Max 408
Lem., Ernst Otto 266
Lem., Walter 268
Lemm, Walter 338
Len., Alfred Franz 289f.
Len., Arno August 189
Len., Paul 163
Leonhardt, Erich 112f.
Leonhardt, Ernst 171
Lepach, Friedrich Robert Max 390
Lepke, Bernhard 365f.
Ler., Alfred 322ff.
Les., Anni 355
Let., Elisabeth, geb. Lis. 153
Letz, Fritz 322ff.
Leu., Richard 265
Lew., Karl 185
Lie., Emmi, geb. Sch. 215
Lie., Heinrich Ernst 273f.
Lie., Johann 211f.
Lie., Johanna, geb. Hau. 187f.
Lie., Martin Erich 300f.
Lie., Paul 49, 373
Lie., Siegfried Erich 331f.
Liebenhagen, Fritz 322ff.

Lier, Edwin 396f.
Liesigk, Paul 404f.
Lin., Bernhard 196
Lin., Erwin Ernst 390
Lin., Kurt August 273f.
Lindemann, Fritz 198
Linzner, Walter Kurt 272f.
Lip., Klara 173
Lis., Alfred Theodor 182
Lischka, Kurt 68
Lit., Gustav Erwin 163
Lö., Maria Charlotte, geb. Gol. 236f.
Lob., Otto 322ff.
Loe., Fritz 174
Loo., Max Paul 225f.
Lor., Ewald Erich 300f.
Lorbeer, Felix Emil 246
Lot., Wilhelm 172f.
Lüb., Gustav 374
Lübeck, Käthe 65
Lüd., Emil Reinhold Berthold 300f.
Lud., Franz 231
Lüd., Georg 325f.
Lüd., Gustav 335
Lud., Walter Fritz 236
Ludwig, Georg 399f.
Lup., Franz 305
Lup., Ruth 305
Lut., Erich 303

M., Armin Helmuth 291
M., Bernhard 266
M., Erich 228
M., Ernst 203
M., Friedrich Hermann Max 279
M., Hans Günter 370
M., Hermann 169
M., Hermann 268
M., Ilse Johanna Sophie 260f.
M., Karl 385

M., Madeleine Maria Victorine 154
M., Martha, geb. Lin. 167f.
M., Max Anton 155
M., Richard Karl 272f.
M., Rudolf 186
M., Walter Georg 295f.
Mac., Fritz 284f.
Maddalena, Max 64
Maeder, Hans-Georg 322ff.
Mag., Erhard Franz 301f.
Mägdefrau, Reinhold 125
Mäh., Hermann 284f.
Mah., Walter 322ff.
Mai., Erich Fritz 241
Mal., Emil Kurt 201f.
Mäl., Wilhelm 149f.
Malitz, Bruno Erwin Fritz 207f.
Mally, Heribert 41
Mally, Karl 41
Malzan, Karl 348
Man., Hans Hermann Wolfgang 300f.
Man., Richard 184
Man., Theodor Hermann 285f.
Mar., Franz Anton 156f.
Mar., Georg 264
Mar., Georg Friedrich 273f.
Mär., Gustav 272f.
Mar., Johanne, geb. Bal. 223
Mar., Karl Walter 300f.
Mar., Kurt 230
Mar., Otto 212
Marten, Kurt 192
Mas., Ernst 405f.
Massmann, Albrecht 383
Mat., Fritz 96

Mat., Karl Heinrich 298
Mat., Paul 229
Mat., Reinhold Walter 300f.
Mat., Rosa Anna, geb. War. 288f.
Mat., Stephan 183
Mat., Willy 375
Mau, Werner 322ff.
May, Arthur Albert 98
May., Martin Ernst Heinrich 159
Me., Bertha, geb. Wen. 230
Me., Otto 150
Med., Fritz Karl Arno 177
Meh., Karlheinz Richard 186
Meh., Max Alfred 225f.
Meh., Rolf Heinrich Werner 106f.
Mei., Fritz 306
Mei., Helena Frieda, geb. Mei. 167
Mei., Hugo Erich Erhard 334
Mei., Max Willy 175
Mei., Paul Horst 300f.
Meinshausen, Hans Friedrich August 207f.
Meisinger, Emanuel 407f.
Melzer, Kurt 46, 435
Men., Anna, geb. Kos. 271
Mer., Karl Robert 324f.
Mer., Martha Marie, geb. Bro., verw. Sch. 366
Mer., Rudolf Arno 225f.
Mer., Rudolf Hermann Paul 108f.
Mettke, Erich 46, 441f.
Mew., Hermann Fritz Karl 222

Mew., Otto 159
Mey., Ernst Richard 225f.
Mey., Kurt 284f.
Mey., Paul Alfred 300f.
Meyer, Hans 352
Mic., Emil Hermann 280
Mic., Gerhard Paul Hermann 340
Mic., Hedwig, geb. Sch. 219f.
Mic., Karl Ernst 272f.
Mie., Frieda, geb. Bar. 180
Mielke, Erich 42
Mielke, Hugo 50, 62f., 401
Miksch, Rudolf Hermann 46, 435
Mir., Friedrich 187
Mit., Ernst 284f.
Mlo., Veronika, geb. R. 218
Mohnke, Wilhelm 53
Mok., Bruno 343f.
Mol., Arthur 259
Mol., Otto 161
Mol., Richard 229
Monath-Hartz, Herbert 42, 66ff.
Mop., Josef 363
Mor., Hermann 212
Mor., Hermann 156
Mör., Kurt Ernst 247f.
Mor., Max Wilhelm 300f.
Mos., Luise, geb. Kas. 196
Mox., Ernst Friedrich Hans 295
Mu., Alfred 257
Muc., Friedrich August 163f.
Müh., Alfred Rudolf 300f.

Müh., Elly von der, geb. Ros. 179
Müh., Gerhard Otto 280 f.
Müh., Werner 357 f.
Mühsam, Erich 234
Mül., Franz 284 f.
Müller, August Eberhard Johannes 113 f.
Müller, Hans 336
Müller, Hildegard 358
Müller, Ingo 219
Müller, Karl 219
Müller, Paul Max 124 f.
Müller, Richard 267
Müller, Werner 256
Müller, Wilhelm 162
Mün., Gottfried Richard 313 f.
Mün., Hermann 192
Mün., Milda Dora, geb. Sei. 313 f.
Mün., Richard Erwin 313 f.
Mütze, Wilhelm 320 f.

Nau., Herbert 385
Nau., Walter Erich 280 f.
Nau., Walter Karl 280 f.
Ne., Arthur Wenzel 196
Ne., Erich Paul 176
Ne., Erich Walter Karl 352
Ne., Johann 213
Ne., Karl 333
Ne., Karl Albert 225 f.
Ne., Martha, geb. Grü. 333
Neh., Richard 210
Nem., Edwin Wilhelm 280 f.
Nen., Wilma, geb. Roh. 259
Nes., Emil 100
Nes., Rudolf 244 f.

Nes., Walter Ernst Erich 244 f.
Neumann, Erich 49, 383
Neumann, Franz 40, 427
Neumann, Hans 265
Neumann, Karl 46 f., 441 f.
Neumerkel, Reinhard Hermann 247 f.
Nic., Ernst Albin 176
Nic., Johannes Franz 272 f.
Niemeyer, Max 328
Nischelsky, Ernst 262
Nit., Bruno Ludwig 253
Nitsche, Hermann Paul 171
Nitz, Emil 340 f.
Noa., Arno 269
Noa., Minna Emilie, geb. Hen. 288 f.
Noa., Werner Rudolf 273 f.
Nör., Otto 248
Noritsch, Kurt 302
Not., Adolf 159
Nöt., Albert Erich 244
Not., Marie Elisabeth, geb. Lut. 381
Now., Eva 252
Nuthmann, Walter Moritz 105

Obenaus, Kurt Theodor 399 f.
Oberhauser, Josef 232 f.
Oberländer, Theodor Erich Ernst Emil Otto 50, 399
Obst, Robert 303
Oe., Marie, geb. Zim. 216
Oeh., Georg Emil Karl 253

Oeh., Johanna Anna 278 f.
Oer., Felix 283
Ole., Erich Gotthold 280 f.
Oli., Gustav 181 f.
Olms, Johannes 192
Olt., Walter Reinhold 101
Ope., Elly, geb. Fra. 283
Orl., Albin Richard 332
Oskierski, Wilhelm Fritz 114 f.
Ossietzky, Carl von 24, 234
Ot., Gustav 192
Ot., Hermann 174
Ot., Horst Paul 244
Otte, Rudolf Hermann August 45 f., 439
Ove., Herbert Willy 391

Paetow, Ernst 354
Päh., Frieda Linda, geb. Sei. 176
Paland, Herbert Hugo 46, 434
Pap., Karl Josef 359
Papke, Wilhelm 45, 50, 411 f.
Papsdorf, Rudolf Hermann 46, 443 f.
Par., Vinzenz 250
Parge, Otto Paul Friedrich 115
Pas., Richard 116 f.
Pat., Else Marta Magda, geb. Tei., gesch. Wei. 356
Pät., Werner 250
Pätzold, Kurt 24
Pau., Bruno 314
Pau., Hans 223 f.
Paul, Erwin 322 ff.
Paw., Arthur Bruno 288

Pchalek, Gerhard 50, 397f.
Peitsch, Hellmuth Friedheim 136
Pen., Gustav Wilhelm 330
Pet., Emilie, geb. Wei. 168
Pet., Gerhard 130f.
Pet., Hermann 168
Pet., Rudolf Christof 315
Petri, Erna, geb. Kürbs 46, 406
Petri, Horst 406
Pfa., Kurt Erich 310f.
Pfe., Hans 250f.
Pfl., Paul Hugo 164
Pfü., Erich Kurt 175
Pfützner, Kurt 385f.
Phi., Karl 368
Pie., Kurt 334
Pie., Max 322ff.
Pie., Otto Albin 256
Piehl, Johannes 46, 48, 77ff., 438
Pil., Erich 405f.
Pin., Alois 195
Pin., Johannes Kurt Fritz 273f.
Pit., Otto 222
Pless, Max 338
Plesse, Karl 49, 63f., 371
Plö., Otto 284f.
Plö., Richard 284f.
Plönzke, Friedrich 322ff.
Poh., Else 293
Poh., Heinz Erich 384
Poh., Richard 364
Pöhlig, Manfred 46, 51, 444f.
Pök., Ewald 336
Por., Friedrich Albin Helmut 272f.
Por., Helene, geb. Rum. 241

Pos., Franz 284f.
Pos., Hans 177
Pös., Hans Ottokar 217
Pot., Erna, geb. Kle. 203
Pötschke, Paul 307
Pra., Walther Siegfried 272f.
Pre., Herbert Richard 280f.
Pre., Hermann 159
Preuß, Werner Arthur Hermann 321
Pri., Karl 271
Priemer, Lothar 389f.
Prö., Karl Walter 256
Pro., Rudolf 202
Pro., Walter 284f.
Prodehl, Hans 370f.
Puf., Martha Maria, geb. Kam. 217
Puhr, Roland 410
Pul., Walter Georg 294
Puls, Oskar 50, 398
Pur., Fritz Karl Robert 354
Pus., Johanna Marie-Luise 171
Puttfarcken, Josef 148

R., Willi 205
Raa., Erwin 322ff.
Raa., Franz Otto 279
Rab., Martha, geb. Dre. 289
Rabestein, Gertrud 229f.
Rabitz, Otto 118
Rad., Hermann
Rad., Johanna, geb. Ker., verw. Gol. 352
Räd., Margarete Emilie, geb. Kri. 212
Rad., Richard Franz Max 354
Rae., Elsa, geb. Sche. 169

Ram., Helmut Johannes 206f.
Ram., Johann Peter 185
Ram., Willy Herbert 300f.
Ran., Georg Martin 197
Ran., Olga Klara 161
Ran., Paul 194
Räpke, Wilhelm Paul 171
Ras., Johanna, geb. Sch. 283
Ras., Paul Erich 155
Rast, Walter 407f.
Rat., Heinrich 255
Re., Gotthard Paul 225f.
Rechenbach, Horst Friedrich 127f.
Recknagel, Otto 350
Reg., Konrad 309
Rei., Erika 250f.
Rei., Max Oskar 162
Rei., Paul 236
Rei., Rudi Ernst 244
Rei., Siegfried Otto 176
Reinefarth, Heinz 192
Reinicke, Eduard Gustav 160
Rem., Ernst 307f.
Rembte, Adolf 64
Ren., Lucia Valesca, geb. Wag. 293
Ren., Robert 374
Rep., Emil Willi 300f.
Reu., Friedrich Walter 225f.
Ric., Arthur Edmund 272
Ric., Emil Willy 182f.
Ric., Emma Ursula Luise, geb. Kre. 331
Ric., Gustav Paul 365
Ric., Heinrich 379
Ric., Kurt 262
Ric., Werner Arthur 264
Richter, Walter 351

Richter, Willi 41, 425 f.
Rie., Albert 284 f.
Rie., Ernst Wilhelm Alfred 300 f.
Rie., Johannes Gustav 273 f.
Rim., Johannes 245 f.
Rit., Friedrich 159
Rit., Karl 284 f.
Rit., Karl Erich 300 f.
Ro., Ewald 193
Röber, Helmut 407 f.
Roc., Ewald Max 278
Roc., Klara Martha, geb. Don. 152
Roc., Paul Wilhelm 154
Röh., Erich 254
Roh., Erwin 192
Röh., Heinrich 320
Roi., Paul 188
Röl., Martin Walter 280 f.
Roloff, Oskar Friedrich Ferdinand 95
Röm., Stanislava, geb. He. 164
Rön., Fritz 322 ff.
Roosevelt, Franklin D. 16, 18
Rös., Adolf-Heinrich Wilhelm Max 319
Ros., Bernhard Julius 280 f.
Ros., Fritz 175 f.
Rös., Gertrud, geb. Voh. 235
Ros., Oswald 275
Rös., Walter 270 f.
Rose, Andreas 148
Rosenkranz, Erich Karl-Heinz 335 f.
Rosenmüller, Heinz 110 f.
Rosenthal, Karl 407 f.
Rost, Arthur Alwin 247 f.

Rot., Eitel-Fritz 322 ff.
Röt., Frieda Alwine Maria 272 f.
Rot., Karl Anton Heinrich 246
Rot., Marie, geb. Kom. 330 f.
Rot., Otto Karl 159
Rot., Paul 248
Röt., Willi 165
Rothenburger, Curt Erich 122
Rothkegel, Werner 322 ff.
Rottka, Hans-Ullrich Walter 128 f.
Rottluff, Max Ernst 249
Ruc., Ernst 396
Ruc., Hans Walter 277
Rud., Johannes Alfred Theodor 265
Rudolph, Otto 351
Rüg., Reinhold 172
Rüh., Werner 284 f.
Rummler, Reinhold Otto Albert 111
Rup., Alwin 284 f.
Rup., Erhard 260
Rus., Hermann 311 f.
Rüt., Harry 328
Rüter, Christiaan f. 11 ff., 20, 89 ff., 146 f.
Ruz., Rudolf 190
Ry., Alfred Josef 160

S., Julius 327 f.
Sa., Martin 402
Sac., Elsa Gertrud 171
Sac., Kurt 213
Sachs, Max 155, 339
Sagolla, Karl Franz 96
Sal., Johann 245 f.
Sal., Otto 322 ff.
Säm., Bruno 347
Sand, Heinz 362
Sar., Lina 161

Sattler, Bruno Wilhelm Berthold Martin 49, 366 f.
Sau., Herbert Richard 280 f.
Sc., Karl 245 f.
Sch., Adam 245 f.
Sch., Albert Gebhard 160
Sch., Alfred 211
Sch., Alfred Gustav 117
Sch., Alfred Wilhelm 234
Sch., Anna 298 f.
Sch., Anna 355
Sch., Anna Martha Dora, geb. Bor. 184
Sch., Anna Minna, geb. Neb. 174
Sch., Anna, geb. Koc. 377 f.
Sch., Arno 263
Sch., Arno Alwin 174
Sch., August Reinhold Paul 159
Sch., Auguste 258 f.
Sch., Bruno 249
Sch., Charlotte, geb. Kum. 271 f.
Sch., Edwin 327
Sch., Erich Arthur Edwin 289
Sch., Erich Richard Max 241
Sch., Erika 276
Sch., Erna, geb. Beu. 198
Sch., Ernst 364
Sch., Franz 414
Sch., Franz Harry 348
Sch., Frieda, geb. Kri. 161
Sch., Friedrich 49, 373
Sch., Friedrich 373
Sch., Friedrich Karl 271
Sch., Friedrich Max 250

Sch., Friedrich Wilhelm 340
Sch., Fritz Erich 305
Sch., Fritz Paul Ferdinand 359 f.
Sch., Georg 269
Sch., Gerhard 223 f.
Sch., Gerhard 279 f.
Sch., Gerhard 322 ff.
Sch., Gerhard Franz 273 f.
Sch., Gerhard Johannes Louis 272 f.
Sch., Grethe, geb. Kle. 287
Sch., Heinrich 163
Sch., Heinz Arno 306
Sch., Helene Ida, geb. M. 360
Sch., Helene Martha Johanne, geb. Möc. 170
Sch., Hella, geb. Gös. 329
Sch., Herbert 317
Sch., Hermann 251 f.
Sch., Hermann 159
Sch., Hermann 167
Sch., Hermann Heinrich 180
Sch., Hildegard 190
Sch., Ida Frieda, geb. Wec. 151
Sch., Ilse Martha 142 f.
Sch., Josef 199 f.
Sch., Karl 166
Sch., Karl 388
Sch., Karl-Heinz 362
Sch., Karla, geb. Kar. 206
Sch., Kurt 268
Sch., Kurt 307
Sch., Kurt Erich 189
Sch., Lina 171 f.
Sch., Margarete, geb. Ber. 154
Sch., Martha Erna Wally, geb. Kra. 372
Sch., Martha Lina, geb. Nag. 279
Sch., Max 184 f.
Sch., Max 293
Sch., Max Louis 277
Sch., Max Paul 110
Sch., Olga Hilma, geb. Tam. 162
Sch., Oskar Arthur 238
Sch., Otto 190
Sch., Otto 250
Sch., Paul 264
Sch., Paul Alfred 225 f.
Sch., Paul Ernst 221
Sch., Regina Agnes Felicitas, geb. Keg. 151
Sch., Richard 297
Sch., Richard 335
Sch., Richard August 174
Sch., Rudolf 289 f.
Sch., Rudolf Fritz 196
Sch., Rudolf Herbert 300 f.
Sch., Rudolf Otto Georg 158
Sch., Waldemar Ernst Otto 113
Sch., Walter 178
Sch., Walter 184
Sch., Walter 244
Sch., Walter 307
Sch., Walter Herbert 171
Sch., Werner Rudolf Albert 379
Sch., Wilhelm 169
Sch., Wilhelm Karl 325
Sch., Willi 223 f.
Sch., Willi 284 f.
Sch., Willi 349
Sch., Willi Arthur 280 f.
Sch., Willy 213
Sch., Willy Oskar Paul 329
Schäfer, Ernst Reinhard 160
Schäfer, Walter 407 f.
Schäfer, Wilhelm 403
Schäffner, Ernst Eduard Johann 198 f.
Scharsich, Herbert 322 ff.
Sche., Martin Adolf 364 f.
Schelenz, Rudolf 148
Schenk, Heinz 38
Scherer, Paul 322 ff.
Schi., Heinrich Ernst 272 f.
Schiller, Johannes Richard 334
Schm., Oskar Robert 162
Schmidt, Alfred 360
Schmidt, Ernst Friedrich Reinhold 170
Schmidt, Henry 46, 444
Schmidt, Paul Siegfried Hans 108
Schmidt, Walter Georg 339
Schmidt, Walter Karl 123
Schmidt, Werner 375 f.
Schn., Friedrich Bruno 280 f.
Schn., Werner Kurt 364 f.
Schneider, Kuno Albin 125
Schneider, Martin 243
Schö., Andreas Ludwig 244
Schö., Horst Werner 280 f.
Schönmeyer, Karl 257
Schottky, Johannes 354
Schr., Bruno Heinz 227
Schrams, Alexander 46, 71 ff., 436 f.

Schridde, Heinz 355
Schu., Ernst Willy 272 f.
Schu., Max Erich 280 f.
Schü., Otto 322 ff.
Schulz, Alfred 178
Schulz, Alfred Richard 131 f.
Schulze, Fiete 391
Schulze, Richard 219
Schumacher, Kurt 8
Schumann, Arno Ernst 51, 435
Schumann, Georg 63, 375
Schumann, Paul Karl 349
Schünemann, Walter 374
Schuster, Albert Hugo 51, 79 ff., 422
Schwarz, Erika 76
Schwarz, Georg 371, 376
Schwerhoff, Hubert 421
Sed., Gerhard Anton 218
Sei., Anna Pauline, geb. Aug. 318
Sei., Friedrich 225 f.
Sei., Hermann Rudolf 205 f.
Sei., Otto Bruno 225 f.
Seidel, Willi Ernst 247 f.
Semrau, Paul 322 ff.
Sen., Helene, verw. Wil., geb. Ble. 340
Sep., Hermann 347
Settnik, Josef 41
Sev., Alfred 154
Si., Franz 342
Si., Gertrud, geb. Bo. 231
Si., Heinz 322 ff.
Sic., Marie, geb. Fre. 309
Sickel, Willy 304
Sikora, Johann Felix 300 f.
Sim., Albin 289 f.

Skiba, Dieter 11, 14
Skibba, Richard 322 ff.
Sla., Helmut Paul 389
Smolarski, Erwin Josef August 138 f.
Sob., Walter Fritz Hermann 116
Söhnel, Kurt Willi 370 f.
Solf, Ursula 30
Som., Margarete, geb. Gla. 153
Spa., Johann 92
Spa., Martin 279
Spalteholz, Horst Erhard Waldemar Ernst 272 f.
Spe., Karl 284 f.
Sperl, Karl 423
Spi., Friedrich 225 f.
Spi., Walter Karl 196
Spi., Wilhelm Josef 205
Spiecker, Paul 194 f.
Spo., Erich Paul 198
Spö., Mathias 307
Sporys, Johann 382
Sroka, Roman 242
Sta., Friedrich 280 f.
Sta., Gottfried 272 f.
Sta., Hans 284 f.
Sta., Herbert August Wilhelm 114
Stä., Hugo 322 ff.
Sta., Johannes 245 f.
Sta., Karl 289 f.
Stä., Karl-Heinz 223 f.
Sta., Kurt 315
Sta., Leo Paul 247 f.
Sta., Paul Walter 120
Sta., Wilhelm 178
Staak, Karl Robert 280 f.
Stalin, W. Josef 16, 18, 48, 79,
Stamm, Robert 64
Ste., Albert Paul 234
Ste., Alfred Arthur 273 f.

Ste., Bernhard Oskar 265
Ste., Franz 312
Ste., Gerhard Ernst Emil 312
Ste., Herbert 215
Ste., Walter Alexander 273 f.
Ste., Willi Karl Theodor 261
Steike, Herbert 64 f., 394
Steinberg, Karl Friedrich 123 f.
Steinhoff, Johannes 38
Steinke, Willi 322 ff.
Steins, Stanislavs 46, 71 ff., 436 f.
Stender, Karl-Heinz 169
Stenzel, Reiner 14, 36 f.
Stenzeleit, Kurt 284 f.
Stephan, Walter 85 ff., 362
Sterzl, Stefan 428
Sti., Gustav 248
Sti., Lilli 231
Sti., Rudolf 322 ff.
Stö., Ernst Emil 177
Sto., Gustav 194
Sto., Otto 369
Stö., Werner 362
Stö., Willi 235
Str., Kurt Arthur 150 f.
Str., Margarete 299
Str., Paul 271
Str., Werner 350 f.
Strassner, Friedrich Bruno Paul 155
Strippel, Arnold 87, 414
Strömich, Kasimir 120
Stu., Arno Richard 280 f.
Stü., Hermann 100 f.
Stu., Johann Georg 244
Suc., Oskar 214
Sül., Herbert 318
Sup., Georg 290 f.

Swa., Karl Peter 339
Syller, Hugo 125
Szy., Vincenz Franz 225 f.

Tap., Otto Ernst 370
Täschner, Eberhard 46, 51, 442 f.
Tau., Arno 190
Tau., Ida Klara, geb. Ger. 191
Tei., Edith Klara Marie Louise Helene, geb. War. 157
Tennler, Max 138
Ter., Ewald 49, 373
Teubner, Walter Karl Max 105 f.
Teuchert, Hans Hugo Richard 139 f.
Theiner, Karl Helmuth 389
Thermann, Paul 322 ff.
Thi., Erich Hermann Fritz 298
Thi., Gertrud Hildegard, geb. Böt. 294
Thi., Hans Alfred 97 f.
Thi., Heinz Felix Willy Gustav 360 f.
Thi., Helmuth 150
Thi., Willi 223 f.
Thi., Willi Reinhold 95
Thiel, Paul 379 f.
Tho., Curt Felix Walter 326
Tho., Paul Max 280 f.
Thorn, Rudolf 311
Thu., Paul Albert 278
Tie., Paula 192
Tie., Paula 315
Tietge, Marianne Gertrud, geb. Haubold 247 f.
Til., Paul 357
Tim., Kurt 286
Timm Franz 40, 427
Tit., Richard 173
Titel, Adolf 192
To., Fritz Otto 186 f.
Tober, Wilhelm 141 f.
Tra., Artur Richard Hermann 217
Tra., Ernst 254
Tra., Johann Friedrich 156
Traege, Paul Max Franz 96 f.
Trepte, Martin 126
Tri., Anton Paul 225 f.
Trö., Anna, geb. Thi. 203
Trö., Eduard Hermann 203
Tro., Hans 191
Tro., Horst Alexander 273 f.
Trö., Paul Max 244
Tru., Alfred 255
Tschierley, Ernst 322 ff.
Tu., Franz 211
Tus., Leo 170

Uecker, Richard 127
Uh., Albrecht Friedrich Emil 225 f.
Uhl., Emil 212
Uhl., Friedrich Hermann 228
Uhl., Hermann Emil 279
Uhl., Hermann Walter 347
Uhl., Johannes Kurt 225 f.
Uhl., Kurt 251 f.
Uhl., Kurt Hans 300 f.
Uhl., Walter Robert 206 f.
Uhlig, Helmut 116
Ul., Alfred Paul 225 f.
Ul., Gustav 215
Ulbrich, Ernst Alfred 177
Ull., Willi 308
Ungurean, Eugen 427 f.
Uss., Elisabeth, geb. Gie. 344
Uss., Max 344

Ve., Hermanus ter 237
Viebig, Otto Alfred 129
Vin., Karl 223 f.
Vo., Helene Ida, geb. Mü. 233 f.
Voc., Karl 183
Vog., Erich Albin 282
Vog., Paul 167
Vogt, Paul Fritz Franz 136 f.
Voi., Ernst Alwin 247 f.
Voi., Kurt Hermann 210
Voi., Kurt Robert 244
Voi., Rudolf Robert Fritz 291
Voigt, Paul 322
Voigt, Rudolf 399 f.
Vol., Anna Elsa, geb. Hes. 231
Vol., Artur 357
Vol., Curt 299
Vol., Wilhelm 328
Vol., Willy 268
Vollrath, Alfred 118 f.
von dem Bach-Zelewski, Erich 192
von Hegener, Richard 85 f., 362

W., Erich 270
Wac., Fritz 327
Wachholz, Kurt Willi 417
Wag., Else 163
Wag., Günther 172 f.
Wagenknecht, Helmuth 345

Wagner, Alfred Richard Paul 247f.
Wagner, Rudi 322ff.
Waitz, Paul 206
Wal., Erich 322ff.
Wal., Esther Gertrud 171
Wal., Georg 228
Wal., Gustav Hermann Karl 272f.
Wal., Herbert 268f.
Wal., Willi Hans 300f.
Wal., Willy Franz Albert 119f.
Walk, Johannes Ernst Wilhelm 376
Wallesch, Kurt-Heinz 83f., 387
Walter, Karl 322ff.
Wan., Wilhelm 150
Wau., Max Alfred 334
Wawrzyniak, Walter 346
We., Elfriede Hertha, geb. Gr. 233f.
We., Erwin Max 418
We., Franz 411
We., Gerhard 135f.
We., Hermann 284f.
We., Rudolf Fritz 158
Web., Ernst 268
Web., Oswald 216
Weber, Gabi 76
Weber, Rodolf 103
Wec., Karoline, geb. Kul., gesch. Lam. 230f.
Weckmüller, Paul 46, 50, 418
Wed., Luise Marie 171
Weg., Christian Friedrich Wilhelm 351
Weg., Rudolf Ernst Wilhelm 300f.
Wegener, Richard 85f., 362

Wegner, Wilhelm Bruno Andreas 50, 418f.
Wehren, Willi 50, 393f.
Wei., Annemarie, geb. Bae. 368
Wei., Auguste Lina 201
Wei., Bruno Ernst 253
Wei., Ida, geb. Säu. 221
Wei., Max 238
Wei., Walter Georg 218
Weise, Kurt Linus 102f.
Weiße, Heinz Max 46, 443f.
Wen., Antonie Johanna Ernstine, geb. Sta. 353
Wen., Erwin Bruno 238
Wen., Fritz 248
Wen., Gustav Heinrich 181
Wen., Otto 284f.
Wen., Willi 213
Wer., Helmut 374
Werner, Erwin Max 46, 418
Wes., Willi 223f.
Wet., Karl Richard Paul 194
Weygand, Maxime 99
Wi., Bruno 374
Wi., Elsa Frieda, geb. Loh. 199
Wi., Hermann 284f.
Wi., Louis 214
Wi., Otto 223f.
Wi., Richard Ernst 386f.
Wi., Walter 374
Wichner, Paul 148f.
Wie., Willi 284f.
Wiedemann, Erich Kurt 99
Wieland, Günther 16, 29
Wil., August 374
Wil., Erich Andreas 211
Wil., Gustav 366
Wil., Otto Hermann Julius 278

Wil., Willi 266f.
Wild, Herbert 407f.
Wildau, Otto Emil 123
Wilke, Friedrich Erich 124
Win., Egon 252
Win., Felix 248
Win., Horst 273f.
Win., Johannes Richard 395
Winter, Max Otto Karl 121
Wir., Alfred Paul Kurt 157
Wir., Willy Heinrich 316
Wis., Hermann 200f.
Wischer, Hans Kurt Julius Gerhard 134
Wit., Adolph 226
Wit., Gustav 232
Wit., Otto 366
Wit., Rudolf 320
Witte, Otto 251f.
Wittig, Felix Kurt 272f.
Woh., Emanuel 229
Woi., Irmgard 233
Wol., Anna 333
Wol., Ehrhard Arno 280f.
Wolf, Markus 19
Wolff, Oskar 49, 384
Wolff, Wilhelm 384
Wor., Ida Hedwig, geb. Rie. 185
Wöt., Alwine 233
Wötzel, Frida 415
Wun., Albert Ernst Paul 296
Wun., Luise, geb. Kru. 190f.
Wür., Franz Alois 223

Zac., Walter Otto Edmund 282
Zauner, Peter 423
Zeh., Arno 283f.

Zei., Frieda Martha Lina, geb. Ni. 339
Zei., Helmut Willi 301 f.
Zen., Walter Herrmann 172
Zenker, Curt 267
Zepezauer, Stefan 46, 423
Zie. Paul 183
Zie., Franz Otto Paul 287
Zie., Manfred Heinrich 335 f.
Ziebarth, Franz 361 f.
Zieger, Werner Paul 117
Zil., Otto 252
Zim., Gustav 119
Zim., Wilhelm 227 f.
Zimmermann, Moshe 76
Zimmermann, Paul Fritz 348
Zimmermann, Rudolf 46, 416 f.
Zipperer, William 376
Zob., Erich Kurt Willi 350
Zöl., Hugo 268
Zöl., Kamilla Klara, geb. Thi. 167
Zöl., Karl Julius Fritz 167
Zöl., Marta, gesch. Loh., geb. Reu. 318
Zöllner, Arnold 46, 413
Zsc., Arno Edmund 177
Zsc., Arthur Alfred 313
Zsc., Kurt Oskar 370 f.
Zub., Edith, geb. Man. 283
Züh., Walter Robert 328
Zül., Karl Friedrich Wilhelm 196 f.
Zum., Friedrich Herbert 166
Zurek, Robert 370 f.
Zwa., Ilse Fanny Luise 198

ISBN 978-3-360-01850-2

© 2016 edition ost im Verlag Das Neue Berlin, Berlin
Umschlaggestaltung: Buchgut, Berlin
Druck und Bindung: CPI buch bücher.de, Birkach

Die Bücher der edition ost und des Verlags Das Neue Berlin
erscheinen in der Eulenspiegel Verlagsgruppe.

www.eulenspiegel.com